Gerd E. Schäfer
Was ist frühkindliche Bildung?

Gerd E. Schäfer

Was ist frühkindliche Bildung?

Kindlicher Anfängergeist in einer Kultur des Lernens

2. Auflage

Der Autor

Gerd E. Schäfer, Jg. 1942, Dr. rer. soc., ist Professor i. R. für Erziehungswissenschaft, Pädagogik der frühen Kindheit, Familie, Jugend an der Universität zu Köln, sowie Professor an der Hochschule für Künste, Bremen.

Bibliografische Information der Deutschen Nationalbibliothek

Die Deutsche Nationalbibliothek verzeichnet diese Publikation in der Deutschen Nationalbibliografie; detaillierte bibliografische Daten sind im Internet über http://dnb.d-nb.de abrufbar.

1. Auflage 2011
2. Auflage 2014

www.beltz.de · www.juventa.de
Druck und Bindung: Beltz Bad Langensalza GmbH, Bad Langensalza
Printed in Germany

ISBN 978-3-7799-2938-3

Vorwort

In diesem Band habe ich Aufsätze zum Thema Bildung in der frühen Kindheit zusammengestellt, die über einen Zeitraum von etwa zehn Jahren entstanden sind. Aus unterschiedlichen Anlässen geschrieben – für Sammelwerke, Fachzeitschriften des Kindertagesstättenbereiches oder als öffentliche Vorträge – gaben sie mir Gelegenheit, jeweils den einen oder anderen Aspekt dieses großen Themas genauer in Augenschein zu nehmen. Ihre Entstehung folgte keiner klaren systematischen Linie. Sie greifen ihr Thema an einer bestimmten Stelle auf und folgen dann ein Stück weit seinen Verzweigungen. So ist jeder dieser Aufsätze in sich geschlossen, auch wenn er nur eine eingegrenzte Zahl von Aspekten in den Blick nimmt. Systematische Vollständigkeit war in keiner der Arbeiten das Ziel. Auch gedankliche Wiederholungen lassen sich auf diese Weise nicht ganz ausschließen. Doch sind diese jeweils in einen neuen Zusammenhang eingefügt. Gemeinsam knüpfen diese Aussagen ein in sich verzweigtes gedankliches Netzwerk. Man kann in dieses Netzwerk an unterschiedlichen Punkten einsteigen und von dort aus den jeweiligen Verbindungen nachgehen. Erst im Gesamtzusammenhang bildete sich auch ein systematischer Roter Faden heraus, der durch die Gliederung angedeutet ist. Dieser spiegelt aber keinesfalls eine Chronologie der Entstehung.

Den Anlässen ihrer Entstehung geschuldet, steht im Vordergrund dieser Arbeiten die Beschreibung. Sie wollen Prozesse nachvollziehbar machen, welche frühkindliche Bildung meiner Ansicht nach ausmachen. Auch wenn diese Beschreibungen mit wissenschaftlichen Theorien hinterlegt sind, ist es nicht ihre Absicht, diese wissenschaftlichen Zusammenhänge auch immer explizit klarzustellen und zu begründen. Das wird an anderer Stelle ausführlich geschehen und die daran interessierten Leser seien ausdrücklich auf diese nachfolgende Arbeit verwiesen. Aus dem gleichen Grund, werden die Bezüge zu den Hintergrundtheorien auch nur dort ausgewiesen, wo ich mich direkt auf sie beziehe. Kritische Begründungen meiner Assimilationen fremder Gedanken und Theorien hätten dem eigentlichen Vorhaben – Prozesse nachvollziehbar zu beschreiben – im Wege gestanden.

Diese Beschreibungen wollen eine Orientierung in einem Feld geben, in dem mit vielen Theorien aus anderen als frühpädagogischen Wissensbereichen gearbeitet wird. Es müsste eigentlich eine große Unklarheit darüber herrschen, was denn mit den unterschiedlichsten theoretischen Bruchstücken aus Entwicklungspsychologie, Lernforschung, soziologischer Kindheitsforschung, Neurobiologie oder Säuglingsforschung – um nur einige dieser theoretischen Steinbrüche zu anzudeuten, deren man sich derzeit gerne bedient – im Bereich frühkindlicher Erziehung und Bildung tatsächlich erfasst werden kann. Doch gerade diese Unsicherheit wird durch eine unreflektierte, teilweise sogar blinde und scheinbar selbstverständliche Übertragung entsprechender Theoriemodelle verschleiert. Begriffe wie Kompetenz, Metareflexion, Ko-Konstruktion, Bindung oder Instruktionslernen (auch hier erwähne ich wieder nur besonders prominente Theorie- und Begriffsmodelle) sind nicht in der Frühpädagogik entwickelt worden. Es gibt aber so gut wie keine Diskussion darüber, inwieweit sie dann für eine einigermaßen zureichende Beschreibung und Hinterfragung frühkindlicher Erziehungs- und Bildungsprozesse geeignet sind. Man kann nahezu wöchentlich in Zeitungen neue Beispiele finden, wie aus den Bereichen Medizin, Entwicklungspsychologie, Neurobiologie, Naturwissenschaften, schulische Lernforschung Vorschläge für diesen Bildungsbereich gemacht werden, ohne dass die Frage überhaupt in den Blick kommt, ob diese Vorschläge aus anderen Wissens- und Wissenschaftsbereichen irgendeine Grundlage in einer Pädagogik der frühen Kindheit haben.

Vielmehr geht man umgekehrt vor. Es wird das zur frühpädagogisch bedeutsamen Fragestellungen erklärt, was man glaubt mit einem dieser Denkmodellen erfassen zu können, frei nach dem Motto: Frühpädagogik ist das, was diese Denkmodelle begreifen. Dabei wird darauf verzichtet, sich ein umfassenderes Bild von den frühpädagogischen Aufgabenstellungen und Besonderheiten zu machen. Das bedeutet zumeist, dass auch die fachliche Expertise von Praktikern in diesem Bereich leicht ignoriert und nicht – im kritischen Nachvollzug – zu einer Bestimmung dieses Praxis- und Forschungsbereichs herangezogen wird.

Demgegenüber gehen diese Aufsätze anders vor. Sie bemühen sich, in unmittelbarer Nähe zu frühpädagogischen Handlungsaufgaben, Muster von Bildungs- und Erziehungsprozessen zu beschreiben, um dann nach theoretischen Orientierungen zu suchen, die helfen könnten, diese Muster verständlicher zu machen, aber auch, um auf Zusammenhänge zu stoßen, die im Augenblick vielleicht noch nicht theoretisch abbildbar sind. Natürlich, ich habe das schon eingeräumt, geschieht auch dieses nicht theorielos. Ich gehe erklärtermaßen vielperspektivisch und interdisziplinär vor, benutze also verschiedenen theoretische Netze, um mit ihrer Hilfe Fische unterschiedlicher Herkunft und Größe zu fangen, die einen breiteren Überblick über den Bereich zulassen, um den es hier geht. Aber ich beziehe diese Denkmuster auf frühpädagogische Handlungszusammenhänge. Das heißt, sie müssen Phänomene verständlich machen, die mir im täglichen pädagogischen Handlungsvollzug begegnen (können).

Soweit es irgendwie geht, drücke ich mich dabei alltagssprachlich aus. Das scheint mir für Beschreibungsversuche angemessener und hilft vielleicht beim Nachvollziehen der beschriebenen Prozesse. Aber auch dieses kann die Komplexitäten nicht verringern, die in der Sache selbst liegen.

Auf eine Schwierigkeit der Frühpädagogik möchte ich besonders aufmerksam machen. Sie muss Prozesse und Zusammenhänge hinterfragen, die für uns Erwachsene so selbstverständlich erscheinen, dass wir sie gleichsam für „naturgegeben" erachten. Wir beschäftigen uns zum Teil mit Wahrnehmungs- und Handlungsweisen, Überzeugungen und Bewertungen, Voran-nahmen und Haltungen, die gewonnen werden, noch bevor es ein Bewusstsein dafür gibt. Vieles von dem, worüber zu sprechen ist, liegt für Erwachsene – und speziell Wissenschaftler tun sich damit schwer – im Bereich der frühkindlichen Amnesie, in einem Bereich also, an den wir uns nicht mehr erinnern können, vor allem deshalb wahrscheinlich, weil unsere Bewusstseinsfunktionen und – besonders wichtig dabei – unser Sprachvermögen noch nicht ausgebildet waren. Wie erfasst Bewusstsein (Lern- und Bildungs-)Prozesse, die ohne Bewusstsein zustande kamen?

Es scheint also wichtig, Zusammenhänge erst einmal eher beschreibend anzugehen, bevor sie in theoretische Modelle gefasst werden können. Das bringt mit sich, dass man solche Beschreibungen nicht von vorne herein über theoretische Modelle verständlich machen kann. Deshalb sind Leserinnen und Leser in einem ersten Schritt aufgefordert, sie mit ihren eigenen Erfahrungsmodellen nachzuvollziehen und auf Plausibilität zu überprüfen.

Mein großer Dank gilt all den Fachkräften, die mich auf vielen Vortrags- und Fortbildungsveranstaltungen durch ihre Fragen immer wieder angestoßen haben, meine Aussagen genauer zu durchdenken und für den pädagogischen Alltag klarer zu formulieren. Sie haben mir immer wieder den Kontakt zur Praxis gesichert, der dem Hochschullehrer nicht automatisch gegeben ist.

Köln, im April 2011
Gerd E. Schäfer

Inhalt

Anfänge des Naturwissens

Welche Professionalität braucht eine Kultur des Lernens?

Was ist Bildung in der frühen Kindheit?

Der Bildungsbegriff in der Pädagogik der frühen Kindheit[1]

Im folgenden Beitrag wird eine ausgewählte Traditionslinie des Bildungsbegriffs – bezogen auf die frühe Kindheit – herausgearbeitet. Wenn der Bildungsbegriff nicht völlig beliebig für alles herhalten soll, was mit frühkindlichem Lernen zu tun hat, dann sollte klarer bestimmt werden, was gemeint ist, wenn man sagt, dass Bildung mit der Geburt beginne.

Wurzeln des Bildungsbegriffs

Der Bildungsbegriff wird – anders als der Erziehungsbegriff – für ein Spezifikum der deutschen pädagogischen Diskussion gehalten. Bilstein (2004) macht jedoch deutlich, dass es sich zumindest um eine europäische Tradition handelt. Während unter Erziehung die Reaktionen einer Gesellschaft auf die Entwicklungstatsache[2] verstanden wird, rückt der Bildungsbegriff eher das eigenwillige und selbstständige Handeln des Individuums bei seinen Lernprozessen in den Mittelpunkt sowie deren Beziehungen zu einem übergreifenden soziokulturellen Zusammenhang. Von Humboldt ausgehend stellt Bildung ein Verhältnis zwischen dem individuellen Ich und der Welt her. Dabei wird Individualität nur durch die Auseinandersetzung mit dieser Welt gewonnen. Das Subjekt braucht ein Gegenüber, durch das es sich bil-

1 Veränderte Fassung des gleichnamigen Artikels in: Fried, L., Roux, S. (Hrsg.): Pädagogik der frühen Kindheit. Weinheim, Basel 2006, S. 33–44.

2 So Bernfeld, 1972. Liegle 2006, S. 41 schränkt diese Definition ein: „Erziehung als Reaktion auf die Entwicklung des Kindes, das meint jetzt: auf die Grundbedürfnisse des Kindes angemessen zu antworten". Mit der Formulierung „angemessen" auf die „Grundbedürfnisse des Kindes" wird gegenüber Bernfeld ein Bewertungsmaßstab in den Erziehungsbegriff eingebracht. Auch wenn ich dem fachlich, pädagogischen Erziehungsverständnis immer einen Maßstab des Angemessenen – angemessen bezogen auf das Wissen einer Zeit – unterstelle, möchte ich den Erziehungsbegriff gerne offen lassen auch im Hinblick auf jene eher unbewussten Erziehungspraktiken, die in bestimmten kulturellen und gesellschaftlichen Selbstverständnissen implizit enthalten sind. So gibt es kollektive Meinungen, wie *man* mit Kindern umgeht, wie Kinder lernen oder lernen sollen. Diese werden selten daraufhin befragt, wie angemessen sie sind; ihre Angemessenheit wird einfach unterstellt, weil es in einer gesellschaftlichen Gruppe eben von allen so gehalten wird. Ich beziehe den Erziehungsbegriff also auf alle Praktiken, die auf die Entwicklungstatsache gezogen sind, ob sie begründet, implizit in gesellschaftlichen Selbstverständlichkeiten oder in biografischen Alltagsmustern verankert sind. Die Angemessenheit zu hinterfragen ist eine Sache der Erziehungswissenschaft.

den kann. Bildung wird möglich sowohl durch die Verbesserung und Veredelung der individuellen Kräfte der eigenen Natur, als auch durch die Verbesserung der Werkzeuge, mit deren Hilfe sich das Subjekt mit der Welt auseinander setzt. Ziel ist dabei die höchste und „proportionierlichste" (Humboldt) Bildung der Kräfte zu einem Ganzen, was nur gelingen kann, wenn die Aufgabe des Menschen nicht mit seinem Nutzen für die Gesellschaft in eins gesetzt wird. Das hat zur Folge, dass die gesellschaftlich-kulturellen Kräfte nicht als einzige und ausschlaggebende die Bildung des Menschen bestimmen. Aus diesen Überlegungen lassen sich zusammenfassend einige Merkmale ableiten, die auch heute noch als wesentlich für das Verständnis des Bildungsbegriffs gelten können:

- Bildung ist durchweg mit einer Vorstellung von der Selbsttätigkeit des Individuums verbunden. Sie ist etwas, was der Mensch selbst verwirklichen muss und kann nicht von außen erzeugt werden.
- Bildung vollzieht sich jedoch nur durch die Auseinandersetzung mit einer kulturellen Welt.
- Bildung hat einen umfassenden Anspruch. Sie integriert Handeln und Denken, Wissenschaft und Kunst oder Können, Wissen und Ästhetik.
- Das Ergebnis hat etwas mit einer subjektiven Form zu tun, mit einer (Selbst-)Gestaltung, in der dieser umfassende Anspruch auf eine individuelle Weise immer wieder neu ausbalanciert wird.

Der Verwirklichung von Selbsttätigkeit als einem zentralen Gedanken des Bildungsbegriffs soll in den folgenden Überlegungen in verschiedenen Ansätzen der Frühpädagogik nachgegangen werden. Andere Merkmale müssen der Kürze wegen hier weggelassen werden.

Fröbel, Pionier des Bildungsgedankens in der frühen Kindheit

Fröbel entwarf einerseits den Kindergarten als einen Ort frühkindlicher Bildung, unabhängig von den sozialen Notwendigkeiten einer institutionellen Betreuung. Andererseits verstand er auch die Familie als einen Ort der allseitigen Bildung des Kindes. In seinen Bildungsvorstellungen gesteht er dem Kind ein hohes Maß an Selbsttätigkeit zu, aber seine didaktischen Vorstellungen bleiben widersprüchlich. Die eine Konzeption geht vom frei erfindenden Explorieren des Kindes mit den Spielgaben aus. Die zweite didaktische Struktur trägt die Züge von Unterricht im Sinne von Vor- und Nachmachen (Heiland 1982).

Im Umgang mit den von ihm entwickelten Spielgaben sollen die Kinder unter Anleitung und Mittun der Mutter oder Erzieherin die Welt als lebenspraktische, ästhetische und mathematische Ordnung erfassen. Das erste kindliche Verständnis von der Welt erwächst damit aus der Auslegung seiner körperlich-sinnlichen Erfahrungen sowie den daraus entstehenden Vorstellungen. Das theoretische Modell für die Auslegung bietet die „Philosophie der Sphären“ (Heiland 1982), eine eher spekulative Auslegung des menschlichen Geistes.

Fröbel gab der Bildungsdiskussion für die nächsten anderthalb Jahrhunderte einige Stichpunkte vor: frühe Kindheit als Bildungszeit, Spiel- und Beschäftigungsmaterialien, welche die Kinder in die – mathematische – Ordnung der Wirklichkeit einführen, das selbsttätige Handeln des Kindes bei seinem Bildungsprozess, die Einbettung der kindlichen Tätigkeit in ein übergreifendes, kosmisches Modell. Darüber hinaus formulierte er erstmals einen weiteren Aspekt frühkindlicher Bildung in den „Mutter- und Koseliedern“[3] aus und zwar den der zwischenmenschlichen Beziehungen, die den Bildungsprozess des Kindes tragen, strukturieren und herausfordern, der bis heute uneingeschränkt Bedeutung hat.

Maria Montessori – der Bildungsgedanke auf eine empirische Basis gestellt

Maria Montessori denkt Fröbels Vorstellung von der Selbsttätigkeit des Kindes konsequent weiter. Für sie zeigt sich die Selbsttätigkeit von Anfang an im „absorbierenden Geist“, einer Fähigkeit des kleinen Kindes, die Verhältnisse, die es in seiner Umwelt vorfindet, unbewusst wie ein Schwamm aufzusaugen und zum Ausgangspunkt einer Ordnung des Geistes zu machen. Sie bezeichnet deshalb das kleine Kind als „geistigen Embryo“ und die ganze Zeit der frühen Lebensjahre als eine „sensible Periode“, die dem Kind die Fähigkeit verleiht, sich Bilder aus der Umwelt einzuverleiben. Montessori bringt das Verständnis von dieser Selbsttätigkeit insofern auf den Stand der wissenschaftlichen Kenntnisse zu Beginn des 20. Jahrhunderts, als sie, ausgehend von den Vorarbeiten Itards und Seguins, auf der Basis von Beobachtungen ein autodidaktisches Material entwickelt, das Kinder selbstständig benutzen können, um ein Verständnis von der Welt zu gewinnen. Dies geschieht in erster Linie über Materialien. Dem positivistischen Geist ihrer Zeit folgend entwickelt sie dieses Material so, dass die Kinder entlang elementarisierter Lernschritte einzelne sinnliche, lebenspraktische oder geistige Funktionen (wie Schreiben, Lesen oder Mathematik) selbst entwickeln können. In der „Polarisation der Aufmerksamkeit“ – darunter versteht Montessori eine Art der Vertiefung des Kindes in eine Sache, bei der es nicht gestört werden will – verbindet sich das selbsttätige Zusammenspiel der geistigen Kräfte des Kindes mit einer vorbereiteten Umgebung, die so strukturiert ist, dass das Kind selbstständig Erkenntnisse gewinnen kann.

3 Fröbel 1982.

Während Fröbels Anthropologie weitgehend in einer philosophischen Auslegung des menschlichen Geistes bestand, verifiziert durch Beobachtungen an Kindern, folgt Montessori dem positivistisch-empirischen Denken ihrer Zeit und versucht ihre theoretische und praktische Arbeit auf eine erfahrungswissenschaftliche Grundlage zu stellen. Das führt allerdings auch zu einer Spaltung in ihrem Werk: Während sie theoretisch an einem ganzheitlichen, ja kosmischen Zusammenhang festhält, zerlegt sie praktisches Handeln in elementare Einzelteile, die sich zwar eng an die Alltagspraxis anlehnen, deren Einbettung in übergreifende Sinnzusammenhänge für Kinder aber nicht mehr unmittelbar nachvollziehbar ist.

Die Reform der 1970er Jahre – entwicklungs- und wissenschaftsorientierte Ansätze

Ein nächster innovativer Schritt in der Entwicklung des Bildungsgedankens für die frühe Kindheit erfolgte in der Bundesrepublik erst wieder durch die Bildungsreform in den 70er Jahren des 20. Jahrhunderts, die durch den Sputnikschock, die zunehmende Bewusstwerdung der sozialen Ungerechtigkeit im Bildungswesen und die bildungspolitischen Notwendigkeiten des Wirtschaftswachstums angestoßen wurde. Sie erfasste auch die Zeit vor der Schule, denn hier schien einerseits Bildungszeit vergeudet zu werden, andererseits konnte hier die soziale Ungerechtigkeit des Bildungswesens durch die frühzeitige Förderung von benachteiligten Kindern unterlaufen werden.

Der Trend, das Wissen über Kinder nicht nur der persönlichen Intuition zu überlassen, sondern auf eine empirische Basis zu stellen, wurde von der Entwicklungspsychologie übernommen. Ihre Ergebnisse wurden zu Normwerten, die den Entwicklungs- und Lernprozessen als Orientierungslinie dienten. Allen voran war es die kognitive Psychologie Piagets, welche die Teilschritte für eine kindgemäße Entwicklung vorzugeben versprach. Ein umfassender Bildungsanspruch ging dabei allerdings verloren. Entwicklungsorientierte Curricula befassten sich mit einzelnen psychischen, hauptsächlich kognitiven Funktionen, wie mathematischem oder sprachlichem Denken. Daneben gab es Stufen der sozialen Entwicklung. Emotionale oder ästhetische Lernbereiche verloren an Bedeutung. Kindorientierung erschöpfte sich in der Orientierung am entwicklungspsychologisch beschriebenen Allgemeinkind, auf welches das reale Kind reduziert wurde.

Ein zweiter Entwicklungsstrang von frühpädagogischen Bildungs- und Lernkonzepten orientierte sich an den elementaren Schritten einzelner Wissens- oder Wissenschaftsbereiche, der Mathematik, dem Lesen und Schreiben oder frühen Formen von Naturwissenschaft. Bildung in der frühen Kindheit wurde als elementare Einführung in diese Bereiche gedacht, die der Systematik der jeweiligen Wissensbereiche folgte, die irgendwie auf die Denkbedingungen der Kinder zurecht didaktisch zugeschnitten wurden.

Der Bildungsgedanke – wie er eingangs skizziert wurde – entfaltete sich nach der Bildungsreform eher außerhalb wissenschafts- oder entwicklungsorientierter Curricula. Für die deutsche Diskussion lassen sich drei wesentliche Diskussionslinien ausmachen:

- Einflüsse der Psychoanalyse auf die Frühpädagogik,
- Hervorhebung der Einbettung von Bildung in soziale Sinnzusammenhänge in den Varianten des Situationsansatzes,
- Einfluss der Reggio-Pädagogik auf die deutschen Kindergärten ab Beginn der 1980er Jahre.

Individuum und Gesellschaft im Bildungsprozess – der Beitrag der Psychoanalyse

Der Einfluss der Psychoanalyse auf die (Früh-)Pädagogik hatte in der Bildungsdiskussion der 1960er und 1970er Jahre eine Hochzeit. Die spektakulärsten Debatten wurden in der Kinderladenbewegung geführt. Die Pädagogik der Kinderläden speiste sich aus zwei Quellen: der Psychoanalyse und der marxistischen Gesellschaftstheorie. Die Psychoanalyse bot ein Instrument zur Beschreibung der individuellen psychischen Formations- und Deformationsprozesse. Die marxistische Gesellschaftstheorie war das Werkzeug einer gesellschaftlichen Analyse, das geeignet schien, Prozesse der Unterdrückung ausfindig und beschreibbar zu machen. Im Miteinander vom kritischen Aufspüren individueller Formen der Abhängigkeit und gesellschaftlichen Formen der Unterdrückung sollten die Voraussetzungen für ein repressionsfreies, autonomes und von der eigenen Initiative geleitetes Aufwachsen der Kinder geschaffen werden.

Die Perspektive der Kinderladenbewegung hatte einerseits die Autonomie der Kinder im Blick, bettete diese aber in einen übergreifenden sozialen und gesellschaftlichen Zusammenhang ein: Sie verfolgte wenigstens drei Ziele:

- Die Befreiung des individuellen Kindes durch die Anerkennung seiner Entwicklungsbedürfnisse;
- die Befreiung der Gesellschaft von repressiven Strukturen durch Menschen, die diese Repressionen nicht bereits in den frühesten Lebensjahren verinnerlichen mussten und – gewissermaßen als Drehscheibe für diese beiden Perspektiven;
- die Befreiung der Familie und das hieß, die Befreiung der Frauen aus der Pflicht zur Mutterrolle.

Der Situationsansatz holte sich – gerade was seinen emanzipativen Anspruch betrifft – entscheidende Anregungen aus dieser Diskussion.

Situationsansätze– Bildung als sozialer Prozess

Weil es *den* Situationsansatz nicht gibt, sondern eher unterschiedliche Varianten, wobei im Folgenden auf den „Situationsansatz“ des Deutschen Jugendinstituts (vgl. Zimmer, 1985) und den „Situationsorientierten Ansatz“ in Nordrhein-Westfalen (Militzer et al. 1999) Bezug genommen wird. Bei vielen Gemeinsamkeiten scheint das wesentliche Unterscheidungsmerkmal dieser beiden Versionen zu sein, dass sich der erstere vorwiegend an der allgemeinen Lebenssituation der Kinder, letzterer mehr am einzelnen Kind orientiert, wobei sich diese Gegensätze im Laufe der Jahre immer mehr verwischt haben.

Der Situationsansatz des DJI geht von der Vorstellung aus, dass das Kind sich aktiv seine Umwelt aneignet, wobei der Aneignungsbegriff inhaltlich unausgeführt bleibt. Damit bleibt die Eigentätigkeit des Kindes bei seiner Bildung im Dunkeln.

Im situationsbezogenen Ansatz aus Nordrhein-Westfahlen verbinden sich Piagets Verständnis von der Beteiligung des Kindes an seiner Entwicklung und Bronfenbrenners Auffassung, nach der das Kind untrennbar mit den spezifischen Gegebenheiten seines Lebensumfeldes verbunden ist. Diese sind Teil seiner Person, seiner Individualität (vgl. Militzer et al. 1999, S. 23). Im situationsbezogenen Ansatz konnte sich eine Kultur des individuellen, alltagsbezogenen Lernens entwickeln. Dabei sollten die Kinder die Möglichkeit haben, die Lebenswirklichkeit der Kinder nicht in Fach- oder Wissenschaftsdisziplinen kennen zu lernen. Weiter wird darauf bestanden, dass Kinder unter Berücksichtigung ihrer subjektiven Lebenssituation in Alltagszusammenhängen lernen.

Das Bild vom selbsttätigen Kind und die Verbindung des individuellen Lernens mit den sozialen, kulturellen und gesellschaftlichen Kontexten fügen die Konzepte der Situationsansätze in den hier skizzierten Bildungsgedanken ein. Mit der Akzentsetzung auf eine soziale Struktur der Bildungsprozesse wird eine Dimension des Bildungsgedankens besonders unterstrichen, die ihn nicht nur an die subjektive Tätigkeit des Kindes bindet, sondern ebenso an den sozialen Austausch mit der Gesellschaft. Gleichzeitig – und besonders deutlich im situationsbezogenen Ansatz NRW – wird die Anonymisierung des kindlichen Subjekts in den psychologischen Entwicklungs- und Lerntheorien ansatzweise überwunden. Es wird eine neue Aufgabe wahrnehmbar, dem Kind sowohl in seiner soziokulturellen Vernetzung, wie auch in seiner individuellen Differenz im Bildungsprozess zu begegnen. Dafür hat die Reggio-Pädagogik ein weltweit anerkanntes Konzept entwickelt, das seit den 1980er Jahren die Bildungsdiskussion in der frühen Kindheit in Deutschland zunehmend beeinflusst.

Reggiopädagogik – auf die hundert Sprachen der Kinder hören

Selbstkonstruktion – soziale Konstruktion – Weltkonstruktion

Die Reggiopädagogik macht das Zusammenspiel von Individuum – Selbstkonstruktion – und sozialem Umfeld – soziale Konstruktion – zu ihrem Ausgangspunkt: „Jedes Kind ist ... eine Konstruktion (selbst-konstruiert und sozial-konstruiert), die auf einen spezifischen Kontext und eine Kultur bezogen ist.“ (Rinaldi 2001, S. 39; Übersetzung d. Verf.)

Was meint *Selbstkonstruktion*? Kinder werden „als aktive Konstrukteure ihres eigenen Lernens und als Produzenten origineller Ansichten über die Welt“ (Cagliari et al. 2004, S. 29) wahrgenommen. Sie entwickeln sich, indem sie neugierig und forschend Erfahrungen machen. Daraus formen sie sich ein Bild von der Welt und von sich selbst.

Inwiefern handelt es sich um eine *soziale Konstruktion*? Für die „Selbstkonstruktionen“ bedienen sich Kinder der Möglichkeiten, die sie in ihrem sozialen und kulturellen Umfeld vorfinden. Ihre Bildungsprozesse vollziehen sich, selbst wenn jedes Kind ganz für sich selbst tätig wäre, in einem sozialen Rahmen. Im Beisein von anderen gleicht die „Selbstkonstruktion“ eher einem Ping-Pong-Spiel von gegenseitigem Nehmen und Geben.

Daraus entstehen *Weltkonstruktionen* als innerer Aufbau von Welt, der sich immer wieder verändert. Durch ihre Verbindungen mit den sozialen Konstruktionen sind diese Weltkonstruktionen überindividuell und denen anderer Kinder vergleichbar. Als schöpferische Erzeugnisse, die einer individuellen Lebensgeschichte entspringen, sind sie vielfältige individuelle Abwandlungen dieser Allgemeinheit. Soziale Konstruktionen sowie individuelle Selbst- und Weltkonstruktionen verhalten sich wie Thema und Variationen in der Musik. In zahlreichen Projektdokumentationen aus Einrichtungen in Reggio können Originalität und Reichtum solcher Themen mit Variationen nachvollzogen werden.

Hundert Sprachen der Kinder

Die Metapher von den „hundert Sprachen der Kinder“ (oder des Kindes, beide Übersetzungsvarianten werden angetroffen und machen Sinn) ist der deutlichste Ausdruck einer Integration der Werkzeuge des Handelns, Denkens, Vorstellens, Empfindens und Fühlens. Sie besagt, dass jedes dieser Werkzeuge gleich wertig ist. Sie macht aber auch anschaulich, dass jedes Ausdrucksmittel dafür benutzt werden kann, „Sprache“ zu werden. Es gibt kein minderwertiges Denkwerkzeug und keine Ausdrucksmöglichkeit, die man ausschließen sollte. Gerade in der Vielfalt von Werkzeugen und Ausdrucksmöglichkeiten erschließt sich der Reichtum im Umgang mit der

Welt. Und dieser Reichtum ist die Voraussetzung für die Erfindungen von Variationen des Weltverständnisses.

Die leitende Funktion dieser Integration von Denkwerkzeugen und Ausdrucksmöglichkeiten ist die Ästhetik. Im Sinne von Bateson sind es die ästhetischen Umgangsmöglichkeiten mit der Wirklichkeit, die davor bewahren, dass wir die Welt in einzelne funktionelle Teilstücke zerlegen, die sichern, dass wir Zusammenhänge wahrnehmen und begreifen können. Die ästhetische Betrachtung erhält alle Zusammenhänge, in die ein Verhalten, ein Tun oder Gedanke eingebettet ist. Das analytische Denken muss sie zerlegen um zu begreifen. Die Ästhetik wird damit als Gegenspieler der analytischen Vernunft benötigt. Wo sie fehlt, gewinnt der Funktionalismus die Übermacht.

Reggiopädagogik im historischen Kontext

Stärker noch als die Situationsansätze hat die Reggiopädagogik den Wert und die Bedeutung der individuellen Vielfalt herausgearbeitet und mit dem Gedanken der sozialen Vernetztheit allen Denkens und Tuns nahtlos verknüpft. Diese Verbindung zieht sich als Grundgedanke durch die Projektarbeit in der Reggiopädagogik. In deren Dokumentationen zeigt sich, dass der individuelle Reichtum kindlichen Denkens und Handelns gleichzeitig den Grundstock für den Variationsreichtum und das rhizomhafte Wachstum der Projektarbeit legt. Reggiopädagogik versteht das Kind als reiches Kind. Das heißt aber auch, dass der Reichtum sich vergrößert, wenn mehrere Kinder zusammenarbeiten.

Mit dieser Verbindung von Individualität und sozialem Zusammenspiel hat die Reggiopädagogik den Grund gelegt für eine neue Fassette des Bildungsgedankens: Bildung als einen biografischen Prozess zu verstehen. Die Notwendigkeit der Berücksichtigung von individueller Differenz in Lern- und Bildungsprozessen ist nun auch eines der wichtigsten Ergebnisse der derzeitigen Kognitionsforschung. Sie gibt damit Anstoß zu einer weiterführenden Fassette der Bildungsdiskussion, welche die historischen Schwerpunkte aufnimmt und weiter denkt.

Bildung, biografischer Prozess in einer Kultur des Lernens – die neue Aufgabe

Durch die Erkenntnisse der Säuglings- und Kleinkindforschung, Entwicklungspsychologie, Hirnforschung und Sprachforschung hat die Idee vom Kind, das etwas kann und das seine Entwicklung, eingebettet in soziale und kulturelle Bezüge, in hohem Maße mitbestimmt, seit den 1990er Jahren neue Unterstützung bekommen.

Damit wird die Aufmerksamkeit der Erwachsenen einerseits auf die Potenziale gelenkt, welche die Kinder in ihre Bildungsprozesse einbringen. Andererseits wird durch Neurobiologie und Säuglingsforschung hervorgehoben, dass Gehirn und Denken des Kindes nicht einfach einer individuellen oder kollektiven Entwicklungslinie folgen, sondern die Erfahrungen widerspiegeln, die ein Kind in seiner konkreten soziokulturellen Umwelt macht. Damit wird die besondere Bedeutung der Herausforderungen der Mitwelt für den kindlichen Bildungsprozess betont. Indem man einerseits Kinder in ihren Ressourcen wahrnimmt, diese anderseits im Kontext gegebener Möglichkeiten ausdifferenziert, ergibt sich eine Vielfalt individueller kindlicher Denk- und Handlungsweisen. Deren Anerkennung bildet die Grundlage und den Ausgangspunkt für alle weiteren Bildungsprozesse.

Insbesondere war es eine „konstruktivistische Wende" innerhalb der Wissenschaften, die es heute notwendig macht, die Weisen der Selbsttätigkeit des Kindes, seine inneren Verarbeitungsmöglichkeiten wirkungsvoller in den Bildungsprozess einzubeziehen. Die Biologen Maturana und Varela (1987), hoben hervor, dass jeder Organismus in sich eine Einheit bildet. Diese Einheit muss sich – zum einen – in jedem Augenblick selbst erzeugen. Tut sie das nicht, stirbt der Organismus. Zum zweiten muss der Organismus eine Verbindung zur Umwelt dauerhaft eingehen, um sich von dort das zu holen, was er zum Leben braucht. So gesehen gestaltet sich der Organismus selbst, zum einen auf Grund einer gegebenen biologischen Organisation, zum zweiten dadurch, dass diese Organisation einen Austausch mit der vorhandenen Umwelt ermöglicht. Der Organismus wird nicht von außen gemacht, sondern er macht sich selbst mit den Mitteln, die ihm durch seine (biologische) Organisation *und* seine Umwelt dazu zur Verfügung stehen. Er ist gleichzeitig autonom, indem er sich selbst aufbaut, wie auch abhängig, weil er dazu auf das „Baumaterial" angewiesen ist, das seine soziale und kulturelle Umwelt zur Verfügung stellt.

Überträgt man dieses Denkmodell auf den Menschen und insbesondere auf seine geistige Entwicklung, dann bildet sich der Mensch selbst, aber eben in der Auseinandersetzung und entlang den Möglichkeiten der gegebenen Umwelt.

Die Hirnforschung hat diesen Gedanken weiter bestätigt. Sie konnte, wenigstens für die ersten Lebensjahre des Menschen, zeigen, dass wir nicht nur mit bestimmten Programmen geboren werden, die uns ermöglichen, aus dem soziokulturellen Vorrat zu lernen. Vielmehr programmiert sich das Gehirn – ausgehend von den vorhandenen Programmen – selbst weiter, entsprechend den Anforderungen, welche die soziokulturelle Umwelt stellt. Die Programme wachsen also mit den Anforderungen mit. In gewisser Weise spiegelt damit das individuelle Gehirn die Möglichkeiten wider, die es im Laufe seiner Geschichte erfahren hat. Dabei hat die Neurobiologie auch zeigen können, welche Bedeutung dabei der Wahrnehmung als grundlegender Denkfunktion zukommt. Sie schlägt damit die Brücke vom Denken zur Ästhetik.

Ein Fazit

Fröbels Bildungsdenken in der frühen Kindheit bestand in der philosophisch-spekulativen Ausdeutung des menschlichen Geistes, ein wenig ergänzt durch passende Beobachtungen. Durch Montessori wurde das Bildungsgeschehen zunehmend auf eine breitere empirische Basis gestellt. Dabei trat bei ihr, und später in der Entwicklungspsychologie, zunehmend eine allgemeine Entwicklungstheorie des Kindes in den Vordergrund. Das individuelle Kind wurde in ein entwicklungspsychologisches Allgemeinkind verwandelt. In den letzten Jahrzehnten verlagerte sich das wissenschaftliche und das pädagogische Interesse zunehmend auf die Erfahrung und Berücksichtigung individueller Differenz. Mit dieser Entwicklung haben sich auch die Vorstellungen von der Selbsttätigkeit des Kindes über zweihundert Jahre gewandelt: Sie führen von einem tätigen Nachvollzug dessen, was Erwachsene – kindgemäß – anbieten, zu einem Kind als zunehmend eigenständigerem Welterforscher; zu einem Kind also, das Fragen an die Wirklichkeit stellt, sich Hypothesen ausdenkt, die sich aus seinen vergangenen Erfahrungen herleiten, Antworten sucht und dafür zunehmend die sozialen und kulturellen Instrumentarien zu nutzen lernt, die ihm sein Umfeld zur Verfügung stellt. Damit wandelt sich auch die Rolle der Erwachsenen im kindlichen Bildungsprozess. Sie werden heute weniger dazu gebraucht, den Kindern das Wissen vorzuordnen, das sie für die Bewältigung ihrer Zukunft zu benötigen scheinen, als dafür, dass sie ihnen den Rahmen vorstrukturieren, innerhalb dessen sie selbständig handeln und denken können, und die geistigen und kulturellen Werkzeuge zugänglich machen, mit welchen sie sich ihr Können und Wissen von Anfang selbst erarbeiten.

Man kann also einen Weg unterstellen, der von einem in philosophischen Begriffen formulierten Menschenbild, zu einem empirisch erforschten Allgemeinkind führte.[4] Davon ausgehend stellt sich die Aufgabe, Kinder nicht nur als Allgemeinkinder im Bildungsprozess zu bedenken, sondern in der Vielfalt und wissenschaftlich nicht einholbaren Individualität. Damit entsteht aber eine weitere Aufgabe: Wie lässt sich individuelle Vielfalt so synchronisieren, dass sie nicht in soziale Isolation führt, sondern über Verständigungsprozesse zur Grundlage eines Reichtums kultureller Entwicklungsprozesse wird. Es ist daher falsch Selbstbildung und soziale Konstruktion

4 Selbstverständlich will ich hier keine logische Ablaufslinie dieser Entwicklung postulieren. Vielmehr geht es mir darum, nachvollziehbar zu machen, wie sich der Gedanke der Selbstbestimmung und Selbsttätigkeit des Kindes im europäischen Kontext ausdifferenziert, so dass uns heute alle bisher kulturell entwickelten Fassetten dieses Gedankens wertvoll und unabdingbar erscheinen.

einander polar gegenüber zu stellen[5]. Aufgabe ist es vielmehr, individuelle Selbstbildungsprozesse und soziale Konstruktionsprozesse so aufeinander abzustimmen, dass sich einerseits darin selbständig handelnde und denkende Individuen entwickeln können, andererseits sich die sozialen und kulturellen Interessen einer Gesellschaft darin wiederfinden. Das kann nach meiner Überzeugung nur in einer Kultur der Kindheit und des Lernens gelingen.

Literatur

Bernfeld, S. (1973): Sisyphos oder die Grenzen der Erziehung, Frankfurt/M.; erstmals Leipzig, Wien, Zürich, 1925. Internationaler Psychoanalytischer Verlag.

Bilstein, J. (2004): Bildung: Über einen altehrwürdigen Grundbegriff und seinen anhaltenden Charme. In: Bildung und Erziehung, 57, 4, S. 425–431.

Dahlberg, G., Moss, P. (2006): Introduction: Our Reggio Emilia. In: C. Rinaldi (Ed.): In Dialogue with Reggio Emilia. London, S. 1–22.

Erning, G, Neumann, K, Reyer, J, (Hrsg.) (1987): Geschichte des Kindergartens.

Fröbel, F. (1982): Kommt, laßt uns unsern Kindern leben. Herausgegeben von Hermann Fröbel und Dietrich Pfaehler. Mit einem Beitrag zum Verständnis von Fröbels „Mutter- und Koseliedern“ von Karl Renner. Bad Neustadt a.d. Saale. Mitteldeutsche Verlagsgesellschaft.

Fthenakis, W. E. (2002): Der Bildungsauftrag in Kindertageseinrichtungen: ein umstrittenes Terrain? In: Bildung, Erziehung, Betreuung, H. 2.

Fthenakis, W. E. (2007): Auf den Anfang kommt es an. In: Betrifft Kinder, H. 8–9, 2007, S. 6–17.

Heiland, H. (1982): Fröbel und die Nachwelt. Bad Heilbrunn.

Heiland, H. (1991): Maria Montessori. Reinbek bei Hamburg.

Liegle, L. (2006): Bildung und Erziehung in früher Kindheit. Stuttgart 2006.

Militzer, R., Demandewitz, H., Solbach, R. (1999): Tausend Situationen und mehr! Münster.

Palm, R., Winkler, M. (1995): Der Kinderladen – Eine Alternativ im elementarpädagogischen Bereich.. In: anonym, Beiträge zum 155. Gründungsjahr der Institution Kindergarten. Friedrich-Fröbel-Museum. Bad Blankenburg, S. 81–102.

Rinaldi, C. (2001): Infant-toddler Centres and Preschools as Places of Culture. In: Reggio Children (Ed.): Making learning visible – children as individual and group learners: Reggio Emilia. S. 38–46.

Rockstein, M. (2004): Kindergarten. Bd. 1 der Schriften des Friedrich-Fröbel-Museums. Bad Blankenburg.

Schäfer, G. E. (2005):. Bildung beginnt mit der Geburt (2., veränd. Aufl.). Weinheim, Basel.

Zimmer, J. (1985:. Der Situationsansatz als Bezugsrahmen der Kindergartenreform. In: Enzyklopädie Erziehungswissenschaft. Bd. 6, Erziehung in früher Kindheit. Stuttgart, S. 21–38.

5 Wie es Fthenakis an vielen Stellen tut, z.B. 2002 oder 2007.

Bildung in der frühen Kindheit[1]

Überlegungen zu den Bildungsempfehlung in Nordrhein-Westfalen[2]

„Das Kind als Akteur seiner Entwicklung“

Der Begriff vom „Kind als Akteur seiner Entwicklung“[3] wurde Ende der siebziger Jahre in die deutsche Bildungsdiskussion eingeführt. Damit wurde ein Kinderbild formuliert, welches bereits damals einen Gegenpol gegen funktionsorientierte Tendenzen in der Frühpädagogik begründete und eine kindorientierte Perspektive in der Pädagogik der frühen Kindheit untermauerte. Seine historischen Wurzeln reichen bis zu Rousseau, Pestalozzi und Fröbel. Zu Beginn des 20. Jahrhunderts zeichnete es die reformpädagogische Diskussion neu, im frühpädagogischen Bereich insbesondere Maria Montessori und die Waldorfpädagogik.

Durch die Psychoanalyse – die in besonderem Maße die grundlegende Bedeutung der frühen Kindheit für die menschliche Entwicklung hervorhob – erhielt dieses Bild in der Folge eine empirisch-wissenschaftliche Begründung. Dabei muss festgehalten werden, dass die psychoanalytische Diskussion bereits ab den Dreißigerjahren des 20. Jahrhunderts begann, das statische Bild kindlicher Entwicklung in Frage zu stellen, um ein dynamisches Bild vom Kind in Beziehungen zu entwickeln. Besonders wichtig waren hier der Einfluss Melanie Kleins und – für den pädagogischen Bereich – D. W. Winnicotts, der seit den siebziger Jahren verstärkt rezipiert wurde.

Der Einfluss der Psychoanalyse auf die (früh)pädagogische Diskussion hatte in der Bildungsdiskussion der sechziger und siebziger Jahre eine Hochzeit. Die spektakulärste Diskussion mit ihr wurde in der Kinderladenbewe-

1 Stark gekürzte Fassung von „Die Bildungsdiskussion in der Pädagogik der frühen Kindheit“; in: Steinhardt, K., Büttner, Chr., Müller, B. (Hrsg.): Kinder zwischen drei und sechs. Jahrbuch für Psychoanalytische Pädagogik 15. Gießen 2006. Der Beitrag wurde auf die grundlegenden Überlegungen zu den Bildungsempfehlungen in Nordrhein-Westfalen beschränkt.

2 Bildungsvereinbarung NRW. Ministerium für Schule und Weiterbildung des Landes NRW. In Kraft getreten 01.08.2003.

3 Insbesondere war es die Arbeit von Kautter, H., Klein, G., Laupheimer, W., Wiegand, H.-S.: Das Kind als Akteur seiner Entwicklung. Heidelberg 1992, 2. Aufl., die diesen Begriff in die deutsche Diskussion einführte.

gung geführt.[4] Aus der Begegnung reformpädagogischen Denkens, der Psychologie Piagets und der psychoanalytischen Pädagogik entstand dann die weiterführende Formulierung vom „Kind als Akteur seiner Entwicklung" bei Kautter, Klein et al. Dieser Begriff war Ausdruck eines pädagogischen Verständnisses, das die Tätigkeit des Kindes als wesentlichen Aspekt in das pädagogische Handeln mit einbezog. Er richtete sich gegen ein Pädagogikverständnis, das glaubte, nicht auf die Erfahrungsweisen und das Erleben des Kindes eingehen zu müssen und pädagogisches Handeln vorwiegend aus der Perspektive der erziehenden Erwachsenen denken zu können. Mit der kognitiven Psychologie Piagets und der Psychoanalyse standen zwei psychologische Orientierungen zur Verfügung, mit deren Hilfe man sich ein Bild von der Tätigkeit des Kindes bei seiner Erziehung und Bildung machen konnte. Sie ermöglichten, die kognitiven und die emotionalen Leistungen des Kindes in seiner Eigentätigkeit zu erfassen.

Die Verwendung des Begriffs vom „Kind als Akteur seiner Entwicklung" bedeutete eine pädagogische Akzentsetzung, die auf ein erziehungswissenschaftliches Diskussionsdefizit hinweisen wollte, nämlich das wenig entwickelte Nachdenken über die Beteiligung des Kindes an den pädagogischen Beziehungen. Während die Kognitionspsychologie Piagets die kognitiven Prozesse der inneren Verarbeitung des Kindes betonte, war es die Psychoanalyse, die auf die Beziehungsaspekte der pädagogischen Prozesse und ihre emotionalen Wirkungen aufmerksam machte. Es wäre also falsch, aus dem Begriff des Kindes als Akteur seiner Entwicklung zu schließen, es würde unterstellt, dass sich das Kind von selbst und außerhalb sozialer Beziehungen entwickeln würde.

Spielen und Gestalten

Insbesondere wurde in der Folge dann auch der kindliche Bildungsprozess als ein Beziehungsprozess beschrieben. Wenn man die von den Kindern selbst organisierten Bildungsprozesse ins Auge fasst, dominiert dabei das Spiel.[5] Untersucht man nun das Spiel als eine Form der Beziehung zwischen dem Kind und seiner Welt, dann fällt zweierlei ins Auge: Zum einen sind Bezüge zur gegebenen Wirklichkeit ein wesentlicher Teil von Spiel. Kinder setzen sich spielend sehr intensiv und konzentriert mit Menschen und Dingen auseinander. *Um spielen zu können, muss man kennen, womit man spielt.* Zum anderen erlaubt das Spiel dem Kind, sich die Wirklichkeit

4 Lit. zur Kinderladenbewegung: Claßen, J: Antiautoritäre Kleinkinderziehung. In: Dollase, R.: Handbuch der Früh- und Vorschulpädagogik., Bd. 2, Düsseldorf 1978, S. 163. Grossmann, Wilma: Vorschulerziehung – Historische Entwicklung und alternative Modelle. Köln 1974; darin Kap. 9 Antiautoritäre, sozialistische Erziehung, S. 201ff.

5 Winnicott, D. W.: Vom Spiel zur Kreativität, Stuttgart 1973; Schäfer, G. E.: Spiel, Spielraum und Verständigung. Weinheim 1986; ders.: Spielphantasie und Spielumwelt. Weinheim, Basel 1989.

so zurechtzubiegen, wie es seinen Wünschen, Gedanken und Vorstellungen entspricht. Die Wirklichkeit des Spieles ist nicht so sehr Wirklichkeit, dass Kinder sich ihrem Realitätscharakter unterwerfen müssten. Spiel stellt einen auch sozial geschützten Raum dar, in dem die Kinder ein sehr persönliches Mischungsverhältnis zwischen Realität und Fantasie herstellen können und mit keinen realen Folgen rechnen müssen, wenn sie sich von der Realität zu weit entfernen.

Das Spiel füllt also einen Zwischenraum zwischen der reinen Fantasie und der verpflichtenden Wirklichkeit. Insofern bildet es einen Möglichkeitsbereich, in dem Kinder ihr Verhältnis zur Wirklichkeit so balancieren können, dass ihre eigenen Erwartungen, Wünsche, Vorstellungen oder Wirklichkeitsentwürfe dabei nicht zu kurz kommen.

Von Erwachsenen erwartet man, dass sie ihr persönliches Interesse so mit ihrer Wirklichkeit in Verbindung bringen können, dass sie dabei den Anforderungen der Wirklichkeit gerecht werden. Kinder brauchen größere Spielräume um Realität und subjektive Welt miteinander in Einklang zu bringen.

Diese Balance zu finden, dafür bildet das Spiel einen wichtigen Übergangsbereich, in dem Kinder diese Verbindung – losgelöst von sozial verpflichtend gemachten Wirklichkeitsansprüchen – allmählich für sich finden können. Das ist der Sinn des Spiels als eines Zwischenbereichs – intermediären Bereichs in der Terminologie Winnicotts[6] – in dem man mit gelockerten Bindungen an eine verpflichtende Wirklichkeit handeln kann und deshalb frei ist, seine subjektiv begründeten Interessen an der Wirklichkeit mit einzubringen. Die Folge davon ist, dass man Kinder nicht motivieren muss, dieses oder jenes zu tun oder zu lernen, sondern, dass im Spiel das Eigeninteresse der Kinder und ihre jeweiligen Fähigkeiten, mit Teilen der sachlichen und sozialen Wirklichkeit umzugehen, in einem sozial geschützten Rahmen von vorneherein gegeben sind. Selbstmotiviertes Lernen hat deshalb – auch bei Erwachsenen – immer ein Element des Spielerischen[7]

Im Spiel verbinden sich aber auch Sicherheit und selbstgewählte Herausforderung. Es ist wie beim Bergsteigen. Kinder tummeln sich im Gelände und bemeistern in ihren Spielen einfache Schwierigkeitsgrade. Etwas fortgeschritten, suchen sie neue Herausforderungen, probieren und steigern die Grade ihrer Möglichkeiten. Könner schließlich verfügen über ihre Kräfte und Geschicklichkeiten so sicher, dass sie diese spielerisch zur routinemäßigen Schwierigkeitsbewältigung einsetzen können. Konzentration und bewusste Anstrengung erfordern nurmehr die Situationen, in denen sie an die

6 Winnicott, D. W.: Vorm Spiel zur Kreativität, a. a. O.

7 Das wird vor allem in kreativen Denkprozessen deutlich und lässt sich biografisch in vielen Biografien erfolgreicher Menschen nachzeichnen. Natürlich soll damit nicht gesagt sein, dass schöpferische Arbeit sich ausschließlich spielerisch vollziehe.

Grenzen ihrer bisherigen Möglichkeiten gelangen. Indem sie diese – konzentriert und aufmerksam, vielleicht auch mit großer Anstrengung – meistern, vergrößern sie den Spielraum ihrer Möglichkeiten weiter.

Im Spiel werden Grenzen des Könnens erreicht, die sukzessive bis zu einem persönlichen Sättigungsgrad ausgedehnt werden. Das kann durchaus anstrengend sein. Schließlich aber entwickelt sich ein Möglichkeitsraum, in dem man so sicher und gekonnt mit einer Sache umgehen kann, dass die vertrauten Umgangsweisen gleichsam ohne bewusste Konzentration und Anstrengung gelingen. Man verfügt über einen Spielraum an Können, der es erlaubt, einer Vielfalt an unerwarteten Wendungen in der Aufgabenstellung „spielend" gerecht zu werden. Dieser Raum gekonnter Möglichkeiten gibt Sicherheit. Innerhalb seiner Grenzen wird das eigene Können mit Freude und Genuss erlebt. Indem man sich dieses Möglichkeitsbereiches sicher ist, kann man es genießen, nach neuen Schwierigkeiten Ausschau zu halten.[8]

Aus der Perspektive des Spiels erscheint Lernen als eine Erweiterung von Spielräumen des Handelns, Denkens und Fühlens. Dabei folgt es nicht einem „ich muss", sondern einem „ich kann". Fantasie und Wirklichkeit verbinden sich zu einer mit persönlicher Bedeutung aufgeladenen Wirklichkeit indem subjektive und objektive Welt innerhalb der Spielbereichs miteinander versöhnt werden. Ebenso wird spielend das Feld gegebener Erfahrungs- Denk- und Handlungsmöglichkeiten erprobt und erweitert.

Neben dem Bereich des Spieles sind es die Felder des Gestaltens, in denen Kinder ihre selbstmotivierten Bildungsprozesse vorantreiben.[9] Auch im kindlichen Gestalten verbinden sich Fantasie und Wirklichkeit zu einer bedeutungshaften Wirklichkeit. Gestalten kann man als eine Erweiterung der Spielbeziehung ansehen, die schon mehr verpflichtendes Wirklichkeitsverständnis verlangt, als das Spiel. Man muss auf Materialien und Werkzeuge Rücksicht nehmen, die man für Gestaltungsprozesse benötigt. Zum Gestalten gehört ein Können, auch wenn dieses Können vielleicht einfach erscheint – wie man das z.B. Kinderzeichnungen unterstellen könnte.

Aber Gestalten ist nicht nur ein klein wenig wirklichkeitsnäher als das Spiel. Es verwirklicht auch ein Form der kindlichen Beziehung zu seiner Wirklichkeit, die in den frühen Jahren sehr wichtig ist und die Kinder ständig erproben: das sinnlich-körperliche Erfassen der Wirklichkeit und das Denken mit Bildern und den Mustern der so gewonnenen Sinneserfahrungen. Gestalten beschränkt sich dabei nicht auf das bildhafte Gestalten. Jeder Sinnesbereich hat seine eigenen Gestaltungsformen: Das Sehen die Bilder; das Hören die Klänge und Geräusche; das Riechen und Schmecken die

---

8 Vgl. Balint, M.: Angstlust und Regression, Reinbek 1972.

9 Vgl. Schäfer 1989; Schäfer, G. E.: Bildungsprozesse im Kindesalter. Weinheim, München, Basel 1995.

Speisen; die Körperwahrnehmung die verschiedensten Muster von Bewegung vom einfachsten rhythmischen Schwingen bis zu akrobatischen Formen der Balance; schließlich gestalten sich die emotionalen Wahrnehmungen in den Rollenspielen der Kinder. Je mehr man von der Welt wahrgenommen hat, je mehr man seine Wahrnehmungen in vielfachen Gestaltungen simuliert und ausprobiert hat, je genauer man seine Welt sinnlich kennt, desto differenzierter kann man dann auch über sie nachdenken.[10] Sinnliche Erfahrung ist ein wesentlicher Teil, ja die Basis kognitiven Denkens. Erstaunlich, dass sie unter der Aufzählungen der Basiskompetenzen, die derzeit die Bildungsdiskussion beherrschen, durchweg fehlt.

Neurobiologische Forschungsergebnisse: die Bildung der sinnlichen Erfahrung

Mit dem Bereich des Gestaltens richtete sich die Aufmerksamkeit auf den Umgang mit der sinnlichen Erfahrung. Die Bildung der sinnlichen Erfahrung ist ein wichtiger Bereich, den die moderne Kognitions- insbesondere auch die Hirnforschung genauer untersucht hat.

Bildung der Sinne nach der Geburt

Dass die Möglichkeiten der sinnlichen Erfahrung bei der Geburt unterschiedlich weit entwickelt sind, ist eine Beobachtungstatsache. Lange hat man daraus geschlossen, dass die Neugeborenen deshalb vor Reizen der Umwelt geschützt werden müssten. Erst die Hirnforschung konnte zeigen, dass die Körpersinne als erste intrauterin entwickelt werden.[11] Aber auch Riechen, Schmecken funktionieren bei der Geburt bereits auf einem hohen Niveau. Selbst Hören und Sehen funktionieren weitgehend. Die wichtigste Erkenntnis jedoch besteht darin, dass die Sinnesmöglichkeiten der kleinen Kinder nicht einfach vorhanden oder nicht vorhanden sind, sondern in einem wesentlichen Maß nach der Geburt weiter ausdifferenziert werden. Die sinnlichen Möglichkeiten sind zwar mit der Geburt vorhanden, wieweit sie jedoch verfeinert, ausdifferenziert, betont oder unterdrückt werden, hängt vom sozialen und kulturellen Umfeld ab, in dem die Kinder aufwachsen.

> In den ersten Lebensjahren stimmen sich die Entwicklung der sinnlichen Möglichkeiten also mit den gegebenen Bedingungen und Notwendigkeiten des tatsächlichen Umfelds des Kindes ab.

---

10 Für die emotionale Wahrnehmung hat das im psychoanalytischen Kontext vor allem Meltzer, D.: Traumleben. München, Wien 1988, herausgearbeitet.

11 Stellvertretend für viele Literaturhinweise: Eliot, L.: Was geht da drinnen vor? Berlin 2001.

Sie erlangen eine umweltabhängige Differenzierung, die durch Vererbung nicht erreichbar wäre. Vor allem könnten sie sich durch eine ausschließlich von den Genen gesteuerte Entwicklung nicht den individuellen und kulturellen Notwendigkeiten anpassen. In den ersten Lebensjahren schlägt sich diese Differenzierung in der Gehirnarchitektur nieder.

Lernen durch Einschränkung

Hier hat die Hirnforschung zu einer weiteren wichtigen Einsicht gefunden.[12] Die Entwicklung der Gehirnarchitektur durch die realen sinnlichen Erfahrung folgt einem erstaunlichen Prinzip. Offensichtlich werden wir mit einer Überzahl an Synapsen und Nervenverbindungen in den sinnlichen Zentren des Gehirns geboren. Die notwendigen Differenzierung erfolgen weniger dadurch, dass neue Verbindungen angelegt werden, sondern durch Einschränkung bereits gegebener Verbindungen nach dem Motto: Die Verbindungen, die tatsächlich gebraucht werden, verstärken ihre Funktionsfähigkeit; die Bahnen und Netze, die nicht benutzt werden, sterben ab. Es ist wie das Vorgehen eines Bildhauers, der aus den unzähligen Möglichkeiten seines Steines genau die Muster herausarbeitet, die er haben möchte. Nur ist es nicht der Wille und die Vorstellung des Kindes, die diese Leistung vollbringt, sondern das tatsächliche sinnliche Handeln im Alltagsgeschehen.[13] Kinder lernen ihre sinnlichen Differenzierungen am Anfang ihres Lebens durch Einschränkung von Möglichkeiten zu überschaubaren Alltagsmustern und nicht durch systematischen Aufbau aus einzelnen Wahrnehmungsdetails.

Natürlich bleibt die gesamte Gehirnarchitektur ein Leben lang lernfähig. Doch dieses frühe Lernen wirkt sich stark unmittelbar auf die neuronalen Netze aus. Es gestaltet und eicht sie entlang den gegebenen Erfahrungen.

---

12 Am prominentesten hat das vielleicht G. M. Edelman in seiner Theorie der Selektion neuronaler Gruppen herausgearbeitet, vgl. Edelmann, G. E.: Unser Gehirn, ein dynamisches System, München 1993, insbes. S. 28ff.

13 Dieses Prinzip „Aus Mehr mache Weniger" findet sich nachweisbar auch in der Entwicklung der Sprache: Kinder können zunächst alle Phoneme diese Welt bilden und auch unterscheiden. Aber nachdem sie ein halbes oder dreivierte Jahr in einer bestimmten Sprachwelt gelebt haben, produzieren sie nur noch die Laute, die in ihrer Umwelt gesprochen werden und reagieren auf diese (vgl. Gopnik, A., Kuhl, P., Meltzoff, A.: Forschergeist in Windeln. München 2003.
Auch die innere Ordnung der Alltagserfahrungen folgt diesem Prinzip: Aus der Vielfalt der Erlebnis- und Handlungsmöglichkeiten schälen sich die Erfahrungszusammenhänge heraus, die bestimmte Muster aufweisen und damit identifizierbar sind oder werden. Diese Muster bilden den Anfang der Welterfahrung. Nelson hat sie MERs genannt: Mental-Event-Representations: z.B. das Verhaltensmuster der Mutter beim Stillen, beim Schlafenlegen, beim Spiel mit dem Baby usw. Es deutet sich an, dass in der frühen Kindheit Lernen durch Einschränkung ein wesentliches Bildungsprinzip ist.

Späteres Lernen modifiziert hingegen vorwiegend die Prozesse innerhalb der dann vorhandenen Netzwerkarchitekturen.

Bedeutung der emotionalen Erfahrung

Ähnlich wie die Psychoanalyse hat die Hirnforschung auf die Bedeutung der Emotionen für die menschlichen Erfahrungen hingewiesen.[14] Zum einen kann sie belegen, dass es kein menschliches Verhalten gibt, an dem nicht Emotionen beteiligt wären. Zum zweiten zeigen klinische Studien, dass ohne Emotionen die Entscheidungsfähigkeit eines Menschen deutlich beeinträchtigt ist. Zum dritten wurde nachgewiesen, dass Wissensbestände ohne emotionale Verarbeitung nicht langfristig im Gedächtnis gespeichert werden können. Schließlich müssen wir davon ausgehen, dass Gefühle in den Alltagsbeziehungen „gebildet", d.h. verfeinert, differenziert, präzisiert werden. Emotionen sind Teil unserer kognitiven Verarbeitung, haben kognitive Funktionen, Funktionen, die für Wahrnehmen, Erkennen, Denken und Entscheiden notwendig sind. Ähnlich wie die Sinnesmöglichkeiten, sind auch die Möglichkeiten der emotionalen Wahrnehmung von Anfang an grob gegeben, werden aber durch die alltäglichen Beziehungserfahrungen erst für den Gebrauch in einer soziokulturellen Gemeinschaft „gebildet".

Bedeutung der frühen Erfahrungen

Hinsichtlich der Bildung der Sinneserfahrungen und der emotionalen Erfahrungsmöglichkeiten spielt es eine entscheidende Rolle, was kleine Kinder in den ersten Lebensjahren erfahren und vor allem, wie sie es erfahren. Diese Erfahrungen prägen Kinder bis in die Gehirnarchitektur hinein und bestimmen damit das Bild von der Welt, von dem Kinder ausgehen.

Der zweite Bereich früher Erfahrungen, der ähnlich prägend zu sein scheint, ist der der sprachlichen Erfahrungen. Er entwickelt sich aus den Möglichkeiten der vorsprachlichen Kommunikation, die im Ansatz zur menschlichen Ausstattung gehört. Er bedarf reicher sensorischer Vorerfahrungen im Bereich der Lautbildung, der Lauterkennung und der Prosodik. Er stützt sich auf die basalen Erfahrungen, die Kinder mit ihren sensorischen Werkzeugen gemacht und gedacht haben. Insofern spielen sinnliche und sprachliche Erfahrung unmittelbar zusammen. Was nicht irgendwann einmal wahrgenommen und auf nichtsprachlichen Wegen gedacht wurde, kann nicht in Sprache gefasst werden.

All diese Prozesse scheinen nicht auf direkte Instruktion angewiesen zu sein. Das heißt, man muss den Kindern weder das Sehen, das Hören, die

---

14 Zum Beispiel Damasio, A. R.: Descartes' Irrtum. München 1995. Ders.: Ich fühle, also bin ich. München 2000. Ledoux, J.: Das Netz der Gefühle. München, Wien 1998.

Körper- oder die emotionale Wahrnehmung, das Sprechen in einem differenzierten Sprachsystem „beibringen“. Sie lernen es aufgrund ihrer Ausgangspotenziale im tatsächlichen Umgang mit ihrer sozialen und kulturellen Umwelt.[15]

Das Gehirn als Vermittler zwischen Innen und Außen

Gewöhnlich wird das Gehirn als ein Apparat betrachtet, der die Verbindung mit der Außenwelt herstellt. Es verarbeitet unsere Sinneserfahrungen, bildet Vorstellungen von der Wirklichkeit, in der wir uns befinden, und entwirft Pläne, wie wir uns, unser Verhalten oder die Welt verändern können. Es scheint, als sei das Gehirn ein einseitiges Empfangs- und Verarbeitungsgerät, das sich mit dem Input aus der Außenwelt beschäftigt.

Aber das ist nur die eine Hälfte seiner Tätigkeit. Genau genommen nimmt es nämlich eine Vermittlerposition ein. Es reguliert das Zusammenspiel zwischen unseren inneren Prozessen und unserem Verhältnis zur Außenwelt:

- Auf einer biologischen Ebene muss es die Aktivität, die wir auf die Außenwelt richten, mit den Notwendigkeiten der Regulation unserer organischen Systeme vermitteln – mit den Rhythmen des Kreislaufs, des Atems, des Schlafens und des Wachens, denen der Nahrungsaufnahme und -verarbeitung, sowie der Sexualität – um nur die wichtigsten zu nennen.
- Auf der Ebene der Sinne und der Emotionen entwickeln wir eine Erfahrungswelt. In Erinnerungen gespeichert, liefert sie die Wahrnehmungs- und Handlungsmodelle für den Umgang mit Wirklichkeit, die sich im Laufe einer Biografie bewährt haben.
- Auf der Ebene des Denkens speichert unser Gehirn all die Vorstellungen, Annahmen, „Theorien“, Verarbeitungsprozesse, die wir aus unseren Kontakten mit der Welt gewonnen haben.

„Das Hirn nimmt eine Zwischenstellung zwischen der äußeren und der inneren Welt des Körpers ein. Die Sinnesorgane empfangen aus der äußeren Umwelt Informationen, die zu den posterioren Teilen der Hirnhälften geleitet werden. Sämtliche Informationen, die von den verschiedenartigen sensorischen Rezeptoren empfangen werden, werden auf jenen Teil des primären Kortex projiziert, der speziell für die jeweilige Sinnesmodalität zuständig ist; danach wird die eintreffende Information mit anderen Informationsbruchstücken verbunden. Dies geschieht vor allem in den Assoziationsfeldern der posterioren Teile der Hirnsphären. Integriert

15 Die Notwendigkeit für frühes Lernen ist nur für die hier genannten Erfahrungsbereiche belegt. Man kann daraus nicht generell ableiten, dass alle Arten des Lernens früher beginnen sollten oder müssten.

mit den Erinnerungsspuren früherer Erfahrungen wird dieses Wissen über die Außenwelt an den frontalen Assoziationskortex weitergeleitet, der die motorischen Programme steuert. Diese Programme werden auch durch Informationen aus der inneren Welt des Körpers beeinflusst. Diese werden zuallererst im Hypothalamus registriert und sodann im limbischen System mit weiteren Informationen assoziiert, bevor sie zum frontalen Kortex weitergeleitet werden. Dies ist die Quelle unserer inneren Motivation, die eng mit dem persönlichen Gedächtnis, der Emotion und dem Bewusstsein zusammenhängt. All diese Prozesse sorgen dafür, dass das präfrontale System unser Verhalten zu steuern vermag, und zwar nicht lediglich auf der Basis der aktuellen äußeren und inneren Bedingungen, sondern auch auf der Grundlage früherer Erfahrung".[16]

In diesen Überlegungen treffen die moderne Hirnforschung und die Psychoanalyse wieder zusammen. Psychoanalytisches Denken als Denken einer inneren Welt, die mit dem Körper in enger Beziehung steht, verbindet sich mit der Hirnforschung, die die Wege dieses Zusammenspiels von Innen und Außen genauer untersucht.[17]

Ähnlich wie das Spiel als ein intermediären Prozess verstanden werden kann, bildet das Gehirn eine intermediäre Struktur. In beiden Fällen bedeutet dies einen nicht deterministischen Zusammenhang zwischen den sensorischen, auf die äußere Umwelt gerichteten Prozessen und den auf die innere Welt gerichteten verarbeitenden und regulativen Prozessen. Es geht es um einen komplexen und dynamischen Abgleich nach innen und nach außen gerichteter Prozesse.

Weitere Aspekte einer inneren Welt

Weil nun diese Bereiche des Stamm- und Mittelhirns nicht nur die aktuellen Verbindungen des Individuums zur Außenwelt regulieren, sondern auch im Gedächtnis festhalten, entstehen im Verlauf einer individuellen Biografie aus der biologischen inneren Welt weitere Dimensionen einer inneren Welt, welche die Erfahrungen des gelebten Lebens in inneren Strukturen festhalten. Die Regulation der Außenkontakte eines Individuums orientiert sich dann nicht mehr nur an den biologischen Notwendigkeiten, sondern ebenso an den Notwendigkeiten, die aus den Erfahrungen entstanden sind, die ein Individuum bis zum heutigen Zeitpunkt gemacht hat.

---

16 Solms, Turnbull: Das Gehirn und die innere Welt; Düsseldorf, Zürich 2004, S. 45f.

17 In ähnlicher Weise treffen sich psychoanalytische Theoriemodelle und neurobiologische in der Gedächtnisforschung. Vgl. hierzu insbes. Leutzinger-Bohleber, M., Mertens, W., Koukkou, M. (Hrsg.): Erinnerung von Wirklichkeiten. Psychoanalyse und Neurowissenschaften im Dialog. Bd. 1 und Bd. 2, Stuttgart 1998.

Schlussfolgerungen aus der Hirnforschung für frühkindliche Bildung

Welche Schlussfolgerungen lassen sich aus diesen Ergebnissen der Hirnforschung ziehen?

Es ist zumindest kurzschlüssig, aus dieser frühen Empfänglichkeit von kleinen Kindern für Lernprozesse generell zu schließen, Kinder müssten früher und gezielter lernen. Das, was Kinder in diesen ersten Lebensjahren lernen, lernen sie eher stillschweigend in einer gegebenen soziokulturellen Umwelt. Allerdings sollten diese Ergebnisse darauf aufmerksam machen, dass diese Umwelt, in der Kinder leben, es den Kindern möglich macht, sich in all diesen Bereichen in selbstgesteuerten Lernprozessen zu erproben.

Kinder brauchen für ihre frühen Bildungsprozesse also keinen Unterricht in Krippe oder Kindergarten, sondern eine vielfältige und differenzierte Umwelt. Vor allem aber brauchen sie Erwachsene, die ihnen den Raum und den sozialen Widerhall geben, die sie für die ersten Abenteuer ihrer Welterforschung benötigen. Dazu gehört auch ein soziales und kulturelles Umfeld, das Kindern diesen Lebensraum zur Verfügung stellt.

- Die *erste Schlussfolgerung* sollte also nicht sein: Kindern seien unterfordert und müssten frühzeitig gefördert werden. *Sie besteht vielmehr in einer Anforderung an die soziale Umwelt, Kindern eine vielfältige und kinderfreundliche Umwelt zur Verfügung zu stellen.* Demgegenüber stellen alle pädagogisch geplanten Lern- und Fördermöglichkeiten nur Einschränkungen dar, selbst wenn sie so nah wie möglich auf die Erfahrungswege der Kinder abgestimmt sein mögen. Je mehr pädagogisch geplant und zur Verfügung gestellt werden muss, desto weniger können Kinder ihren eigenen Lernwegen folgen.
- *Zum zweiten* sollte klar sein, *dass Kinder von Natur aus als Lerner geboren werden und dafür ausgestattet sind, ihre gegebene Umwelt zu erforschen.* Das erlaubt ihnen das, was sie an sinnlichen, emotionalen und sprachlichen Erfahrungen entwickeln können, auch tatsächlich zu erwerben – sofern ihnen der Spielraum dafür freigehalten wird.
- *Zum dritten: Je jünger Kinder sind, desto individueller sind ihre Erfahrungen strukturiert.* Sie werden in dem Maße allgemeiner, in dem sie in der sozialen und kulturellen Interaktion in Kontexte eintauchen, die von vielen Menschen dieses Kulturkreises geteilt werden. Für frühkindliche Bildungsprozesse bedeutet dies: Je früher diese ansetzen, desto mehr Spielraum müssen sie den individuellen Erfahrungswegen geben. Das bedeutet aber auch umgekehrt: Je älter Kinder sind, desto mehr kann man von ihnen erwarten, dass sie mit den sozialen, sprachlichen und kulturellen Konventionen einer soziokulturellen Gemeinschaft vertraut werden.

Frühkindliche Bildung scheint in den ersten Lebensjahren vornehmlich „aisthetische Bildung“ zu sein, also Bildung des Handelns und Denkens mit Hilfe der Sinne, des Körpers, der Emotionen und der daraus entstehenden repräsentationalen Welt. Das verweist auf die Bedeutung des Körpers für frühkindliche Bildungsprozesse.

Als ein körperlich verankerter Prozess lässt sich frühkindliche Bildung nicht als ein Geschehen beschreiben, in dem sich das Subjekt Welt aneignet, sondern als ein wechselseitiger Regulationsprozess, in dem sich innere und äußere Welt situationsbezogen und vor den jeweiligen biografischen Hintergründen aufeinander beziehen und wechselseitig abstimmen.

Wenn man diese Überlegungen zugrunde legt, dann muss man einen großen Widerspruch zu einer im öffentlichen Bereich geführten Bildungsdiskussion konstatieren.

Der Bildungsansatz in Nordrhein-Westfalen[18]

Diese hier kurz skizzierten kognitionswissenschaftlichen Grundlagen bilden den Ausgangspunkt für die Überlegungen zu einem „offenen Bildungsplan“, wie er der Bildungsvereinbarung in Nordrhein-Westfalen 2003 zugrunde gelegt wurde.[19] Dabei wird versucht, einerseits ein Bild des Kindes als Zentrum seines Handelns zu beschreiben und es konsequent auch in pädagogische Handlungszusammenhänge umzusetzen.

Bild des Kindes

- Das *Kind ist*, zum ersten, *Zentrum seines Handelns*. Jedes Kind handelt aus seiner eigenen biografisch bestimmten Dynamik und Motivation heraus. Das meint, es muss diese eigenständige Denk- und Handlungsdynamik mit dem abstimmen, was andere von ihm wollen.
- Das meint, zum zweiten, Bildungsprozesse verlangen ein *eigenes Tätigsein des Kindes*. In dieses eigenständige Tätigsein sind eingeschlossen: die persönliche Motivation, die eigenständige Wahrnehmung mit all den Wahrnehmungsformen, die einem Kind zur Verfügung stehen, die eigenen Erinnerungen, Vorstellungen, Erwartungen, die eigenen Fragestel-

18 Schäfer, G. E. (Hrsg.): Bildung beginnt mit der Geburt. Weinheim, Berlin, Basel, 2., erweiterte Auflage 2005.

19 Bildungsvereinbarung NRW – Fundamente stärken und erfolgreich starten. Ministerium für Schule und Weiterbildung des Landes Nordrhein-Westfalen, in Kraft getreten am 01.08.2003.

lungen und Selbstbildungspotenziale[20], die erlauben, wenigstens ansatzweise nach Antworten darauf zu suchen, durch eigene Theorien, eigene Pläne und eigenes Ausprobieren.

- Das meint zum dritten, dass Lern- und Bildungsprozesse sich nicht darauf beschränken, dass Neues von anderen übernommen und persönlich angeeignet wird. Vielmehr bestehen Aneignungsprozesse nicht nur in einer Aktivität der Übernahme, sondern ebenfalls in einer *selbstreferentiellen Auseinandersetzung des Gehirns mit sich selbst:* Mit dem, was neu in sein System hineingekommen ist, und den gesamten, relevanten Erfahrungszusammenhängen, die bereits vorhanden sind. Der Begriff der Selbstbildung nimmt seine Legitimation nicht einfach aus der Tatsache, dass die Bildungstätigkeit des Kindes immer seine eigene Tätigkeit ist (man kann auch Dinge selbst tun, die aufgezwungen wurden). Der Begriff bekommt eine weitere Bedeutungsnuance, wenn man die Ergebnisse der Kognitionsforschung ernst nimmt und den Bildungsprozess als eine Verarbeitung neuer Informationen mit dem Fundus der bereits vorhandenen ansieht, also eben diese Beschäftigung des Gehirns, das Neue mit seiner eigenen Vergangenheit in Verbindung oder Übereinstimmung zu bringen.
- Die Konsequenz aus den vorangegangen Überlegungen: Das Kind wird im Bildungsansatz NRW als *Kann-Kind* verstanden. Diese bildet den Gegensatz zu dem, was man ein *Soll-Kind* nennen könnte. Das Soll-Kind erscheint heute – wie man aus der vorangegangenen Diskussion entnehmen kann – als das Kind, das bestimmte Kompetenzen erwerben soll. Dabei kann dieser Prozess des Erwerbens mehr oder weniger menschenfreundlich gestaltet werden. Die andere Seite betont das Kann-Kind, nicht weil es schon alles kann oder von selbst lernt, sondern weil es als ein Mensch gesucht und herausgefordert wird, der wichtige Ressourcen mitbringt, um Probleme zu lösen. Beim Soll-Kind werden die Kontexte herausgearbeitet, die es noch nicht hat; beim Kann-Kind wird die Aufmerksamkeit auf den Kontext gerichtet, den ein Kind bereits mitbringt, um Aufgaben zu lösen, aber auch hier wieder nicht, um sich darauf zu beschränken, sondern um Neues mit diesen Kontext so zu verbinden, dass es dem Kind Sinn macht.

Bildungsverständnis

Das Bildungsverständnis des Bildungsansatzes NRW entspricht dem, welches eingangs unter Hinweis auf kognitionswissenschaftliche, entwicklungspsychologische und psychoanalytische Theoriemodelle begründet

20 Unter Selbstbildungspotenzialen wird hier jenes Können und Wissen verstanden, das von einem Menschen zu einem bestimmten Zeitpunkt seiner Biografie zur Bewältigung seines Alltags und seiner Aufgaben tatsächlich genutzt werden kann.

wurde. Es werden hier die wesentlichen Punkte nochmals konzentriert, die spezifisch für die konkrete Umsetzung des Bildungsgedankens von Bedeutung sind.

Egalitäres Bildungsverständnis

Bildung ist all das, was ein Mensch benutzt, um die Wirklichkeit, die ihn umgibt, zu begreifen und Aufgaben zu bewältigen. Bildung benötigt also ein vertieftes Wissen und Können, das gleichsam selbstverständlich zur Verfügung steht. In diesem Sinne ist jeder Mensch auf eine persönliche Weise schon immer gebildet; denn jeder Mensch bringt Ressourcen mit, mit welchen er Wirklichkeit sinnvoll verstehen und Problemstellungen lösen kann.

Egalitär ist dieser Bildungsbegriff, weil er jedem Menschen seine Bildungsmöglichkeiten zugesteht, diese nicht von bestimmten Bildungsinhalten abhängig macht und jedem Menschen Prozesse der Weiterentwicklung in Sachen Bildung unterstellt. Er ist aber nicht beliebig, sondern kritisch, weil er jedem Menschen ein Recht auf eine Qualität von Bildungsprozessen zuerkennt, die ihm eine auch persönlich sinnvolle Lebensgestaltung gestattet, ihm erlaubt, Bildung mit biografischer Sinnfindung zu verbinden.

Auch das Denken wird gelernt

Das Kind kommt mit elementaren Formen des Könnens auf die Welt. In der Auseinandersetzung mit der sozialen und kulturellen Welt macht es sich nicht nur ein Bild von der Welt, sondern erweitert und differenziert auch die Werkzeuge, mit denen es seine Wirklichkeit erfasst. Es verbessert z.B. seine Möglichkeiten der sinnlichen Wahrnehmung; es erweitert und verfeinert seine Handlungsfähigkeiten; und es tritt in eine gewaltige Entwicklung seiner Denk- und Verarbeitungsmöglichkeiten ein. Das will sagen, die Sinnes-, Handlungs- und Denkwerkzeuge entwickeln sich dadurch, dass man sie für konkrete Aufgaben gebraucht und entlang den Aufgaben, die sich stellen. Die Auseinandersetzung mit einer gegebenen sozialen und kulturellen Wirklichkeit ist also von Anfang an der Ausgangspunkt und der Motor für die Entwicklung der Sinne, des Handelns und des Denkens.

Lernen ist umarbeiten

Es gelangt nichts Neues direkt ins Gehirn: Lernen ist immer ein Umarbeiten vorhandener Erfahrungen, Bilder, Gedanken. Das Umarbeiten ist allein die Tätigkeit des lernenden Subjekts. Wir können ihm lediglich die Muster liefern, entlang derer die Umarbeitung erfolgen soll.

Es gibt grundsätzliche zwei innere Prozesse, die dem Umarbeiten dienen: Imitation und (Re-)Konstruktion. Die Imitation versucht nachzuvollziehen, was vorgemacht und vorgedacht wurde. Die (Re-)Konstruktion versucht, mit gegebenen Mitteln (Potenzialen) Lösungen aus den vorhandenen Mitteln – gegebenenfalls unter Hinzunahme neuer Baustein – zu entwickeln.

Die Imitation, hauptsächlich als Lernverfahren verwendet, baut auf Vor-Machen und Nach-Machen, wenn es um Handlungen geht, auf Vor-Denken und Nach-Denken, wenn es um Gedanken geht. Der Weg der Imitation lässt den Kindern wenig Freiheit zur eigenen gedanklichen Konstruktion. Sein Vorzug ist die Sicherheit, mit der bestimmte Lernziele angesteuert werden können. Instruktion gibt dabei vor, was nachvollzogen werden soll. Der Weg der Konstruktion des eigenen Könnens und Wissens hingegen öffnet dem Handeln und Denken der Kinder individuelle Freiheitsräume für ihre Bildungsprozesse.

Es gibt natürlich auch Zwischenformen: Oftmals sind es Teile imitierten Verhaltens, die benutzt werden, um daraus etwas Neues zu konstruieren.

Handlungsorientierung

Handlungen sind komplex, integrativ und intentional. Das meint: Wahrnehmungssysteme, Vorstellungssysteme, Bewegungs- und Handlungssysteme, Emotionen und Bewertungssysteme, Gedankensysteme, ästhetische Systeme – um nur die wichtigsten zu nennen – müssen in einen Handlungszusammenhang integriert werden. Intentionen sind dabei integrationsleitend. Alltagsorientierung ist Handlungsorientierung in gegebenen Lebenswelten.

Alltagsorientierung

Frühkindliche Bildung ist zuallererst Bildung im und durch den Alltag. Der *Alltag ist* nicht nur die Quelle von Themen, die Kinder interessieren, sondern selbst *das wahrscheinlich einflussreichste „pädagogische Angebot"*. Das heißt, das, was ein Kind in und durch seinen Alltag erfährt, ist (schon rein zeitlich gesehen) vermutlich bedeutsamer als alles, was an bewussten Bildungsbemühungen geschehen kann. Deshalb ist die Gestaltung des Alltags die erste Aufgabe im Bereich frühkindlicher Bildung. Vor allem darf das, was im Alltag an Bildungsprozessen möglich ist, nicht dem widersprechen, was durch bewusste Bildungsbemühungen in Gang gesetzt werden soll.

Möglichkeitsräume öffnen

Statt zu sagen: Kinder müssen dies oder jenes können, diese oder jene Kompetenzen erwerben (Soll-Kind), ist es pädagogische Aufgabe, ihnen Möglichkeitsräume zu eröffnen.

Möglichkeitsräume ergeben sich – erstens – aus den Potenzialen und dem Können, das ein Kind einbringt; zweitens aus den Möglichkeiten, die in einer Sache liegen, drittens aus den Möglichkeiten, die andere Kinder zur Situation beitragen und schließlich aus den Möglichkeiten der Erzieherin. Diese vier Perspektiven, aufeinander abgestimmt, ergeben den Möglichkeitsraum, der in einer konkreten Situation gegeben ist.

Folgerungen

Dieses Bildungsverständnis hat Folgerungen für pädagogisches Handeln. Die Neugewichtung der Perspektive des Kindes im Verständigungsprozess zwischen Erwachsenen, Gesellschaft und Kind verlangt, zum einen, vertiefte Aufmerksamkeit für das Kind, mit dem man pädagogisch zu tun hat. Zum anderen gilt es, ihr selbständiges Handeln und Denken weitgehendst herauszufordern um ihre Potenziale und Ressourcen in den Bildungsprozess einzubringen. Für die pädagogische Professionalität ergibt sich daraus einerseits, Formen der Wahrnehmung und Beobachtung auszuarbeiten, durch die wir die Kinder besser kennen lernen. Andererseits wären die didaktischen Möglichkeiten auszubauen, welche den Kindern Spielräume zu eigenständigem Lernen und Forschen öffnen.

Das professionelle Werkzeug zur Gestaltung des kindlichen Bildungswegs

Wahrnehmendes Beobachten

- Die Verständigung mit Kindern setzt voraus, das wir wahrnehmen, was sie tun und treiben, dass wird erkennen, was sie sich ausdenken, dass wir sensibel dafür sind, was sie fühlen und empfinden. Dieses Kennenlernen der Kinder ist der Ausgangspunkt für wahrnehmendes Beobachten.
- Dabei werden nicht einzelne Verhaltensweisen gezielt beobachtet oder nach bestimmten Bebachtungsschemata abgefragt. Vielmehr erfordert es eine breit gefächerte Aufmerksamkeit und hält sich offen für Unerwartetes und Überraschendes.
- Es bezieht die Reaktionen der Beobachterin mit ein. Da wahrnehmendes Beobachten der Ausgangspunkt für die tägliche pädagogische Arbeit mit den Kindern bildet, ist es wichtig, dass die Beobachterin sich ihrer eigenen Reaktionen und Erlebnisse bewusst wird, die zusammen mit dem auftauchen, was sie bei den Kindern wahrnimmt.
- Ziel ist also keine Beobachtung, die das Kind wie einen objektiven Gegenstand von außen betrachtet. Vielmehr ist die Beziehung zwischen dem Kind und dem Erwachsenen und das, was sie an Erfahrungen und Erlebnissen hervorruft, der Kern dieser Beobachtungsweise.

Eine Didaktik, welche die Selbständigkeit der Kinder herausfordert

Man kann nicht von einem selbstregulierten Lernen der Kinder sprechen und ihnen gleichzeitig systematische Unterweisung anbieten. Die Didaktik muss den Kindern selbstständige Wege eröffnen, wenn sie Selbst-Tun nicht auf ein Wollen-Müssen beschränken will.

Deshalb verbindet sich der Bildungsansatz mit didaktischen Arrangements, welche die Selbständigkeit des Kindes in seinem Bildungsprozess herausfordern und unterstützen. Wichtige Bausteine sind:

- Forschendes Lernen. Es nimmt die Fragestellungen der Kinder auf und macht Wege ausfindig, auf welchen Kinder ihr Weltbild entwickeln, differenzieren und mit kulturellen Beständen erweitern können.
- Der (Innen- und Außen-)Raum als erster Erzieher; als ein Ort, der interessant genug ist, um darin etwas selbständig zu entdecken.
- Funktionsräume und Werkstätten, in denen Kinder nicht einfach unterwiesen werden, sondern wo sie handelnd und denkend ihren Fragestellungen folgen, sie erproben, sich darüber mit anderen austauschen, ihre Lösungswege ausprobieren.
- Projekte, in denen Kinder über längere oder kürzere Wegstrecken sich der Komplexität von Problemstellungen aussetzen und ihre Wahrnehmungen so ordnen lernen, dass sie Fragen stellen und beantworten können.

Was Kinder im instruierenden Lehren nämlich nicht lernen ist, dass die Wirklichkeit mit ihren Problemen nicht in einer wohlgeordneten Systematik gegeben ist, sondern dass das produktive Problemlösen damit beginnt, einen unüberschaubaren Wirklichkeitsausschnitt so zu organisieren und zu ordnen, dass man sinnvolle Fragen findet, die man beantworten kann.

Schluss

Kinder früher einschulen – ist das die Antwort auf die Fragen, die an unser Bildungssystem gestellt werden?

- Wenn Kinder immer früher immer mehr lernen müssen, dann laufen wir Gefahr, dass sie noch früher als bisher ein Lern- und Bildungsverständnis erfahren, das sie davon abhält, ihre Sinne zu gebrauchen, die Welt aus eigener Anschauung zu erfassen, sich eigene Gedanken über das zu machen, was ihnen in ihr auffällt, mit den Möglichkeiten zu spielen, die sich aus den vielfältigen Zugängen zur Wirklichkeit und zur eigenen Subjektivität ergeben, Probleme zu lösen, die andere vor ihnen noch nicht gelöst haben.
- Wenn wir frühkindliche Bildung als ein Forschungsunternehmen begreifen, in dem Kind, Kinder und Erwachsene zusammenspielen, sich gegenseitig zuhören, aufeinander reagieren, Vorschläge einbringen, sie gemeinsam prüfen und die Ergebnisse immer wieder verändern, wenn Schulen Institutionen sind, die dieses gemeinsame Forschen herausfordern und unterstützen, wenn die Neugier Erwachsene wie Kinder treibt, Fragen zu stellen und zu beantworten, dann kann Bildung mit der Geburt

beginnen, dann sind die Eltern die ersten Partner im kindlichen Bildungsprozess, dann können Krippen und Kindergärten Bildungsinstitutionen – meinetwegen Schulen – werden, vor denen man sie nicht schützen muss, sondern die man ihnen (neidlos oder neidvoll) gönnen sollte.

So gesehen haben Kinder ein Recht auf Bildung ab der Geburt.

Prozesse frühkindlicher Bildung[1]

Grundsätzliches

Bildung ist keine Ware

In der Bildung geht es um keine Waren und Bildungsprozesse funktionieren nicht nach dem Modell des Warentransports. Die meisten pädagogischen Fachleute werden dieser Aussage zustimmen. Seit Jahrhunderten ist es ein vertrauter Gedanke, dass Kinder keine Gefäße sind, in die man etwas hineinfüllen kann. Niemand kann unmittelbar bewirken, dass ein anderer etwas lernt. Man kann Materialien bereitstellen, locken und strafen, kritische Impulse geben, Lehrfeuerwerke entfachen. Aber lernen muss jeder selbst. Jeder muss sich selbst aufmachen, das Laufen, das Sprechen und alles andere zu lernen. Die pädagogischen Einwirkungsmöglichkeiten enden am Kopf des anderen. Wenn dieser nicht von sich aus entgegenkommt, dann laufen Lehrprozesse buchstäblich ins Leere.

Wenn davon gesprochen wird, dass Bildung *vermittelt* wird, dann wird übergangen, dass Vermitteln nichts anderes ist, als etwas, was man hat, an jemanden weiterzugeben, der das noch nicht hat. Die Rede von Bildung, die vermittelt wird, enthält in sich – ob man das nun auch meint oder nicht – das Modell von der Bildung als Ware. Das gleiche Bild verbirgt sich im Begriff der Bildungsgüter: Bildungsgüter werden vermittelt. Der Warencharakter tritt noch stärker zutage, wenn man statt Bildung von Kompetenzen spricht und meint, dass wir als Pädagogen Kindern Kompetenzen vermitteln müssten, die von Pädagogen, Psychologen, der Gesellschaft, dem Forum Bildung oder irgendeinem Wirtschaftsverband definiert werden. Sowohl von der fachlichen als auch von der Tagespresse wird dieser Begriff fast schon inflationär benutzt. In der pädagogischen Diskussion finden sich aber noch mehrere solcher Begriffe, die – ohne dass es bewusst gemacht wird – ein Bildungsmodell aussprechen, das wissenschaftlich nicht tragfähig ist: weitergeben, übertragen, einwirken, beibringen, fähig machen, ein Bildungsangebot machen oder – ganz alltäglich –: „Kinder müssen lernen".

So werden auch bildungspolitische Entscheidungen von diesem Denken geleitet. Bildung als Ware zu begreifen, zeigt sich auch darin, wenn sie nach dem Modell von Dienstleistungen organisiert wird. Wenn man – z.B. nach dem Hamburger Kita-Card-Modell – die Dienstleistungen der Kita stun-

1 Vortrag, gekürzt und überarbeitet, Meissen 2004.

denweise abrechnet, dann bedeutet dies, Bildungsangebote im Stundentakt weiter zu vermitteln. Bildung wird als lieferbare Ware behandelt, die von Eltern – mit entsprechender Berechtigung oder gegen entsprechende Bezahlung – angefordert und von den Kindern abgeholt werden kann. Wie diese mit dem Angebot umgehen, ist nur von sekundärem Interesse.

Die Begriffe und Redewendungen, die wir benutzen, sind nicht neutral, sondern enthalten Denkmodelle. Es ist Aufgabe einer wissenschaftlichen Diskussion, diese Denkmodelle freizulegen, auf Widersprüche aufmerksam zu machen und Begriffsverwendungen zu kritisieren, die dem wissenschaftlichen Erkenntnisstand nicht entsprechen. Man spricht explizit von Kundenorientierung in den Angeboten von Kindertageseinrichtungen.

Deshalb muss man das Verhältnis von Reden und Tun in der Pädagogik genau untersuchen. Wer das Warenmodell für Bildung und Bildungstransport als Handlungsvorstellung ablehnt, der wird nicht davon sprechen dürfen, dass Bildung oder Kompetenzen vermittelt werden. Wer aber das Warenmodell vertreten will, der soll es z.B. nicht hinter den Reden vom „kompetenten Kind" verstecken, sondern auch konsequent von Instruktion und nicht von Bildung sprechen.

Wer Begriffe verwendet, vertritt damit auch die darin eingebauten Denkmodelle. Das Modell von Bildung als Warentransport wirkt weiter, selbst wenn es bewusst dementiert wird, solange die entsprechenden Begriffe den Meinungsmarkt beherrschen.

Bildung ist Lernen im Kontext

Um zu verstehen, was ein chinesisches Schriftzeichen bedeutet, muss ich eine chinesische Sprache und ihre Schreibweise kennen. Ohne dieses Kontextwissen bedeutet ein solches Zeichen entweder nichts oder etwas, was nichts mit einer chinesischen Sprache zu tun hat. Für einen Europäer hat es vielleicht eine ästhetische Bedeutung oder ist Repräsentant einer Bilderschrift.

Was bedeutet „Haiga"? Vermutlich kann kaum jemand mit diesem Begriff anfangen. Wenn man hinzufügt, dass „Haiga" etwas Ähnliches wie „Haiku" ist, wird manchem vielleicht eine Ahnung dämmern. Wer auch diesen Begriff nicht kennt, wird weiterhin die Schultern zucken. Erst Kenntnisse über die japanische Dichtkunst werden den Begriff des „Haiku" klären. Wenn man dann sagt, dass „Haiga" eine bildliche Form von „Haiku" ist, eine Malerei, die eine besondere Situation in schlichter aber treffender Weise einfängt, dann wird dieser Begriff immer sinnvoller werden.

Oder: Was ist ein „Schwarzes Loch"? Geht man vom Alltagskontext aus, dann gibt es schwarze Löcher überall da, wo etwas tief und dunkel ist: ein Kellerloch z.B. oder ein dunkler Winkel in einer Wohnung oder – im übertragenen Sinn – eine Depression, in die man fällt. Sage ich aber dazu, dass es sich um einen Begriff aus der Astronomie handelt, wird man sich vielleicht daran erinnern, gehört zu haben, dass es im Weltall anscheinend Ereignisse gibt, die alle Materie einschließlich des Lichts, in sich aufsaugen, so dass nichts, was ihre Existenz direkt verraten könne, zu uns dringen kann. So ist es auch hier der Kontext, der dem Text „schwarzes Loch" einen Sinn verleiht.

Das gilt auch für ein Lernen, das beansprucht, Bildungsprozesse hervorzubringen. Wenn ich Kindern in der Physik etwas über eine schiefe Ebene erzähle, dann brauchen sie als Ausgangspunkt für ein Verständnis eine Vorstellung aus ihrem Alltag, von der sie ausgehen können. Gesetzt den Fall, es gäbe jemanden, der noch keine Erfahrung mit schiefen Flächen, mit Rutschen auf schrägen Ebenen, mit dem Problem des Gleichgewichts auf einer Rutsche gemacht hat, wie sollte er etwas von den physikalischen Phänomenen und den damit verbundenen mathematischen Modellen einer schiefen Eben verstehen?

Wenn man über bestimmte Phänomene spricht, sind die (kulturellen) Kontexte oft allgemein bekannt. Mutter, Vater sind vertraute Phänomene, noch bevor überhaupt das Wort Mama oder Papa verstanden wird. Was Radfahren bedeutet, weiß hierzulande jedes Kind. Aber was wissen wir über Botschaften, die nicht in Worten oder in Gesten übermittelt werden, die nicht als Schrift überdauern, nicht als Bild, sondern z.B. als komplexe Gebilde aus Schnüren und Knoten, wie es bei den Inkas üblich war. Wir haben keinen Kontext, mit dem wir Botschaften entziffern könnten, die in Schnüren und Knoten „gesagt" werden, im Gegensatz zu den Inkas, bei denen natürlich einer Reihe von (bestimmten) Leuten der Kontext vertraut war, der die „Sprache" der Schnüre und Knoten erschloss.

Wenn ein kleines Kind eifrig an der Tischdecke zieht und schließlich das gesamte Geschirr zu Boden reißt, dann deshalb, weil es den Kontext nicht kennt, weil es noch nicht weiß, dass in vielen Fällen Tischdecke und Frühstücksgeschirr einen Zusammenhang bilden.

Nicht verstehen, etwas nicht lernen können, hat sehr viel mit der Frage zu tun: Hat jemand einen Kontext, der ihm verständlich macht, worum es bei dieser Sache geht? So machen alle Begriffe und Redewendungen der Muttersprache nur dann einen Sinn, wenn jemand den Alltag in einer Kultur kennt, die diese Sprache spricht. Weil Kinder von klein an in diesen Alltag hineinwachsen und dabei durch Erfahrung lernen, was Tischdecken, Mütter, Hunde, Weihnachtsbäume oder Rolltreppen sind, brauchen wir es ihnen nicht erklären, wenn wir Tischdecke, Mama, Hund, Weihnachtsbaum oder Rolltreppe sagen. So lange wir uns auf einen von Allen geteilten Kontext beziehen können, brauchen wir darüber nicht zu sprechen. Wenn Kinder aber Schwierigkeiten haben, etwas zu lernen oder zu begreifen, dann stellt sich nicht nur die Frage, ob man sich beim Erzählen oder Erklären klar genug ausgedrückt hat, sondern auch, ob das Gesagte im Erfahrungshorizont des Kindes überhaupt irgendeinen Sinn ergibt? Trifft es auf einen Kontext, der dem Kind hilft, das Erzählte zu begreifen? Lern- und Bildungsprozesse haben also sehr viel mit den subjektiven Erfahrungshorizonten der Kinder zu tun. Sie sind ebenso wichtig wie das, was man inhaltlich erzählen möchte.

Lernen besteht nicht nur aus dem, was das Kind noch nicht kennt, sondern gleichermaßen aus den Vorerfahrungen, die es als Kontext mitbringt, um neue Erfahrungen zu entziffern und einzuordnen. Damit man sinnvolle Bildungsangebote machen kann, muss man also etwas von diesem individuellen Kontext wissen, den Kinder mitbringen und nicht nur von Inhalten etwas verstehen. Die wesentliche Frage bei Lernprozessen ist dann nicht, wie man dem Kind etwas beibringen oder erklären kann, sondern welchen Kontext an Wissen und Erfahrung es braucht, damit es den Sinn dessen, was ihm da erzählt oder beigebracht wird, verstehen kann. Ein Fragebogen, wie z.B. ein Schulfähigkeitsprofil, sagt nur, welchen Inhalt Kinder können oder nicht können – z.B. bis zwanzig zählen. Er sagt nichts über den Kontext, den Kinder brauchen, damit sie z.B. Mengenbegriffe entwickeln. Deshalb lässt sich mit einem solchen Verfahren auch nichts Wesentliches davon erkennen, wie Kinder überhaupt zu Mengenbegriffen kommen. Man macht allenfalls eine Prüfung, erfährt aber nichts darüber, was man als Pädagoge tun muss, damit Kinder diese „Prüfung" bestehen.

Aus der hier vertretenen Sicht meint Bildungsprozess weder Informationsweitergabe noch Instruktion. Ein Bildungsprozess kommt erst dann zustande, wenn jemand auch Kontexte hat, mit denen er sich wenigstens ansatzweise das Problem sinnvoll erschließen kann, welches zu erfassen wäre. Von Bildung und von Beteiligung des Kindes an seinem Bildungsprozess kann man erst dann sprechen, wenn nicht nur auf das geblickt wird, was zu lernen ist, sondern genauso auf den Lebens-, Erfahrungs-, Könnens- und Wissenskontext, den ein Kind mitbringt, um sich Inhalte zu erschließen. Eine Didaktik, die keine Verfahren entwickelt, wie man auf die individuellen Horizonte der Kinder eingehen kann, wie man das Können und Wissen der Kinder bei den Lernaufgaben einbezieht, wie man sich mit Kindern über das verständigt, was sie an Kontexten zu ihren Bildungsprozessen einbringen, kann nicht wirklich behaupten, dass sie die Eigentätigkeit der Kinder bei ihrem Bildungsprozess berücksichtigt. Daran müssen sich die neuen Bildungspläne für Kinder zwischen null und zehn Jahren messen lassen.

Kindliche Bildungsprozesse

Konkretes Denken

Ich gehe davon aus, dass die erste Ordnung, die ein Kind in seiner Welt schaffen muss, eine handelnd-sinnlich-emotionale Ordnung ist. Diese Organisation der handelnden, sinnlich differenzierten, in Vorstellungen gespeicherten und emotional bewerteten Erfahrungen nenne ich – in Anlehnung an C. Levi-Strauss (1968) – konkretes Denken.[2]

Er beschreibt es als eine Ordnung der Wirklichkeit durch „erschöpfende Beobachtung" und eine „systematische Bestandsaufnahme" aller dabei wahrgenommenen Bezüge und Verbindungen, ein Denken also, das die handelnd und sinnlich gewonnenen Erfahrungen ausdeutet (vgl. a.a.O., S. 22). In der Organisation von Handlungszusammenhängen ist dieses Denken außerordentlich leistungsfähig und kann durch neue Erfahrungen immer weiter differenziert werden.[3] Es unterscheidet sich von einem abstrakt-logischen Denken, das auf kulturelle und wissenschaftliche Theorien bezogen und damit bis zu einem gewissen Grad unabhängig von konkreten Alltagshandlungen und -erfahrungen ist. Konkretes Denken wird durch Handlungszusammenhänge und -erfahrungen organisiert, abstraktes Denken durch symbolische Ordnungen.

Erfahrung, die nicht durch konkretes Denken geordnet wurden, können auch nicht symbolisch strukturiert werden. Symbolisches Denken setzt konkretes Denken voraus. Ich beschreibe einige Fassetten eines konkreten Denkens aus der Perspektive junger Kinder:

Handelndes Denken[4]

Wenn ein Kind auf die Welt kommt, erfährt es die Welt zunächst vorwiegend körperlich. Es wird gehalten, hochgenommen, bewegt. Diesen Körpererfahrungen ist es zunächst einmal ausgesetzt. Es nimmt sie auf eine unbewusste Weise wahr und ordnet sie als angenehme oder weniger angenehme Erlebnisepisoden ein. Greifend, kriechend, krabbelnd, laufend löst

2 In späteren Arbeiten unterscheide ich handelndes, gestaltendes, erzählendes und abstrakt theoretisches Denken (vgl. Schäfer 2008: Frühe Wege ins Naturwissen I. In: Betrifft Kinder, 1–2, 2008, S. 6–13 und Frühe Wege ins Naturwissen II. In: Betrifft Kinder, 3–4, 2008, S. 6–13). Konkretes Denken, so wie es hier gefasst wird, würde dann die Bereiche des handelnden, gestaltenden und narrativen Denkens umfassen. Kinder betreiben also in den frühen Lebensjahren – wenn man sie als kindliche Forscher betrachtet – eine „Wissenschaft des Konkreten".

3 Levi-Strauss spricht von einer Wissenschaft des Konkreten (ebenda, S. 29).

4 Literaturhinweise zu den folgenden Abschnitten finden sich in: Schäfer, G. E. (Hrsg.): Bildung beginnt mit der Geburt. a.a.O., sowie: Schäfer; G. E.: Sinnliche Erfahrung bei Kindern. In: Materialien zum 10. Kinder- und Jugendbericht. Bd. 1: Lepenies, A., Nunner-Winkler, G., Schäfer, G. E., Walper, S. (Hrsg.): Kindliche Entwicklungspotentiale. Opladen 1999, S. 152–290.

es sich aus dieser passiven Haltung und geht nun aktiv auf die Welt zu, die sich ihm öffnet.

Sinnliches Denken

Sich bewegend wird die Welt mit den Sinnen zu erkundet. Das ist der Anfang eines kindlichen Forschens. Bevor man die Welt nicht in ihrer Differenziertheit und Vielfältigkeit aufmerksam wahrgenommen hat, kann man keine sinnvollen Fragen an diese Welt stellen und herausbekommen, was sie bedeutet. Gleichzeitig gilt aber auch: Wenn man keine Ideen hat, über einzelne Bereiche der vorgefundenen Wirklichkeit nachzudenken, dann wird diese Wirklichkeit auch nicht differenziert wahrgenommen. Wahrnehmen und Denken hängen also sehr eng zusammen. Sinnlich-ästhetische Erfahrung wird zum Werkzeug, mit welchem Kinder und andere Menschen sich die Welt erschließen. Mit den Sinnen sind gemeint: Die Fernsinne, die Körpersinne und die emotionale Wahrnehmung.

Emotionales Denken

Durch die emotionale Bewertung werden die erlebten Szenen zu Ereignissen organisiert, die mehr oder weniger freudig wieder erwartet oder aber auch gefürchtet werden können. Episoden, Szenen erlebten Lebens sind also Erfahrungen, die durch die Bewertung des Säuglings als irgendwie abgegrenzte Ereignisse markiert wurden. Abgrenzung und emotionale Markierung bilden die Voraussetzung dafür, dass diese Erfahrungsmuster durch die weiteren biografischen Erfahrungen differenziert werden können.

Die mimetische Ordnung der Welt

Säuglinge sind von Geburt zu einfachen Formen der Imitation mit der Gesichtsmimik in der Lage. Nachahmung ermöglicht zweierlei. Zum einen kann das Kleinkind durch Imitation Ausschnitte seiner Wirklichkeit erfassen und ordnen. Imitation ermöglicht ihm, Muster der Welterfahrung in Ansätzen von anderen zu übernehmen und sie zum Ausgangspunkt eigener Fortentwicklungen zu machen.

Zum anderen bildet die Imitation einen wesentlichen Baustein für die Ordnung und Differenzierung der Kommunikation. Weshalb? Wir müssen davon ausgehen, dass Säuglinge von Anfang an in der Lage sind, andere Menschen als so etwas wie sie selbst zu begreifen: Wenn ein anderer den Mund zu einem Lachen verzieht, dann muss das das Gleiche sein, wie wenn ich den Mund zum Lachen verziehe. Wenn ich nicht wüsste, was Lachen bedeutet, wie könnte ich dann mit einem anderen Menschen in einen kommunikativen Austausch treten. Um mit jemandem zu kommunizieren, brauchen Säuglinge einen Ausgangspunkt. Dieser Ausgangspunkt scheint mit der Nachahmung gegeben: Die Mutter lächelt, das Kleinkind lächelt. Sie sind sich beide einig, was das bedeutet. Wenn sie sich einig sind, dann haben sie einen Ausgangspunkt für ihren zwischenmenschlichen Austausch, an dem sie dann alle Abweichungen ermessen können. Die weitere Entwicklung der Kommunikation besteht darin, Felder der Übereinstimmung abzustecken, damit man dann später über Abweichungen sprechen kann.

Ein dritter Punkt, der die Bedeutung der Nachahmung bestätigt, wäre hervorzuheben: Nachahmung ist eine Form der Übernahme von komplexen Verhaltensmustern. Komplexe Verhaltensmuster sind solche, die rationale, emotionale, ästhetische, soziale und individuell-biografische Aspekte *in einer Form* zusammenbinden. Das meint, man kann keinen dieser Aspekte aus dem Verhaltensmuster herausnehmen, ohne dass sich die Bedeutung dieses Verhaltens verändert.

Zum Beispiel werden durch Nachahmung komplexe Bewegungsmuster übernommen, so wie es ein Junge zeigt, der sich auf Charly Chaplins watschelnde Weise gehend fortbewegt: Man bemerkt darin, dass er wie sein Vater läuft, der sich aufgrund einer Behinderung nicht anders fortbewegen kann.

Denken in Vorstellungen

Von all diesen Erfahrungen bleiben Erinnerungen, Erinnerungen in Handlungsmustern, die sich wiederholen, zunächst konkret, dann in bildhaften Episoden, in erlebten Szenen. Aus diesen ergeben sich Vorstellungen von einer Wirklichkeit, die man erfahren und sich vertraut gemacht hat. Vertraut machen heißt nichts anderes, als diese Wirklichkeit in inneren Mustern zu strukturieren, die man wieder erkennen kann.

Die Erinnerungsmuster einer durch Bewegung erschlossenen, sinnlich und emotional erfassten und geordneten Welt werden zu einer repräsentierten Welt verarbeitet. Erfahrene Szenen und Episoden bilden eine Vorstellungswelt, eine Welt im Kopf, die unabhängig von der gerade vorhandenen Außenwelt hervorgerufen werden kann. Sie kann im Gedächtnis nur gespeichert werden, wenn sie ästhetisch geordnet wurde. Ästhetisch heißt dabei: mit den Organisationsformen der sinnlichen Erfahrung. Diese sind uns in ersten Ansätzen mitgegeben. Jedes Kind kann mit einiger Übung Figur und Grund unterscheiden, die farbliche Ordnung der Dinge entziffern oder räumliche Beziehungen herstellen. Durch den Gebrauch – und je nach dem Maße dieses Gebrauchs – werden die ästhetischen Ordnungen jedoch weiter entwickelt und differenziert. Künstler, Architekten, Psychotherapeuten, Akrobaten sind z.B. Menschengruppen, die für ganz bestimmte sinnlich-emotionalen Bereiche eine hochdifferenzierte Wahrnehmung haben, was nichts anderes bedeutet, dass sie diese Erfahrungen bis in kleine Details und in hoher Komplexität ordnen können. Aber jeder Mensch hat in den ersten Lebensjahren seine Sinneserfahrungen und Vorstellungswelten so weit differenziert, wie es notwendig war, um mit seiner spezifischen soziokulturellen Umwelt in Kontakt und Austausch zu treten.

Sammeln und Vergleichen

Aber um spielen zu können, muss man Repräsentationen gesammelt haben. Sammeln ist daher eine weitere Form des konkreten Denkens. Gesammeltes wird in Kategorien eingeteilt. Grundlage solcher Kategorien sind Ähnlichkeit und Verschiedenheit. Daher führt Sammeln zum Vergleichen.

Spielen und Gestalten

Insofern diese episodische Welt im Kopf präsent ist, kann sie weiter gedacht werden. Auf der Grundlage eines differenzierten Gehirns können diese Repräsentationen denkend auch weiterentwickelt werden.

Basis dieses Weiterdenkens ist das Spiel. Das Spiel, so scheint es, ist vielleicht die wichtigste Form des „konkreten Denkens“. Spiel setzt Vorstellungen voraus. Im Spiel werden Vorstellungen in neuer Weise zusammengesetzt. Insofern ist Spiel eine Probebühne des Lebens.

Mit Hilfe von Werkzeugen und Materialien können imaginäre Wirklichkeiten gestaltet werden. Einerseits werden dadurch Vorstellungen realer: Durch Pläne oder Modelle lässt sich Wirklichkeit simulieren, bevor man ernsthafte Entscheidungen trifft. Andererseits können die nicht rationalen Anteile von Erfahrungen der Wirklichkeit gestaltend ausgedrückt und anderen zugänglich gemacht werden. Wirklichkeit wird als erlebte und denkend durchdrungene Wirklichkeit nachvollziehbar.

Gestalten, sei es mit strukturierten oder mit unstrukturierten Materialien, besteht also in der Imagination einer Wahrnehmungswelt, ihrer Um-Erfindung und Neuformung , sei es im Kopf des Kindes, sei es mit irgendwelchen Werkzeugen und Gestaltungsmaterialien, sei es im kindlichen Spiel. Dadurch wird einerseits die Vorstellungswelt näher an die Wirklichkeit heran getragen, andererseits werden unsichtbare Dimensionen von Wirklichkeitserfahrungen wahrnehmbar gemacht

Symbolisches Denken

Sprache

Vom Eintritt in die Sprache

Dass sie schon einiges von der Welt kennen, ermöglicht jungen Kindern dann auch, die Sprache zu lernen. Um zu verstehen, was gesprochen wird, muss man die Situation bereits kennen, in der und über die gesprochen wird. Darum sind es die vertrautesten Phänomene der Wirklichkeit des Kindes, die als erste mit einem Wort bezeichnet werden; Kinder wissen, wer Mama ist, was man mit ihr machen kann, wie sie sich anfühlt, wie sie reagiert, wie sie aussieht usw. aus vielen tausend erlebten Szenen, die ihr Bild in der Erinnerung formen. Und das Wort Mama bekommt dadurch einen Sinn, dass diese Vorstellungen ein lebendiges Bild von ihrer Wirklichkeit im Kopf des Kindes hervorrufen kann. So kann man seine erste Sprache nur in einem vertrauten Umfeld erlernen, weil man nur dort weiß, welche Erlebnis- und Erfahrungseinheiten gemeint sind, wenn das Wort Mama, Papa, Auto oder Wauwau auftaucht. Um in einer Sprache denken zu lernen (das ist mehr als der „Erwerb“ von „Sprachkompetenz“), braucht man vertraute Situationen, in denen gehandelt wird, Menschen die mit einem sprechen und vor allem auch Menschen, die zuhören können. Lückenlose „Sprachstandserfassungen“ sagen uns nichts über diesen Kontext und seine Rolle beim Spracherwerb.

Wenn Kinder aber einmal in die Welt der Sprache eingetreten sind, dann ändert sich einiges: Sie können über ihre Erlebnisse und Erfahrungen reden. Man kann ihnen aber auch von den Erfahrungen anderer erzählen. Sie können sprachlogisch denken und das heißt, dass sie ihre Gedanken in eine lineare, logische Ordnung bringen müssen. So sprachlogisch geordnet kann man genauer nachdenken und überprüfen, was man gedacht hat. Über die Sprache ist das, was man denkt, dem Bewusstsein näher.

Kennzeichen symbolischen Denkens

Von Überlegungen ausgehend, die ich 1995 zum symbolischen Denken zusammengetragen habe, möchte ich drei Merkmale anführen, die symbolisches Denken kennzeichnen.[5]

- Es gibt ein Stück ausgewählte und durch konkretes Denken vorstrukturierte Wirklichkeit, einen „Gegenstand“, etwas worüber gesprochen werden soll oder kann. Als Erfahrung spiegelt er die subjektive Ordnung wider, mit der ein Individuum vor dem Hintergrund seiner Biografie die Welt wahrnimmt, diese Wahrnehmungen ordnet und bewertet.
- Zum zweiten benötigt symbolisches Denken ein Zeichen, das irgendwie in Verbindung mit dem Gegenstand gebracht werden muss. Dieses Zeichen ist prinzipiell zufällig.
- Um diesem Zufall aber zu entgehen, haben sich soziokulturelle Gemeinschaften auf Konventionen geeinigt, die den Gebrauch der Zeichen regeln.

5 Vgl. Schäfer, G. E. (1995): Bildungsprozesse im Kindesalter. Weinheim und München. Ich sehe mich hier nicht in der Lage, hierzu die breite Diskussion zu Symbol, Symbolisierung und symbolischem Denken aufzuarbeiten. Mein Symbolverständnis ist hervorgegangen aus der Beschäftigung mit psychoanalytischem Symboldenken und strukturalistischem in Anlehnung an Roland Barthes und Saussure. Er erfasst Symbolbildung als Artikulation. Am nachvollziehbarsten wird das dargestellt bei R. Bartes (1981): Das Reich der Zeichen. Frankfurt/Main. Doch will ich nicht behaupten, mich in beiden Richtungen einigermaßen erschöpfend kundig gemacht zu haben. Pragmatisch hat sich der skizzierte Symbolbegriff bewährt, weil er den Unterschied, zwischen dem Denken mit Szenen und Bildern und dem sprachlichen Denken deutlich macht.

- Diese „Konventionen“ spiegeln nun ihrerseits das wider, was solch eine Gemeinschaft für ihr Zusammenleben für wichtig hält, also die sozialen, politischen und kulturellen Ordnungen, die aus der Geschichte einer solchen Gemeinschaft hervor gegangen sind. Deshalb verkörpern Symbole „eine besondere Perspektive auf einen Gegenstand oder Ereignis.“ „Wir können ... sagen, dass sprachliche Symbole soziale Konventionen dafür sind, andere dazu zu bringen, dass sie eine bestimmte Erfahrungssituation in bestimmter Weise auffassen, bzw. eine bestimmte Perspektive auf sie einnehmen.“[6]
- Erst beides zusammen ergibt das Symbol: Durch die individuelle Geschichte hat es eine subjektive Bedeutung; durch die soziokulturelle Ordnung wird ein Raum geschaffen, in dem man sich über Bedeutungen zwischenmenschlich austauschen kann. Damit etwas zum Symbol werden kann, müssen sich die Ebenen der subjektiven und der soziokulturellen Ordnungen überlagern. Oder: Subjektive Erfahrung wird durch die soziokulturellen Ordnungen des Zeichens artikuliert und synchronisiert.
- Die Sprache ist die vermutlich wichtigste symbolische Ordnung. Durch die Bipolarität ihrer Verankerung in subjektiver Erfahrungswelt einerseits und soziokulturellen Deutungsmustern andererseits, ermöglicht sie bis zu einem Grad, dass man sich über das verständigen kann, was in der inneren Welt – in einem Denken im weitesten Sinn – abläuft. Ebenso wie die soziokulturellen Deutungsmuster durch die biografischen Erfahrungen variiert und moduliert werden, strukturiert die soziokulturelle Ordnung auch die biografischen Erfahrungen.
- An der Sprache wird aber noch ein Drittes deutlich. Es sind nicht nur subjektive und soziokulturelle Ordnungen, die sich im Symbol überlagern. Darüber hinaus hat die Sprache auch eine eigene Struktur (Semantik, Grammatik, Prosodik), die zwar auch soziokulturell mitgeprägt ist, aber dennoch eine Eigenwertigkeit gegenüber subjektiven und soziokulturellen Einflüssen behauptet. Das Ausmaß dieser Eigenwertigkeit ist bislang nicht bekannt, d.h., wir wissen nicht, ob – und gegebenenfalls in welchem Umfang – die Grammatiken der Sprachen auf eine universelle, angeborene Grammatik zurückzuführen sind.

Durch Symbole werden die Repräsentationen des konkreten Denkens neu strukturiert. Symbolisches Denken ist daher eine Art des Metadenkens: Mit Hilfe der symbolischen Ordnung wird die Ordnung des Konkreten neu überdacht.

---

6 Tomasello, M.: Die kulturelle Entwicklung des menschlichen Denkens. Frankfurt/M., 2002, S. 129.

Die Revolution des sprachlichen Denkens

Zum einen geht das Kind mit dem Eintritt in die Sprache einen wichtigen Schritt auf dem Weg zum symbolischen Denken. Greenspan und Benderly sprechen von einem Übergang vom Aktionsmodus des Seins zum symbolischen Seinsmodus. Edelman und Tononi grenzen ein szenisches, „primäres Bewusstsein“ von einem „Bewusstsein höherer Ordnung“ ab. Köhler schreibt: „Die Sprache mit ihren Begriffsbildungen erfordert eine *totale Umorganisation des globalen Erlebens* nach neuen Gesichtspunkten. Um das global-amodale Erleben auch nur einer Sekunde sprachlich auszudrücken, bedarf es vieler Worte und begrifflicher Kategorien ...“[7]

Zum zweiten ermöglicht miteinander sprechen, über die eigene Erfahrung hinauszugehen. Man kann dem Kind die Erfahrungen anderer mitteilen. Und damit ist es nicht mehr nur auf seine subjektiven Verständnishorizonte angewiesen, wenn es sich die Welt erschließen möchte, sondern kann prinzipiell auf alles zurückgreifen, was eine soziale Gemeinschaft, eine Kultur, zur Interpretation von Wirklichkeit an Denkmodellen bereit stellt.

Das sprachliche Denken führt – drittens – aber auch eine andere Logik ein. Die Logik des Handelns ist eine lineare Ordnung, in der die Dinge in den Handlungsmustern einer Praxis zusammenhängen. In der Logik der Bilder und der szenischen Vorstellungen sind – wie im praktischen Handeln – alle Informationen des sinnlich-emotionalen Erlebens gleichzeitig vorhanden. Es ist die Logik der Sprache, die diese Informationskanäle trennt und sie entlang eines logisch gedachten Fadens ordnet. Gleichzeitigkeit weicht einem Neben- und Nacheinander. Das ist zwar zeitraubend aber wesentlich präziser. Man kann bewusst über etwas nachdenken, man kann überprüfen, was gesagt wurde, Widersprüche ausräumen, klarer denken.

Über die Sprache erhält man – viertens – Anschluss an ein umfangreiches, sprachlich kodiertes kulturelles Gedächtnis, in dem teilweise festgehalten wird, was andere, auch andere Generationen, über bestimmte kulturell für bedeutsam gehaltene Phänomene ausgesagt und gedacht haben. Wir haben die Möglichkeit alles, was derart niedergelegt ist, sei es in Erzählungen, sei es in Schrift, wieder hervorzuholen um es für uns und unseren Alltag zu verwenden. Nur indem die späteren Generationen an dieses Gedächtnis anknüpfen, wird verständlich, dass wir zwar mit einem Gehirn geboren werden, das sich seit unseren Frühkulturen strukturell nicht verändert hat, aber dennoch in der Lage ist, statt mit Faustkeilen, Steinklingen oder Äxten in Begriffen, Quanten oder Fraktalen zu denken.

---

7 Greenspan, S., I., Benderly, B. L.: Die bedrohte Intelligenz. München 2001, S. 105ff; Edelman, G. M., Tononi, G. : Gehirn und Geist, München 2002, S. 140ff; Köhler, L.: Einführung in die Entstehung des Gedächtnisses. In: Koukkou, M., Leutzinger-Bohleber, M., Mertens, W.: Erinnerung von Wirklichkeiten, Bd. 1, a.a.O., S. 185.

Andere Symbolsysteme

Aber es ist wohl auch so, dass mit der Sprache noch nicht alle Symbolsysteme, die unsere Kultur ausgebildet hat, dem Kind zur Verfügung stehen. Die Welt der Zahlen z.B. dürfte dem kleinen Kind zwischen zwei und drei allenfalls sehr rudimentär zugänglich sein und wir wissen, dass sie als symbolische Welt auch einem großen Teil der Erwachsenen kaum verständlich ist. Damit sei nur angedeutet, dass sich in vielen kulturellen Bereichen symbolische Systeme entwickeln können, die nur speziellen Kennern wirklich begreifbar sind.

Bildung aus erster und aus zweiter Hand

Ab dem Zeitpunkt, wo Kinder sprechen können, muss zwischen zwei Bildungsprozessen unterschieden werden, die hier Bildung aus erster und aus zweiter Hand genannt werden.

Bildung aus erster Hand, das meint ein Lernen aus eigenen Erfahrungen heraus, aus dem, was man erlebt, wahrgenommen, geordnet, in Bilder gefasst und schließlich in Sprache übersetzt hat.

Diese Form der Bildung entsteht also aus der Klärung der eigenen Erfahrungen. In den ersten drei Lebensjahren bilden sich Kinder nahezu ausschließlich durch eigene Erfahrungen, also durch das, was sie tun und erleben. Das heißt nicht, dass diese Erfahrungsprozesse isoliert vom sozialen Kontext verliefen. Vielmehr bestehen diese Bildungsprozesse aus der individuellen Wahrnehmung und Ausdeutung dessen, was das soziale und kulturelle Umfeld an konkreten Beziehungs- und Sacherfahrungen über zwischenmenschliche Aushandlungsprozesse präsentiert. Erfahrungen aus erster Hand sind diese Bildungsprozesse insofern, als das Kind auf seine eigenen Wahrnehmungen, Erlebnisse, emotionalen Bewertungen als Grundlage dieser Bildungsprozesse angewiesen ist. Sie bilden den Ausgangspunkt seines „Denkens".

Bildung aus zweiter Hand, das meint ein Lernen als Übernahme von dem, was einem erzählt wird. Sie wird erst dann möglich, wenn Kinder einigermaßen die Sprache beherrschen. Dann kann man ihnen sagen, was sie wissen und können sollen, ohne dass sie diese Erfahrungen selbst gemacht haben: Jemand erzählt ihnen Erfahrungen, die andere erlebt, gedacht und begriffen haben. Diese Erfahrungen werden zwar als Wissen gespeichert. Aber diesem Wissen entsprechen keine Sinneserfahrungen, Handlungen, Erlebnisse, eigene Fragestellungen oder Denkbemühungen. Sie sind zwar auf der Ebene des Denkens, jedoch nicht auf der Ebene der Sinnes- und Körpererfahrungen im Gehirn repräsentiert. Sie werden erst zu eigenen Erfahrungen, wenn man sie mit bereits vorhandenen Sinnes- und Körpererfahrungen verknüpfen kann. Wenn ein Astronaut erzählt, was er auf dem Mond erlebt hat, dann kann ich das nur in dem Maß überhaupt verstehen und nachvollziehen, als mir Erfahrungen zur Verfügung stehen, mit deren Hilfe ich mir z. B. seine Erfahrungen von Schwerelosigkeit oder des „geringeren" Körpergewichts „vorstellen" kann.

Bildung aus zweiter Hand geht scheinbar schneller, weil sie einige Schritte auslassen kann: Man muss nicht selbst wahrnehmen und über seine Wahrnehmungen nach-denken, sondern bekommt die Gedanken bereits logisch geordnet geliefert. Aber es taucht auch ein Problem auf: Man kann Erfahrungen in Sprache fassen, aber man kann Mitgeteiltes nicht umgekehrt unmittelbar in Erfahrung verwandeln. Das bedeutet, Erfahrungen, die einem Kind mitgeteilt wurden, sind dadurch noch lange nicht Erfahrungen des Kindes geworden. Vielleicht weiß damit das Kind etwas. Um derart Mitgeteiltes begreifen, in seiner Bedeutung einschätzen oder gar realistisch überprüfen zu können, muss man reale Erfahrungen haben, vor deren Hintergrund man das Mitgeteilte einordnen kann. Jeder muss dies tun, der z. B. einen Urlaubsprospekt liest: Um den Wirklichkeitsgehalt des Prospektes zu erfassen, muss man einiges an Urlaubs- und touristischen Reiseerfahrungen haben, sonst fällt man auf Wörter und Bilder herein.

Nun kann kein Mensch all das, was eine Kultur ausmacht, aus erster Hand erfahren und erlernen. Aber ein reiches sinnlich-körperlich verankertes und durch Nachdenken geklärtes Erfahrungsrepertoire ist eine wichtige Voraussetzung für Bildungsprozesse aus zweiter Hand.

Es geht daher nicht um die Alternative, Bildung aus erster oder aus zweiter Hand, sondern um die Frage: Wie viel Bildung aus erster Hand benötigen Kinder, um das Bildungswissen aus zweiter Hand sinnvoll nutzen zu können?

Bildungsauftrag für die Jahre vor der Schule

Ab der Sprachentwicklung ist unser Wissen und Können doppelt verankert: Einmal in Form von Handlungs- und szenisch-bildhaften Mustern, zum anderen in sprachlichen Mustern.[8] *Bildung besteht aus solchen Mustern erlebter, in Bildern gefasster und schließlich auch sprachlich gedachter Erfahrungen.* Nun ist unser alltägliches Bildungsverständnis aber völlig auf das eingestellt, was man als Bildungsgüter in unserer Kultur kennt und was man daher durch Mitteilung weitergeben kann. Das ist bislang noch die Grundlage des schulischen Bildungsverständnisses. Bereitet man Kinder nur auf die Schule vor, dann übersieht man deshalb den Bereich nicht sprachlich gespeicherter Bildungsprozesse. Damit ignoriert oder unterschätzt man auch die Formen der Bildung, die aus eigenen Erfahrungen vor Ort entste-

8 Vgl. hierzu: Nelson, K.: Language in Cognitive Development. Cambridge University Press 1996, S. 91–119.

hen. Das hat Auswirkungen auf die Fähigkeit, neu auftretende Probleme zu lösen, für die man noch keine Theorie hat, sondern erst eine finden muss.

Kinder brauchen also für ihren Bildungsprozess nicht nur das, was andere in unserer Kultur sich schon ausgedacht haben, sondern auch die Fähigkeit, einen neuen Blick auf neue oder alte Probleme zu werfen, damit sie lösbar werden. Die Bildung einer differenzierten Wahrnehmungsfähigkeit, ein Geist, der seine Umwelt immer wieder mit neuen Augen sieht, ein Vorstellungsvermögen, das diese Wahrnehmungswelt neu zusammensetzt, Fantasie, die sich neue Szenarien ausdenkt, das gehört genauso zu einem produktiven, problemlösenden Denken, wie ein wacher Verstand, analytisches Denkvermögen und logisch-prüfendes Denken. Dies hervorzulocken und zu fördern stellt sich aber nicht nur den Kindertageseinrichtungen als Aufgabe, sondern auch den Schulen, wie PISA deutlich gemacht hat.

Eine der wichtigsten Thesen der neueren Neurobiologie besagt, dass unsere Hirne die Denkfähigkeiten entwickeln, die in einem bestimmten Umfeld gebraucht werden und diejenigen sich zurückbilden, die keine soziale Resonanz finden. Man muss sich einmal ausdenken, was es bedeutet, dass Kinder als Finder und Erfinder auf die Welt kommen, ihnen dann aber ein Bildungssystem – ab dem dritten Lebensjahr vielleicht oder noch früher – abverlangt, hauptsächlich das zu tun, was die Gesellschaft verbindlich erwartet und dabei die Sinnesfähigkeiten, Vorstellungswelten und erfinderischen Gedanken der Kinder immer weniger zu Wort kommen lässt. Wie können wir von solchen auf Rezeptivität getunten Hirnen verlangen, plötzlich – weil PISA will – wieder neugierig, selbständig, geist- und lustvoll neue Problemnüsse zu knacken.

Die Aufgabe frühkindlicher Bildung ist zunächst die Entwicklung einer differenzierten und strukturierten Erfahrungswelt auf der Basis eines eigenen Welterlebens, bevor Kinder aus Instruktionen von anderen einen Nutzen ziehen können.

Grundbegriffe einer Bildung in der frühen Kindheit

Anfängergeist – über Bildung und Beteiligung im frühen Kindesalter[1]

Ich beginne mit einem Wort, das mir sehr gefällt: kindlicher Anfängergeist. Kleine Kinder sind Anfänger, und sie sind Anfänger in allen Bereichen. Das wird klar, wenn ein Kind geboren wird. Da weiß man, was Anfang ist. Da weiß man aber auch, dass das Kind nicht anfangen könnte, ohne schon etwas mitzubringen, eine Art Basisausstattung, mit der es etwas machen kann.

Die Basisausstattung des Anfängergeistes

Zur Basisausstattung gehören:

- **Körperliche Bewegung und sinnliche Erfahrung**
  Kinder können sich, wenn sie geboren werden, in kleinem Maße bewegen, und sie machen von Anfang an sinnliche Erfahrungen. Sie differenzieren ihre körperlich-sinnlichen Wahrnehmungsmöglichkeiten entlang den Erfahrungen, die sie machen (können).

- **Emotionale Bedeutungen**
  Kinder können emotionale Bedeutungen entschlüsseln. Das heißt, sie wissen unmittelbar, ob eine Erfahrung ihnen gut tut oder nicht, ob sie ihnen gefällt oder nicht, ob sie sich davon distanzieren wollen oder nicht. Das ist wichtig, denn sie wüssten sonst nicht, was diese Welt bedeutet. Wenn sie keine Emotionen hätten, würden sie das nicht herausbekommen. Die Emotionen sind ein Grund dafür, dass wir Bedeutungen erkennen können.

- **Kommunikationsfähigkeit**
  Kinder bringen eine anfängliche Kommunikationsfähigkeit mit. Sobald sie einigermaßen wach sind, fangen sie sofort an, den Erwachsenen ins Gesicht zu starren. Die Erwachsenen starren hoffentlich nicht, sondern lächeln freundlich zurück, geben also eine Antwort darauf.

- **Mimik lesen und beantworten**
  Kinder können in unserer Mimik lesen und geben mimisch-gestische Antworten. Ihre Erfahrungen speichern sie im Gedächtnis, und zwar in Mustern. Ich sage deshalb Muster, weil sie zum Beispiel das mütterliche Gesicht ja nicht genau in allen Einzelheiten speichern, sondern zunächst

1 Erstmals erschienen in: Betrifft Kinder, 10, 2008, S. 6–17; überarbeitet und leicht verändert.

so etwas wie ein Gesicht. Sie speichern das typische Muster eines Gesichts. Je öfter dieses Muster auftaucht, desto klarer und differenzierter wird es.

- **Neugier**
  Kinder besitzen von Anfang an eine unbändige Neugier. Sie sind so neugierig, dass sie auf alles reagieren, was ihnen nicht schon bekannt ist. Das nutzt die Psychologie für Forschungen aus: In einer Forschungssituation nimmt man an, dass ein Kind genug von dieser Situation hat, wenn es sich abwendet. Man muss nur ein bisschen an der Situation verändern – und schon ist die Aufmerksamkeit des Kindes wieder da. Hat es sich an einen Reiz gewöhnt, wird die Welt für das Kind uninteressant. Fügt man einen neuen Reiz dazu, wird die Welt wieder interessanter.

Mit diesem Anfängergeist handeln Kinder in alltäglichen Situationen. Sie müssen zunächst einmal den Alltag bewältigen, nicht das, was wir für sie pädagogisch vorbereitet haben.

Forschendes Lernen

In einem Video ist zu sehen: Ein Kind spielt mit Stiften und steckt sie in einen Kloß Knete. Dabei passiert etwas sehr Merkwürdiges. Das Kind entdeckt nämlich, dass die Stifte, die schräg stecken, nicht einfach stecken bleiben, sondern sich unter ihrem eigenen Gewicht langsam zur Seite neigen und umfallen. Fasziniert schaut das Kind zu und versetzt sich mit seinem Körper so in dieses Fallen hinein, dass man seinen Händen die Bewegung der Stifte regelrecht ablesen kann. Es wiederholt diese Situation in vielen Variationen. Zum Beispiel versucht es, dem Fallen nachzuhelfen, indem es einen Stift herunterdrückt. Später spielt es mit den Stiften, macht Löcher in die Knete, bemalt sich die Wange.

Diese Szene des Experimentierens dauert ungefähr 25 Minuten. Dabei lässt sich das Kind kaum ablenken, kehrt immer wieder zum Experiment zurück.

Was sagt uns diese Szene über forschendes Lernen?

- Das Kind *nutzt seine Fähigkeiten*, mit Stiften zu hantieren. Mit Knete hantieren, Stifte in Knete stecken – das kann es schon. Doch dann kommt etwas, das neu ist. Die Stifte bleiben unerwartet weder stecken noch fallen sie einfach um, sondern sie machen etwas Drittes: Sie senken sich langsam zur Seite. Das Kind entdeckt also etwas, das es noch nicht weiß, etwas völlig Neues, Faszinierendes. Und jetzt nutzt es alles, was es schon im Kopf hat, und probiert immer wieder aus: Was wäre, wenn ich den Stift nur ein Mal in die Knete steche? Was wäre, wenn ich ihn zwei Mal einsteche oder ihn heftig hineinstoße? Was wäre, wenn ich das Fallen mit der Hand beschleunige, wenn ich neue Löcher mache? Und, und, und … Das Kind testet also aus, was es schon kann, um herauszufinden, ob es noch mehr über das sonderbare Verhalten der Stifte herausbekommen kann. Es probiert all sein Vorwissen aus, und dieses Vorwissen kann variiert werden, in immer neuen Variationen. Das Variieren ist wichtig, sonst kann man nichts Neues finden.

- Das Kind *sucht Hilfsmittel*. Das ließ sich in der beschriebenen Szene nicht erkennen, da es keine Hilfsmittel gab. In anderen Situationen kann man sehen, dass Kinder sich suchend umschauen: Wo ist noch etwas, das ich ausprobieren kann? Sie benutzen alles, was in ihrer Umgebung zu finden ist, als Werkzeug und probieren aus, was sie damit erreichen können. Das wiederholen sie meist mit großer Ausdauer und testen es aus.

Wir können das in anderen Zusammenhängen – beispielsweise in der Naturwerkstatt in Mülheim[2] – immer wieder feststellen: Wenn Kinder mit Feuer und Flamme bei einer Sache sind und etwas entdeckt haben, das sie neugierig macht, dann muss es ausprobiert werden.

In der Naturwerkstatt beobachtete ich, dass Kinder immer wieder Dinge ins Wasser warfen, um auszuprobieren, ob sie schwimmen oder untergehen. Eine Erzieherin versuchte von Zeit zu Zeit, die Sache dadurch abzukürzen, dass sie das Ergebnis zusammenfasste: „Holz schwimmt, Steine sinken." Die Kinder interessierte das aber überhaupt nicht; sie machten einfach weiter, zwei Tage lang. Danach sagten sie: „Na, ja, Hölzer sind Schiffe, und Steine sind U-Boote." Da konnte sie selbst den Schluss ziehen. Aber vorher mussten sie es ausprobieren, an kleinen Hölzern, dickem und schwerem Holz, dünnem Holz, Rinde, Laub, Moos und allem, was sie auf dem Waldboden fanden.

Das ist auch richtig so, denn das Prinzip gibt ihnen nicht die Erkenntnis, sondern *das Prinzip ergibt sich aus der Erfahrung.* Erst wenn man alles einmal erfahren hat, dann weiß man. Wenn man Moos ins Wasser wirft, schwimmt es oder sinkt es? Das wissen Kinder nicht, wenn sie keine eigenen Erfahrungen damit gemacht haben.

Dieses *Lernen im Geiste des Neulings* braucht man ein Leben lang, auch als Erwachsener. Selbst wenn man in den Urlaub fährt, lernt man etwas Neues, und dann muss man im Geiste des Neulings neue Erfahrungen machen. Egal, wo – man kann nicht anders, man probiert es einfach aus.

Beteiligung

Beteiligung ist die Grundlage des Bildungsverständnisses. Dass Bildung zutiefst ein soziales Geschehen ist, das habe ich gerade gezeigt. Deswegen müssen die sozialen Bezüge in jedem Augenblick mitgedacht werden – nicht nur, wenn es um soziales Lernen geht.

---

2 Schäfer et al. 2010.

Selbst wenn ein Kind allein in der Ecke sitzt und konzentriert spielt, ist das eine soziale Situation: Das Kind hat den Raum, allein zu sein; es wird in seinem Alleinsein akzeptiert. Auch Alleinsein ist eine soziale Erfahrung. In der Diskussion um Partizipation wird dies allzu leicht vergessen.

Es muss klar sein, dass jede Lernsituation eine soziale Situation ist. Deshalb muss man sich von Anfang an entscheiden, in welche soziale Position man das Kind in seinem Bildungsprozess versetzt: eine soziale Situation des Empfängers oder eines gleichwertig an seinen Bildungsprozessen beteiligten Kindes.

Geht es um das Lernen, dann nicht wegen des Lernerfolgs, der auch wichtig ist, sondern es geht um die Art und Weise, wie dieser Lernerfolg erzielt wird. Wird das Kind als sozialer Empfänger betrachtet? Oder wird es als Beteiligter betrachtet? Die jeweilige Sicht führt zu unterschiedlichen fachlichen Handlungsweisen. Deshalb ist es so lange unsinnig, von effektiven Lernformen zu sprechen, so lange nicht gleichzeitig überprüft wird, was die Lernsituation für das Kind in sozialer Hinsicht bedeutet.

Beteiligung vollzieht sich auf drei Ebenen:

- Eine Ebene ist die Beteiligung in einer *unmittelbaren Beziehung zu einem Erwachsenen.* Das ist am Anfang sehr wichtig. Ein Erwachsener ist dabei und schafft dem Kind einen Rahmen, in dem es so weit wie möglich selbstständig handeln kann. Schon gegen Ende des ersten Lebensjahres gibt es die Möglichkeit, dass sich junge Kinder mit anderen Kindern vergleichbaren Alters in Verbindung setzen, sich in einer Art mimisch-gestischen Parallelspiels an dem beteiligen, was andere tun.
- Beteiligung ist auch eine *Sache des Alltagsgeschehens*, der Alltagsgestaltung in der Familie, in der Institution, aber auch in der Öffentlichkeit. Es ist wichtig, ob sich Kinder an diesem Alltagsleben *beteiligen* können oder ob sie die ganze Zeit über *betreut* werden. Wichtig ist, dass genügend Gelegenheiten gegeben sind, in denen sich Kinder am ganz normalen Alltagsgeschehen selbstständig beteiligen können. Wird das Kind beim Kochen aus der Küche geschickt? Oder findet man eine Lösung, wie es in seiner Art und Weise dabei sein kann? Das gleiche Prinzip gilt auch in der Öffentlichkeit. Ob Kinder im öffentlichen Raum selbstständig agieren können, hängt von der Gestaltung des öffentlichen Umfelds und der Einstellung der Personen in der Öffentlichkeit ab. Es geht hier nicht nur um das Vorhandensein öffentlicher Spielplätze, sondern vielmehr darum, inwieweit das öffentliche Leben – auf Straßen, Plätzen, Parks, in Naturräumen, Gebäuden, Verkehrsmitteln und kulturellen Einrichtungen – für kleine Kinder tatsächlich zugänglich ist. Das muss natürlich differenziert betrachtet werden. Aber die Frage muss gestellt und auf die Beteiligung der Kinder an diesem Leben muss hingewiesen werden.

- Erst in dritter Hinsicht ist Beteiligen eine *Sache bestimmter sozialer Strukturen* wie beispielsweise ein Kinderparlament oder Strukturen, die Kindern ermöglichen, Verantwortung zu übernehmen.

Diese drei Ebenen der Beteiligung sind sehr wichtig und werden verinnerlicht. Beteiligung beginnt sozusagen an der Mutterbrust: Kein Kind lernt, sich zu ernähren, wenn es sich nicht selbst beteiligen kann. Sie erreicht schließlich demokratische Formen des sozialen und gesellschaftlichen Lebens.

Dazwischen liegen die Bildungsprozesse der Kinder, die die Frage aufwerfen, inwieweit unsere pädagogischen Institutionen und das darin verwirklichte Lernverständnis nicht nur effektiv bestimmte Lernziele anstreben, sondern inwieweit die Kinder an ihren Bildungsprozessen nach ihren Möglichkeiten selbstbestimmt mitwirken können und inwieweit ihr Zugang zur Kultur nicht als Lernziel, das sie erreichen müssen, sondern als eine Frage ihrer Beteiligung an den gegebenen kulturellen Möglichkeiten definiert wird.

Gemeinsam geteilte Erfahrung

Denken lernen ist von Anfang an eine soziale Erfahrung. Anfängergeist kann ein kleines Kind nur entwickeln, wenn es sozial eingebunden ist, wenn es wenigstens einen vertrauten Erwachsenen hat, der mitmacht. Grundlage des frühen Erfahrungslernens ist, dass es jemanden gibt, der die Erfahrung mit dem Kind teilt, der dabei ist, wenn es eine Erfahrung macht, und der ihm dazu eine Rückmeldung gibt.

Die kindliche Erfahrung ist von Anfang an eine soziale Erfahrung. Das Kind erfährt die Dinge in einem sozialen Rahmen, der die Qualität der Erfahrung beeinflusst. Indem das Kind das Erfahrungsmuster in seinem Gedächtnis speichert, hinterlässt diese Qualität bleibenden Spuren.

Bei größeren Kindern scheint das weniger wichtig zu sein. Bei ganz kleinen Kindern, ein oder zwei Jahre alt, ist es aber offensichtlich. Wir wissen nicht, was das Kleinkind erfährt oder was es von dieser Welt denkt, wenn wir nicht immer wieder in solchen Situationen dabei wären. Zum Beispiel wüssten wir nicht, was es von einem Hund hält, wären wir nicht dabei, wenn es einem Hund begegnet.

Das ist mit *gemeinsam geteilter Erfahrung* gemeint: Ich sehe etwas, du siehst etwas – wir sehen beide, machen unsere Erfahrungen und können diese Erfahrungen nun miteinander vergleichen. Ich sehe etwas, du siehst etwas, und ich habe eine „Idee“ (die am Anfang nur aus einer Geste oder der Variation einer Handlung besteht). Du hast eine „Idee“, und wir tauschen uns aus, was wir daraus machen Das ist die wichtigste Grundlage frühkindlichen Lernens, der Anfang menschlichen Denkens.

Auf eine Mutter-Kleinkind-Situation übertragen, kann das so aussehen: Das Baby sieht einen glänzenden Gegenstand und möchte ihn haben. Es schaut der Mutter ins Gesicht. Die Mutter schaut freundlich zurück. Da kann es also die Hand ausstrecken, zugreifen und das Ding vielleicht sogar in den Mund nehmen.

Die Erfahrung, die das Kind in diesem Moment mit diesem Gegenstand macht, ist nicht nur eine Erfahrung des Gegenstands, sondern eine Erfahrung des Gegenstands in seiner sozialen Einbettung durch die Mutter. Die Erinnerung an diese Erfahrung wird die soziale Resonanz mit enthalten. Es wäre eine andere Erfahrung, wenn die Mutter anders blicken würde.

Die Basis frühen Lernens ist also die gemeinsam geteilte Erfahrung, die im normalen Alltag einer Familie häufig gegeben ist. Sie muss nicht pädagogisch inszeniert werden.

Resonanz

Nehmen wir das als die ersten sozialen Reaktionen: Das Kind erlebt etwas, wir geben ihm zurück, was wir davon wahrgenommen und verstanden haben. Das Kind lächelt, wir lächeln zurück. Das Kind schaut traurig, wir nehmen die Trauer auf, aber wir filtern sie, so dass sie erträglich wird. Das Lächeln unterstützen wir eventuell ein wenig, die Trauer aber mildern wir ab. Das machen wir durch Gesten und Körperhaltung. Unsere Resonanz macht die Trauer für das Kind erträglich. Das funktioniert zwar nicht immer, aber wir hoffen, dass es ausreicht.

Rein physikalisch bedeutet Resonanz, dass etwas mitschwingt. Ich schlage einen Ton an, und auf einem anderen Instrument kommt der gleiche Ton als Resonanz zurück. Die Resonanz nimmt also den vorgegebenen Klang auf. Aber sie gibt ihm eine eigene Färbung, einen eigenen Charakter.

Stellen Sie sich vor, Sie spielen einen Ton auf der Geige. Nehmen Sie beim Klavier die Dämpfung raus, schwingt die angeschlagene Saite in einem bestimmten Frequenzverhältnis des Tons mit, aber er klingt natürlich nicht wie der Geigenton. Obwohl es sich um den gleichen Ton handelt, klingt er wie ein Klavierton, und der Geigenton klingt wie ein Geigenton.

So ist es mit der zwischenmenschlichen Resonanz auch. Wir nehmen etwas auf. Aber wir klingen nicht wie das Kind, wir klingen wie Erwachsene. Empathie heißt nichts anderes, als einen Klang aufnehmen und ihn in der eigenen Klangfärbung zurückgeben, aber eben in der gleichen Tonhöhe.

Resonanz ist also etwas Aktives, nichts Passives. An der Resonanz sind wir als Erwachsene beteiligt. Ich möchte an dieser Stelle nur, dass Sie sich klar machen: Wir können nicht anders, als in dieser Resonanz zu reagieren. Sie muss daher fachlich aufgegriffen werden.

Weiter oben habe ich erläutert, dass die Qualität von Können und Wissen durch soziale Einbettung, insbesondere durch den Beitrag der zwischenmenschlichen Beziehungen, verändert wird. Mein Beispiel war: Ein Kind schaut der Mutter ins Gesicht. Erfährt es dabei freundliche Zustimmung oder heftige Ablehnung, ist seine Erfahrung jeweils eine andere. Lässt die Mutter das Kind im Park frei herumspringen, in der Erde wühlen und an Blumen riechen oder nimmt sie es an die Hand und führt es durch den Park – seine Erfahrung ist jeweils eine andere. Wenn man sich klar macht, dass solche Erfahrungen die Grundmuster unseres Wissens bilden, dann leuchtet ein, dass dieses Grundwissen immer anders ist – je nachdem, in welchen sozialen Beziehungs- und Resonanzverhältnissen es erzeugt wurde.

Auf den Kindergartenalltag übertragen, bedeutet das: Jede Resonanz auf die kindliche Reaktion ist ein Teil dieser Erfahrungsbausteine, die aufeinander aufbauen. Wenn sich solche Erfahrungen und Resonanzen wiederholen, verstärken sie sich. Wiederholen sie sich nicht, bleiben sie schwach. Wenn die gleiche Resonanz in einer ähnlichen Situation wieder positiv ist, wird die Erfahrung stärker werden. Wird diese Resonanz nicht gegeben oder ist sie uninteressant, wird die Erfahrung ganz anders aussehen.

Anders ausgedrückt: Wenn ein 18-Jähriger sein Interesse an der Musik gegen den Widerstand seiner unmusikalischen Familie durchgesetzt hat und an seinem Ziel angekommen ist, dann hat er ein anderes qualitatives Verhältnis zur Musik als jemand, der in einem Haushalt aufgewachsen ist, in dem Musik von Anfang dazugehörte.

Diese Verhältnisse bestimmen durch das Phänomen der Resonanz das „kulturelle Kapital“ eines Menschen. Das kann man sehr positiv sehen. Aber man kann auch deutlich machen, dass die Resonanz anders ausfällt und zu anderen Bildungserfahrungen führt, wo die soziale Situation ungünstig ist, wo Eltern sich nicht interessieren, weil sie mit der materiellen Lebenssicherung ausgelastet sind. Einzelförderung bei sozialer Benachteiligung kann diesen Horizont der sozialen Resonanz nicht ausschalten. Vermutlich wird sie sogar daran scheitern.

Können und Wissen verändern sich durch die Möglichkeiten des täglichen Miteinanders. Das hängt davon ab, in welchem Umfeld Kinder sich bewegen, wie offen es ist, wie geschlossen, wie die Erwachsenen – Eltern, Großeltern – im Umfeld zum Beteiligungsverhältnis beitragen. Können und Wissen differenzieren sich durch die Gelegenheit, Orte, Materialien oder Werkzeuge, die im Alltag zugänglich sind. Sie wandeln sich, je nach der Resonanz des kulturellen und sozialen Umfeldes.

Ein deutliches Beispiel gibt die Pisa-Diskussion, wenn man sie als öffentliche Resonanz auf institutionelle Bildungsprozesse betrachtet. Danach sollen Kinder früher lernen. Ein bestimmtes Wissensverständnis – Wissen als Übernahme bekannten Wissens – wird immer früher angesetzt, und in diesem Verständnis dominieren der Verstand und das verbale, logische Denken.

Was von dieser öffentlichen Resonanz bleibt dann noch für das bildhafte Gestalten, für die Musik, für die frühen Formen körperlich-sinnlichen Gestaltens und Denkens übrig? Zwar ist in den Bildungsempfehlungen und Bildungsplänen davon zu lesen, aber die praktische Unterstützung der öffentlichen Resonanz geht fast ausschließlich in Richtung Sprachförderung oder naturwissenschaftlicher Experimentierkästen. Wie diese Resonanz sich auf die tägliche Arbeit auswirkt, erfährt jeder Erwachsene, der mit Kindern lebt und arbeitet, am eigenen Leib. Man kann die Einrichtungen und ihre Teams davon nicht abkoppeln. Sie müssen dagegen ankämpfen, wenn sie anderer Meinung sind, und das durchzieht die Qualität ihrer Arbeit genauso wie ihre fachlichen Absichten oder Stellungnahmen. Widersprüche machen ihnen Sorge – und das zu Recht.

Jede pädagogische Gestaltung von Bildungsprozessen ist ein sozialer Vorgang

Die Kommunikationsstruktur zwischen Erwachsenen und Kindern ist nicht von vornherein auf beiden Seiten gleich gewichtig oder symmetrisch, denn die Erwachsenen wissen ja in der Regel mehr von der Welt und neigen dazu, den Kindern dieses Mehr zu vermitteln. Damit Kinder sich beteiligen können, müssen ihnen die Erwachsenen entgegenkommen. Die pädagogische Aufgabe besteht dann darin, für Kinder Situationen zu schaffen, die ihnen den Zugang so weit erleichtern, dass sie das ihnen mögliche Ausmaß ihrer Kräfte sinnvoll und erfolgreich einsetzen können. Das heißt nicht, dass Erwachsene die Ungleichheit durch das Angebot besseren Wissens ausgleichen sollen, sondern dass sie ihr professionelles Können gebrauchen, um die für die Bildungssituationen erforderlichen Beteiligungsbedingungen zu schaffen. Im Falle des Scheiterns von Bildungsprozessen stellt sich dann nicht die Frage: „Warum kannst *du* das nicht?“, sondern: „Was hätten *wir* besser machen können, damit dein Bildungsgeschehen befriedigender und erfolgreicher hätte ablaufen können?“ Damit wäre die Verantwortung für den Bildungsprozess da, wo sie hingehört, nämlich beim sozialen Umfeld und würde nicht dem Kind als persönliches Versagen aufgeladen.

Kultur des Lernens

Eine Kultur des Lernens in Krippe und Kindertagesstätte zeigt sich darin,

- dass dem kindlichen Anfängergeist Raum, Material und Zeit gegeben werden, sich zu entwickeln;
- dass sie Beteiligung ermöglichen;
- dass interessierte Erwachsene Erfahrungen mit den Kindern teilen;

- dass Kinder Resonanz erfahren: auf der Ebene der persönlichen Beziehungen, auf der Ebene des alltäglichen Umgangs von Erwachsenen-Kind, Kind-Kind und Kind-Sache sowie auf der Ebene der gesellschaftlichen kulturellen Praxis bis hin zur Bildungspolitik.

Spricht man von Lernkultur, ist also nicht der einzelne Lernprozess gemeint, sondern das sinnvolle Zusammenwirken aller genannten Ebenen. Fällt eine dieser Ebenen aus, muss sinnvolles, eigenständiges Lernen nicht unmöglich sein, aber es wird erschwert.

Kultur ist etwas, das sich aus vielen Dimensionen zusammensetzt. Die genannten sind für mich die wichtigsten, und sie müssen zusammenspielen. Erst eine solche Kultur und das Zusammenspiel der Ebenen sichern Nachhaltigkeit. Einzelne Lernprozesse schaffen das nicht.

Zurück zur Praxis

Die folgende Lerngeschichte hat mir die Erzieherin Rosy Henneberg[3] als Beispiel zur Verfügung gestellt. Bei der Wiedergabe beschränke ich mich auf einige wenige Punkte:

Beispiel

Als Melvin in die Krabbelstube kommt, ist er ein Jahr und drei Monate alt. Er interessiert sich von Anfang an für Küchenwerkzeug, vor allem für Messer und Scheren. Eines der ersten Fotos zeigt ihn mit zwei Scheren. Das ist der Ausgangspunkt. Jetzt denken Sie bitte an ihre persönliche Resonanz: Sind Sie besorgt oder irritiert, dass der Junge nur mit Messern und Scheren hantieren will?
Melvin zeigt auch in der nächsten Zeit kein Interesse an Spielzeug. Am liebsten hält er sich in der Küche auf und beschäftigt sich dort vor allem mit der Messerschublade. Im Gruppenraum ist er nach wie vor von den Scheren begeistert, auch der Locher sagt ihm zu.
Mit einem Jahr und zehn Monaten überrascht Melvin damit, dass er von Holzsäge, Metallsäge und Baumarkt spricht. Ein Gespräch kommt in Gang.

„Melvin, kennst du noch mehr Sägen?"
„Baumsäge, Stichsäge!"
„Woher weißt du das alles?"
„Der Papa hat das in der Garage."
„Hilfst du dem Papa in der Garage."
„Ja, mit Sägen und Arbeiten." – „Hast du auch eine Säge? Bringst du sie mit?"
„Soll ich wirklich eine Säge in die Krabbelstube mitbringen?"
„Ja, dann sägen wir."

3 Vgl. auch Henneberg 2008 sowie Henneberg, Klein, Schäfer 2011.

Erst jetzt wird klar: Dieser Junge will kein Spielzeug, weil es etwas Wichtigeres in der Garage gibt, in der er mit dem Vater arbeitet. Mit richtigem Werkzeug. Das erwartet er in der Krabbelstube auch.
Die Erwachsenen gehen darauf ein, nicht ohne Ängste. Die Erzieherin bringt tatsächlich eine Säge mit in die Krabbelstube, eine Styroporsäge und Styropor. Zwar nimmt eine solche Säge das Schneidethema auf, aber sie nimmt ihm den Reiz.
Melvin stellt fest, dass die Säge nicht scharf ist. Die Säge muss scharf sein. Er möchte richtig sägen. Die Erzieherinnen erlauben ihm, Pinselhälse abzusägen. Melvin sägt jetzt Pinsel ab. Jeden Tag fragt er nach neuen Pinseln und der Säge. Die immer kleiner werdenden, abgesägten Stücke hebt er auf.
Irgendwann sind die vorhandenen Pinsel alle abgesägt. Jetzt kommen dünne Stöckchen dran, die gesammelt wurden. Die Erzieherin schlägt Melvin vor, die abgesägten Teile aufzukleben. Er macht begeistert mit. Damit er was zu kleben hat, müssen weitere Hölzchen zersägt werden. Das kann er jetzt schon, das hat er erforscht.
Nun kommt das nächste interessante Gerät dran, die Schere. Er probiert immer wieder, die Hölzchen mit der Schere abzuschneiden, aber die Schere schneidet die Hölzchen nicht. „Das geht schwer, das geht nicht", sind seine Worte bei dieser Arbeit.
Einige Kinder in der Gruppe werden aufmerksam und eilen ihm zu Hilfe. Das macht die Sache für die Erzieherinnen nicht leichter, aber das Ergebnis ist: Papier geht, Hölzchen nicht. Das ist der Schluss aus einer längeren Erfahrung.
Nach zwei Wochen unermüdlichen Sägens holt Melvin sich eine Spielzeugsäge und versucht, beidhändig mit zwei Sägen zu sägen. Das Ergebnis ist klar: Eine Säge ist scharf, die andere nicht. Jetzt wird Melvin zum Fachmann, denn er erklärt, wie man es richtig macht. Wie man die Säge hält: Man darf sie nicht zu steil halten, man muss richtig stehen …

Melvin ist inzwischen zwei Jahre alt und reflektiert das Gelernte. Er sagt: „Ich habe das *zerschnitten*, man kann es *teilen*, man kann es *zerteilen*, man *schneidet* das *durch*. Die Säge kann *sägen*, *durchsägen, zersägen*. Die Schere kann *schneiden, zerschneiden, durchschneiden*. Das Messer *schneidet das Brot durch*, es kann auch *klein schneiden* und *zerteilen*."

Dies ist nicht der Originaltext, sondern etwas gerafft. Man erkennt den unmittelbaren Zusammenhang von Handeln und Sprechen. Melvin könnte diese differenzierten Begriffe nicht benutzen, wenn er vorher nicht die dazugehörigen Erfahrungen gemacht hätte. Er könnte sie natürlich auch nicht benutzen, wenn nicht jemand dabei gewesen wäre, der mit ihm über diese Erfahrung gesprochen hätte. Die Erfahrung und die gesprochenen Worte prägen sich unmittelbar ein, ergeben einen Sinn und Zusammenhang. Das ist sprachliche Bildung – nicht Sprachförderung nach der Feststellung von sprachlichen Defiziten.

Nun werden noch Sägen gemalt, Stichsägen mit großen Sägezähnen. Als Melvin einmal das Portfolio über seine Lerngeschichte durchsieht, wiederholt er: „Da haben wir doch gesägt!“ Oder: „Da haben wir doch mit der Schere probiert!“ Dann will er noch eine Säge kaufen, für Willi, den Hund. Die nimmt der dann in die Schnauze und sägt auch.
Zum Schluss „schreibt“ Melvin selbst – in Bilderschrift – ins Portfolio und erzählt dabei: „Ich habe einen großen Nagel, ich habe eine große Säge, ich habe einen Hobel, ich habe eine Stichsäge, ich habe eine lange Spannleine, ich habe eine Bohrmaschine, und ich habe eine große, schwarze Lampe in der Garage. Und jetzt muss ich Sägemehl machen, weil du das alles aufgeschrieben hast. Ich mache Sägemehl mit der schwarzen Säge.“

Melvins Beispiel zeigt

- mit aufmerksamen Erzieherinnen, die sich in die Situation hineindenken, geteilte Erfahrungen;
- Erzieherinnen, die die Situation – Melvins selbstständiger Umgang mit Messern, Sägen und Scheren – aushalten. Halten und Aushalten ist eine wichtige pädagogische Tugend.
- Erzieherinnen, die auf der Basis von Einfühlung mitdenken;
- Erzieherinnen, die sich auch nicht-sprachlich verständigen;
- Erzieherinnen, die zur Sprache bringen, was sie denken und wahrnehmen, also sprachlich wie Mütter kommentieren, die mit ihren Neugeborenen sprechen. Das ist wichtig für die Kinder, um in die gesprochene Sprache hinein zu finden.
- Erzieherinnen, die Gelegenheit, Materialien und Werkzeug geben;
- Erzieherinnen, die Neugier herausfordern.

Bildung und Beteiligung im frühen Kindesalter – was heißt das?

Frühkindliche Bildung, gesehen unter dem Aspekt der Beteiligung, umfasst:

- Anerkennung des kindlichen Anfängergeistes und des Erfahrungslernens;
- Beteiligung als Grundlage von Bildungsprozessen auf den unterschiedlichen Ebenen von Beziehung, Alltag, Institution und Öffentlichkeit;
- Gelegenheiten zu gemeinsam geteilten Erfahrungen;
- soziale Resonanz, ebenfalls auf den drei Ebenen: Beziehung, Alltag, Institution und Öffentlichkeit.

Erst das Zusammenspiel all dieser Aspekte macht eine Lernkultur aus. Nachhaltigkeit ist ein Ergebnis von Lernkultur in diesem vielschichtigen Sinn.

Wir brauchen Erzieherinnen als Fachkräfte für diesen kindlichen Anfängergeist, die in der Lage sind, den Kindern nicht nur etwas beizubringen, sondern die deren Bildungsprozesse – im Rahmen einer breit verankerten Lernkultur – wirkungsvoll herausfordern und sie im Sinne einer ebenso breiten Resonanz unterstützen.

Die Unterstützung des kindlichen Anfängergeistes besteht in der Unterstützung des Erfahrungslernens und seiner Verankerung in einer breit angelegten Lernkultur. Erzieherinnen, die mit kleinen Kindern arbeiten, müssen sich in diesen Anfängergeist hineindenken. Sie werden als Expertinnen des Anfängergeistes gebraucht, als Expertinnen, die damit vertraut sind, wie man mit Situationen des „Noch-nicht-Wissens" umgeht, mit Situationen, in denen Kinder erste Erfahrungen machen.

Die öffentliche Diskussion um die Bildungspolitik geht an dieser Aufgabe völlig vorbei, sie verkehrt sie sogar ins Gegenteil.

Literatur

Henneberg, R. (2008): Die ist nicht scharf, die Säge muss doch scharf sein. In: TPS, Heft 4, S. 2–23

Henneberg, R., Klein, L., Schäfer, G. E. (2011): Das Lernen der Kinder begleiten: Bildung, Beziehung, Dialog. Seelze

Schäfer, G. E. et al. (2010): Die Natur als Werkstatt. Weimar, Berlin

Das Denken lernen[1]

Selbstbildung, Ko-Konstruktion, das Lernen lernen sind Begriffe, die schlagwortartig die Diskussion um frühkindliches Lernen bestimmten. Im Folgenden wird ein *Verständnis von Bildung auf der Grundlage von Partizipation* erörtert. Dabei wird deutlich werden, dass kleine Kinder nicht das Lernen lernen, denn Lernen ist das, was sie – spätestens ab der Geburt – am intensivsten tun. Aber sie lernen, wie man mit den Erfahrungen umgeht, die man macht, wie man sie verarbeitet, *sie lernen, wie man* (in unserer Kultur) *denkt*.

Inwieweit ist Bildung Selbstbildung?

Von Anfang an scheinen sich die Kinder selbst zu bilden. Doch Fthenakis[2] hat völlig Recht, wenn er darlegt, dass sich Kinder nur in einem sozialen Zusammenhang bilden können. Selbstbildung ist nicht Von-selbst-Bildung. Diesem Missverständnis muss entschieden entgegengetreten werden.

Wenn sich soziale Umwelt und Kultur am kindlichen Bildungsprozess nicht beteiligen, dann bleiben Kinder entweder ungebildet, oder der Bildungsprozess entgleist – eine Erfahrung, die diejenigen machen mussten, die Erziehung in einem naiven, antiautoritären Sinn einseitig als Befreiung von einengenden Grenzen verstanden haben.

Fthenakis hat allerdings Unrecht, wenn er unterstellt, dass der Begriff der Selbstbildung in wissenschaftlichen Zusammenhängen als Von-selbst-Bildung verstanden wird. Es sind lediglich er selbst und diejenigen, die sich argumentativ an ihn anlehnen, die diesem Missverständnis des Begriffes unterliegen. So kämpft er gegen ein Problem, das er durch sein eigenes Missverständnis von Selbstbildung erst erzeugt hat.

Selbstbildung ist der Anteil des Kindes, mit welchem es sich an der Erschließung seiner Wirklichkeit beteiligt.

Bildung ist Beteiligung

Der grundlegende Gedanke des Bildungsverständnisses ist die *Beteiligung* des Kindes an seiner sozialen und kulturellen Umwelt. Jedes Kind hat von Geburt an *Möglichkeiten und Kräfte*, sich den Zugang zu seiner Umwelt zu

1 Erstmalig erschienen in: Betrifft Kinder H. 8/9, 2008, S. 7–15.
2 Zum Beispiel 2007.

erschließen und sie so kennen zu lernen, dass es sie für seine Entwicklung gebrauchen kann. Von Geburt an ist es sein Bestreben, sich entlang seiner Erfahrungen und wachsenden Kräfte an den Möglichkeiten zu beteiligen, die ihm seine soziale und kulturelle Umwelt bieten.

Die Aufgabe der Erwachsenen besteht – unter dem Gesichtspunkt der Beteiligung der Kinder – zunächst im wesentlich darin, Kindern einen *sozialen und sachlichen Rahmen* vorzugeben und zu sichern, der ihnen gestattet, ihr jeweiliges Können so weit wie möglich einzusetzen und es – vornehmlich in Alltagszusammenhängen – weiter zu entwickeln. So unterstützen Eltern ihre Kinder im Familienalltag, laufen oder sprechen zu lernen: Sie schaffen einen geeigneten Rahmen, in dem Kinder ihre anfänglichen Möglichkeiten einsetzen können, und erweitern den Rahmen entlang den wachsenden Kräften der Kinder durch immer neue Herausforderungen.

Gemeinsam geteilte Erfahrung

Grundlage frühkindlicher Bildung sind die Erfahrungen, die ein kleines Kind in seinem *Alltag* macht. Es sind zunächst *implizite Erfahrungen*, Erfahrungen, die das tägliche Handeln leiten, auch wenn sie noch nicht bewusst reguliert werden können.

Solche Erfahrungen führen zwar dazu, dass Kinder in Situationen angemessen handeln können, aber es dauert noch lange, bis sie wissen können, was sie da erfahren haben. Frühe Erfahrungen müssen also irgendwie ins Bewusstsein gelangen, damit das Kind über sie nachdenken kann. Es gibt einen Entwicklungsweg, auf dem dies geschieht.

Damit Erfahrungen bewusst und denkend genutzt werden können, braucht das Kind Menschen, die auf seine Erfahrungen eingehen, sie auf unterschiedliche Weise *spiegeln* und sie schließlich auch in Worte fassen. So gesehen, ist das selbstbewusste Denken und Handeln, seine Möglichkeiten und Grenzen ein Ergebnis der frühen, kommunikativen Erfahrungen des Kindes. Daraus ergibt sich, dass kleine Kinder für ihre Bildungsprozesse vertraute Menschen benötigen, die ihre frühen *Erfahrungen* mit ihnen *teilen.* Die gemeinsam geteilte Erfahrung ist gewissermaßen die Keimzelle frühkindlicher Bildung.

Vertraute Erwachsene sind dabei, wenn Kinder die ersten Schritte in das Neuland der kulturellen Wirklichkeit gehen, die die Kinder umgibt und die sie noch nicht kennen. Durch die Art und Weise, wie Erwachsene auf diese Schritte und Erfahrungen reagieren, wie sie sie emotional, gestisch, handelnd und kommentierend begleiten, erfassen die Kinder etwas davon, wie die Mitwelt das wahrnimmt und einschätzt, was sie tun, denken und erleben. Es sind die Reaktionen ihrer sozialen Mitwelt, die den Kindern spiegeln, ob und wie ihre Erfahrungen von anderen Menschen wahrgenommen werden. Die Re-flexion durch andere bildet die Grundlage für die Entwicklung der individuellen Re-flexionsfähigkeit.

Genetisches Lernen[3]

Bewegung, sinnliche Erfahrung, die Fähigkeit zur Kommunikation und die emotionale Bewertung oder Einordnung der Erfahrungen sind die *evolutionäre Ausstattung,* von der frühkindliche Bildungsprozesse ausgehen. Mit ihrer Hilfe machen Kinder von Anfang an Erfahrungen mit sich und von sich in ihrer Umwelt. Sie entwickeln diese Erfahrungen im Rahmen der Möglichkeiten fort, die ihnen ihre Umwelt und ihre Kultur bieten.

Erfahrungen sind in alltägliche Handlungsmuster eingebettet. Sie sind *szenische organisiert* und so auch im Gedächtnis gespeichert. Wiederholen sich Szenen, können sie zu typischen Mustern gerinnen. Wiederholungen und Ritualisierungen helfen, solche *typischen Muster* zu bilden.

Typisierte Muster sind die Anfänge von Abstraktionen. Das heißt, Kinder gewinnen ein abstraktes Wissen erst dadurch, dass sie im Laufe der ersten Lebensjahre einen Weg durchschreiten, auf dem ihre komplexen Alltagserfahrungen zu Mustern gerinnen. Aus diesen Mustern werden – der Situation oder einem anderen Bedarf entsprechend – einzelne Objekte und Zusammenhänge herausgelöst und sprachlich benannt.

Das Wort *genetisch* meint, dass sich neue Erfahrungen aus alten Erfahrungen entwickeln. Neue Erfahrungen bauen auf alten auf. Sie knüpfen an vorhandene Erfahrungsmuster an, die sich als praktikabel erwiesen haben. Durch Variationen und Umwandlungen werden die vorhandenen Erfahrungsmuster umgebaut, wodurch die neuen Erfahrungen aufgehoben werden. Kleine Kinder lernen quasi im Sinne eines solchen genetischen Erfahrungsaufbaus.

Erwachsenes Erfahrungswissen besteht aus einer langen biografischen Kette miteinander verbundener Variationen gleichartiger Erfahrungen. Dadurch besitzt genetisch vernetztes Erfahrungswissen eine hohe Flexibilität, die es ermöglicht, es in neuen, immer wieder veränderten Situationen neu zu kombinieren und zu gebrauchen.

Mimetisches Lernen

Mimetisches Lernen ist Lernen in szenischen Zusammenhängen. Auf der Grundlage des mimetischen Nachvollzugs – des Nachvollzug über Nachahmung – übernehmen kleine Kinder komplexe Muster von Verhaltensweisen, die ihnen von anderen Menschen vorgelebt werden. Auf der Grundlage

3 Später spreche ich von einem Evolutionsprozess der Bildung.

vertrauter Beziehungen erlernen die Kinder wesentliche Einstellungen und Verhaltensweisen, die in ihrem soziokulturellen Umfeld üblich sind.

Grundlage dieses mimetischen Lernens ist die Fähigkeit, einfache Formen der Gesichtsmimik nachzuahmen, über die bereits Neugeborene verfügen. Von der bloßen Nachahmung unterscheidet sie sich aber dadurch, dass sie ein Versuch ist, das Vorbild mit den Mitteln der eigenen Person nachzuerfinden und nachzuerleben.

Denkformate

Im Vordergrund der Bildung im Krippenalter stehen weniger bestimmte Sach- und Fachbereiche. Wenn der Alltag die Grundlage des Bildungsgeschehens ist, dann sind es *ausgewählte Alltagsszenarien*, von denen dieses Geschehen ausgeht. Sie sind abhängig von lokalen, sozialen und kulturellen Gegebenheiten, umfassen den *Körper,* die unmittelbaren oder leicht erreichbaren *natürlichen, kulturellen, sozialen und gesellschaftlichen Lebensbereiche*. Von Kindern und Erwachsenen müssen sie gleichermaßen als bedeutsam erfassbar sein. Daran orientiert sich auch ihre Auswahl.

Innerhalb dieser Bereiche geht es darum, dass die Kinder Handlungs- und Denkweisen entwickeln, die für kulturelles Leben notwendig sind. Insbesondere sind das vier *Denkformate.* Mit Hilfe dieser Formate organisieren Kinder (und Erwachsene) ihr Weltwissen. Drei dieser Formate sind für das Krippenalter von besonderer Bedeutung.

Bewegung und Handeln – szenisch handelndes (konkretes) Denken

Kinder erschließen sich ihr Umfeld, indem sie sich handelnd darin bewegen und alles ausprobieren, was ihre Neugier hervorruft. Dabei geht es jedoch nicht nur um abgegrenzte (senso-)motorische Handlungsschemata, sondern um Handlungsabläufe, die im situativen Kontext verankert sind. Es geht um zusammenhängende Ereignisse, die zu Ereignismustern zusammengefasst werden können, wenn sie sich in typischer Abfolge wiederholen, denn was sich in ähnlicher Weise wiederholt, ist wichtig und verankert sich als Ereignismuster im Gedächtnis[4]. Was davon abweicht, ist zumindest potenziell neu, ruft Aufmerksamkeit hervor und wird gegebenenfalls „erforscht“[5].

4 Mental event representations, MERs, Nelson 1996.

5 Vgl.: Das Habituationsparadigma in der Säuglingsforschung.

Vorstellung, Gestaltung, Spiel – szenisch bildhaftes (aisthetisches) Denken

Handlungs- und Ereignismuster bilden innere Repräsentationen, die im Zusammenhang mit Handlungsanlässen erinnert werden können. Als vom Handlungsereignis unabhängige Erinnerung lassen sie sich aber auch verändern und mit anderen Erinnerungsmustern zu neuen Ereignisbildern verbinden (Fantasie). Im Spiel gehen solche Fantasien wieder in Handlungszusammenhänge ein, werden Teile neuer Handlungsmuster, die ihrerseits wieder neue Bilder hervorrufen. So lassen sich Ereigniszusammenhänge im Wechselspiel mit veränderbaren Ereignisbildern immer wieder neu zusammensetzen (spielerische Simulation). Vergleichbare Kreisläufe spielen sich in bildhaften Gestaltungsprozessen ab, wenn Kindern dafür geeignete (kulturelle) Materialien und Werkzeuge zur Verfügung stehen.

Sowohl für Spielen als auch für Gestalten gilt: Aus Ereignisrepräsentationen entstehen neue Ereigniszusammenhänge, die ihrerseits wieder variierte oder neuartige Ereignisrepräsentationen ermöglichen. Dadurch können aus einzelnen festen Ereignisabläufen flexible Gedanken werden. Aisthetisches Denken bildet daher einen wichtigen Schritt zur Variabilität des Denkens.

Kommunikation und Sprache – szenisch sprachliches (narratives) Denken

Die Gedanken der Kinder sind in diesen frühen Entwicklungs-Zeiträumen in szenischen Ereignismustern organisiert und damit bereits der „Manipulation“ durch das Denken zugänglich. Diese geistigen Veränderungsmöglichkeiten erweitern und differenzieren sich noch, wenn die bislang szenisch bildhaften Gedanken in Sprache verwandelt werden können. Aus körperlich-bildhaften Ereignisabläufen werden *Geschichten,* die von den Szenen erzählen. Das erzählende (narrative) Denken hält diese Ereignisse fest und macht sie dem Bewusstsein zugänglich. Damit gewinnt das Bewusstsein auch eine (begrenzte) Kontrolle über sie. Sie können bewusst überprüft und weitergedacht werden. *Geschichten rufen neue Geschichten hervor.*

Die Repräsentation der Welt in Ereigniszusammenhängen wird zu einem vielfältigen und variablen Netz von Geschichten verknotet. Eine Geschichte erinnert an die nächste, und neue Verknüpfungen bringen neue Geschichten hervor.

Die Untersuchungen Nelsons zur Entwicklung kindlichen Sprechens und unsere Untersuchungen zur Entwicklung des Sachwissens[6] heben die Bedeutsamkeit des szenisch-sprachlichen (narrativen) Denkens hervor. Es setzt mit dem Eintritt des Kindes in die Sprache ein und ist auch im Kinder-

6 Nelson, K. 1996; Schäfer, G. E. et al., 2010

gartenalter eine wesentliche Weise, über die Welt und sich selbst nachzudenken.

Über das Krippenalter hinaus – theoretisches Denken

Das Krippenalter ist die Zeit der Entwicklung und Differenzierung des szenischen Denkens in seinen drei Formen: das konkret handelnde, das aisthetische und das narrative Denken. Ein viertes Format – das theoretische Denken – erhält erst gegen Ende des Kindergartenalters einige Bedeutung. Mit ihm geht das Kind über den szenisch-situativen Zusammenhang der Erfahrungen und des Wissens hinaus. Die Dinge werden aus ihrem situativen Handlungsbezug (aus ihrer Geschichte) herausgenommen und als abstrakte Konstruktionen im Zusammenhang von kulturell erzeugten Theorien – in einer Welt des abstrakten Geistes – neu rekonstruiert und verankert.

Diese Entwicklung zeichnet sich, je nach äußeren Gegebenheiten, im späten Kindergartenalter ab und könnte mit dem erwachenden Interesse an Schrift- und Zahlensymbolen einhergehen.

Theoretisches Denken ist das Denkformat, das die Schulen in besonderer Weise in den Vordergrund rücken.

Professionelles Handeln im Krippenalter

Professionelles Handeln ist in den frühen Jahren zuallererst ein Handeln in *Alltagszusammenhängen.* Kinder brauchen Alltagszusammenhänge, um die Bedeutung zu erfassen, die die Dinge in den Lebenszusammenhänge der Menschen in ihrem Umfeld haben. Da sie Erfahrungen vor allem in Handlungszusammenhängen machen, brauchen sie den Kontext solcher Handlungsverläufe, um sich die Bedeutsamkeit dessen zu erschließen, was in ihrem Umfeld ihr Interesse an sich zieht. Es ist der mimetische Nachvollzug, der es ihnen ermöglicht, szenische Ereigniszusammenhänge als Handlungs- und Erlebnismuster nachzuvollziehen.[7] In diesen Alltagszusammenhängen wird pädagogische Professionalität vornehmlich auf zwei Ebenen gefordert: Im Auswählen sowie *Gestalten von Räumen* beziehungsweise einer *vorbereiteten Umgebung* und in der bewussten *Gestaltung von Beziehungen.*

Letzteres meint jedoch kein isoliertes soziales Lernen. Vielmehr sind die Qualität von Beziehungen und ihre pädagogischen Gestaltungsmöglichkeiten in Sachbezüge eingebettet. Sachbezug und Sozialbezug sind nur auf einer abstrakt-analytischen Ebene voneinander zu trennen. Im praktischen Vollzug ist jeder Sachbezug in ein irgendwie geartetes soziales Arrangement verflochten, und es gibt kaum einen Sozialbezug, in dem es nicht „um etwas“ geht.

---

7 Siehe: Mimetisches Lernen.

Räume und vorbereitete Umgebung

Folgende Bereiche sind besonders wichtig:[8]

- Bewegungsbereiche
- Orte der Körperpflege
- Nassräume als Erlebnisbereiche
- Kinderrestaurant
- Naturräume und das Außengelände
- das örtliche Umfeld
- das Miniatelier

Verkörpertes Selbst im kommunikativen Austausch

Bewegung

Ausgangspunkt einer Krippenpädagogik ist ein Gruppenraum, der den Kindern jederzeit vielfältige Bewegungserfahrungen ermöglicht. Bewegungsbereiche sind Orte, an denen sich das kleine Kind in körperlich-emotionalen Erlebnissen selbst erfährt. Diese Anfänge eines verkörperten Selbst enthalten zugleich die Rückmeldungen, die das Kind aus dem sozialen Austausch zurückgespiegelt bekommt, insbesondere auch von den anderen Kindern, mit denen es spielt.

Eine basale Beachtung durch die Erwachsenen erfahren Kinder bereits dadurch, dass Erwachsene für Orte sorgen, an welchen die Kinder solche Erfahrungen ungestört und lustvoll machen können.

Körperpflege

Einrichtungen mit Kindern ab dem ersten Lebensjahr benötigen separate und praktikable Bereiche für die Körperpflege. Wickeln, Waschen und Toilettengänge sind Ereignisse, die zwar der Körperpflege dienen, doch viel bedeutsamer sind sie als Rahmen und Gelegenheiten, über den Körperkontakt zwischenmenschliche Bindungen und Beziehungen zu erfahren und zu vertiefen. In diesen Situationen ist körperliches Selbsterleben in die unmittelbare Resonanz der pflegenden Hand und der pflegenden Person eingebettet. Sie moduliert und durchdringt das Bild, das das Kind von seinem Kör-

---

8 Diese Überlegungen sind in Kooperation mit Angelika von der Beek entstanden, der ich dafür herzlich danke. Vgl. von der Beek 2006, 2010. Sie hat sich nicht nur mit Raumgestaltung beschäftigt, sondern dies vor dem Hintergrund getan und begründet, dass Lernen als eine Erzeugen nur im Kontext einer Umwelt geschehen kann, die der kindlichen Neugier Nahrung gibt. Kinder als Wesen, die auf der Suche nach Dingen und Ereignissen sind, die sie noch nicht kennen, können dieser „Bestimmung" nur folgen, wenn sie in einem geeigneten Umfeld explorierend tätig werden können. Von der Beek hat diesen Gedanken in einem differenzierten pädagogischen Konzept umgesetzt, das Anregungen aus der Psychomotorik, der Reggiopädagogik und der offenen Arbeit mit einer pädagogischc vorbereiteten Umgebung verknüpft.

per und seiner Körperlichkeit gewinnt. Daher verdienen die Orte der Körperpflege professionelle Aufmerksamkeit, die dieser Bedeutung gemäß ist.

Einerseits sollte ein solcher Ort die Erzieherin in ihrer Aufgabe würdigen, indem er ergonomisch und ästhetisch gestaltet ist. Andererseits sollte er dem Kind den Grad an Freiheit ermöglichen, der ihm zugänglich ist, sowie den Schutz, die Sicherheit und die Intimität gewährleisten, die es benötigt, um seine Körpererfahrungen zu genießen.

Nassbereiche als Erlebnisfelder

Bäder und Duschen sind ebenfalls nicht nur Räume der Sauberkeit, sondern Orte des Körpererlebens. Die Berührung mit Wasser knüpft an sehr ursprüngliche Erfahrungen an und ermöglicht vielfältige *Berührungserfahrungen* mit der Haut.

Gleichermaßen können die Nassbereiche auch in Atelierbereiche der *Körpergestaltung* verwandelt werden, in Orte, an denen der Körper als Medium bildhafter (Selbst-)Gestaltung vielfältige Verwandlungen erfahren kann.

Schließlich ist Wasser ein elementarer *Sachbereich*, dessen Reizen sich Kinder kaum entziehen können. Schöpfen, gießen, schwimmen, strömen – die elementaren Erfahrungen mit der Flüssigkeit dieses Elements – sind Anlässe für ausdauernde Expeditionen in die Welt des Wassers.

Essen

Essen ist mehr als Nahrungsaufnahme und ihre Regulierung im Sinne konventioneller Regeln. Essend kommuniziert der Körper mit der Welt, denn der Mund ist im ersten Lebensjahr – und manchmal auch darüber hinaus – ein wesentliches Werkzeug der Weltbegegnung und der Welterfahrung. Essend findet das Kind in eine Kultur der Speisen und der Sprachen ihrer Zubereitung. Deshalb verdient das Essen einen Bereich, in dem die Krippenkinder gemeinsam essen, der es gestattet, diese Kultur zu pflegen, und in dem sie von vornherein mit möglichst viel Eigenständigkeit selbst essen können: das „Kinderrestaurant".

Sprachen lernt man nur, indem man sie spricht. Die Zubereitung der Speisen, das Erfinden von Gerichten, die Komposition von Gerüchen und Varianten des Geschmacks gehören genauso dazu wie die – freiwillige und lustvolle – Nacharbeit der Folgen.

Welt erfahrendes Selbst im kommunikativen Austausch

In verschiedenen Lebensräumen eröffnen sich Kindern unterschiedliche Sach- und Weltzugänge im Kontext alltagsbezogenen Handelns: Naturräume, kulturelle Räume und gesellschaftliche Felder.

Natur- und Außenräume

Die *Natur* wird im Wesentlichen in ausgewählten Ausschnitten aufgesucht, wenn sie für die Kinder ohne großen Aufwand erreichbar sind. Da dies eher selten der Fall ist, brauchen Einrichtung für Kinder ab dem ersten Lebensjahr geeignete Außengelände, die den Kindern mehr als Spielplatzerfahrungen gestatten. Über Bewegungs- und Spielmöglichkeiten hinaus geht es um Zugänge zu elementaren Naturerfahrungen mit der Pflanzen- und Tierwelt sowie mit den vier „Elementen" der Natur: Erde, Wasser, Luft und Feuer oder Licht.

In den Räumen der Kita oder der Krippe wird sich Natur in Sammlungen und kindlichen „Museen" finden. Gesammelte Naturmaterialien bilden einen wesentlichen Ausgangspunkt für kindliche Gestaltungen und Konstruktionen. Sie können zum Ausgangspunkt von Projekten werden, in denen sich Erforschungen draußen und drinnen abwechseln.

Kultur und Gesellschaft

Kulturelle Felder – beispielsweise Museen, musikalische Ereignisse, Theater oder Ausstellungen sind in der Regel noch keine Orte, die sich Kindern im Krippenalter sinnvoll erschließen, genauso wenig *gesellschaftliche Einrichtungen* wie Straßenbahn, Feuerwehr oder Krankenhaus. Das gesellschaftliche Leben öffnet sich ihnen eher an *gesellschaftlichen Orten*, die sie sich erlaufen können: Straßen, Plätze, Gebäude, Geschäfte, Parks oder Märkte.

Die *Auswahl* der kulturellen Felder und bedeutsamen gesellschaftlichen Orte folgt jedoch keinem Curriculum, sondern den örtlichen Bedingungen und der Kompetenz der jeweiligen Erzieherinnen.

Je kleiner Kinder sind, desto mehr muss auf ihren individuellen Erfahrungsbereich eingegangen werden. Ein wesentliches Kriterium für die Auswahl in allen Bereichen ist aber auch die Möglichkeit der Kinder, sich – in eigener Initiative und durch die eigenen Interessen gesteuert – neugierig handelnd und forschend in diesen Feldern, Orten und Einrichtung bewegen zu können. Darüber hinaus erschließt sich den Kindern nichts von diesen Dingen, wenn die Erzieherin nicht auch ihre Neugier und ihr Interesse erkennen lässt.

Denkendes Selbst im kommunikativen Austausch

Der Atelierbereich kann eine Brücke zwischen Körper und Geist schaffen

Das Miniatelier ist ein den Kindern ständig zur Verfügung stehender Raum im Raum, der für diesen Zweck mit geeigneten Materialien und Werkzeugen ausgestattet ist.

In dieser Brückenfunktion kommt dem Atelierbereich zugute, dass Gestalten auf der einen Seite selbst ein körperlicher Vorgang ist, den man durch geeignete Materialauswahl unterstreichen kann: zum Beispiel durch schwere Tonklumpen statt einer Handvoll Knete, durch Staffeleien statt (nur) Maltische, durch Bausteine von mittlerem Format und Gewicht statt Duplo-Steine.

Als Ort des Gestaltens ermöglicht der Atelierbereich erste Anfänge einer Reflexion der kindlichen Erfahrungen durch den Gestaltungsprozess. Die dabei entstehenden inneren Bilder sind die erste Form der inneren Repräsentation einer Geschichte, die – versprachlicht – dann in den zwischenmenschlichen Austausch ein- und dem Bewusstsein nähergebracht wird. Die „hundert Sprachen", in denen Kinder nach einem Schlagwort der Reggiopädagogik denken und sich ausdrücken, beziehen sich darauf, dass Kinder alle Möglichkeiten, die ihnen zugänglich sind, dazu nutzen, um mit ihrer Hilfe etwas zu gestalten und sich darüber mitzuteilen.

Das Miniatelier ist ein Ort, an dem dieser Übergang vom körperlichen zum repräsentativen Denken auf allen seinen Ebenen – dem konkret körperlichen Handeln, dem aisthetischen Vorstellen und Gestalten und dem sprachliche Denken – angeregt und kultiviert wird.

Eine Einrichtung für Kinder ab dem ersten Lebensjahr braucht also

- Orte, an denen sich Kinder bewegen und ihren Körper erfahren;
- Orte, an denen Kinder der natürlichen, kulturellen und sozialen Welt draußen begegnen;
- Orte, an denen Kinder ihren Erfahrungen sinnlich-körperlich gestaltend und im weitesten Sinne „denkend" nachhängen können.

Kommunikative Beziehungen als übergreifendes Prinzip

Grundsätze

Pädagogik besteht in der Gestaltung von Beziehungen mit dem Ziel, Kindern die Beteiligung am sozialen und kulturellen Leben einer Gesellschaft zu eröffnen. Wenn es dabei um die Beteiligung der Kinder an ihren Entwicklungs- und Bildungsprozessen geht, muss man Vorstellungen darüber haben, wie professionelle Beziehungsformen zwischen Erwachsenen und Kindern aussehen könnten, die diesem Ziel dienen. Für den gegenwärtigen Zusammenhang sollen einige Punkte hervorgehoben werden:

- *Erstens* stehen Beziehungen nicht isoliert für sich; sie enthalten immer auch einen sachlichen Kern. Es geht immer um etwas, und dieses Etwas beeinflusst die Beziehungen nicht unerheblich.

- *Zweitens* enthalten professionelle Beziehungen immer Vorstellungen darüber, was Kinder sind und welche Rolle sie im sozialen und gesellschaftlichen Leben spielen. Selbst wenn das nicht ausformuliert wird, kann man keine Beziehungen eingehen, ohne dass man eine „Theorie" des Mensch- oder Kindseins zugrunde legt. Im vorliegenden Fall ist es die Vorstellung vom Kind als einem selbstständigen Organisator seines sozialen und kulturellen Lebens im Austausch mit und unter der Beteiligung von anderen Menschen. Pädagogische Rahmung soll sicherstellen, dass die im Kind bereits vorhandenen Möglichkeiten herausgefordert und vor unzumutbaren – weil noch nicht zu bewältigenden – Ansprüchen und Anforderungen geschützt werden.
- *Drittens* sollten diese Beziehungen von Seiten der Erwachsenen – so weit, wie möglich – vom grundsätzlichen Interesse und Wohlwollen für das Kind getragen sein. Dies bildet die Voraussetzung und die Basis für tragfähige, sichere Bindungen und Beziehungen.[9]
- *Viertens* gelingen Beziehungen vor allem auf der Grundlage eines vom Erwachsenen und Kind gemeinsam geteilten Erfahrungsbereichs innerhalb des gemeinsamen Sachbezugs.[10]

Beziehungsformen

Für das Alter zwischen null und drei Jahren sollen folgende Beziehungsformen hervorgehoben werden:

- *Halten* und *Aushalten* von Belastungen und Schwierigkeiten[11], ohne zu Sanktionen zu greifen und unter Beibehaltung des grundlegende Wohlwollens.
- *Nonverbale Verständigung*: Dabei werden alle Handlungen des Kindes nicht nur unter dem Aspekt ihres sachlichen Inhalts wahrgenommen, sondern auch als Botschaften des Kindes an seine Mitwelt. Je kleiner Kinder sind, je weniger sie der Sprache mächtig sind, desto mehr muss auf die Gleichzeitigkeit von Inhalts- und Beziehungsaspekten im gemeinsamen Handeln geachtet werden.
- *Dabei sein:* Es gibt eine Art von Aufmerksamkeit, die einerseits beim Kind ist, ihm andererseits aber völlige Selbstständigkeit lässt. Von Seiten des Kindes entspricht die Fähigkeit zum Alleinsein in Gegenwart eines anderen Menschen[12] diesem Dabei-Sein. In solchen Situationen ist das Kind auf eine produktive Weise mit seinem Tun und seinen Gedanken zwar für sich, aber nicht einsam. Es benötigt dieses Für-sich-Sein, um

9 Vgl. Ahnert 2004.
10 Siehe oben.
11 Winnicott 1976.
12 Winnicott 1974.

sich auf sich selbst und sein Tun zu konzentrieren. Die unaufdringliche Anwesenheit eines anderen Menschen ermöglicht es ihm, sich in diesem Tun sicher und geschützt zu fühlen.

- *Resonanz*: Damit kleine Kinder ein Bewusstsein von sich selbst sowie von ihrem Handeln und Denken gewinnen, brauchen sie zureichende Resonanz von anderen Menschen auf das, was sie tun und denken.[13] Resonanz unterscheidet sich von einer einfachen Antwort dadurch, dass sie sich um empathisches Verständnis der Perspektive des Kindes bemüht. Über Spiegelung und Resonanz erfährt sich das Kind aus einer Außenperspektive. Ohne solche Rückmeldungen zu seiner Person aus der Perspektive von anderen Menschen wird es kein zureichendes autobiografisches Bewusstsein[14] von sich selbst oder seinen Tätigkeiten und Erlebniszusammenhängen gewinnen können.
- *Sprachliches Feedback*: Diese Resonanz kann durch unmittelbares Handeln oder auch auf sprachlicher Ebene erfolgen. In vielen Fällen – vor allem auf der Grundlage stabiler, wohlwollender Beziehungen zwischen Erwachsenen und Kindern – wird sie schon von der Säuglingszeit an auf zweierlei Weisen vermittelt: sowohl durch konkretes Handeln und seine mimisch gestischen Aspekte als auch durch die sprachliche „Übersetzung“ des Beziehungsaspekts in ein Bad aus Wörtern und Sätzen, selbst wenn die Kleinen es begrifflich noch nicht verstehen. Beginnt das Kind, in die Sprache einzutreten, ist die sprachliche Resonanz ein wichtige Voraussetzung dafür, dass es ein differenziertes, bewusstes sprachliches Denken entwickelt.

Die Pädagogik des Innehaltens

Alle diese Beziehungsformen erfordern die *aktive, aufmerksame Zurückhaltung* der pädagogischen Fachkräfte, eine „Pädagogik des Innehaltens“, die sich folgendermaßen beschreiben lässt:

- *Innehalten*, bevor man glaubt, etwas für das Kind tun zu müssen. Man verlangsamt die professionelle Haltung des vorauseilenden Wissens der Erwachsenen.
- Eine Pädagogik des Innehaltens *lässt der Aktivität der Kinder den Vortritt.* Dies ist keine pädagogische Passivität. Vielmehr wird das bessere Wissen der Erwachsenen zurückgehalten, um einerseits Raum für die möglichst umfangreiche Beteiligung der Kinder an ihren Bildungsprozessen zu geben und um dieses Wissen andererseits so zu organisieren, dass es angemessener auf die Möglichkeiten der Kinder zugeschnitten wird.

13 Dornes 2000.
14 U.a. Markowitsch, Welzer 2005.

- Indem Erwachsene sich darauf einlassen, welche Aktivitäten die Kinder in diesen Lücken des Zögerns entwickeln, geben sie sich selbst die Möglichkeit, *von den Kindern* zu *lernen*, wo deren Möglichkeiten und Schwierigkeiten liegen.
- Das ermöglicht ihnen ein professionelles, verstehendes, ordnendes, zurückhaltend-einfühlendes und unterstützendes *Nachgehen.*
- Die Pädagogik des Innehaltens versetzt Fachkräfte in die Lage, die *individuellen Möglichkeiten der Kinder zu unterstützten und herauszufordern,* auftretende Probleme selbst erfolgreich zu lösen.
- Sie schafft schließlich einen *geschützten Rahmen,* innerhalb dessen die Kinder mit ihren eigenen Kräften handeln und denken können, aber auch Fehler machen dürfen.
- Grundlage einer solchen Pädagogik der aufmerksamen Zurückhaltung und des Innehaltens ist eine professionelle *Kultur der Verständigung,* die sich gleichermaßen auf die sprachlichen und die nicht-sprachlichen Mittel bezieht.

Zusammenfassung

Gemeinsam geteilte Erfahrungen, empathische Wahrnehmung der kindlichen Weltperspektive und von Wohlwollen getragene Resonanz – sowohl verbal wie nonverbal – bilden den professionellen Ausgangspunkt für das Gelingen von Bildungsprozessen im frühesten Kindesalter. Diese Erfahrungen sind in Alltagszusammenhänge eingebunden, weil sich nur dadurch den Kindern Sinn erschließt. Sie erweitern sich in Bereiche der Natur, des kulturellen und des gesellschaftlichen Lebens, je nach den örtlichen Gegebenheiten und der persönlichen Kompetenz der Erzieherin.

Ein wichtiges Ziel frühkindlicher Bildungsprozesse besteht ferner darin, die grundlegenden Formate unseres kulturellen Denkens zu entwickeln, Denken (im Sinne unserer Kultur) zu lernen: das szenische Denken in konkreten, imaginativen und sprachlichen Zusammenhängen und, jedoch später, das theoretische Denken.

Ein solches Verständnis frühpädagogischer Professionalität setzt an die Stelle von Kompetenzvermittlung eine Pädagogik des Innehaltens, der aktiven Zurücknahme der Erwachsenen, der nonverbalen und verbalen Verständigung und des Sich-Einlassens auf den Beitrag der Kinder sowie die stete persönlichen Einladung, sich auf neue Handlungs- und Wissensbereiche einzulassen. Dies ist die Konsequenz einer pädagogischen Professionalität, die nicht nur auf die Effektivität der Vermittlung von Inhalten achtet, sondern den Bildungsprozess selbst als einen sozial strukturierten Prozess ernst nimmt.

Das bedeutet, die Beteiligung der Kinder nicht nur als gelegentliche, inszenierte Veranstaltung zu begreifen, sondern als eine Möglichkeit und Notwendigkeit, die in jedem Augenblick, in jeder Situation des Umgangs mit bedacht und berücksichtigt werden muss. So wird Bildung im frühesten Kindesalter als soziales Geschehen nicht nur deklariert, sondern praktiziert.

Literatur

Ahnert, L. (Hrsg.) (2004): Frühe Bindung. Entstehung und Entwicklung. München.

Beek, A. von der (2006): Bildungsräume für Kinder von Null bis Drei. Weimar, Berlin.

Beek, A. von der (2010): Bildungsräume für Kinder von Drei bis Sechs. Weimar, Berlin.

Dornes, M. (2000): Die Rolle des Spiegel(n)s in der kindlichen Entwicklung. In: ders.: Die emotionale Welt des Kindes. Frankfurt/M., S. 175–226.

Fthenakis, W. (2007): Auf den Anfang kommt es an. In: Betrifft Kinder, H. 8–9, S. 6–17.

Markowitsch, H. J., Welzer, H. (2005): Das autobiografische Gedächtnis. Stuttgart.

Nelson, K. (1996): Language in Cognitive Development. Cambridge UK.

Schäfer, G. E., Alemzadeh, M., Eden, H., Rosenfelder, D. (2010): Natur als Werkstatt. Berlin, Weimar.

Winnicott, D. W. (1974): Die Fähigkeit zum Alleinsein. In: Ders.: Reifungsprozesse und fördernde Umwelt. München, S. 36–46.

Winnicott, D. W. (1976): Primäre Mütterlichkeit. In: Ders.: Von der Kinderheilkunde zur Psychoanalyse. München, S. 153–160.

Frühkindliche Bildung in einer Kultur des Lernens[1]

Wissen und Nichtwissen

Als Pädagogen haben wir wenigstens drei Aufgaben:

Erstens das zu tun, was wir gut wissen.

Dafür haben wir Wissenschaft, die einige Aspekte kindlichen Lebens und Erlebens erfasst, vor allem solche, für die sie geeignete Untersuchungsmethoden und plausible Theorien besitzt. Wenn wir uns darauf stützen, dann entwerfen wir ein wissenschaftlich konstruiertes Kind. Es hat den Vorzug, dass wir das, was wir da über Kinder wissen, ziemlich genau wissen. Aber wir wissen nicht, ob es auch für den Alltag und für jedes individuelle Kind zutrifft.
Wir sollten uns daher ein Bewusstsein davon erhalten, dass es bei Kindern viele Dinge gibt, die wir nicht wissenschaftlich wahrnehmen können und die dennoch da sind. Deshalb folgen der ersten Aufgabe zwei weitere.

Zweitens alle Wahrnehmungs- und Denkmöglichkeiten auszubeuten, aus welchen wir etwas über die Perspektiven der Kinder entnehmen könnten.

Das bedeutet, dass ein streng empirisches Wissen nicht unsere einzige Wissensquelle sein darf, nach der wir handeln, weil wir dann nur das Kind sehen, das wir im Sinne dieses Werkzeuges gut zu kennen glauben. Wenn wir nur aus diesem Wissen handeln würden, blieben alle die Möglichkeiten, die wir nicht sicher wissen können, die sich nur andeuten, die aus anderen als streng empirischen Wissensquellen stammen, unberücksichtigt. Das hieße, die zahlreichen Möglichkeitsperspektiven der Kinder – ihre Entwicklungspotenziale und individuellen Antworten auf pädagogischen Handlungen, die möglicherweise „unübersichtlich" und „unplanbar" sind – im pädagogischen Handeln zu übergehen.

Drittens ergibt sich als pädagogische Aufgabe, eine pädagogische Haltung zu entwickeln, mit dem Nichtwissen produktiv umzugehen.

Dazu gehört, zum ersten, alle Wissensquellen überlegt zu nutzen, auch die wissenschaftlich unsicheren. Daraus folgt, zum zweiten, pädagogisches Handeln als Versuche zu begreifen, die vom Kind immer wieder selbst be-

1 Originalbeitrag

stätigt werden müssen. Schließlich muss man in einem Bewusstsein handeln, dass es viele Dinge gibt, die da sind, die wir aber nicht erkennen oder erkennen können und dafür die Möglichkeit offen halten, dass es noch andere Erklärungen geben könnte, als die, die wir augenblicklich zu haben glauben.

Diese drei Aufgaben treten verschärft in der frühen Kindheit hervor, in einer Zeit, in der zahlreiche Entwicklungsmöglichkeiten der Kinder noch offen und unbestimmt sind, in der Entwicklungen entscheidend davon abhängen, welche Kontextbedingungen ihnen geboten werden. Als pädagogische Aufgaben werden sie erkennbar, wenn man Pädagogik nicht normativ als Verfolgen von bestimmten vordefinierten Zielen betrachtet, für die nur die richtigen Handlungsformen gefunden werden müssen, d.h., wenn man an die Stelle einer Zielperspektive eine Möglichkeitsperspektive setzt. Was ist damit gemeint?

Pädagogik zwischen Zielorientierung und Möglichkeitsorientierung

Eine Pädagogik der frühen Kindheit verlangt den mentalen Wandel, eine an Normen – z.B. Kompetenzzielen oder Wissensstandards – orientierte Pädagogik zu verlassen und eine konsequente, an den jeweiligen Möglichkeiten der Kinder orientierte Pädagogik voranzubringen. Von einer Zielorientierung zu einer Möglichkeitsorientierung zu gelangen, ist keine willkürliche oder ethische Entscheidung, sondern Bedingung der Möglichkeit einer Pädagogik von Anfang an. Offensichtlich gehört es zu unserer – wahrscheinlich auch biologisch verankerten – pädagogischen Grundausstattung, dass wir uns in der Regel den Allerkleinsten gegenüber wie selbstverständlich möglichkeits-orientiert verhalten. Eine Mutter, die ihr Baby stillen will, nimmt die Suchbewegungen des Kindes auf und kommt ihnen in einem persönlichen Abstimmungsprozess so lange entgegen, bis das Zusammenspiel von Geben und Nehmen erfolgreich und befriedigend ist. Wir bringen Kindern das Laufen nicht wirklich bei. Vielmehr nehmen wir die Bewegungsabsichten und Bewegungsanzeichen der Kinder auf und ergänzen sie durch hilfestellende Rahmenbedingungen, die den nächsten Schritt unterstützen. Genauso freuen wir uns beim Sprechen-lernen auf die ersten Vokalisationen, auf die Silbengesänge und regen zu den nächsten Schritten an. Erst später – und oft unter dem Druck sozialer und gesellschaftlicher Vorstellungen – glaubt man, den Kindern zielorientiert etwas beibringen zu müssen, was sie sonst – so wird unterstellt – nicht lernen würden.

Dieser Perspektivenwechsel gibt Zielen unterschiedliche Funktionen. Im Falle einer Orientierung an Zielen, die dem Kind vorgegeben werden, müssen Kinder ihre Möglichkeiten genau auf diese Ziele einzustellen. Im Fall einer Möglichkeitsorientierung sind die jeweils vorhandenen Potenziale der Kinder der Ausgangspunkt, an welchem sich die Zielperspektiven zu orientieren haben. Im ersten Fall steht die Wahrnehmung und Definition der Ziele im Mittelpunkt des Interesses, sowie die Konstruktion von Schritten, die auf dieses Ziel hinführen. Das Tun der Kinder besteht in Anstrengungen, all das zu tun, was ihnen als Teilschritt zur Zielerreichung vorgegeben wurde. Im zweiten Fall liegt die Aufmerksamkeit auf dem Erfassen und Unterstützen der jeweiligen kindlichen Potenziale. Hervorgelockt werden sie durch vielfältige anregende Umwelten. Dabei gibt es einen Horizont, innerhalb dessen die Kinder diese weiter entwickeln können. Im ersten Fall verändern sich die Kinder entlang der Forderungen der Ziele, im zweiten Fall bilden Zielperspektiven einen Möglichkeitsraum, innerhalb dessen sich Kinder, ausgehend von ihren biografischen Möglichkeiten (Selbstbildungspotenzialen), Wege suchen können. Im ersten Fall werden alle Aktivitäten den Zielen untergeordnet, im zweiten Fall gibt es viele Möglichkeiten, sich unter einer leitenden Perspektive weiter zu entwickeln. Zielorientierung begrenzt tendenziell die menschlichen Freiheiten. Möglichkeitsorientierung erweitert sie. Den Denk- und Handlungsvorstellungen einer Zielorientierung liegt ein normatives Denkmodell zugrunde – gleichgültig, ob hier ethische oder empirische Normen vertreten werden. Das zweite Vorgehen einer Möglichkeitsorientierung folgt einer evolutionären Logik.[2]

Zielorientierung	**Möglichkeitsorientierung**
1. Kinder müssen ihre Möglichkeiten auf die Ziele einstellen.	1. Ziele orientieren sich an den real gegebenen Möglichkeiten der Kinder.
2. Definition von Zielen steht im Mittelpunkt pädagogischer Interessen.	2. Unterstützung und Herausforderung der kindlichen Potenziale vor dem Hintergrund einer teilnehmenden Beobachtung
3. Ziele dienen als Einschränkungen, die die Handlungen der Kinder begrenzen.	3. Zielhorizonte bilden einen Möglichkeitsraum, innerhalb dessen sich Kinder selbst entscheiden können.
4. Aktivitäten werden den Zielen untergeordnet.	4. Vielfältige Variationen innerhalb eines Zielhorizontes sind möglich.
5. Die menschlichen Freiheiten werden unter dem Gesichtspunkt der Begrenzung betrachtet.	5. Menschliche Freiheiten bekommen einen Spielraum.
6. Normatives Denkmodell	6. Evolutionäres Denkmodell

2 C. Rinaldi erläutert eine ähnliche Unterscheidung zwischen „prescriptive“ und „orientative“. „The adults' schema of expectation is not prescriptive but orientative. Doubt and uncertainity permeate the context; they are part of the ‘documenter's context’. It lies true didactic freedom, of the child as well as as the teacher. It lies in this space between the predictable and the unexpected.“ (2001, S. 85)

Der Perspektivewechsel, den eine Pädagogik der frühen Kindheit fordert, besteht also darin, Pädagogik nicht an der funktionalen Logik einzelner Entwicklungsschritte auszurichten – ob sie nun als Entwicklungsmodell oder als Kompetenzmodell formuliert sind, bleibt dem gegenüber zweitrangig –, sondern an der Logik evolutionärer Entwicklungen (vgl. w. u.).

Die Grenzen pädagogischer Einwirkung und ihre Folgen

Die Einwirkungen von Erwachsenen auf Kinder enden an deren Körpergrenzen. Alles was danach geschieht, entzieht sich direkten Einwirkungsmöglichkeiten und liegt in der Kompetenz des Kindes. Daraus ergibt sich: Bei allen Lern- und Bildungsprozessen, die Kinder nicht von sich aus eingehen, muss man die *Mitwirkung des Kindes* erreichen. Das einzige, was man pädagogisch beeinflussen und gestalten kann, sind daher die Kommunikationsprozesse. Ihre Möglichkeiten liegen zwischen zwei Polen: dem Pol der Möglichkeit, sich mit dem Kind über ein gemeinsames Ziel zu verständigen und dem Gegenpol, seine Beteiligung an den pädagogischen Zielsetzungen mehr oder weniger durch Druck zu beeinflussen. Eine normativ orientierte Pädagogik – gleichgültig, ob sie sich auf empirische Normen (z. B. Standards) beruft oder ethische – neigt dazu, Druck auszuüben, selbst wenn diese Normen durch Einsicht erfasst werden können.

Eine kindorientierte Pädagogik bemüht sich um Verständigung. Sie setzt notwendig ein „*Zuhören*“ voraus und die Möglichkeit des Kindes, *selbstorganisiert tätig* zu werden. Dass Kinder beim Lernen selbst tätig sind, ist trivial. Es geht auch nicht darum, dass ihr Lernen von einem tätigen Handeln begleitet wird, um es effektiver zu gestalten. Vielmehr spielt die Frage eine zentrale Rolle, inwieweit es pädagogisch zugelassen und unterstützt wird, dass Kinder den unvermeidlichen Anteil ihrer Selbstorganisation beim Lernen auch tatsächlich selbstbestimmt einsetzen dürfen. Das Bildungsverständnis einer Kultur des Lernens bemüht sich, diesen selbstbestimmten und -organisierten Anteil des kindlichen Lernens explizit wahrzunehmen, aufzugreifen, zu unterstützen und kulturell herauszufordern. Es ist die *innere Verarbeitung*, die Tätigkeit des Kopfes, die diese Selbstorganisation zustande bringt.

Was an selbsttätigem, frühkindlichen Lernens geht tatsächlich in Forschung und pädagogisches Handeln ein? Im alltäglichen Handeln hängt es davon ab, was von den Pädagoginnen und Pädagogen aufmerksam wahrgenommen wird. Empirisch erforscht wird es bislang so gut wie nicht. [3]

---

3 Das hängt mit dem vorherrschenden empirischen Forschungsparadigma zusammen, das sich immer noch an einem traditionellen, naturwissenschaftlichen Verständnis orientiert. Es ist hier nicht der Ort, eine ausführliche Kritik dieses Verständnisses für den Bereich der Human- und Sozialwissenschaften vorzulegen. Um aber die kindlichen Prozesse der Selbsttätigkeit des Kindes bei seinen Bildungsprozessen zu erfas-

Perspektiven einer Kultur des Lernens

Grundannahme: Lernen ist Tun

Jedes Lernen ist ein individuelles Handeln. Handeln hängt von den Kontextbedingungen ab, in welchen gehandelt wird. Betrachtet man Lernen daher als ein subjektives Handeln, dann werden die gegebenen Kontextbedingungen zu einer Bedingung der Möglichkeit eines Lernprozesses. Deshalb kann man Lernen nicht allein als einen individuellen, inneren Prozess des Individuums verstehen, auch nicht im Sinne der Übernahme sozialer Konstruktionen. Vielmehr strukturieren die jeweiligen Verhältnisse das, was an individuellen Prozessen verwirklicht werden kann. Beim Lernen muss man also immer fragen, in welchen Kontexten es stattfindet und damit werden das sachliche, das soziale und das institutionelle Umfeld zu konstituierenden Teilen individueller Lernerfahrungen, welche das individuelle Denken hervorbringen. Es ist also ein viel zu verkürztes pädagogisches Denken, welches Lernen auf individuelle Kompetenzen einschränkt, die erworben werden sollen. Vielmehr setzt ein angemessenes Verständnis die Gestaltung einer Kultur des Lernens voraus, die eben die individuellen Handlungs- und Denkmöglichkeiten der Kinder gleichermaßen berücksichtigt, wie den Reichtum oder die Armut sachlicher Anregungen oder Herausforderungen. Dadurch geraten auch die Bedingungen des räumlichen Umfeldes, in dem die kindlichen Erfahrungsprozesse stattfinden, mit in den Brennpunkt pädagogisch-didaktischer Überlegungen, die Qualität und der Reichtum der zwischenmenschlichen Beziehungen zu Erwachsenen oder anderen Kindern, die Möglichkeiten der selbständigen Beteiligung an den sachlichen Aufgabenstellungen, die Anregungen, die die verschiedenen Denkformen im kulturellen und sozialen Umfeld erhalten, die soziale Resonanz auf die kindlichen Bemühungen oder die kulturellen Formen, die die kindlichen Ideen aufgreifen und weiter treiben.

Kultur des Lernens – vier Perspektiven

Dies alles macht eine Kultur des Lernens aus. Sie berücksichtigt, wenn man es systematisch zusammenfasst, vier wesentliche Gesichtspunkte:

Selbstbildungspotenziale

Dieser Gesichtspunkt zielt auf die individuelle Lebensgeschichte des Kindes. Diese begründet die Handlungs- und Denkmöglichkeiten, mit welchen ein Kind seine Erfahrungen zum jeweiligen Zeitpunkt seiner Biografie machen und verar-

---

sen, ist es notwendig, diese Tätigkeit selbst in ihrem Kontext zu beobachtende zu erfassen. Das bedeutet, dass der Anspruch einer Kultur des Lernens, wie er hier im Folgenden vertreten wird, nur mit einem erweiterten Empirie-Verständnis gedacht werden kann, das einer breiten Skala von Forschungsmethoden – vor allem auch qualitativen – und interdisziplinären Denkansätzen Raum gibt (vgl. hierzu Schäfer et al. 2010a).

beiten kann. Sie enthalten also alle irgendwie einschlägigen Lernerfahrungen, die dem Kind für die Bewältigung aktueller Aufgabenstellungen zur Verfügung stehen. Ich bezeichne diese Möglichkeiten als Selbstbildungspotenziale.

Kommunikative Potenziale

Die zweite Perspektive bilden die sozialen Beziehungs- und Beteiligungsmöglichkeiten. Jede Erfahrung eines Menschen ist eine Erfahrung in einem sozialen Kontext. Soziale Beziehungen ermöglichen oder verhindern, erleichtern oder erschweren Lernerfahrungen. Erwachsene strukturieren die Bedingungen, wie weit sich Kinder selbständig auf einen Erfahrungsraum einlassen können. Sie geben damit einen Rahmen vor, innerhalb dessen sich Kinder mehr oder weniger an einer Aufgabenstellung beteiligen können. Eine Naturerfahrung, die mit einem begeisterten und kundigen Erwachsenen geteilt wird, ist eine andere Erfahrung als eine, für die sich niemand interessiert. Andere Kinder, die in einen Erfahrungszusammenhang hinein verwickelt sind, können ihn bereichern oder auch behindern. Soziale Bezügen erweitern oder begrenzen also den jeweiligen Erfahrungshorizont. Ich spreche deshalb hier von kommunikativen Potenzialen.[4]

Sachpotenziale

Natürlich wird die jeweilige Erfahrung entscheidend durch den Inhalt und die Qualität der jeweiligen sachlichen Herausforderungen geprägt. Deshalb kann man hier von Sachpotenzialen sprechen.

Strukturpotenziale

Und schließlich hängen Lernerfahrungen vom institutionellen Umfeld ab, in dem sie gemacht werden. Ein Schulstruktur bietet andere Erfahrungsbedingungen als eine Lernwerkstatt in einem Waldgelände. Dabei wird sichtbar, dass die Institutionen die individuelle Lernerfahrung aus dem gesellschaftlichen Umfeld heraus trennen, oder sie auch dorthin öffnen können. Von daher geht der gesellschaftliche Kontext, in dem Kinder ihre Erfahrungen machen mal direkter (z.B. bei einem Besuch im Museum), mal indirekter (z.B. über Rahmenbedingungen eines bestimmten Einrichtungsträgers) in den kindlichen Lern- und Bildungsprozess mit ein. Diese institutionellen und gesellschaftlichen Einflüsse auf den kindlichen Bildungsprozess kann man als Strukturpotenziale bezeichnen.

In einer Kultur des Lernens wird nicht nur zu einer Nachkonstruktion kultureller und sozialer Strukturen aufgefordert, sondern ein Rahmen geschaffen, in dem Selbstbildungspotenziale, kommunikative, sachliche und gesellschaftliche Potenziale aufeinander abgestimmt werden können. Das Zusammenspiel dieser Potenziale entscheidet über Form, Qualität und Nachhaltigkeit kindlicher Bildungsprozesse. Beispielsweise hat ein Interesse an Natur, Naturwissen und schließlich an Naturwissenschaft unterschiedliche

4 Es sind also nicht die kommunikativen Potenziale des Individuums gemeint, sondern diejenigen, welche als Möglichkeiten in der jeweils gegebenen Struktur und Qualität der Beziehungen liegt.

Qualitäten, je nachdem, ob es nur auf der Basis von Experimenten entsteht oder vor dem Hintergrund reicher Naturerfahrungen, ob es mit anderen Kindern phantasievoll geteilt oder von sozialem Austausch tendenziell abgeschottet verfolgt wird, ob einfühlsame Erwachsene die Fragen der Kinder aufnehmen oder die Kinder mehr oder weniger erfolgreich Kompetenzzielen nachjagen, ob es Räume in der Öffentlichkeit gibt, in welchen Kinder Naturerfahrungen machen können und dürfen oder ob die Natur nur in Laborform vorkommt, ob die Erkenntnisse über Natur einen Teil des kindlichen Alltagsinteresses bilden können oder Gegenstand spezieller Angebote im Rahmen eines Bildungsplanes sind. Wir erwarten, dass Kinder, wenn sie älter werden, auch immer resistenter gegenüber solchen Kontextbedingungen werden. Ob diese Erwartung tatsächlich berechtigt ist und ob sie sich dann u.a. für die Grundlegungen einer naturwissenschaftlichen Bildung als günstig erweist, lasse ich an dieser Stelle dahingestellt. Allerdings, je kleiner die Kinder sind, desto mehr wird die Berücksichtigung aller vier Perspektiven zur Bedingung der Möglichkeit der Entstehung und Grundlegung eines tragfähigen und nachhaltigen Wissens. Frühkindliche Bildung braucht deshalb einen breiten, mehrdimensionalen Begriff von Didaktik, besser noch, eine Didaktik als Kultur des Lernens.

Entwicklung als Evolution

Eine möglichkeitsorientierte Pädagogik versteht Entwicklung nicht als einen systematischen, zielstrebigen oder stufenförmigen, sondern als einen evolutionären Prozess, in dem mit jedem Entwicklungsschritt neue Möglichkeiten hinzu gewonnen werden. Es bleibt dabei offen und von den gegebenen Kontextbedingungen abhängig, welche Möglichkeiten tatsächlich genutzt und für die weitere Entwicklung eingesetzt werden.

Die wichtigsten Prozesse, die sich in einem evolutionären Entwicklungsprozess abspielen, sind die folgenden[5]:

- Zu einem bestimmten Zeitpunkt seiner Entwicklung hat ein Individuum bestimmte Möglichkeiten des Handelns und Denkens. (Nur in den allerersten Anfängen individueller Entwicklung sind diese biologisch vorgegeben.)
- Im Rahmen einer gegebenen sachlichen und sozialen Umwelt verwirklicht es etwas von diesen Möglichkeiten. Dabei variieren diese Möglichkeiten entlang den gegebenen Kontextzusammenhängen.
- Diese Variationen bilden die Grundlage für neue Handlungen innerhalb neuer, vielleicht ebenfalls etwas variierter Kontexte.

---

5 Vgl. hierzu u.a.: Edelman, Tononi 2002; Eigen, Winkler 1975; Maturana, Varela, 1987; Schäfer 2010.

- Inhalte, Handlungs- und Denkweisen, die auf solche Weise verwirklicht werden, entwickeln sich weiter. Das Andere bleibt von weiteren Entwicklungen ausgeschlossen.
- Es ist also nicht so, dass eine oder mehrere Bedingungen zusammen eine bestimmte neue Form hervorbringen. Vielmehr wird ein handelnder Gesamtzusammenhang in einem komplexen Zusammenspiel subjektiver, sachlicher und sozialer Möglichkeiten in einem offenen Prozess aufeinander abgestimmt. Daraus ergeben sich neue Entwicklungsschritte.
- Es sind daher offene Variationen gegebener Möglichkeiten unter vorhandenen Bedingungen, die zusammenwirken und den nächsten Entwicklungsschritt gestalten.
- So gesehen ist es das Zusammenspiel eines Driftens[6] und von Einschränkungen, welches die Entwicklung voran bringt.
- Das Neue, das entsteht, entsteht im Rahmen der Variationsbreite der Ausgangsbedingungen und der Einschränkungen des Feldes in dem dieses Driften stattfindet.
- Eigen und Winkler (1975) haben gezeigt, dass dieses Zusammenwirken von Variationen und Eingrenzungen als nicht deterministisches Spiel verstanden werden kann. Es scheint, als seien komplexe Lebensprozesse in dieser Weise organisiert.
- Erzeugte Entwicklungsmuster festhalten, variieren, einschränken und umgestalten sind die entscheidenden Prozesse dieser Entwicklung.

Was bedeuten nun diese Überlegungen für die Entstehung des kindlichen Weltwissens?

Der Wissensbegriff in einer Kultur des Lernens

Frühkindliches Wissen als Herausforderung der Lern- und Bildungsforschung[7]

Frühkindliches Wissen ist in allererster Linie Handlungswissen, Wissen, welches daraus hervorgeht, dass das Kind sich in der Welt orientiert und orientieren muss, in der es lebt.

Man schränkt den Wissensbegriff zu sehr ein, wenn man unter Wissen nur das Wissen versteht und in Erwägung zieht, welches von einer Generation auf die andere übertragen wird. Dabei wird nämlich das alltägliche Hintergrundwissen übersehen, welches notwendig ist, damit dieses kulturelle

6 So beschreiben Maturana/Varela (1987) den Prozess der Variation.

7 Ausführlicher werden diese Zusammenhänge dargestellt in Schäfer 2005/2007 und Schäfer 2008, Schäfer in Vorbereitung.

Wissen überhaupt verstanden werden kann. Die Bedeutung dieses Alltags- und Hintergrundwissens sowie seine Entstehung, sind die Herausforderung, vor welche die Frühpädagogik die Erforschung kindlicher Lern- und Bildungsprozesse stellt. Es entsteht – als Erfahrungswissen – weitgehend durch das Handeln der Kinder in der ihnen gegebenen Umwelt und wird in der Regel nicht intentional durch Erwachsene vermittelt. Die Erwachsenenwelt schafft allerdings die Rahmenbedingungen, unter welchen dieses Handeln stattfindet.

Ein dynamisch-konstruktives Wissensmodell für die frühe Kindheit

Es wird hier zwischen einem Wissen unterschieden, das den eigenen Erfahrungen entspringt und einem Wissen, das von Anderen – bereits vorstrukturiert – übernommen wird. Letzteres muss mit vergleichbaren Erfahrungen verknüpft werden, soll es einen individuellen Sinn bekommen. Ersteres muss vom Kind selbst geordnet, strukturiert und gedacht werden – gegebenenfalls mit Hilfe anderer Kinder oder der Erwachsenen. Beiden Wissensformen liegen also völlig unterschiedliche Lernprozesse zugrunde.

Geht man nun vom Erfahrungswissen aus, so sollen hier wenigstens in Kurzform einige Bestimmungsmerkmale skizziert werden:

- **Weiter Wissensbegriff**
  Unter Wissen wird hier alles gefasst, was im Gehirn als strukturierte Reaktion auf vergangenes Handeln repräsentiert ist. Es umfasst ein differenziertes *Wahrnehmen*, ein *Handeln-können in Zusammenhängen*, die *Repräsentation von Welt* im Zentralen Nervensystem und mit seiner Hilfe, sowie deren *interne Verarbeitung* oder Umstrukturierungen durch alle Arten von Gedanken.
- **Wissen entsteht durch Interaktion**
  Wissen wird immer wieder neu und im Augenblick dadurch erzeugt, dass Kontexte einer äußeren Welt mit Kontexten der subjektiven inneren Welt interagieren. Was dabei im Kontext der inneren Welt bedeutsam wird, entscheidet das Subjekt.
- **Wissen ist situiert**
  Es entsteht in einem Handeln, das auf eine Situation bezogen ist. Dabei sind am Handeln subjektive, soziale und sachliche Dimensionen – bewusst oder unbewusst – mitbeteiligt.
- **Wissen ist dynamisch**
  Wissen ist nicht in einem Speicher vorhanden und wird von dort abgerufen, sondern wird im Augenblick hervorgebracht. Das Gedächtnis beteiligt sich daran mit Teilen von Erinnerung. Diese werden durch die aktuelle Situation wachgerufen und – bezogen auf diese – neu organisiert oder entsprechend den augenblicklichen Notwendigkeiten ergänzt und/ oder variiert.

- **Wissen ist verkörpert**
  Es verbindet den *Sachbezug* mit einem *Selbstempfinden.* Dieses entspringt den jeweiligen Körperzuständen und ihrer Regulation, schließt die Emotionen mit ein und leitet die Handlungsmotorik.
- **Wissen ist deshalb komplex**
  - Es besteht aus sachlichen Kompetenzen sowie individuellen und sozialen Handlungsmustern,
  - es wird durch emotionale Beziehungsmuster strukturiert,
  - es enthält domänenspezifische und domänenübergreifende Anteile und
  - steht in Beziehung zum kontextuellen Hintergrundwissen.
- **Wissen entsteht kumulativ**
  Früheres Wissen wird durch darauf folgendes Wissen umgeschrieben. Von daher ist früheres Wissen immer auch der Hintergrund, vor dem neues Wissen entsteht.
- **Wissen wird transformiert**
  Zu jedem Wissen gehört ein Vor-Wissen, das nicht unbedingt auf der gleichen Denkebene liegen muss.

Zusammenfassung

Wenn Wissen nicht übertragen oder vermittelt wird, sondern individuell erzeugt werden muss, dann kommt es auf die Rahmenbedingungen an, in denen dies geschieht.

> Eine Kultur des Lernens bildet den Möglichkeitskontext, in dem dynamisch-konstruktives Wissen entstehen kann.

Sie öffnet dem individuellen Handeln von Kindern und Erwachsenen Spielräume und steckt gleichzeitig Grenzen ab, innerhalb derer sich die Möglichkeiten bewegen können.

Die Entstehungsprozesse selbst sind dabei nur bedingt planbar, denn pädagogische Absichten und Einwirkungen bilden nur einen Teil dieses Geschehens. Viele Prozesse, unter anderem die Tätigkeiten des Kindes, sind letztlich „unüberschaubar". Der beste Weg, mit diesen unplanbaren Elementen pädagogisch umzugehen besteht darin, das Nichtwissen nicht zu verleugnen und günstige Rahmen- und Kommunikationsbedingungen zur Verständigung über die stattfindenden Prozesse zu schaffen. Das meint, den Kindern zuzuhören, ihren Äußerungen Aufmerksamkeit schenken und ihnen einen Rahmen für ihre Beteiligung an der Welt, in der sie leben, zu schaffen, der ihnen Spielräume zu eigenständigem Handeln öffnet. Die vier Dimensionen einer Kultur des Lernens deuten den Anspruch und die Breite dieser pädagogischen Aufgabenstellung an und die Notwendigkeit ihrer wissenschaftlichen Beschreibung.

Literatur

Eigen, M., Winkler, R. (1983): Das Spiel – Naturgesetze steuern den Zufall. München, 4. Auflage.

Edelman, G., Tononi, G. (2002): Gehirn und Geist. München.

Maturana, H. R., Varela, F. J. (1987): Der Baum der Erkenntnis. Bern, München, Wien.

Schäfer, G. E. (Hrsg.) (2007): Bildung beginnt mit der Geburt, 2., veränd. Auflage, Weinheim, Basel 2005. Nachdruck Berlin.

Schäfer, G. E. (2008): Lernen im Lebenslauf, Expertise für die Enquêtekommission „Chancen für Kinder" des Landtags Nordrhein-Westfalen.

Schäfer, G. E.: Theorie der frühkindlichen Bildung (in Vorbereitung)

Schäfer, G. E. (2010): Wissen erzeugen. In: Kasüschke, D. (Hrsg.): Didaktik der Pädagogik der frühen Kindheit. Kronach, S. 306–335.

Rechte der Kinder

Die Umsetzung der Rechte der Kinder erfordert, dass Erwachsene das gleiche Recht haben. Die gleichen Grundsätze gelten genauso für die Erwachsenen. Was bedeutet das in der Durchführung?

1. Recht der Kinder auf Anerkennung als Subjekt

- Erwachsene, die ihre Kinderbilder, die sie aus den eigenen Erfahrungen des Aufwachsens gewonnen haben (das Kind in mir), hinterfragen.
- Erwachsene, die ihr Wissen über Kinder nach dem Stand der Zeit überprüfen (das wissenschaftliche Kind).
- Erwachsene, die die individuellen Voraussetzungen, Lebensgeschichten und Weltbilder der Kinder wahrnehmen, berücksichtigen und weiterentwickeln helfen (das Kind vor mir).

2. Recht der Kinder auf Unterstützung, sich eine reichhaltige Erfahrungswelt zu erschließen

- Innenräume, Außenräume, die die Neugier der Kinder herausfordern,
- Zugänge zu Erfahrungswelten in Natur und Technik öffnen und frei halten,
- kulturelle Erfahrungswelten erschließen,
- soziale Erfahrungswelten mit Erwachsenen, anderen Kindern und sozialen Gemeinschaften ermöglichen.

3. Recht der Kinder auf Entfaltung des Reichtums ihrer individuellen Erfahrungsmöglichkeiten

- durch eigenes, selbstgesteuertes Handeln,
- durch die Entfaltung des Reichtums ihrer Sinneswelten,
- durch die Anregungen von Vorstellung und Phantasie,
- durch die Möglichkeiten zu Spiel und zu eigenständiger Exploration,
- durch die Entfaltung von unterschiedlichen Denkformen (symbolischen Formen),
- durch entdeckendes Lernen und kreative Problemlösestrategien.

4. Recht der Kinder auf tragfähige soziale Beziehungen

- durch Erwachsene, die in sicheren Beziehungen mit ihnen leben,
- durch vertraute zwischenmenschliche Beziehung mit Erwachsenen und mit anderen Kindern,

- durch andere Kinder, mit denen sie Freundschaften und Denk- und Erlebnisgemeinschaften bilden können,
- durch Institutionen, die sich als Lerngemeinschaften mit den Kindern verstehen,
- durch eine kinderfreundliche Gesellschaft.

5. Recht der Kinder auf Nachhaltigkeit ihrer Bildungsprozesse

- Erkennen durch Handeln ermöglichen.
- Emotionen geben der Erfahrungswelt persönliche Bedeutung.
- Ästhetischer Aspekt: Individuelle Handlungs- und Lebensentwürfe gestalten, in denen die Forderungen der äußeren Welt mit den Möglichkeiten der inneren Welt in Einklang gebracht, Leib, Geist und soziales Leben erweitert und als schön und wahr erlebt werden können.

6. Recht der Kinder auf Partizipation

- Gehört werden,
- anerkannt werden,
- beteiligt werden.

Aus Erfahrung lernen

Entstehung der Wirklichkeit im Spiel[1]

Das konstruktive Gehirn

Die Notwendigkeit einer inneren Welt

Wir handeln, erkennen, denken auf der Grundlage von Wirklichkeit, die wir in und mit unserem Gehirn erzeugen. Zeichen, Symbole, Bilder, Szenen, Geschichten, Handlungsmuster usw. sind eine solche Wirklichkeit. Alles, was wir über die Welt erfahren, wird durch das Zentrale Nervensystem und seine verschiedenen Leistungen vermittelt. Wir nehmen also Wirklichkeit so wahr, wie sie mit Hilfe der Leistungen des Zentralen Nervensystems wahrgenommen werden kann und konstruieren daraus eine innere Welt, die wir Wirklichkeit nennen. Außerhalb dieser Möglichkeiten und Begrenzungen wissen wir nicht, was Wirklichkeit ist. Damit wir handeln und denken können, brauchen wir so etwas wie eine *zweite Wirklichkeit* in uns. Im strengen Sinne ist diese innere Welt keine Repräsentation sondern Konstruktion entlang den Mustern, welche die Sinnessysteme liefern.

Die Strukturierung des Gehirn-Körpers

Das Gehirn bekommen wir nicht ausgebildet mit auf den Weg. Es reift auch nicht einfach selbständig heran. Ausgehend von basalen, biologisch vorgegebenen Mustern, strukturiert es sich dadurch selbst, dass es in Austausch mit der Wirklichkeit tritt.[2] Was das Gehirn kann, wie es denkt, wie es arbeitet, ist das Ergebnis von Lernprozessen: (1) dem Lernprozess der Evolution, der was das Gehirn betrifft, seit ca. 100.000 Jahren so gut wie abgeschlossen[3] ist; (2) den nachgeburtlichen, epigenetischen Lernprozessen, die zu einer Feineinstellung der Gehirnstruktur auf die im Alltag des Kindes gegebenen Grundbedingungen führen;(3) dem Lernen in Alltagssituationen und (4) dem bewussten Lernen, die beide die aufwachsenden Kinder mit den kulturellen Ausdifferenzierungen des praktischen, sozialen und geistigen Lebens in Verbindung bringen. Im Folgenden wird es um das Lernen gehen. Dabei ist nicht nur ein Lernen *über* die Welt gemeint. Auch die Programme, mit welchen wir „denken“, werden von Anfang an von den Erfah-

1 Zuerst erschienen in: Bilstein, J., Winzen, M., Wulf, Ch. (Hrsg.) (2005): Anthropologie und Pädagogik des Spiels. Weinheim, Basel, S. 219–230; geringfügig überarbeitet.

2 Vgl. Singers Beschreibung einer epigenetischen Entwicklung der sinnlichen Wahrnehmung, 1990.

3 Vgl. Hüther 2002, S. 27f.

rungen mitgeschrieben, die Individuen machen und gemacht haben.[4] Das Lernen über die Welt und das Lernen des Lernens sind also stets miteinander verbunden. Indem man etwas lernt, lernt man auch immer etwas darüber, wie man es lernt.

Es ist die Frühe Kindheit, in der die grundlegenden Verfahren erworben werden, mit deren Hilfe ein Mensch die Welt um sich herum wahrnimmt und verarbeitet. Das kindliche Spiel und seine Vorläufer nehmen dabei eine wichtige Rolle ein. Darüber wird im Folgenden zu sprechen sein.

Spielmomente in den ersten Lebensjahren[5]

Die kindliche Erfahrungswelt in den ersten vier Wochen nach der Geburt

Wahrnehmen und Erkennen

Wir müssen davon ausgehen, dass Neugeborene zwar mit weitgehend funktionierenden Sinnen auf die Welt kommen, in der Vielfalt und Unstrukturiertheit der Sinneseindrücke aber erst die Ordnungen entdecken müssen, die es erlauben, diese Wahrnehmungen zu Objekten und Phänomenen zu sortieren. Mit den Wahrnehmungsmechanismen, welche die Evolution zur Verfügung stellt, verleiht das Kind den Dingen Konturen, welche sie in voneinander abgrenzbare und damit erkennbare Objekte und Subjekte verwandelt. Indem diese Wahrnehmungsmechanismen in einer bestimmten Umwelt eingesetzt werden, passen sie sich in einer nachgeburtlichen Entwicklungsphase den besonderen Bedingungen der gegebenen Umwelt an. Die individuelle Wahrnehmungsarchitektur des Zentralen Nervensystems erfährt dadurch eine weitgehend irreversible Feineinstellung, die mit der jeweils vorhandenen Lebensumwelt korrespondiert.[6] Das Kind wird also zuallererst „lernen", wie man Objekte – und dabei auch sich selbst als Subjekt – in ersten Konturen des Wahrnehmens und Selbstempfindens innerhalb eines bestimmten kulturellen Umfeldes entdeckt.

Spiel

Spielerische Phänomene scheint es zu diesem frühen Zeitpunkt der kindlichen Entwicklung noch nicht zu geben. Allerdings gibt es eine wichtige Einsicht über einen Vorläufer des Spiels, die unmittelbare Nachahmung. Nach Meltzoff und More (1983, 1989) sind Säuglinge vom ersten Lebenstag an fähig, ihre Eltern zu imitieren. Allerdings beziehen sich diese Möglichkeiten vor allem auf drei mimische Gebärden des Gesichts: das Zungeherausstrecken, Mundöffnen und das Lippenschürzen.

4 Vgl. Gopnik, Meltzoff, Kuhl (1999): "Children reprogram themselves." (143)
5 Vgl. hierzu Greenspan 2001.
6 Singer 1990.

Vielleicht ist auch die Amodalität[7] frühkindlicher Erfahrung für das Spiel bedeutsam. Während wir später genau zwischen unseren verschiedenen Sinneserfahrungen unterscheiden, ihnen unterschiedliche Gültigkeitswerte zuordnen, bleibt das Spiel ein Raum, in dem die Amodalität und oder die Multimodalität von Erfahrungen in unserer Kultur akzeptiert wird.

Integration von Wahrnehmungseinheiten

Wahrnehmen und Erkennen

Im dritten Monat beginnt der Säugling die Anwesenheit eines Anderen zu bemerken. Er beginnt Andersartigkeit zu erkennen und wenigstens ansatzweise anzuerkennen.

Durch die Anwesenheit eines Anderen entsteht beim Säugling eine Gerichtetheit. Der Säugling richtet sich an die Mutter, diese nimmt seine Gerichtetheit auf und bettet seine Handlungen in ihre Bezogenheit ein. In Beziehungen eingefügt, die von der Mutter gestaltet werden, erfahren die Handlungen des Kindes eine Regulierung, die – nach Möglichkeit – vermeidet, dass der Kompetenzrahmen des Kindes dabei überschritten wird.

Unter einem erkenntnistheoretischen Blickwinkel verbindet sich diese Zeit bis etwa zum sechsten Lebensmonat mit dem Zusammenspiel von Wahrnehmungen, Empfindungen und sich differenzierenden Gefühlen und der damit zusammenhängenden Möglichkeit, kohärente Erlebnis-, Erfahrungs- und Selbsteinheiten aus dem Fluss der Ereignisse heraus zu gliedern. Wann aber eine Handlung beginnt oder zu Ende geht, kann das kleine Kind aus der Dynamik der Empfindungen und Gefühle herauslesen, welche durch die Wahrnehmung der Szene hervorgerufen werden. Das setzt voraus, dass die verschiedenen Weisen des Wahrnehmens zusammenpassen: Was gesehen, gehört, gefühlt und erlebt wird, fügt sich zu einem integrierten Gesamtmuster. Szenische Zusammenhänge sind jedoch für das Kind nicht erkennbar, wenn einzelne Elemente nicht zusammenpassen und zusammenwirken, oder wenn es durch die Umgebung etwas anderes gespiegelt bekommen, als es selbst an sich bemerkt.

Spiel

Die Erfahrung der Szene als eines zeitlich-dynamischen-emotionalen Handlungszusammenhangs, bildet nun auch die Grundlage des Spiels. Die szenische Ordnung des Spiels selbst wird in diesem Entwicklungsgeschehen erfasst und gefestigt. Damit sind zu diesem frühen Entwicklungszeitpunkt zwei wesentliche Grundbausteine spielerischen Verhaltens in ihren Grundelementen geben: einfache Formen der unmittelbaren Nachahmung (ein

7 Der fachliche Ausdruck dafür, dass Kinder in ihrer Erfahrungswelt keine Unterscheidungen nach der Modalität der verschiedenen Sinne machen, also „ganzheitlich" ihre Welt erfassen.

wichtiger Baustein der Kommunikation) und die Erfahrung szenisch handelnder Strukturierung (als Organisator und Gestalter eines Zusammenhangs).

Dies geht einher mit einer Art des Eltern-Kind-Dialogs, dem bereits deutliche Elemente spielerischen Verhaltens anzumerken sind: Funktionslust, Wiederholung und Variation. Sie finden sich in dem, was Stern (1974) als „Mitziehen" beschrieben hat. Brazelton und Cramer haben es zusammengefasst:

> „Die immer wiederkehrenden Signale und die Erwartung der Wiederholung von bestimmten Verhaltensmustern werden in ‚Spielsequenzen' endlos variiert... Lächelt die Mutter, so lächelt das Baby zurück; nun wird sie ihr Lächeln intensivieren, das Baby wird erneut lächeln. Mit dem dritten Lächeln verlegt das Baby sich unter Umständen darauf zu ‚erzählen'. Wenn sie (die Mutter; d.Verf.) merkt, dass das Spiel sich geändert hat, wird sie dem Baby auf gleiche Weise antworten. Nun variiert das Baby den Tonfall seiner Lautäußerungen. Die Mutter erweitert ihre Antwort um ein Wort ... Das Baby strahlt auf und wiederholt den Laut. Sie fügt ein weiteres Wort hinzu; das Baby antwortet ein drittes Mal. Nun wird sie versuchen, den Dialog noch weiter zu steigern. Der Säugling wird die Sequenz bald beenden und wegsehen, als wolle er sagen: ‚Das reicht fürs erste.'"[8]

Bei diesem „Mitziehen" werden variierend auch die Grenzen der jeweils möglichen Interaktionssequenzen erreicht und abgesteckt: „Sobald es möglich ist, einen längeren Dialog miteinander zu führen, beginnen sowohl die Eltern als auch die Säuglinge, die Grenzen des Babys zu testen und zu erweitern. Sie versuchen, die Fähigkeit des Babys zu steigern, (1) Informationen aufzunehmen und auf sie zu reagieren, und (2) sich zurückzuziehen und sein Gleichgewicht wiederzugewinnen. Im Laufe des dritten und vierten Lebensmonats bringen sensible Erwachsene das Baby an die Grenzen dieser beiden Fähigkeiten ..."[9] [10]

---

8 Brazelton, Cramer 1991, S. 153.

9 Brazelton, Cramer 1991, S. 141/142.

10 Die Rolle von Mutter und Vater sind bei diesen „Mitziehspielen" durchaus unterschiedlich: „Väter neigen eher zu lebhaften, animierenden Spielen. Sie knuffen und berühren das Baby und steigern auf diese Weise seine Erregung ... Die Interaktionen zwischen Säuglingen und ihren Vätern sind im Vergleich zur Mutter-Säugling-Interaktion durch höhere Erregbarkeitsgrade und längere Erholungsphasen gekennzeichnet. Die Unterschiede bleiben im Laufe der Zeit konstant und kommen in vorhersagbaren Gruppen von Verhaltensweisen (Verhaltensbündel) zum Ausdruck ... Darüber hinaus weisen sie den Erwachsenen unterschiedliche Rollen zu – die Mutter soll eine Hülle für das Interaktionsverhalten schaffen, der Vater die Grundlage, auf der sich ein Spiel entwickeln kann." (Brazelton/Cramer 1991, S. 130)

Die Strukturierung von Zusammenhängen betreffen nicht nur die erlebte Situation, sondern auch das Erleben des daran beteiligten Selbst (Kern-Selbst) und des ebenso eingebundenen Anderen (Kern-Anderen). Es sind die Spannungsspiele (wie Guck-Guck-Da) oder die eben erwähnten Mitziehspiele, die es dem Kind erleichtern, Selbst und Andere besser voneinander abzugrenzen: Die Variationen der Spiele bei Mutter oder Vater verdeutlichen dem Säugling, was von seinem Erleben in den Kontext Mutter und was in den Zusammenhang mit dem Vater gehört. Was in diesen wechselnden Situationen dann noch gleich bleibt, das muss wohl Teil seiner selbst sein, vor allem wenn es auch einen Anteil am propriozeptiven Erleben im eigenen Körper hat.[11]

Szenisches Erleben, Mitziehen und Austesten der eigenen Grenzen, die Suche nach den Grenzen von Selbst und Anderem, das scheinen die Momente zu sein, welche auf dieser frühen Entwicklungsstufe als Spiel gelten können.

Sozialer Austausch und soziale Synchronisation

Wahrnehmen und Erkennen

> „Während das gestische Repertoire des Kleinkindes reichhaltiger wird, beginnt es, in seinem eigenen Verhalten und in dem anderer Muster zu entdecken. Gewöhnlich reagiert Mama auf seine freundlichen Bitten, aber nicht, wenn sie schlecht gelaunt ist. Papa tobt gern mit ihm herum, singt aber nicht gern Schlaflieder. Oma ist bei weitem nicht so streng wie Papa und Mama."[12]

Auf der Basis solcher individualisierender und situationsbezogener Muster verstärkt und erweitert sich in der zweiten Hälfte des ersten Lebensjahres der interaktive Austausch.

> „Es ist klar, dass die interpersonale, durch Abstimmungen geschaffene Gemeinsamkeit eine wichtige Rolle dabei spielt, dass das Kind innerliche Gefühlszustände als Formen des menschlichen Erlebens kennenlernt, die man mit anderen Menschen teilen kann. Auch das Gegenteil trifft zu: Gefühlszustände, auf die sich nie ein anderer Mensch einstimmt, wird man nur allein, isoliert vom interpersonalen Kontext mitteilbarer und po-

11 Auch wenn diese Unterscheidungen wahrnehmungsmäßig differenziert werden, muss das nicht heißen, dass sie bereits bewusst sind. Dornes (1997, S. 182f.) unterscheidet zwischen einer impliziten Selbstwahrnehmung, die Kinder „leben in der Unmittelbarkeit des Lebensvollzuges (ein bis 18 Monate), danach entsteht ein explizites Bewusstsein ihres Selbst (ab 18 Monate)" (a. a. O., S. 182), eine Selbstbewusstheit als Bemerken der eigenen Wahrnehmung. Selbstreflexion, als Nachdenken über die Wahrnehmungen des eigenen Selbst gibt es wahrscheinlich nicht eher als im vierten Lebensjahr.

12 Greenspan 2001, S. 86/87

tentiell gemeinsamer Erfahrungen, erleben. Auf dem Spiel steht dabei nichts Geringeres als die Gestalt und die Größe des gemeinsam mit den Anderen erlebbaren inneren Universums."[13]

Die kindliche Interpretation der Wirklichkeit und des individuellen Erlebens wird mit der sozialen Umgebung abgestimmt, während sie gleichzeitig individuell als stimmig erlebt wird. Misslingt solche wechselseitige Abstimmung auf Dauer – zum Beispiel dann, wenn sich die Figur der Mutter nicht genügend empathisch auf das Erleben des Kindes einlässt und dann etwas zurück spiegelt, was vom Kind als nicht stimmig mit seinem eigenen Erleben erfahren wird – entsteht im Kind ein Zweifel, ob es seine subjektiven Regungen und Erfahrungen dem sozialen Umfeld auch vermitteln kann oder ob es diese nicht besser vor dieser verbirgt.

Spiel

Das kindliche Selbst erweitert sich in dieser Phase durch eifrige Beobachtung seiner sozialen Umwelt und vor allem durch deren unmittelbare Imitation. Damit unterstützt es seine Fähigkeit zur Empathie. Über diese Imitation versetzt es sich in andere hinein und verlebendigt deren Verhaltensmuster und die daran geknüpften Gefühle in sich selbst.

Sodann setzt sich erweitert fort, was unter dem Begriff des „Mitziehens" an spielerischen Interaktionen zwischen Eltern und Kind bereits früher begonnen hat, mit dem wesentlichen Unterschied, dass nun viel mehr Initiative von den Kindern ausgeht. Sie stacheln nicht nur zu solchen Spielen an, sie ergreifen auch die Initiative bei Veränderungen und wissen sich dem Geschehen auch zu entziehen. Unter dem Begriff des „mirroring", des „Spiegelns"[14] werden diese Spiele in der Literatur beschrieben. „Lächelt eine Mutter ihren Säugling an, so lächelt er zurück. Dadurch gerät er automatisch in denselben Affektzustand wie sie, weil dieser Gesichtsausdruck das ihm entsprechende Gefühl produziert."[15]

Dabei ist es wichtig, dass die Spiegelungen durch die erwachsene Person mit einer leichten Übertreibung akzentuiert werden. Auf diese Weise „kommt es zu einer Markierung, die es dem Säugling erlaubt zu bemerken, dass die Eltern etwas *darstellen* und nicht nur etwas Eigenes ausdrücken."[16] Das bedeutet, dass diese Markierungen das kleine Kind darin unterstützen, zwischen dem Geschehen in der Wirklichkeit und seiner Spiegelung zu unterscheiden, also einen feinen Unterschied zwischen Realität und Repräsentation zu bemerken. Man könnte dies als einen Vorläufer des So-tun-Als-ob

13 Stern 1992, S. 217.

14 Unter Spiegeln „wird die mimische, gestische und vokale elterliche Antwort verstanden, mit der diese auf kommunikative und sonstige Äußerungen ihrer kleinen Kinder reagieren" (Dornes 2000, S. 177).

15 Dornes 2000, S. 198.

16 Dornes 2000, S. 196.

ansehen, also eines weiteren Merkmals des Spiels.[17] Zu Multimodalität, szenischem Erleben, Variation als Merkmalen des Spiels tritt das So-tun-Als-ob hinzu. „Eltern, die auf die Affekte ihrer Säuglingen eher selten in der ‚Als-ob-Modalität' reagieren, beeinträchtigen vermutlich die Entwicklung dieser Fähigkeit bei ihren Kindern, die ein zentrales Kennzeichen des symbolischen Spiels ist."[18]

Frühe Muster der Welt- und Selbsterfahrung

Wahrnehmen und Erkennen

Etwa im Alter zwischen zwölf und achtzehn Monaten, immer noch nicht der Sprache mächtig, kann das Kind Muster eigenen und fremden Verhaltens erkennen bzw. unterscheiden. Das Kind weiß, was die Mutter gewöhnlich tut, was sie nicht tut, wer wie streng oder nachgiebig ist, was ein bestimmtes Verhalten nach sich zieht. Es setzt sich auch selbst in Beziehung zu solchen Verhaltensmustern und weiß, was es mit wem tun oder nicht tun kann.

Genauso werden die jeweiligen Gegebenheiten der sachlichen Umwelt unterschieden. Das Kind kennt die Dinge, die ihm täglich begegnen, hat Verhaltensmuster, wie es/man mit ihnen umgehen kann, hat Vorstellungen, wozu es sie gebrauchen kann, ob sie als Spielzeug taugen oder tabu sind.

Auch emotionale Muster werden erkannt und in ihrer Bedeutung eingeordnet. Was gefährlich ist oder Angst erzeugt, wird gemieden, das Angenehme, das Faszinierende gesucht, Freundlichkeit von Ärger geschieden. Im Verlauf des weiteren Lebens werden diese Fähigkeiten nicht nur beibehalten, sondern auch noch weiter differenziert, unabhängig von den sprachlichen Entwicklungen. Sie ermöglichen einen ersten emotionalen Eindruck von Situationen, unabhängig davon, mit welchen Wörtern sie verbunden werden.

Über die Entzifferung der Muster des eigenen, des fremden Verhaltens, der Welterfahrungen sowie der emotionalen Bewertung, fügt sich das kleine Kind, noch vor jedem sprachlichen Austausch und jeder Form von Begründung, in die grundlegenden Werte, Normen und Einstellungen der Kultur ein, die es umgibt.

Verbunden damit ist ein strukturiertes Bild von der Welt in der es lebt und mit der es Beziehungen unterhält.

17 Bisher war von Multimodalität, szenischem Erleben, Imitation, Variation als Merkmalen des Spiels die Rede.

18 Dornes 2000, S. 204.

Spiel

Durch eifrige Beobachtung seiner sozialen Umwelt und durch deren Imitation, weitet das Kind seine eigenen Möglichkeiten auch weiterhin aus. Imitation erfolgt nun nicht mehr als unmittelbare Antwort auf das Verhalten eines anderen Menschen. Es tritt ein zeitlicher Abstand ein zwischen der Wahrnehmung eines Verhaltens und seiner (spielerischen) Imitation. Damit diese verschobene Nachahmung (Piaget 1975) stattfinden kann, muss das Kind über Fähigkeiten verfügen: Zunächst muss es zur Person, die es nachahmt, eine Beziehung haben. Sodann muss es in der Lage sein, die Verhaltensmuster anderer Menschen, die noch nicht Teil seiner eigenen Handlungsschemata sind, in geeigneter Weise in sich zu repräsentieren. Diese Repräsentation muss, drittens in komplexer Weise gespeichert werden. Zum vierten muss es die Fähigkeit besitzen, die imitierten Handlungsmuster selbst auszuführen.

Die Muster der Selbst- und Welterfahrung, sowie die Muster der Imitation dienen der Imagination, Phantasie und dem Spiel als Ausgangspunkt.[19] Mimetisches sich Anverwandeln[20], Imagination, Phantasie und Spiel werden nun zu einem wesentlichen Teil der Wirklichkeitserfahrung und des Umgangs mit ihr. Entscheidend dabei ist, dass sich über diese Prozesse ein (innerer und äußerer) Raum der Simulation öffnet, in dem das Kind das, was es bisher erfahren und als Erfahrungsmuster in sich gespeichert hat, in neuer und individueller Weise zusammensetzen kann.

Es entsteht damit die Möglichkeit, nicht nur die konkret erfahrenen Zusammenhänge zu denken, nicht nur die Muster der Vergangenheit in die Zukunft hinein zu erwarten, sondern mit den Erfahrungsmustern der Vergangenheit zu spielen, mit ihnen neue Möglichkeiten zu entwerfen und zu erproben, zu simulieren also.

Die aufgeschobene Nachahmung, Mimesis und Simulation bilden die Grundlage der „Als-ob-Spiele“, die Kinder im Laufe des zweiten Lebensjahres zunehmend spielen.

In diesen Als-ob-Spielen bildet sich zum einen die erlebte Wirklichkeit in all den bedeutungsvollen Beziehungen ab, die das spielende Kind unterhält. Indem diese Beziehungen inszeniert werden, kann das Kind – zum anderen – darüber „nachdenken”. Das Spielen bildet also einen Zwischenbereich zwischen handeln und denken. Es spielt und denkt mit der szenischen Repräsentation und ihren Variationsmöglichkeiten.

---

19 Vgl. hierzu Piaget 1975.

20 Mit Mimesis bezeichne ich eine Imitation, die das nachgeahmte Verhalten in die Erfahrungszusammenhänge der eigenen Biografie einbettet, sie individuell ausgestaltet, sowie spielerisch weiterentwickelt. Dabei beziehe ich mich auf den von Wulff pädagogisch explizierten Begriff der Mimesis. Vergleiche insbesondere Wulff 1996.

Als-ob-Spiele stehen in einem engen Zusammenhang mit dem Prozess der Symbolisierung. Symbole bestehen aus eine Mischung von innerer und äußerer Wirklichkeit. Das ist die Auffassung, die Winnicott[21] seinem Verständnis von Spiel zugrunde legt. Für ihn ist das Spiel der Bereich, in dem das Kind nicht die Notwendigkeit empfindet, innere und äußere Wirklichkeit getrennt halten zu müssen. Die Linie, die er vom Übergangsobjekt zum Spiel und von da zum kulturellen Erleben zeichnet, umgrenzt einen „intermediären Bereich" in dem subjektive und objektive Bedeutungsebenen auf eine persönliche Weise miteinander vermittelt und gestaltet werden. Nur wo ein solches Amalgam aus beiden (Be-)Deutungsbereichen zustande kommt, sind symbolische Repräsentationen möglich, die beide Bedeutungseben ansprechen. Erst dann können subjektive *und* objektive Bedeutungsdimensionen in die symbolische Kommunikation eingehen und damit Teil einer intersubjektiven Verständigung werden. Wo der Spielbereich unentwickelt bleibt, bleiben auch die subjektiven und objektiven Bedeutungsebenen unvermittelt: Wenn das Kind von Wirklichkeit spricht, kann es nicht von der Bedeutung sprechen, die es subjektiv damit verbindet; oder umgekehrt, die subjektiven Bedeutungen lassen sich nicht mit der gegebenen äußeren Wirklichkeit vereinbaren.

Fiktive Entwürfe von Wirklichkeit sowie die Überbrückung von subjektiven und objektiven Sinndimensionen scheinen von nun an den Kern des Spiels auszumachen.

Das Spiel und die Konstruktion der Wirklichkeit

Ich habe versucht hervorzuheben, dass das Spiel in den Beziehungen des Kindes zur Welt von Anfang an einen Platz hat. Daraus ergibt sich die Frage: Welche Bedeutung hat das Spiel für die inneren Wirklichkeitskonstruktionen? Ich will versuchen, darauf eine thesenhafte Antwort zu geben:

Zunächst sichert Spiel das, was ein Kind bereits kann, stellt ein Feld der Wiederholung, der Funktionslust zur Verfügung. Es unterstützt damit eine Grundstimmung des Könnens und der Lust am Können. Ohne die frühe Imitation und Wiederholung von Gesten oder Szenen in der Kommunikation mit einem Menschen, der dem Kind zugewandt ist, bleibt das Können des Kindes den Notwendigkeiten abgerungen und vermittelt den Eindruck vom Lernen als Last und Mühsal. Es heißt zwar, Not mache erfinderisch. Aber vielleicht macht die Lust an der Wirklichkeit noch erfinderischer.

Zum zweiten öffnet Spiel ein Feld, in dem das Kind sein Können bis an seine Grenzen erweitern kann und sich dabei so sicher fühlt, dass es nicht die Lust verliert oder gar unsicher und ängstlich wird.

---

21 Vgl. Winnicott 1973.

Zum dritten öffnet sich mit dem Spiel ein Raum der Simulation, in dem die szenischen Erfahrungen und Bilder des Kindes von seiner Welt neu zusammengesetzt und damit neue Wirklichkeitsmöglichkeiten entworfen oder fantasiert werden können.

Zum vierten gewährleistet das Spiel, dass sachliche und subjektive Erfahrungsdimensionen nicht voneinander getrennt werden müssen. Subjektive Erlebniswelten gehen mit Elementen gegebener Wirklichkeiten ein verträgliches Verhältnis ein.

Das Spiel führt damit in eine Symbolwelt, in welcher der subjektive Sinn und der sozial für wichtig erachtete Sinn nicht im Widerspruch zueinander stehen. Oder, umgekehrt gedacht: Es sind die spielerischen Dimensionen des Umgangs mit der Wirklichkeit, die dafür sorgen, dass wir im Bemühen um die „objektiven" Bedeutungen von Wirklichkeitsausschnitten nicht die subjektiven Sinndimensionen verleugnen müssen.

Spiel ist also jenes Element im kindlichen Bildungsprozess, welches dafür sorgt, dass die inneren Wirklichkeitskonstruktionen des Kindes sich nicht einfach nur als Abklatsch der äußeren Lebensnotwendigkeiten erweisen. Darüber hinaus sorgt es dafür, dass uns die Welt subjektiv bedeutsam bleibt.

So gesehen bildet das Spiel die Grundlage für eine Vielfalt von Weltkonstruktionen in den Köpfen vieler Menschen. Vielfältige Wirklichkeitsbilder und nicht bestimmte, definierte Kompetenzen oder Kompetenzlevel, sind der Ausgangspunkt für produktives Denken.

Bei allen Einschränkungen von inneren und äußeren Spielräumen, die wir den Kindern in ihrem Lebensalltag zumuten, die Spielräume des Kopfes können wir ihnen nicht ganz verbauen und dies lassen sie uns zuweilen auch spüren.

Literatur

Brazelton, T. B., Cramer, B. G. (1991): Die frühe Bindung. Die ersten Beziehungen zwischen dem Baby und seinen Eltern. Stuttgart.

Dornes, M. (2000): Die emotionale Welt des Kindes. Frankfurt/M.

Gopnik, A., Meltzoff, A. N., Kuhl, P. K. (1999): The Scientist in the Crib. Minds, Brains, and how Children learn. N.Y. 1999. William Morrow and Company.

Greenspan, Stanley, J. (2001): Die bedrohte Intelligenz. München, Goldmann.

Hüther, G., Bonney, H.. (2002, 2. Aufl.) Neues vom Zappelphilipp. Düsseldorf, Zürich.

Meltzoff, A., Moore, K. (1983): Newborn infants imitate adult facial gestures. Child Development 54, S. 702–709.

Piaget, J. (1975): Nachahmung, Spiel und Traum. GW. Bd. 5. Stuttgart.

Singer, W. (1990): Die Entwicklung kognitiver Strukturen, ein selbstreferentieller Lernprozeß. In: Schmidt, S. J. (Hrsg.): Gedächtnis, Probleme und Perspektiven der interdisziplinären Gedächtnisforschung. Frankfurt/M., S. 96–126.
Stern, D. N. (1992): Die Lebenserfahrung des Säuglings. Stuttgart.
Winnicott, D. W. (1973): Vom Spiel zur Kreativität. Stuttgart.
Wulf, Ch. (1996): Mimesis. In: Wulf, Ch. (Hrsg.): Vom Menschen. Handbuch Historische Anthropologie. Weinheim, Basel, S. 1015–1029.

Das sich bildende Kind ohne Erwachsene gibt es nicht[1]

Die folgenden Überlegungen wollen als Ansätze einer Beschreibung des Lernens durch Erfahrung verstanden werden, eines Lernens, das ohne Bewusstsein stattfinden kann und damit den Ausgangspunkt frühkindlichen Lernens bildet. Sie sollen helfen, auf ein Lernen aufmerksam zu machen, in dem kleine Kinder große Könner sind. Sie werden aber von den Erwachsenen dabei so wenig verstanden, weil bei diesen im Lauf des Erwachsenwerdens das explizite Lernen einen so hohe Wertung erfahren hat, dass das Lernen aus Erfahrung demgegenüber als wenig begründbar und verlässlich erscheinen muss. Allein dadurch, dass wir in unserer kulturellen und gesellschaftlichen Praxis verwickelt sind, vermittelt sich uns diese Wertschätzungen so sehr, dass wir geneigt sind, sie als selbstverständlichen Teil der menschlichen Natur zu verkennen.

Auch unser logisches Denken hat eine Geschichte

Ein Erbe

Es war René Descartes, der im 17. Jahrhundert mit Folgen für die Zeit bis heute, den denkenden Geist vom Körper unabhängig gemacht hat. Bei seinem „Ich denke, also bin ich" spielt die körperliche Existenz des Menschen keine Rolle mehr. Der Mensch begründet sich aus seinem Denken und mit Denken war das logische Denken gemeint, nach dem Vorbild der Mathematik. Diese Idee hat sich über ungefähr 250 Jahre, vor allem vor dem Hintergrund der Entstehung der neuzeitlichen Wissenschaften, bis in die Grundlagen unseres kulturellen Denkens eingebrannt. Darüber hinaus haben die Erfolge der Physik den Eindruck entstehen lassen, als sei das Denken in kausalen Ursache-Wirkungs-Zusammenhängen das stabilste Fundament unseres Denkens überhaupt. Das physikalische wissenschaftliche Wissen wurde zum Maßstab für Wissen überhaupt.

Aber können wir mit diesem Denken die Kinder verstehen, die gerade erst einen Weg in die Sprache finden, die für die Logik des wissenschaftlichen Wissens so wichtig ist? Und von der Sprache der Mathematik, die dabei ebenso notwendig wäre, bekommen die meisten Menschen in unserem Schulsystem so wenig mit, dass sie sie für das Verständnis eines abstrakten,

1 Veränderte und gekürzte Fassung von „Was ist Erfahrungslernen?", in: TPS 2010, 2, S. 10–17. Vgl. auch Henneberg, Klein, Schäfer 2011.

schlussfolgernden Denkens überhaupt nicht gebrauchen können. Sind Kinder und ein Großteil der Erwachsenen deswegen weniger klug? Oder müssen wir unser Verständnis von Wissen, logischem Denken, und seiner Übernahme zurechtrücken?

Es gibt Indizien, die die Möglichkeit und die Notwendigkeit einer Neuorientierung andeuten: Die Sicherheit des rationalen, schlussfolgernden, aus der Physik abgeleiteten Denkens ist ins Wanken geraten. An drei Beispielen sei dies angedeutet.

Notwendigkeiten eines Umdenkens

Evolution

Zum einen haben uns die Einsichten in den Evolutionsprozess klar gemacht, dass die menschliche Spezies auf eine Geschichte von ungefähr fünfzigtausend Jahren zurückblickt, und sich das menschliche Gehirn seit mindestens zwanzigtausend Jahren in seiner Struktur nicht mehr verändert hat. Wir denken mit der gleichen neuronalen Ausstattung, wie unsere Vorfahren aus der Steinzeit. Daraus müssen wir schließen, dass die Menschheit zwanzigtausend Jahre und länger gedacht, ihr Leben bewältigt und differenzierte Kulturen entwickelt hat, wobei sie sich nicht ausschließlich eines rationalen, schlussfolgernden Denkens bediente, sondern vielmehr das zur Grundlage ihres Denkens gemacht hat, was man mit intensivierten sinnlichen Erfahrungen erfassen und „begreifen" kann. Der Ethnologe Claude Levi-Strauss hat dieses Denken an Überresten noch existierender Indianerkulturen untersucht und es ein „wildes Denken" genannt[2]. Wir blicken also auf eine viele tausend Jahre alte und immer noch fortwirkende Lern- und Denkgeschichte zurück, in der zwar auch das rationale Denken lange Spuren hinterlassen (z.B. in der griechischen Philosophie), aber nicht das ganze Leben bestimmt hat. Die Grenzen zwischen Rationalität des Verstandes, den ästhetischen Erfahrungen, den sozialen Abstimmungen, zwischen dem Denken mit Wörtern und dem in Bildern und Geschichten wurden weit weniger strikt gezogen, als heute und dies offensichtlich durchaus erfolgreich im Sinne der kulturellen Entwicklung.

Physik

Seit dem Beginn des 20. Jahrhunderts ist auch der Glaube an die Stabilität der naturwissenschaftlichen Gesetze nach dem Vorbild der klassischen Physik selbst unterlaufen worden. Zwar gibt es nach wie vor viele stabile und vorausberechenbare Zusammenhänge. Es gibt aber auch viele naturwissenschaftliche Bereiche, in welchen es nicht möglich ist, Einflüsse im voraus kausal zu bestimmen, z.B. in komplexen biologischen Organismen, im Bereich der subatomaren Teilchen oder in den Dimensionen kosmischer

2 Levi-Strauss 1968.

Wechselwirkungen. Wir wissen ferner, dass auch die Naturwissenschaften nur Bilder der Wirklichkeit erzeugen, die hinreichen, um in bestimmten Ausschnitten dieser Wirklichkeit einigermaßen erfolgreich zu handeln. Und in vielen Bereichen der Natur, vor allem da, wo wir sie nur noch mit hochkomplizierten Apparaten entschlüsseln können, spricht auch diese „Wissenschaft nur in Gleichnissen“.[3]

Frühe Kindheit

Schließlich – betrachten wir unseren eigenen Bereich, die frühe Kindheit – dann wissen wir alle, dass Kinder dieses rationale, logische Denken erst im Laufe der Zeit entwickeln. Auch individuell hat es eine Geschichte. Wenn wir davon ausgehen, dass es unsere kulturelle Entwicklung war, die dieses Instrument entstehen ließ, dann kann es in dieser ausgeprägten Form nicht von Anfang an in unser Gehirn oder in unsere psychische Entwicklung einprogrammiert sein. Das rational-logische wissenschaftliche Denken ist eine kulturelle Erfindung, die sich zweifellos – wir müssen heute sagen, in Grenzen – als vorteilhaft für das menschliche Leben erwiesen hat. Es erscheint uns jedoch nur deshalb so selbstverständlich, weil wir von Geburt an in eine Kultur eingebunden werden, die dieses Denken für so überragend hält. Es ist jedoch die frühe Kindheit, in der die Kinder so denken lernen, wie es in unserer Kultur üblich ist und dies so gründlich tun, dass sie später geneigt sind, es für Natur zu halten.

Implizites und explizites Wissen

Erfahrungswissen ist zunächst *implizit*, eingeschlossen in den individuellen Handlungsablauf. Es leitet das Tätigsein, ohne dass es bewusst sein oder bewusst werden muss. Man macht es einfach so und ändert je nach Bedarf etwas ab. Wann wird einem z.B. bewusst, wie man sich in Gegenwart anderer Personen verhält? Trotzdem kann man sich unterschiedlichen Situationen anpassen. Aber es sind auch die familialen, sozialen und kulturellen Regeln, nach welchen sich das alltägliche Leben bis in differenzierte Haltungen, Gesten und Meinungen vollzieht, welche auf diesem Weg gleichsam stillschweigend übernommen werden. Kinder identifizieren sich mit anderen – Erwachsenen oder Kindern – und vollziehen nach, wie etwas von diesen gemacht wird. Sie lernen auch auf diese Weise, wie und was man in unserer Kultur denken oder tun darf und was nicht. Alltägliches Erfahrungslernen kann also doppelt unbewusst sein: unbewusst als individueller Handlungsvollzug und als unbewusste soziokulturelle Regel. Es erfordert einen eigenen Prozess, dieses Wissen bewusst zu machen.

Für die Übernahme des kulturellen Wissens gibt es aber noch einen zweiten Prozess, für den wir traditionell die Schule für zuständig halten. Er läuft

3 Dürr 2004.

über die bewusste Aneignung dieser Wissenstraditionen. Dieses Wissen braucht das Bewusstsein für den Prozess der Übernahme. Es wird *explizites* Wissen genannt. Es bildet die Grundlage des Lernens, wenn jemand einem anderen erklärt, wie ein Werkzeug gebraucht, eine Gerät funktioniert, eine Sprache benutzt, naturwissenschaftliche Fragen beantwortet, Verhältnisse berechnet werden können. Mit der Übernahme dieses Wissens ist der Prozess des Lernens jedoch noch nicht abgeschlossen. Explizites Wissen ist sehr schwerfällig, wenn wir damit handeln wollen. Man muss jeden Schritt, der zu tun ist, bewusst überlegen. Das braucht Zeit. Es muss automatisiert und implizit gemacht werden, wenn es in Alltagssituationen zur Verfügung stehen soll. Wir wissen in der Regel mehr, als wir erklären können. Nicht alles, was wir wissen, können wir auch zum Lösen von Problemen tatsächlich verwenden, weil es uns nicht selbstverständlich geworden ist.

Beim Erfahrungslernen und bei der Übernahme des Wissens, das uns andere zur Verfügung stellen, laufen also gegensätzliche Prozesse ab: Implizites Wissen muss explizit und explizites Wissen implizit gemacht werden.

Die weiteren Überlegungen wollen als Ansätze einer Beschreibung des Lernens durch Erfahrung verstanden werden, eines *Lernens, das ohne bewusst zu werden stattfinden kann* und damit den Ausgangspunkt frühkindlichen Lernens bildet. Sie sollen helfen auf ein Lernen aufmerksam zu machen, in dem kleine Kinder große Könner sind. Sie werden aber von den Erwachsenen dabei so wenig verstanden, weil bei diesen im Lauf des Erwachsenwerdens das explizite Lernen einen so hohe Wertung erfahren hat, dass das Lernen aus Erfahrung demgegenüber als wenig begründbar und verlässlich erscheinen muss. Allein dadurch, dass wir in unsere kulturelle und gesellschaftliche Praxis hinein verwickelt sind, vermittelt sich uns diese Wertschätzungen so sehr, dass wir geneigt sind, sie als selbstverständlichen Teil der menschlichen Natur zu verkennen.

Die sozialen Grundlagen früher Bildung

Kinder werden mit einer Grundausstattung geboren, aus Erfahrungen zu lernen. Sie bilden sich dadurch, dass sie in die Lage versetzt werden, sich an dem zu beteiligen, was ihnen ihre soziokulturelle Umwelt an Möglichkeiten zur Verfügung stellt. Bildungsprozesse sind also Beziehungsprozesse zwischen einem Kind, wichtigen Personen und dem soziokulturellen Umfeld. Daher ist es eine Grundfrage von Bildungsprozessen, in wie weit sich das Kind mit seinen eigenen Möglichkeiten an diesem Beziehungsgeschehen beteiligen kann und tatsächlich beteiligt.

Drei Elemente der sozialen Grundlagen früher Bildung wurden bereits in den vorausgegangenen Beiträgen beschrieben:

- *Beteiligung* ist die elementare Voraussetzung des Erfahrungslernens. Ohne einen Spielraum der Beteiligung können die jüngsten Kinder keine Erfahrungen machen.
- *Gemeinsam geteilte Erfahrung* ist die Keimzelle aller Bildungsprozesse. Sie setzt voraus, dass sich auch Erwachsene über Identifikation an dem beteiligen, was Erfahrungen der Kinder und ihr daraus folgendes Tun und Denken sind.
- Die *Resonanz* der sozialen und kulturellen Welt unterstützt oder bremst den kindlichen Anfängergeist entsprechend den individuellen Haltungen der Erwachsenen, den Regeln der Konventionen der sozialen Gemeinschaft und den impliziten und expliziten kulturellen Mustern.

Beteiligung, gemeinsam geteilte Erfahrung und Resonanz sind Aspekte eines Prozesses der *Verständigung*, in dem die Spielräume für die Beteiligung des Kindes dadurch abgesteckt werden, dass die Möglichkeiten des Kindes und die der Erwachsenen aufeinander abgestimmt werden. Dieser Gedanke soll noch etwas weiter vertieft werden.

Eine Aussage über einen anderen Menschen, also auch über das Kind vor mir, ist – selbst wenn ich es gut kenne – prinzipiell eine mehr oder weniger plausible Vermutung. Oft genug wird dabei – gemäß den Erwartungen der Erwachsenen – nur der rationale Anteil erfasst. Man kann in den Kopf eines Kindes nicht hinein sehen, sondern eigentlich nur unterstellen, wie man sich selbst an der gleichen Stelle verhalten hätte und dies auf die Perspektive des Kindes beziehen. Geht es um die Beteiligung des Kindes, dann sollten diese Annahmen vom Kind bestätigt oder auch abgewiesen werden können. Von daher bedarf jedes pädagogische Handeln, das auf Beteiligung aus ist, einer Form der Verständigung mit dem Kind. Verständigung meint, dass die Handlungen des Kindes als ein Kommentar auf meine Vermutungen hin verstanden werden und Anlass geben, meine Annahmen und Vermutungen dementsprechend immer wieder neu abzugleichen. Die *Grundlage von Bildung* als Ermöglichung von individueller Beteiligung am sozialen und kulturellen Geschehen ist daher ein Prozess der expliziten oder impliziten Verständigung zwischen den Beteiligten an dieser Beziehung.

Aber diese Verständigung enthält eine Asymmetrie. Man kann ja nicht davon ausgehen, das sich Kinder zwischen Null und Drei in gleicher Weise explizit verständigen können, wie Erwachsene. Vielmehr müssen die impliziten, nichtsprachlichen Fähigkeiten der Kinder zum Dialog unterstellt werden, um einen Rahmen zu schaffen, in dem sie sich dann zeigen und schließlich auch weiterentwickeln können. Das bedingt, dass der Kommunikationsanteil des Kindes als gleichwertig akzeptiert wird, dass seinem Beitrag ein Spielraum gesichert wird, in dem er zur Geltung kommen kann. Konkret bedeutet dies, dass die Erwachsenen nicht vorschnell glauben, schon zu wissen, was das kleine Wesen da will, sondern eine *Haltung des umfassenden „Zuhörens"* auf der Ebene aller Sinne pflegen, der *Zurückhaltung des Eingreifens,* wodurch verhindert werden kann, dass man die vorschnellen Einsichten sofort in Handlungen umsetzt. Zudem gehört *Geduld* dazu, die Handlungen der Kinder entstehen zu lassen.

Die Verbindung von Beteiligung, gemeinsam geteilte Erfahrung, Resonanz und Verständigung nenne ich eine *Pädagogik des Innehaltens.* Sie hält dem Kind einen Raum vor, in den es sich mit seinen Handlungs- und Verständigungsmöglichkeiten hinein entwickeln kann.

Erfahrung ist ein komplexer Prozess

Frühkindliches Wissen ist (implizites) Alltagswissen

Ganz kleine Kinder lernen zum größten Teil in Alltagszusammenhängen, also in Situationen, die nicht unmittelbar auf einen Lernprozess ausgerichtet sind; und sie lernen sehr vieles, ohne ein Bewusstsein davon zu haben. Ja man könnte bei ihnen sagen, ihr Lernen besteht zu einem wesentlichen Teil darin, allmählich ein Bewusstsein von den Erfahrungsprozessen zu erlangen, die stattfinden. Und, wenn man genauer darauf blickt, dann ist jedes „Lernen aus Erfahrung" mit einem Prozess verbunden, in dem die gemachten Erfahrungen vor das Bewusstsein treten, damit man darüber nachdenken kann, was man erfahren hat.

Das bedeutet nun, dass wir nicht weiter so tun können, als ob Lernen vornehmlich bewusst, systematisch in hierarchisch aufeinander folgenden Schritten stattfinden würde und systematisch vermittelt werden könnte. Auch hier besteht die gegenwärtige Herausforderung darin, die Gleichzeitigkeit und Komplexität aufeinander abgestimmter Prozesse zu begreifen und zu unterstützen.

Anfängergeist

Die frühkindliche Bildungssituation wird in hohem Maße dadurch bestimmt, dass kleine Kinder zunächst in allen Bereichen der Welt- und Lebenserfahrung Neulinge sind. Sie können zunächst weder auf individuelle und erst recht nicht auf sozial übliche kulturelle Muster der Erfahrung zurückgreifen. Sie sind in der Situation, dass sie Erfahrungsmuster erst entwickeln. Dies können sie dadurch, dass sie immer wieder Erfahrungen machen, die sie mit Hilfe ihrer Beziehungspersonen und des weiteren, kulturellen Umfeldes strukturieren. Diese Erfahrungen sind dem Kind nicht bewusst, sondern gleichermaßen einverleibt. Sie stehen einfach auf Anforderung von Außen zur Verfügung, werden durch Situationen abgerufen, die so ähnlich sind, wie diejenigen, in welchen sie entstanden sind.

Auf die Situation des Neulings, des Novizen, der viele Erfahrungen zum ersten Mal macht und sich ein Repertoire von Erfahrungen anlegt, die in einem soziokulturellen Umfeld notwendig sind, sind sie vorbereitet. Sie bringen nämlich eine Basisausstattung mit auf die Welt, die ihnen ermöglicht, unmittelbar aus all ihren Erfahrungen zu lernen. Und so lange sie im Bereich der Sprache noch nicht vollständig zu Hause sind, haben sie auch keine andere Möglichkeit, als durch Erfahrung zu lernen. Zu dieser Grundausstattung gehören

- die Möglichkeiten der körperlichen Bewegung, des Handelns und der sinnlichen Erfahrung;
- die Möglichkeit, die emotionale Bedeutung der täglichen Lebensereignisse zu erfassen und zu differenzieren;
- eine elementare Kommunikationsfähigkeit von Anfang an;
- die Speicherung ihrer Lebenserfahrungen in Mustern, die wieder erkannt und typisiert werden können;
- ein ständiges Bedürfnis, Neues und Unbekanntes kennen zu lernen.

Auf der Basis dieser Grundausstattung dienen die ersten Lebensjahre dazu, das unmittelbar bedeutsame, soziale und sachliche Lebensumfeld, in dem sich das Kind bewegt, in all seinen Eigenschaften und Möglichkeiten kennen zu lernen.

Lernen im Geist des Neulings ist in erster Linie Erfahrungslernen in einem Bereich, der bisher unvertraut war. Je älter die Kinder werden, desto mehr mischt sich das Novizenlernen mit dem Lernen durch Übernahme dessen, was andere schon vorgedacht haben.

Die soziale Perspektive des Erfahrungswissens

Von vielen Menschen geteilte, vergleichbare Erfahrungsbereiche werden also auf der Basis soziokultureller Muster aufeinander abgestimmt und miteinander synchronisiert. In offenen Gesellschaftsformen oder sozialen Verhältnissen geschieht dies dialogisch. In weniger demokratisch verstandenen gesellschaftlichen Verhältnissen oder Teilbereichen, kann diese Abstimmung auch in mehr oder weniger starken Formen direktiver Bestimmung bis hin zur Gewalt eher erzwungen als verhandelt werden. So entstehen aus individuell erfahrenden Menschen gesellschaftliche Subjekte. Und die Art und Weise, in der diese Abstimmung sozial erfolgt, prägt sie bis in die Grundlagen ihrer Persönlichkeit.

Die andere Logik des Erfahrungswissens

Frühkindliche Bildung geht von den Erfahrungen aus, die ein Kind macht, während es in seinem Umfeld tätig wird und versucht diese Probleme zu bewältigen, die dabei entstehen. Je kleiner die Kinder sind, desto mehr müssen sie aus Erfahrung lernen – *Lernen aus erster Hand.* Je mehr Erfahrungen ein Mensch gemacht hat, desto mehr kann er auch dadurch lernen, dass er Können und Wissen übernimmt, das andere schon vorgedacht haben – *Lernen aus zweiter Hand.*

Wir können die Logik des Entstehens des kindlichen Wissens nur schwer nachvollziehen, so lange wir es an der Logik des Wissens der Erwachsenen messen, so lange wir glauben, die kindliche Logik sei minderwertig gegenüber unseren wissenschaftlichen Denkweisen oder eben unlogisch. Aber wenn dieses logisch schlussfolgernde Denken evolutionär und individuell aus einem Denken hervorgegangen ist, das anders strukturiert war, dann lohnt es sich zu fragen: Wie entsteht dieses kulturelle Denken? Wovon geht es aus? Was können wir tun, was müssen wir einschränken, damit es gelingt? Es wird sich zeigen, dass die Entwicklung dieses Denkens nicht nur eine Erfolgsgeschichte ist, sondern auch eine von Begrenzungen. Sich diese bewusst zu machen verhilft einerseits dazu, das Denken kleiner Kinder besser zu verstehen. Es ermöglicht andererseits, darüber nachzudenken, ob es nicht möglich wäre, diesen Einschränkungen auch entgegenzuwirken.

Es geht mir also um die Logik des Denkens vor einem Denken, das wir als das eigentliche empfinden. Da dieses Denken aus den konkreten Erfahrungen hervorgeht, die die Kinder in ihrem Alltag machen, bezeichne ich es als eine *Logik des Erfahrungsdenkens*. Lernen aus Erfahrung (Lernen aus erster Hand) geht dem Lernen voraus, in dem das kulturelle Wissen weiter vermittelt wird, das wir für wichtig halten, eine Aufgabe, die wir traditionell der Schule zuordnen, aber es findet natürlich in einem soziokulturellen Rahmen statt. Es soll daher im Folgenden der Blick auf die in der Bildungsdiskussion vernachlässigte Form des alltäglichen Erfahrungslernens gerichtet werden. Keinesfalls geht es mir darum, die Bedeutung der Aneignung kulturellen Wissens zu schmälern.

Geht nicht von einzelnen Elementen aus

Kleine Kinder setzen ihr Bild von der Welt nicht aus einzelnen Elementen zusammen. Sie fügen nicht die Brust, den Mund und den Arm der Mutter zusammen, um daraus eine Fütterungssituation zu „konstruieren". Vielmehr erleben sie die Stillsituation als ein integriertes Ereignis[4], das – wenn es sich öfter gleichartig wiederholt – wiedererkannt werden kann. Es bekommt dann allmählich typische Züge, die erwartet werden. Das Baby ist möglicherweise verwirrt, wenn sich die Situation nicht so abspielt, wie sie sich gewöhnlich abspielt. Nur wenn solche stabilen Ereignismuster gewonnen werden, können sich im Laufe der Zeit daraus einzelne Elemente herausheben. Das Erfahrungsmuster differenziert sich.

---

4 Vgl. Stern 1992, u. a. S. 73.

Keine mechanischen Ursache-Wirkungs-Zusammenhänge

In der Stillsituation hängen die Ereignisse so zusammen, wie sie in den Stillhandlungen zusammen „gehören“. Da ruft zwar auch eine Geste die nächste hervor. Aber die haltende Hand der Mutter ist nicht die Ursache dafür, dass das Baby beruhigt saugt, auch wenn es da eine plausible Verbindung gibt. Genauso wenig ist das Saugen des Babys die kausale Ursache dafür, dass die Mutter zufrieden ist – auch wenn auch hier ein Zusammenhang nicht verleugnet werden muss. Vielmehr ist es wohl so, dass eine Geste des Babys von der Mutter in einer bestimmten Weise „verstanden“ wird und sie dann aus diesem Verständnis heraus reagiert. Und umgekehrt gilt es natürlich auch, dass das Baby die Gesten der Mutter – im Rahmen seiner Erfahrungsmöglichkeit – „versteht“ und in seiner Weise darauf antwortet. Aus den Kreisläufen einer solchen Verständigung können dann sehr stabile Verbindungen hervorgehen, die so wirken, als ob sie kausal wären.

Erfahrungsmuster bilden sich durch Einschränkung

Ein Fluss, der durch verschiedene Landschaften fließt, wird durch diese jeweils eingeschränkt, durch ein steiles Gefälle anders als durch eine Ebene, durch Felsen anders als durch einen sich stauenden See, durch sich verteilende Flussarme wiederum anders als durch einen Canyon. Der Fluss hat in der jeweiligen Landschaft ein typisches Bild. So ist das auch mit menschlichem Verhalten. Die zunächst unendlichen und ungezielten Möglichkeiten werden durch die Bewegungsmöglichkeiten des Körpers, durch die Interaktionen mit bestimmten anderen Menschen, durch Gegenstände, die nur bestimmten Handlungsweisen zulassen, und vieles mehr, eingeschränkt. So entstehen Handlungsmuster, die auf den Kontext einer gegebenen (einschränkenden) Situation abgestimmt sind. Einschränkungen grenzen ein, halten aber innerhalb ihrer Grenzen Spielräume offen. Man muss schon zu Formen von Zwang greifen, um auch diese Spielräume zu verschließen. Aber selbst unter Androhung von Gewalt, kann man im zwischenmenschlichen Bereich nicht sicher sein, dass der Betroffene nicht doch noch eine Abweichung findet, mit der er sich einen – vielleicht sehr kleinen – Spielraum ergattert. Im Verhältnis zwischen Erwachsenen und Kindern oder auch Kindern untereinander kann man oftmals ein Aushandeln dieser Einschränkungen und Spielräume erleben.

Variation und Selektion

Wenn Kinder vor neuen Situationen stehen, besinnen sie sich auf Erfahrungen, die in ähnlichen Situationen bereits einmal irgendwie wirksam waren und versuchen sie auf die neue Situation zu übertragen. Passen sie nicht, erzeugen sie Variationen davon oder kombinieren sie neu in der Hoffnung, dass dabei etwas herauskommt, was eine geeignetere Lösung sein könnte. Durch das Ausprobieren wird dann das aussortiert, was sich als ungeeignet erweist. Das Spiel von Variation und Passung oder Aussortieren gelingt umso besser, je größer und differenzierter der Vorrat an Erfahrungsmustern ist, die für den Prozess des Auswählens, Variierens oder Neukombinierens zur Verfügung stehen.

Bildung des Erfahrungslernens als Evolution

Der Prozess der Erfahrungsbildung mit Hilfe vorhandener Erfahrungsmuster, die durch neue Anforderungen herausgefordert, neu kombiniert und den gegebenen Rahmenbedingungen angepasst werden, gleicht einem Evolutionsprozess. Seine Merkmale sind: Er geht von vorhandenen Erfahrungsmustern aus, variiert diese, sortiert dabei weniger geeignete Variationen durch Ausprobieren aus und setzt den Prozess so lange fort, bis eine befriedigende Lösung gefunden wurde. Der Prozess wird zwar durch vorhandenen Erfahrungsmuster und die einschränkenden situativen Bedingungen vorbestimmt, ist aber prinzipiell offen hinsichtlich der neuen Lösungen, die dabei herauskommen können. Er enthält Freiheitsgrade und trägt Züge des Spiels.

Kreativität des Erfahrungslernens

Wenn Kinder (das Gleiche gilt aber auch für Erwachsene) neue Erfahrungen machen, greifen sie zunächst auf Handlungs- und Denkmuster zurück, die sie schon haben. Wenn keine unmittelbar passenden zur Verfügung stehen, dann suchen sie nach vergleichbaren, die dann so lange abgewandelt oder auch neu zusammengesetzt werden, bis sie passen. Ein Bastler, der keinen Hammer zu Hand hat, nimmt einen Stein oder einen anderen geeigneten Gegenstand, ein Tisch, der zusammengebrochen ist, wird mit Stühlen, Balken oder anderen Versatzstücken, die zur Verfügung stehen, unterstützt. Ein Kind, das sich nicht erklären kann, wie die Babys sich im Mutterbauch ernähren, nimmt die ihm bekannte Vorstellung von den Krümeln, die vom Tisch fallen, und verlegt sie in den Mutterleib: Das Baby isst die Krümel. Je mehr Muster an Erfahrung man gesammelt hat, desto mehr Vorräte hat man, aus welchen neue mögliche Handlungs- und Denkweisen zusammengesetzt werden können. Dieser Prozess des Vergleichens, Mischens und Neukonstruierens spielt sich in der Vorstellung ab. Deshalb sind Vorstellen, Spielen, Gestalten und Planen wichtige Prozesse, in welchen die Erfahrungsmuster flexibel gemacht und für neue Situationen zurechtgedacht werden können.

Entstehung einer Theorie der Welt

Was soll hier Theorie heißen?

Der Begriff der „Theorie“ wird hier zunächst in einem sehr weiten Sinn gebraucht, im Sinne von Denkzusammenhängen, die aber nicht im Sinne einer streng logischen Vernunft geordnet sein müssen. In der Literatur finden sich dafür die Begriffe „naive“ oder „intuitive“ Theorien. Diese Begriffe finde ich problematisch, weil sie ein Werturteil enthalten, das auf eine mangelnde Logik dieser Theorien hindeutet. Das Denken in Erfahrungszusammenhängen ist aber nicht weniger logisch als die Logik abstrakten Denkens. Aber es beruht auf einer anderen Voraussetzung. Deshalb unterscheide ich zwischen *subjektiven Theorien*, die vorwiegend auf den konkreten Erfahrungen der Kinder im Rahmen ihres privaten Erlebnishorizontes beruhen, und den *kulturellen Theorien*, die in den externen Speichern der Kultur als sozial anerkanntes Wissen den Mitgliedern dieser Kultur – als mehr oder weniger abstraktes Wissen – zur Verfügung gestellt werden. Im Verlauf der frühen Kindheit findet insofern ein Theoriewandel statt, als Kinder anfangen, diese Unterschiede zu begreifen und sie in den jeweiligen Alltagskontexten unterschiedlich zu verwenden. Mit dem Begriff „Theorien“ sollen beide Aspekte gemeinsam bezeichnet werden.

Theoriewandel

Frühkindliche Bildung besteht zuallererst aus Erfahrungslernen durch Beteiligung an den Möglichkeiten des soziokulturellen Umfeldes: Bildung aus erster Hand. Erst mit der Sprache gibt es ein Wissen aus zweiter Hand, also ein Wissen, das bereits symbolisch strukturiert zur Übernahme vorliegt. Erfahrungswissen muss strukturiert werden, bis es auch in Sprache gefasst, sprachlich gedacht und als „Theorien“ formuliert werden kann. Theoretisches Wissen muss hingegen mit vorangegangenen oder darauf folgenden Erfahrungen verknüpft werden, damit es sinnvoll verstanden und verwendet werden kann.

Das Erfahrungswissen der Kinder entsteht aus der Ausbeutung ihrer sinnlichen Erfahrungen in Alltagszusammenhängen. Indem sie erfassen, wie die Dinge zusammenhängen, in welchen Kontexten sie sich im allgemeinen befinden, wie sie üblicherweise geformt und wozu sie gebraucht werden können, entsteht in ihren Köpfen eine sinnliche Ordnung der Wirklichkeit – Kategorisierungen und Abstraktionen der Wahrnehmungserfahrungen – mit der Kinder bereits denken, bevor sie überhaupt sprechen. Diese Erfahrungen durchlaufen Umwandlungen, bis sie schließlich symbolisch gefasst und sprachlich gedacht werden können.

Jede Erfahrung, die kleine Kinder neu machen, geht von einem konkreten Handeln innerhalb einer gegebenen Situation aus. Diese „Handlungsmuster“ können weiter gedacht werden. Den Weg der Kinder ins Weltwissen könnte man daher knapp und abstrakt als einen Weg beschreiben, der von den Alltagsfahrungen zu Beschreibungen dieser Erfahrungen mit Hilfe abstrakt theoretischer Symbolsysteme führt, wenn sie entsprechend sozial, kulturell und institutionell unterstützt werden:

Handlungs- und Sinneserfahrungen sind der Ausgangspunkt von Erfahrungswissen. Sie werden in bedeutungsvollen Bildern und Szenen gelebten Lebens arrangiert, gespeichert und gedacht. In der Erinnerung verbinden sie sich zu neuen Szenen. Die Sprache hebt sie vollends ins Bewusstsein und macht sie der bewussten Bearbeitung zugänglich. Sie ist aber auch das wichtigste Einfallstor für die Gedanken anderer, die nun, ebenfalls bewusster als vorher, in die eigenen Vorstellungs- und Denkwelten eingebaut werden können. Mit den versprachlichten Szenen und Bildern entstehen erste, subjektive Theorien über die Welt, die sich aus subjektiven Erfahrungen und darin gewonnenen Überzeugungen speisen. Verknüpft mit dem Wissen aus den kulturellen Speichern können sie an dem überprüft werden, was sich im Laufe der Geschichte an gesellschaftlich akzeptierten Überzeugungen angesammelt hat (kulturelle Theorien). Dadurch gewinnen sie soziale Verbindlichkeit.

Dazu ist es notwendig, dass den Kindern alternative Denkmodelle zur Verfügung stehen. Im Verlauf des Wandels vom konkreten zum Denken in kulturellen Theorien findet ein Kontextwechsel statt: vom Handlungskontext zum Theoriekontext. Das so gewonnene Erfahrungswissen von der lebenden und der unbelebten materiellen Welt, der kulturellen und der sozialen Welt, bildet die Grundlage allen späteren Wissens bis hin zum wissenschaftlichen Wissen.

Schluss

Erfahrungen sind weitgehend implizit. Wenn sie bewusst gebraucht werden sollen, dann müssen sie bewusst *gemacht* werden. Aus Handlungen müssen Vorstellungen oder sprachlich formulierbare Gedanken werden. Bei den allerjüngsten Kindern geht das (noch) nicht von selbst. Sie müssen die Werkzeuge und Mittel erst erwerben, mit welchen sie ihre impliziten Erfahrungen denken und dem Bewusstsein näher bringen können. Es sind die Erwachsenen, die sich als Dolmetscher dieser kindlichen Erfahrungswelt daran beteiligen. Tun sie dies nicht, dann bleiben die Erfahrungen der Kinder im Dunklen. Menschen, die mit den Kindern in Beziehung stehen, die an deren Erfahrungswelt Anteil nehmen und sie an der soziokulturellen Erfahrungswelt teilnehmen lassen, die sich mit ihnen verständigen und zur Sprache bringen, was sie verstanden haben, sind wichtige Vermittler. Sie machen aus der geteilten Geschichte von Erfahrungen Geschichten, die erinnert werden können. Sie stellen sich als das externe Gedächtnis zur Verfügung, das ihre Geschichten nicht nur als erlebte Geschichte, sondern auch als erinnerte möglich macht, in der sich die Kontinuität des Kindes spiegelt.

Wo sich keine solchen Dolmetscher zur Verfügung stellen, kann man die Leistungen der Kinder an ihrem Bildungsprozess auch nicht erkennen und sie erscheinen als Wesen, die man kompetent machen muss. Das Bild vom Kind als einem Erforscher seiner gegebenen Umwelten stimmt also nur dann, wenn es sich auf dieses Erfahrungslernen bezieht und wenn es Menschen gibt, die es zulassen, unterstützen und herausfordern. Eine Pädagogik des Innehaltens darf also nicht nur passiv verstanden werden. Sie schafft nicht nur Raum und Zeit für kindliches Tun, für geteilte Erfahrungswelten und ein vielfältiges Hören, sondern auch für ein Antworten, einen Prozess der Verständigung über das, was Erwachsenen und Kindern bedeutsam ist, sowie der Anregungen und Herausforderungen, die an die gemeinsam geteilte Erfahrungswelt weiterführend anknüpfen.

Um ein Wort von des englischen Kindertherapeuten Winnicott abzuwandeln, der davon sprach, dass es in einem übertragenen Sinne das Baby ohne die Mutter nicht gäbe, möchte ich behaupten: Das – forschende, eigenständige, phantasievolle – Kind gibt es nicht ohne die – zuhörenden und innehaltenden – Erwachsenen.

Literatur

Bateson, G. (1982): Geist und Natur. Frankfurt/M.

Bruner, J. (1987): Wie das Kind sprechen lernt. Bern, Stuttgart, Toronto.

Damasio, A. R. (1994): Descartes' Irrtum. München.

Dürr, H.-P. (2004): Auch die Wissenschaft spricht nur in Gleichnissen. Freiburg, Basel, Wien.

Edelman, G. M. (1993): Unser Gehirn – ein dynamisches System. München.

Henneberg, R., Klein, L., Schäfer, G. E. (2011): Das Lernen der Kinder begleiten. Seelze.

Lakoff, G., Johnson, M. (1998): Leben in Metaphern – Konstruktion und Gebrauch von Sprachbildern. Heidelberg.

Lakoff, G., Johnson, M. (1999): Philosophy in the Flesh. New York, Basic Books.

Nelson, K. (1996): Language in Cognitive Development. Cambridge.

Schäfer, G. E. (Hrsg.) (2007): Bildung beginnt mit der Geburt. 2. veränd. Auflage; Weinheim, Basel 2005. Nachdruck Berlin.

Schäfer, G. E. (2008 a): Lernen im Lebenslauf, Expertise für die Enquêtekommission „Chancen für Kinder" des Landtags Nordrhein-Westfalen.

Schäfer, G. E. (2008 b): Beruf Erzieherin. In: Kindergarten heute, 2008, H. 4.

Schäfer, G. E., Alemzadeh, M., Eden, H., Rosenfelder, D. (2008): Die Natur als Werkstatt – Über Anfänge von Biologie, Physik und Chemie im Naturerleben von Kindern. Berlin, Weimar.

Singer, W. (2002): Der Beobachter im Gehirn. Frankfurt/M.

Singer, W. (2003): Ein neues Menschenbild? Frankfurt/M.

Stern, D. N. (1992): Die Lebenserfahrung des Säuglings. Stuttgart.

Tomasello, M. (2002): Die kulturelle Entwicklung des menschlichen Denkens. Darmstadt.

Aus Erfahrung lernen[1]

Wenn Kinder sich im Rahmen von Beziehungen an den Möglichkeiten ihrer sozialen und kulturellen Umwelt beteiligen, sammeln sie Erfahrungen, wie es ist, in diesem Umfeld zu leben und aufzuwachsen. Sie sammeln in der Regel die Erfahrungen, die man benötigt, um sich im gegebenen soziokulturellen Umfeld zu orientieren und sich entlang seiner Möglichkeiten zu entwickeln. Diese Erfahrungen bilden die Grundlage aller weitergehenden Bildungsprozesse, insbesondere auch derjenigen, die nicht auf eigenen Erfahrungen gründen, sondern über andere vermittelt werden.

Frühkindliches Wissen ist Handlungswissen

Frühkindliches Wissen ist in allererster Linie Handlungswissen, Wissen, welches daraus hervorgeht, dass das Kind sich in der Welt orientiert und orientieren muss, in der es lebt.

Man schränkt den Wissensbegriff zu sehr ein, wenn man unter Wissen nur das Wissen versteht und in Erwägung zieht, welches von einer Generation auf die andere direkt übertragen wird. Dabei wird das alltägliche Hintergrundwissen übersehen, welches notwendig ist, damit dieses kulturelle Wissen überhaupt verstanden werden kann.

Die Bedeutung dieses Alltags- und Hintergrundwissens, sowie seine Entstehung, sind die Herausforderung, vor welche die Frühpädagogik die Erforschung kindlicher Lern- und Bildungsprozesse stellt.

Denn es entsteht – als Erfahrungswissen – weitgehend durch das Handeln der Kinder in der ihnen gegebenen Umwelt und wird in der Regel nicht intentional durch Erwachsene vermittelt. Die Erwachsenenwelt schafft allerdings die Rahmenbedingungen, unter welchen dieses Handeln stattfindet. In der Folge dieses Grundgedankens stellen sich weitere Fragen, insbesondere:

- Wie werden aus diesem – vorwiegend impliziten und vom Kind selbst gesteuerten – Handlungswissen Gedanken, die gedacht und weiter gesagt werden können?
- Wie spielt es mit den Gedanken anderer – also dem kulturellen Erbe – zusammen?

1 Originalbeitrag

- Wie können Erwachsene den Rahmen so gestalten, dass Kinder vielfältige, sinnvolle Hintergrunderfahrungen machen können?

Das menschliche Gehirn, ein komplexer Organismus

Das menschliche Gehirn ist der wahrscheinlich komplexeste Einzelorganismus, den wir kennen. Komplex bedeutet hier, dass zahllose Prozesse gleichzeitig und parallel ablaufen. Das Gehirn arbeitet nicht nur in linearen Abläufen, indem es die zu verarbeitenden Informationen nacheinander zur Bearbeitung von Zentrum zu Zentrum leitet, sondern es verarbeitet unterschiedliche Aspekte an verschiedenen Orten zur gleichen Zeit parallel. Diese Vorgänge sind durch Wechselwirkungen aufeinander abgestimmt. Es ist zur Zeit noch nicht geklärt, wie dieses Miteinander tatsächlich funktioniert[2]. Eines scheint jedoch klar zu sein, dass diese Prozesse komplizierte zeitliche Muster in den globalen Kartierungen des Gehirns bilden.[3] Die wissenschaftliche Herausforderung besteht darin, besser zu begreifen, wie solche Muster zustande kommen und reguliert werden.

Wenn wir Lernprozesse in alltäglichen Zusammenhängen beobachten, dann lässt sich ebenfalls feststellen, dass vielfältige Aspekte gleichzeitig daran beteiligt sind. Beim Erlernen der ersten Wörter eines kleinen Kindes müssen die augenblickliche Aufmerksamkeit auf eine Sache, die emotionalen Bezüge zu ihr und zu einer vertrauten Person, die motorischen Handlungen und eine Vielfalt von Prozessen, die im Gedächtnis zur Verfügung stehen (z.B. Erfahrungsmuster aus der Vergangenheit), sowie geeignete Rahmenbedingungen günstig zusammenwirken.[4]

Später wird man versuchen, die Lernprozesse durch das Bewusstsein so zu steuern, dass möglichst nur das zu Lernende in den Blick kommt. Was aber, wenn dieses Bewusstsein so (noch) nicht existiert, wie bei ganz kleinen Kindern, oder nicht immer klar vorhanden ist, wie in Alltagssituationen in denen eine ganze Menge gelernt werden kann, ohne dass das immer vom Bewusstsein reflektiert wird?

Bei ganz kleinen Kindern kommt beides zusammen: Sie lernen zum größten Teil in Alltagszusammenhängen, also in Situationen, die nicht unmittelbar auf einen Lernprozess ausgerichtet sind; und sie lernen sehr vieles, ohne ein Bewusstsein davon zu haben. Ja man könnte bei ihnen sagen, ihr Lernen besteht zu einem wesentlichen Teil auch darin, allmählich ein Bewusstsein von den Lernprozessen zu erlangen, die stattfinden. Und, wenn man genauer darauf blickt, dann ist jedes „Lernen aus Erfahrung“ mit einem Prozess

---

2 Singer 2002, S. 31–32 und S. 65–70, 2003, S. 43, S. 75.

3 Edelman 1993, insbes. S. 160ff.

4 Rahmenformate, Bruner 1987, S. 33–35.

verbunden, in dem die gemachten Erfahrungen vor das Bewusstsein treten, damit man darüber nachdenken kann, was man erfahren hat.

Das bedeutet nun, dass wir nicht weiter so tun können, als ob Lernen vornehmlich bewusst, systematisch in hierarchisch aufeinander folgenden Schritten stattfinden würde. Auch hier besteht die gegenwärtige Herausforderung darin, die Gleichzeitigkeit und Komplexität aufeinander abgestimmter Prozesse zu begreifen und zu unterstützen. Daran hindert uns, dass wir diese zirkulär und vielfach vernetzt verlaufenden Prozesse mit dem analytischen Verstandesinstrumentarium in einer Weise zerlegen müssen, die genau dieses Zusammenwirken außer Kraft zu setzen scheint.

Es ist weniger der analytische Verstand, der dieser Komplexität Herr wird als ein ästhetisches Wahrnehmungs- und Denkvermögen. Ästhetik – sagt Bateson[5] – ist die Aufmerksamkeit für das Muster das verbindet. Vielleicht werden wir uns daran gewöhnen müssen, ästhetisches Denken nicht als ein Denken zweiten Grades zu verstehen, sondern als eine Denkform, die dem rationalen Denken ebenbürtig ist, eine Denkform, die wir benötigen, wenn wir in komplex vernetzten Zusammenhängen denken wollen. Der analytische Verstand hätte dann die andere Aufgabe, durch genaue Untersuchung isolierter Aspekte mögliche Fehler zu vermeiden oder aus ihnen zu lernen.

In diese Richtung weisen auch die Beobachtungen kleiner Kinder in alltäglichen Zusammenhängen[6]: Bevor sie ihren Verstand bewusst einsetzen (können), denken sie bereits mit ästhetischen Mitteln, wie dies in diesem Beitrag w.u. noch näher erläutert werden wird. Hat man das einmal erfasst, dann wird auch klarer, dass wir auch später nie aufhören werden, mit sinnlich-ästhetischen Mitteln zu denken und dass kreatives Probleme-lösen zu einem guten Teil vom Fortbestand dieser Fähigkeit abhängt.

Erfahrungslernen in der frühen Kindheit

Nelsons „Experiential View"

Katherine Nelson[7] geht davon aus, dass Entwicklung sich entlang den Erfahrungen vollzieht, die ein Kind macht. Dabei befindet es sich in Aktion und in Interaktion mit der Welt. Was es dabei erfährt, hängt von den Bedeutungen ab, die das Kind mit der augenblicklichen Situation verbindet. Deshalb geht Nelson von der Frage aus: Wie sammelt ein Kind Wissen von den spezifischen Bedingungen und Umständen der Welt, in der es handelt und mit der es sich austauscht? Wie findet es sich in diesen Bedingungen so zurecht, dass es erfolgreich an den sozialen und kulturellen Aktivitäten seiner Umwelt teilnehmen kann?

5 Bateson 1982, S. 16.
6 Schäfer et al. 2008.
7 1996, S. 4ff.

Das Wissen, welches geschaffen wird, hat eine doppelte Perspektive: Zum einen geht es darum, ein Wissen von der Welt erwerben. Zum anderen enthält es die sozialen und kulturellen Bezüge, unter denen es entstanden ist. Beide Perspektiven lassen sich nicht voneinander trennen. Erfahrungen, die gewonnen werden, werden unter gegebenen personalen und sozialen Rahmenverhältnissen erworben. Es sind Erfahrungen in einem soziokulturellen Rahmen. Sie müssen einen Sinn in diesen Verhältnissen ergeben.[8] Deshalb bildet der Rahmen, der den Weg der individuellen Erkenntnis strukturiert und leitet, einen wesentlichen Teil des Wissens.

Von den Erfahrungen werden erste Repräsentationen gebildet. Gegenüber Piaget ist dabei ein Unterschied zu beachten. Ziel der Handlungen bei Piaget sind Objektschemata, bei Nelson Handlungsschemata von Menschen und Objekten[9]. Repräsentationen dieser Erfahrungen werden in komplexen Mustern organisiert, die ihrerseits wieder den Kontext bilden, in dem neue Erfahrungen gemacht werden. Abstraktionen aus solchen Erfahrungen sind nicht notwendig Objekte oder logische Operationen, sondern Generalisierungen von solchen Mustern und deren Abwandlungen durch Verhaltensweisen, die daraus erfolgen. Die zentrale Idee dieser Entwicklungsvorstellung besteht in einem situativen Modell der Repräsentation von Erfahrungen, das Nelson „mental event representation" (MER) nennt.

Die MERs aus vielen unterschiedlichen Erfahrungssituationen werden zu generalisierten *Konzepten* und zu einem (subjektiven) Kind-Welt-Modell zusammengebunden. Das heißt, die generalisierten Modelle können als Muster für weitere kognitive Operationen verwendet werden. Daraus ergibt sich, dass für die kognitive Entwicklung des Kindes die Ereignisse wichtig sind, in welchen sein Leben stattfindet.

Unter dieser Erfahrungsperspektive wird der kindliche Geist nicht in unterschiedliche Bereiche – domänenspezifisch – aufgeteilt. Er kann dann auch nicht ohne Rücksicht auf seine Genese und deren Bedingungen untersucht werden. Der „experiential view" erfordert daher eine Art von „child studies", die den Entwicklungsprozess in seiner Komplexität erfassen können.[10]

Zwei frühe Mechanismen des Erfahrungslernens

Erfahrungslernen in Alltagserfahrungen ist zu aller erst ist es *aisthetisches Lernen*[11]. Es geht von den körperlich-sinnlichen Empfindungen und Wahrnehmungen der Kinder in ihrem Umfeld aus. Emotionen sind ein wesentli-

8 Vgl. Nelson, 2007, S. 1.

9 Vgl. Nelson 2007, S. 6.

10 Vgl. Nelson 2007, S. IX und S. 10/11.

11 Ich spreche von aisthetischem Denken, um diesen Begriff von der Ästhetikdiskussion in der Kunst abzusetzen.

cher Teil davon. Erfahrungen sind ohne Emotionen nicht zu haben, denn sie geben den Handlungsprozessen eine Orientierung.[12]

Ab dem zweiten Lebensjahr erfolgt Erfahrungslernen zusätzlich über *Imitation/Mimesis* als Erfassen der Perspektive eines Anderen (Erwachsenen oder Gleichaltrigen)[13]. Hierbei wird Können und Wissen auf der Basis eines eigenen, nachvollziehenden Handelns übernommen und damit im Rahmen eigener Erfahrungen. Dass es dabei nicht um ein reproduktives Nachmachen geht, sondern um ein Stück Erfahrung aus einer anderen Perspektive als der, die man selbst gefunden hat, soll durch den Begriff der Mimesis ausgedrückt werden.

Erfahrungswissen bildet sich in vielen Handlungsschleifen. Es geht von globalen Erfahrungen aus, die sich durch rekursive, vergleichbare Erfahrungen immer weiter differenzieren.

Im Wesentlichen stützt es sich auf zwei Mechanismen:

- Die Erweiterung eines vorhandenen Könnens und Wissens entlang neuen Aufgabenstellungen; z.B. das Laufen lernen.
- Die mimetische Übernahme von Handlungs- oder Könnens-Schemata, z.B. beim Gebrauch der alltäglichen Werkzeuge, wie Messer, Gabel und Löffel.

In den meisten Fällen jedoch wirken beide Möglichkeiten zusammen. Zum Beispiel wird ein Grundmuster – einen Ball rollen – vielleicht auf der Basis von Mimesis übernommen. Durch den ständigen variierenden Gebrauch entlang neuer Möglichkeiten oder Herausforderungen wird es zunehmend verändert und erweitert. Das gilt natürlich für den Werkzeuggebrauch auch.

Die Sinnperspektive des Erfahrungslernens

Erfahrungswissen organisiert sich durch situiertes Handeln. Bewegen und Handeln, mehr oder weniger differenzierte sensorischen Erfahrungen sind dabei mit Emotionen, sozialen und sachlichen Beziehungsformen verknüpft. Im Erfahrungslernen ist es der Handlungszusammenhang, der dem Kind die Sinnperspektive eines Ereignisses oder einer Sache erschließt. Handlungen, die ins Alltagsgeschehen eingebettet sind, eröffnen den Kindern die Bedeutung, die Dinge oder Ereignisse im soziokulturellen Umfeld ihres Alltags haben. Da dieses Alltagsgeschehen Teil kultureller Praktiken ist, sind Alltagserfahrungen und kulturelles Lernen nicht von einander zu trennen.

12 Damasio 1994, insbes. 78–85.
13 Vgl. Tomasello 2002, insbes. S. 74–95.

Erfahrungen, die für das Leben in einer Kultur notwendig sind

Die frühe Kindheit ist vor allem die Zeit, in der Kinder das grundlegende Erfahrungswissen sammeln, das sie für das Leben in einer Kultur benötigen[14]. Indem Erfahrungslernen in gegebenen Handlungszusammenhängen stattfindet, erfährt es eine soziale und kulturelle Prägung. Insofern kann man nie von einem natürlichen Lernen sprechen. Das Kind handelt sich gleichsam in die kulturellen Formen hinein. Es sind diese Formen, an die sein zunächst ungezieltes Handeln stößt, die Handlungen zulassen oder abweisen. Durch immer wieder Handeln entstehen Handlungsmuster, die das bewegungsmäßige Negativ der kulturellen Form bilden. Man darf sich jedoch diesen Prozess des handlungsmäßigen Abtastens nicht nur im Sinne eines Abbildens vorstellen, sondern eher als zureichende Konstruktion. Verinnerlichung und Repräsentation der jeweiligen Handlungsmuster ermöglicht Freiheitsgrade des Handelns. Sie können in neuen Handlungen variiert und differenziert werden. Sie können mit anderen Handlungsformen kombiniert werden. Umgekehrt lassen sie sich auch geeigneten Umwelten einschreiben. Auf diese Weise prägen sich nicht nur Lernwelten in subjektive Handlungsmuster ein, sondern werden Umwelten auch durch individuelle Gestaltungsprozesse sukzessiv verändert. Als Handlungsprozesse sind Erfahrungsprozesse Prozesse der Selbstorganisation innerhalb einer vorgegebenen Struktur.

Erfahrung, individuelle Weltkonstruktion

Das kumulative Erfahrungswissen wird individuell strukturiert und führt zu individuell variierenden Weltkonstruktionen. Diese werden aber intersubjektiv dadurch aufeinander abgestimmt,

- dass kulturelle Vorgaben zu personenübergreifenden, vergleichbaren Mustern führen (geteilte Erfahrungsbereiche, die kulturell synchronisiert werden);
- dass interindividuelle Unterschied über kommunikative Prozesse, insbesondere durch Sprache, verglichen und aufeinander bezogen/abgebildet werden können.

Über Kommunikation wird Erfahrungen sozial und kulturell abgeglichen.

Unterscheidung zwischen Theoriewissen und Erfahrungswissen

Frühkindliche Bildung besteht im Wesentlichen aus Erfahrungslernen – Bildung aus erster Hand. Erst mit der Sprache gibt es ein Wissen aus zweiter Hand, also ein Wissen, das bereits symbolisch strukturiert zur Übernahme vorliegt. Man kann also unterscheiden zwischen einem Wissen, das aus eigenen Erfahrungen gewonnen wurde und einem, das man bereits als ferti-

14 Vgl. Schäfer 2008 b.

ge Gedanken von anderen übernommen hat – der Form der „Wissensvermittlung“, die in der Schule den größten Raum einnimmt. Es macht einen Unterschied, ob man sinnvolle Zusammenhänge in Handlungszusammenhängen selbst finden muss, oder ob man sie über die Sprache bereits strukturiert mitgeteilt bekommt, ob man sein Wissen aus den eigenen Erfahrungen heraus liest oder aus den formatierten Gedanken anderer. Erfahrungswissen muss strukturiert werden, bis es auch in Sprache gefasst, sprachlich gedacht und als „Theorie“ formuliert werden kann. Theoretisches Wissen muss hingegen mit vorangegangenen oder darauf folgenden Erfahrungen verknüpft werden, damit es sinnvoll verstanden und verwendet werden kann.

Beteiligung der Kinder an ihren Bildungsprozessen in den ersten Lebensjahren – die Entstehung einer Theorie der Welt

Ein Weg ins Erfahrungswissen

Jede Erfahrung, die kleine Kinder neu machen, geht von einem konkreten Handeln innerhalb einer gegebenen Situation ausgeht. Diese „Handlungsmuster“ können weiter gedacht werden.[15] Den Weg der Kinder ins Weltwissen könnte man daher knapp und abstrakt als einen Weg beschreiben, der von den Alltagsfahrungen zu Beschreibungen dieser Erfahrungen mit Hilfe abstrakt theoretischer Symbolsysteme führt, wenn sie entsprechend sozial, kulturell und institutionell unterstützt werden:

- Handlungs- und Sinneserfahrungen sind der Ausgangspunkt von Erfahrungswissen.
- Sie werden in bedeutungsvollen Bildern und Szenen gelebten Lebens arrangiert, gespeichert und gedacht.
- In der Erinnerung verbinden sie sich zu neuen Szenen.
- Die Sprache hebt sie vollends ins Bewusstsein und macht sie der bewussten Bearbeitung zugänglich.
- Sie ist aber auch das wichtigste Einfallstor für die Gedanken anderer, die nun, ebenfalls bewusster als vorher, in die eigenen Vorstellungs- und Denkwelten eingebaut werden können.
- Mit den versprachlichten Szenen und Bildern entstehen erste Theorien über die Welt, die sich aus subjektiven Überzeugungen speisen.
- Verknüpft mit dem Wissen aus den kulturellen Speichern können sie an dem überprüft werden, was sich im Laufe der Geschichte an Überzeugungen angesammelt hat. Dadurch gewinnen sie soziale Verbindlichkeit.
- Dazu ist es notwendig, dass den Kindern alternative Denkmodelle zur Verfügung stehen.

---

15 Ausführlicher in: Schäfer et al. 2008, Kapitel 6.

- Im Verlauf des Wandels vom konkreten zum theoretischen Denken findet ein Kontextwechsel statt: vom Handlungskontext zum Theoriekontext.

Das so gewonnene Erfahrungswissen von der lebenden, und der unbelebten materiellen Welt, der kulturellen und der sozialen Welt, bildet die Grundlage allen späteren Wissens bis hin zum wissenschaftlichen Wissen.

Dem Anfängergeist Raum geben

Erfahrungen muss man immer da machen, wo ein Bereich neu und gedanklich unerschlossen ist, also in den Bereichen, in welchen man ein Neuling – Novize – ist. Neugeborene sind nun Neulinge in allen Bereichen des Lebens und sind dafür ausgestattet, von Anfang an durch Erfahrungen zu lernen. Mit diesem Erfahrungslernen erschließen sie sich immer mehr Lebensbereiche und erweitern ihr Wissen dabei ständig. Sie übernehmen auch die Erkenntnisformen und Erkenntnistheorien, die in einer Kultur üblicherweise gebraucht werden und verwenden sie als Denkwerkzeuge. Von daher machen sie Erfahrungen, die auf ihre soziokulturelle Umwelt abgestimmt sind.

Man muss an dieser Stelle aber auch betonen, dass alle Einschränkungen, welche die Kinder in dieser Zeit betreffen – seien es sinnlich-körperliche, seien es erschwerte oder beeinträchtigte familiäre Beziehungen, soziale Benachteiligungen, Armut kultureller Anregungen oder unzureichende materielle Verhältnisse – sich auf die Erfahrungen und die Erfahrungsfähigkeit der Kinder auswirken. Indem die frühen Erfahrungen die Basis ihres Bildes von der Welt begründen und sie mit den Grundwerkzeugen des Lebens in einer sozialen Gemeinschaft und Kultur ausstatten, bilden sie den Ausgangspunkt eines durch die gegebenen Erfahrungsräume mehr oder weniger eingeschränkten oder differenzierten subjektiven Bildungspotenzials. Auch wenn solche Erfahrungen durch das spätere Leben positiv oder negativ überholt werden können, so bilden sie doch eine Matrix an Grundstrukturierungen des individuellen Geistes, die nicht wieder rückgängig gemacht werden kann. Individuelle Begabungen geben dabei lediglich die Grenzen möglicher Entwicklungen vor, nicht ihre Spielräume. Letztere ergeben sich innerhalb und bezogen auf das jeweilige soziale und kulturelle Umfeld.

Der Begriff des Anfängergeistes soll aber auch deutlich machen, dass niemand an ein Ende seiner Erfahrungen kommt. Es hängt vom Zusammenspiel von Individuum und soziokultureller Umwelt ab, inwieweit im Verlauf des Lebens immer wieder neue Erfahrungen zugelassen und erschlossen werden können. Von daher sind die Werkzeuge des Novizenwissens die Werkzeuge, die dafür auch ein Leben lang immer wieder gebraucht werden.

Kultur des Lernens

Es sollte deutlich werden: das Denken der Kinder wird gemacht, durch individuelle, soziale und kulturelle Resonanz, zwar nicht zielsicher aber doch tendenziell. Jedes Kind entwickelt in diesem Dialog mit dem soziokulturellen Umfeld seine eigenen Stärken und erfährt persönliche Begrenzungen.

Die Unterstützung frühkindlicher Bildungsprozesse kann sich daher keinesfalls nur auf die Förderung bestimmter Kompetenzen beschränken, sondern bedarf einer *Kultur des Lernens,*

- die den Kindern die Ausbildung all ihrer Kräfte – des konkreten, aisthetischen, narrativen und theoretischen Denkens – ermöglicht;
- die ihnen dafür eine anregende Umwelt sichert;
- die Menschen zusammenführt, die sich als Partner des kindlichen Anfängergeistes verstehen, die ihnen also zuhören und antworten;
- die Institutionen einrichtet, die nicht nur gute Absichten vermitteln und entsprechende Standards erreichen wollen, sondern sich als Orte gemeinsamen Lernens (auch aus Fehlern) verstehen;
- die sich auf eine soziale Gemeinschaft stützen kann, die den Kindern ein Recht auf die Beteiligung an ihren Bildungsprozessen sichert;
- die die Verantwortung einer Öffentlichkeit einfordert, den Kindern ihre sachlichen und sozialen Erfahrungsräume nicht zu verriegeln.

Ein Gesellschaft, die sich verändert, deren zukünftige Probleme heute in vielen Bereichen noch nicht abzuschätzen sind, braucht Menschen, die in der Lage sind, mit den Werkzeugen des Anfängergeistes ein Leben lang umzugehen und die neu zu gewinnenden gesellschaftlichen Erfahrungen mit dem bereits vorhandenen kulturellen Expertenwissen zu verknüpfen. Sie braucht Bildung durch Beteiligung von Anfang an.

Literatur

Bateson, G. (1982): Geist und Natur; Frankfurt/M.

Bruner, J. (1987): Wie das Kind sprechen lernt. Bern, Stuttgart, Toronto.

Damasio, A. R. (1994): Descartes' Irrtum. München.

Edelman, G. M. (1993): Unser Gehirn – Ein dynamisches System. München.

Lakoff, G., Johnson, M. (1998): Leben in Metaphern – Konstruktion und Gebrauch von Sprachbildern. Heidelberg.

Lakoff, G., Johnson, M. (1999): Philosophy in the Flesh. New York.

Nelson, K. (1996): Language in Cognitive Development; Cambridge.

Schäfer, G. E. (Hrsg.) (2007): Bildung beginnt mit der Geburt, 2., veränd. Auflage; Weinheim, Basel 2005. Nachdruck Berlin.

Schäfer, G. E. (2008 a): Lernen im Lebenslauf, Expertise für die Enquetekommission „Chancen für Kinder“ des Landtags Nordrhein-Westfalen.

Schäfer, G. E. (2008 b): Beruf Erzieherin. In: Kindergarten heute, 2008, H. 4, S. 8–13.

Schäfer, G. E., Alemzadeh, M., Eden, H., Rosenfelder, D. (2008): Die Natur als Werkstatt – Über Anfänge von Biologie, Physik und Chemie im Naturerleben von Kindern. Berlin, Weimar.

Singer, W. (2002): Der Beobachter im Gehirn. Frankfurt/M.

Singer, W. (2003): Ein neues Menschenbild? Frankfurt/M.

Tomasello, M. (2002): Die kulturelle Entwicklung des menschlichen Denkens. Darmstadt.

Die Bildung der aisthetischen Erfahrung

„Aisthesis“ ist keine Kunst[1]

Aisthesis bedeutet mit den Sinnen wahrnehmen. Der Begriff *Ästhetik* bezeichnet daher ursprünglich alles, was mit der sinnlichen Wahrnehmung zu tun hat. Die meisten werden ihn jedoch im Sinne des Dudens gebrauchen und ihn mit der Schönheit, der Harmonie in Natur und Kunst verbinden. Diese Verwendung hängt damit zusammen, dass es über Jahrhunderte das vornehmste Ziel in der Kunst war, Harmonie und Schönheit anzustreben. Nun gab es aber bereits zur Zeit der Romantik eine Ästhetik des Zerfalls. Doch erst die Kunst des 20. Jahrhunderts hat sich von dem Ziel, Schönheit hervorzubringen, endgültig abgewandt. Sie bezeugt, dass es auch eine Ästhetik des Alltäglichen, des Hässlichen, der Grausamkeit und der Zerstörung gibt. Zwar bevorzugen wir es immer noch, alte und neue Schönheiten in Natur und Kultur zu genießen, wenn wir in Urlaub fahren. Aber unsere Medien befriedigen offensichtlich einen reichlich vorhandenen Bedarf an Schrecklichem, Tragischem, Gewaltsamen. Die einseitige Identifizierung von Ästhetik mit Harmonie und Schönheit hat uns lange Zeit andere Dimensionen ästhetischer Wahrnehmung übersehen lassen.

Alles, was man wahrnehmen kann, ist in irgendeiner Weise aisthetisch geordnet. Darum hat Ästhetik heute nicht mehr nur mit Kunst zu tun, sondern ist ein Phänomen, das unsere ganzen Wahrnehmungs- und Gestaltungsformen durchzieht.[2] Aisthetik ist die Ordnung der Wirklichkeit mit sinnlichen Mitteln.

Damit ist es auch ein Phänomen, welches uns vom Beginn unseres Lebens an begleitet. Es wird sich sogar zeigen, dass wir zu keiner Zeit mehr auf die Aisthetik angewiesen waren, als zur Zeit der frühen Kindheit, als wir die Welt ausschließlich mit den Sinnen erfassen konnten und mussten.

Ein Baby sieht zum ersten Mal in seinem Leben eine Tasse. Woher weiß es, dass dies eine Tasse ist? Oder es hört einen Hund bellen. Woher weiß es, dass das ein Hund ist, der da bellt? Oder es spürt eine Hand. Woher weiß es, dass dies eine Hand ist, die es anfasst und was dieses Anfassen bedeutet?

1 Erstmals erschienen in: TPS, 9, 2002, S. 4–7.

2 Um Verwechslungen mit dem populären Ästhetikbegriff zu vermeiden, der allzu leicht mit Schönheit verbunden wird, bin ich dazu übergegangen, den etwas sperrigeren Begriff der Aisthesis und des Aisthetischen zu benutzen, wenn ich von Ästhetik in umfassenden Sinn einer Ordnung der Wahrnehmung spreche.

Für das Neugeborene ist diese Welt, in die es hineingeboren wird, weitgehend unbekannt.

Weitgehend meint, dass es natürlich im Mutterleib schon etwas sehen und hören konnte. Aber gesehen hat es die Welt da draußen noch nicht. Es ist allenfalls ein Hören dessen, was von außen nach innen gedrungen ist.

Wenn man bedenkt, dass Neugeborene durchaus unterschiedlich auf vertraute und unvertraute Stimmen reagieren, dann haben sie zumindest eines schon geleistet – und das ist wirklich ihre eigene Leistung – nämlich die Welt der Töne und Geräusche einzuteilen in „bisher unbekannt, neu" und „bereits bekannt, vertraut". Vertraut heißt dabei, dass Babys diese Stimmerfahrung auch bewerten: Bedeutet diese Stimme, dieser Klang etwas Angenehmes oder Unangenehmes, kann es sich ihnen zuwenden, oder bedeuten sie nichts Gutes, sodass es besser wäre zu schreien.

Das Baby ist also darauf angewiesen, dass es in dem, was es hört, sieht, riecht, ertastet oder auf andere Weise erspürt, irgend ein Muster erkennen kann: Ein Gesicht, den bestimmten Druck eines Armes, in dem es liegt, eine Stimme, einen Geruch, einen Geschmack. Aber es geht nicht nur um das Erkennen oder das Wiedererkennen solcher Muster, sondern das Baby muss auch herausbekommen, was sie bedeuten: Muss es sich davor schützen, kann es sich vertrauensvoll zuwenden, macht das Angst, ist Unbehagen damit verbunden, Freude oder Vergnügen? Jedes Muster, welches das Kind allmählich in der Fülle der Reize erkennt, wird mit einer emotionalen Tönung versehen. Diese Tönung spiegelt die Erfahrungen wider, die es mit diesem Muster gemacht hat.

Die Aufgabe, mit der ein Neugeborenes von Anfang an beschäftigt ist, besteht also darin, irgend etwas in der Flut der Ereignisse zu erkennen, und heraus zu bekommen, welche Bedeutung das für sein eigenes Leben hat.

Da für die Babys die Welt noch nicht nach Sehen, Hören, Riechen, Tasten, Temperatur usw. aufgeteilt ist, machen sie diese Erfahrungen *mit allen Sinnen gleichzeitig:* Die Brust, die stillt, riecht, fühlt sich in bestimmter Weise an, hat einen bestimmten Geschmack, eine Temperatur, verbindet sich mit einer Wahrnehmung des eigenen Körpers, der in einer bestimmten Weise gehalten wird. So wird etwas mit Mund, Auge, Körpersinnen gleichzeitig erfasst und das ruft eine bestimmte gefühlsmäßige Tönung hervor.

Die Sinne des Babys erfassen keine isolierten Reize, sondern das gesamte In-der-Situation-Sein des Kindes, also eine ganze Szene, in der die Reize zusammengefasst werden.

Aus diesen Szenen lernt es allmählich die Einzelheiten herauszulösen. Dabei hilft ihm seine *Umwelt*: Sie schützt und schränkt die Wahrnehmungsmöglichkeiten so ein, dass das Baby nicht überfordert wird und in Aufregung gerät. Bestimmte Handlungen werden wiederholt, so dass sie sich einprägen können. Dinge werden hervorgehoben, z.B. indem sie dem Kind gezeigt werden. Damit werden sie aus größeren, komplexen Zusammenhängen ausgegliedert und in einer für das Kind überschaubaren Weise neu arrangiert. Bestimmte Handlungen werden mit der Stimme betont oder auch stimmlich gerahmt (die Mutter plaudert mit dem Baby, während sie es wickelt). Wo es möglich ist, verlangsamen die Erwachsenen auch die Geschwindigkeit von Handlungen, damit das Baby Zeit hat mitzukommen. Manchmal wird etwas akustisch herausgestellt, manchmal etwas optisch markiert, wieder anderes wird dadurch „gerahmt", dass das Kind in einer bestimmten Weise gehalten wird.

Das Baby ist also von Anfang an damit beschäftigt, die Welt, die es umgibt, zu erkennen, in wieder erkennbaren Mustern zu ordnen und die Bedeutung dieser Muster für sein eigenes tägliches Leben zu erfassen. Das erste Problem, das es in seinem jungen Leben hat, ist also ein „Erkenntnisproblem": Wie kann es seine sinnlichen Erfahrungen in verstehbaren Mustern ordnen, Mustern, die ihm erlauben, mit seiner Umwelt so in Verbindung zu treten, dass es wachsen und gedeihen kann und sich dabei wohl fühlt.

Diese erste Ordnung der Wirklichkeit in zusammenhängenden Formen muss für alle Sinne geleistet werden. Das kann niemand für die Kinder tun, sie müssen es mit eigenen Mitteln herausfinden.

Doch dabei bleibt es nicht. Aus dem, was man wahrgenommen hat, müssen ja Gedanken werden, mit denen man über das, was man erfahren hat, nachdenken kann. Doch dem kleinen Kind stehen dazu ja noch keine Wörter zur Verfügung. Auf welche Weise denkt es also nach?

Zunächst einmal, dies wissen wir seit Piaget genauer, indem es unmittelbar handelt: Es sieht etwas, greift zu, spielt damit. Es erfährt etwas über das Ding, indem es dieses benutzt. Das führt zu bestimmten *Handlungsschemata* im Umgang mit diesem Ding, die davon losgelöst, erinnert und wieder benutzt werden, wenn ein vergleichbares Ding wieder auftaucht. Denken ist in diesem Zusammenhang gleichbedeutend mit Handeln.

Besser ist es jedoch, wenn wir erst denken und dann handeln. Dazu brauchen wir so etwas wie eine Welt im Kopf, die wir uns zurechtdenken können, um nur die Ergebnisse ins Handeln einfließen zu lassen, die wir für gut und brauchbar halten. Die Welt in uns ist, solange wir nicht sprechen können, vorwiegend eine *Vorstellungswelt* aus Bildern, Szenen, aber auch aus inneren Bewegungen, Tönen, Geräuschen, zuweilen sogar Gerüchen, verbunden mit der ganzen Skala der Gefühle, die einem Menschen zur Verfügung stehen.

Kinder zeigen, dass sie mit Vorstellungen denken, wenn sie im zweiten Lebensjahr anfangen, kleine Rollenspiele zu spielen: Wenn sie Mama oder Papa spielen und manchmal so recht typische Gesten dabei aufgreifen, dann müssen Mama und Papa in ihrer Vorstellungswelt gegenwärtig sein – wenigstens in bestimmten typischen Teilaspekten. Doch sie vergegenwärtigen sich nicht nur Mama oder Papa, sondern sie gehen auch freizügig mit ihnen in ihrer Vorstellungswelt um, sie nehmen etwas von den realen Eltern weg, dichten etwas hinzu, setzen sie mit anderen Personen zusammen und erfinden so im Spiel z.T. völlig neue Menschen. Sie gestalten also ihre inneren Bilder und Szenen um. Damit machen sie sich zum einen von ihren Vorbildern unabhängig, zum zweiten können sie probeweise Erfahrungen mit diesen „neuen Menschen" machen – im Spiel wenigstens. Diese innere Vorstellungswelt spiegelt also nicht nur die vorgefundene Welt wider, sondern mischt wahrgenommene mit erinnerten, umgestalteten und ausfantasierten Bildern und Szenen. Sie ist also letztlich Erfindung des Kindes.

Gestalten in all seinen Formen besteht also in der Um-Erfindung und Neuformung einer Wahrnehmungswelt, sei es im Kopf des Kindes, sei es mit irgendwelchen Werkzeugen und Gestaltungsmaterialien, sei es im kindlichen Spiel.

Wahrnehmen, mit Wahrnehmungen spielen, sie aus- und umzugestalten, mit ihnen zu fantasieren und neue Formen zu erfinden, das wird hier *aisthetisches Denken* genannt. Es bildet die Grundlage unseres Denkens auf die auch unser Alltagsdenken immer wieder zurückgreift.

Über solche inneren Szenen, Bilder, ihre Erinnerungen, wie ihre Um-Erfindungen, können wir – einmal der Sprache mächtig – nach-denken. So spielen aisthetische Erfahrung (Wahrnehmen, Vorstellen, Phantasieren, Gestalten) und *sprachliches Denken* unmittelbar zusammen, wenn wir den Kindern und uns selbst gestatten, eigene Wahrnehmungserfahrungen zu machen.

Auf diesem Weg – über das Finden von Bedeutungen für Erfahrungen – schafft sich das Kind ein Bild von der Welt. Dieses Bild ist kein objektives Bild, sondern die Welt, wie sie dem Kind aus seinen konkreten Erfahrungen heraus bedeutsam erscheint. Diese Weltsicht ist auch an das angepasst, was die Umwelt dieses Kindes für bedeutsam hält. Je mehr der Alltag diese bekannten Muster wiederholt, desto mehr erscheint dem Kind die Welt als vertraut, desto weniger muss es darüber nachdenken, wie etwas zu ordnen oder einzuordnen ist. Das ist sehr praktisch, denn es erlaubt dem Menschen, seine Aufmerksamkeit auf die Dinge zu richten, die eben nicht in die vertrauten Alltagsmuster passen. Zum einen ist dies notwendig, damit man Risiken und Gefahren erkennt, die sich auch in vertrauten Umwelten einstellen. Zum zweiten aber gibt es dem Menschen die Möglichkeit, ein Leben lang neugierig zu bleiben und immer wieder neue Erfahrungen zu machen. Diese Neugier und die Suche nach Erfahrungen, die für einen Menschen neu sind, scheinen in unserer Kultur zu einem Motor der Entwicklung geworden zu sein, die Grundlage einer ständigen Erneuerung unseres Wissens durch Kunst und Wissenschaft.

Die Welt immer wieder neu und mit unverstelltem Blick wahrzunehmen, diese Wahrnehmungen zu ordnen, sie zu neuen Bildern zusammenzusetzen, die ein neues Nach-Denken ermöglichen, aus dem neue Lösungen hervorgehen, das bleibt eine lebenslange Aufgabe, wenn man sich nicht damit begnügen will, ständig die tradierten Muster der Vergangenheit zu wiederholen.

Dazu brauchen Menschen die Fähigkeit des kleinen Kindes, sich die Umwelt, in der sie leben, wahrnehmend, vorstellend, simulierend und denkend selbst zu erschließen und sich nicht nur auf das zu stützen, was andere davon schon gesehen, sich vorgestellt und dazu ausgedacht haben.

Die *aisthetische Tätigkeit* wurde hier als die Tätigkeit beschrieben, durch die Kinder und Erwachsene ihre Wahrnehmungswelt erschließend, gestaltend und denkend verändern. Sie ist die Grundlage eines Denkens, das nicht nur auf der Übernahme traditionell erfolgreicher Wahrnehmungs- und Denkformen beruht, sondern darauf aus ist, neue Probleme zu lösen. Deshalb gehören aisthetisches Denken und produktives Problemlösen unmittelbar zusammen. Es scheint, als hinge die Geringschätzung des aisthetischen Denkens in unseren Bildungseinrichtungen unmittelbar mit dem zusammen, was die PISA-Studie bloßgestellt hat: dass es ihnen nicht gelingt, problemlösendes Denken der Kinder ausreichend zu fördern.

Problemlösen hängt also mit der Fähigkeit zusammen, neue Wahrnehmungen zu machen.

Neue Wahrnehmungen macht derjenige, der sein Wahrnehmungs- und Gestaltungsvermögen wenigstens in Teilbereichen seiner Welterfahrung stets weiterentwickelt und differenziert hat, der nicht dabei stehen bleibt, die Wahrnehmungen oder das Denken anderer als den alleinigen Maßstab zu betrachten. Schon das unabhängige Wahrnehmen verlangt also einen Geist, der nicht autoritätshörig ist, sondern – in Anerkennung der Wahrnehmungs- und Denkleistungen unserer Kultur – sich einen unabhängigen Blick bewahrt.

Sich Bilder von der Welt machen[1]

Wenn man frühkindliche Bildungsprozesse von Geburt an betrachtet, besteht die wichtigste Einsicht darin, dass Kinder nichts denken können, was sie nicht vorher über ihren Körper, seine Sinne und Erlebnismöglichkeiten – also mit aisthetischen Mitteln – erfahren haben. Das meint, kein Kind kann über das sprechen, was Mutter ist, ohne von Geburt an konkrete – und das heißt körperliche, handelnde, sinnliche und emotional getönte – Erfahrungen mit Mutter gemacht zu haben. Niemand kann etwas von Hunden begreifen, der niemals irgendeine Erfahrung mit ihnen gemacht hat. Keiner weiß, was Stuhl ist, ohne je auf einem solchen Objekt gesessen zu haben. Irgendwann in den ersten Lebensjahren machen alle Kinder diese Erfahrungen ein erstes Mal.

Ereignismuster

Kinder erwerben Können und Wissen in und durch ihr Alltagsleben. Diese Alltagserfahrungen müssen sie irgendwie „verstehen". Sie speichern z.B. ein „Bild" von der Fütterungssituation in ihrem Gedächtnis und erkennen diese Situation wieder, sobald sie in ähnlicher Weise wieder auftaucht. Mit dieser Erinnerung verknüpft sich auch eine Bedeutung, z.B.: Gefüttert-werden ist ein angenehmes, befriedigendes Ereignis, in dem sich meine Mama mir zuwendet, freundlichen mit mir gurrt und mich warm und sicher hält. Gefüttert-werden kann natürlich auch eine andere Bedeutung im Zusammenspiel zwischen Mutter und Kind haben. Gleichgültig welche Bedeutung diese Situation konkret haben mag, damit das Kind sich im Austausch mit der Mutter orientieren und zurecht finden kann, muss es herausbekommen, was Gefüttert-werden im Zusammenspiel zwischen der Mutter und ihm bedeutet. Das Gleiche gilt für alle anderen Situationen, die in seinem Alltag auftauchen.

Der Grund für die unendliche Neugier kleiner Kinder liegt darin, dass sie erst alles kennenlernen müssen, was sich um sie herum und mit ihnen ereignet. Das meint gleichzeitig, dass sie auch verstehen müssen, was diese Ereignisse für sie – eingebettet in ihr soziales Umfeld – bedeuten. Diese Bedeutung wird nicht durch den Verstand erfasst, sondern durch die Gefühle, die sich in den jeweiligen Situationen einstellen. Gefühle geben dem kleinen Kind eine erste Orientierung in dieser Welt, die es kennenlernen muss.

1 Erschienen in: TPS August 2005.

Damit es diese Gefühle fühlen, damit es sie als Orientierung für sein Tun und Denken benützen kann, müssen sie von der Mutter aufgenommen und beantwortet werden. Im Gesicht der Mutter sieht das Baby die Freude, die es in seinem Körper empfindet. Seinen Ärger kann es erkennen und ertragen, weil er durch die Mutter gemildert wird: Sie nimmt ihn auf, erkennt ihn und tröstet das Kind, so gut es geht. Bleiben die Gefühle des Kindes ohne Antwort, wird es sich in der Wirklichkeit nicht zurechtfinden können und sein Interesse von der Welt abwenden.

Je öfter sich vergleichbare Situationen wiederholen, desto vertrauter werden sie, desto mehr werden die Erfahrungen, die in ihnen gewonnen werden verallgemeinert. Verallgemeinern heißt erwarten, dass diese Situation sich in dieser oder vergleichbarer Weise immer wieder abspielen wird.

Sich „Bilder“ von der Welt machen heißt für das Baby zunächst, Inseln der Vertrautheit in der Wirklichkeit zu schaffen, die es umgibt. Diese „Bilder“ sind keine Bilder im wörtlichen Sinn, vor allem nicht am Anfang des Lebens im ersten Lebensjahr. Es sind ganze Abläufe von erlebten Handlungen, die in Erinnerung bleiben. Die ersten „Bilder“ von der Welt bestehen aus Ereignismustern. In ihnen sind das Handlungsgeschehen die damit verbundenen körperlichen Zustände, Gefühle und alle sinnlichen Erfahrungen zusammengeschlossen. Sie enthalten noch keine Wörter, keine „Gedanken“. Inwieweit innere Bilder oder ein innerer „Film“ dabei ein Rolle spielen, wissen wir nicht.

Diese Ereignismuster werden wiedererkannt, wenn ähnliche Situationen eintreten. Es entsteht ein intensives Wechselspiel: Das neue Erlebnis wird sofort mit dem verglichen, was es an dazu passenden Episoden aus der Vergangenheit bereits gibt. Es wird vielleicht als ein Ereignis wiedererkannt, welches in ähnlicher Form schon mal aufgetreten ist. Dann ist es bereits bekannt, als eine Art von Wissen bereits vorhanden. Das macht die neue Situation vertrauter. Kommen neue Erlebnisse dazu, wird das Muster der Erinnerung entsprechend abgewandelt.

Vorstellungen oder das Theater im Kopf

Wir nehmen an, dass Babys ihre ersten Erinnerungen als solche Ereignismuster speichern.[2] Sie sind an das konkrete Handeln gebunden und werden wachgerufen, wenn eine vergleichbare Handlung auftritt. Ein wenig später, gegen Ende des ersten Lebensjahrs, beginnt das Kind sich diese Handlungen vorzustellen. Als Vorstellung werden sie unabhängig vom erlebten Ereignis.

Kinder reagieren dann nicht mehr unmittelbar auf ein Ereignis. Ist die vertraute Person der Mutter anwesend, wird das Kind, bevor es reagiert erst einmal ins Gesicht seiner Mutter blicken, um zu erfassen, was sie von der

2 Vgl. Nelson 1996; Stern 1998.

Situation hält. Es versichert sich ihrer Zustimmung – oder handelt trotzdem dagegen. Jedenfalls muss es dabei zwei unterschiedliche Perspektiven gleichzeitig im Kopf behalten: Einmal seine eigene Sicht auf das Ereignis: Da ist ein wunderbares, glitzerndes Ding, das mich ungemein interessiert. Zum zweiten sucht es zu erfassen, wie Mama auf dieses Ereignis reagiert: Bleibt sie gelassen, freundlich oder ermunternd, oder erschrickt sie oder zögert? Man kann diese zwei Sichtweisen nur im Kopf behalten, wenn man sich Vorstellungen von diesem Ereignis macht. Das konkrete Ereignismuster wird von der Situation abgelöst und als „Film" im Kopf abgespielt.

Auch hier umfassen Vorstellungen mehr als nur Bilder. Wie wir alle aus der eigenen Erfahrung wissen, sind solche Vorstellungen mit Ansätzen von Bewegungsabläufen, mit Gefühlen, mit unterschiedlichsten Sinneserfahrungen – sehen, hören, riechen oder Körperempfinden – verknüpft. Auch Vorstellungen enthalten ganze Ereignis- und Erlebnismuster oder können solche aus der Erinnerung wachrufen.

Einmal von realen Ereignis gelöst, können Vorstellungen auch verändert werden. Das ist die Grundlage von Fantasie und Spiel. Die „Bilder" von der Welt spiegeln nun nicht mehr nur die Wirklichkeit wider, sondern sie können im Kopf und im Handeln verändert werden. Die Mama im Spiel ist nicht die mehr oder weniger gelungene Imitation der Mama sondern ein Mutterbild, das im Vorstellen und Tun des Kindes erst „ge-bildet" wird.

Die Entwicklung und Veränderungen, die Menschen im Verlauf ihrer Entwicklungsgeschichte in diese Welt eingebracht haben, wurden möglich, weil sie in der Lage sind – unabhängig von den konkreten Ereignissen – Bilder der Wirklichkeit im Kopf – bis hin zur Manipulation – um- oder neu zu gestalten.

Symbolisches Denken, die Sprache

Mit dem Eintritt in die Sprache bekommen die inneren „Bilder von der Welt" eine neue Qualität. Vorstellungen hat man. Sie lassen sich denken und verändern. Aber was ein Kind erlebt oder sich vorstellt, kann von einem anderen nur dann wahrgenommen werden, wenn er sich ganz in die Lage des Kindes hineinversetzt, sich mit ihm identifiziert. Das ist eine schwierige und eine unsichere Form der Verständigung. Erst wenn das Kind über seine Erlebnisse und Vorstellungen sprechen kann, können sie auch mit einer zweiten Person geteilt, mit-geteilt, werden. Diese kann sich dann – unabhängig von Handlungen – an den Gedanken des Kindes beteiligen, mit-denken.

Symbolisches Denken mit Hilfe der Sprache heißt zweierlei: Zum einen, dass eine Wort einen Gedanken vertreten kann. Das reicht aber noch nicht aus. Wenn ich ein Ereignis „krockloquafzi hulamemi" nenne, dann könnte das durchaus für eine Vorstellung stehen, die ich habe. Aber es ist für keinen anderen Menschen verständlich. Deshalb gehört zur Sprache als Symbolsystem ein Zweites. Man muss sich mit den Menschen, mit denen man zusammenlebt, einig sein, was einzelne Wörter bedeuten. Bestimmte Wörter müssen also mit einem Sinn verknüpft sein, der für diese Menschen in etwa gleich ist. Obwohl jeder seine eigene Mama hat, weiß er, was es bedeutet, wenn ein Kind Mama sagt. Obwohl jeder sich andere Sitzgelegenheiten vorstellt, wenn jemand Stuhl sagt, sind wir uns einig, was mit dem Wort Stuhl gemeint ist. Obwohl noch niemand meine Traurigkeit erlebt hat, weiß jeder ungefähr was ich meine, wenn ich sage, dass ich traurig bin. Sprechen heißt also nicht nur, die Szenen und Bilder im Kopf „zur Sprache bringen", sondern auch, sie in Worten zu sagen, die für andere (annähernd) das Gleiche bedeuten. Mit Hilfe der sprachlichen Symbole denken, das verlangt letztlich, Vorstellungen und Erlebnisse nicht nur mit dem eigenen Kopf, sondern auch mit dem der Anderen zu denken.

Indem das, was im Kopf vorgeht, das Kopftheater, in Wörtern gesprochen wird, können Erzählungen entstehen, die auch noch existieren, wenn dieser Kopf, der sie hervorgebracht hat, sie nicht mehr denkt oder auch gar nicht mehr existiert. Es entstehen Traditionen der Geschichten und Erzählungen, aus Traditionen entstehen Kulturen, die unabhängig vom einzelnen Menschen bestehen bleiben und das Leben des Kindes in bestimmte Bahnen lenken. Kurz, die „Bilder", welche sich das Kind von der Welt macht, sind nicht nur seine eigenen, individuell erlebten und getönten Bilder, sondern sie werden mit geprägt durch die sozialen und kulturellen Traditionen der Menschen, die mit diesem Kind zusammenleben.[3]

Dieser Zusammenhang ändert sich nochmals, wenn die kulturellen Traditionen nicht nur durch die mündliche Sprache von Generation zu Generation weiter gegeben, sondern auch irgendwie schriftlich niedergelegt werden. Die Schrift ist ein Speicher, der die Sprache unabhängig macht von jemandem der spricht. Eine Sprache, die ohne einen Sprecher existiert, muss genauer sein, als gesprochene Sprache, in der jemand immer wieder neu und weitergehend erklären kann. Darum ist geschriebene Sprache – noch mehr als die gesprochene – auf Logik und Grammatik angewiesen um verstanden zu werden. Wer schreibt, muss genauer denken als derjenige, der mit einem anderen spricht. Die „Bilder" des Kindes von der Welt ändern sich also nochmals, wenn es der geschriebenen Sprache begegnet und dann auch

3 Diese Kultur existiert allerdings nicht nur in der Sprache, sondern auch im Handeln. Wie man die täglichen Dinge tut, ist in Deutschland anders als in einem arabischen oder in einem asiatischen Land. Wie man mit Neugeborenen, Säuglingen, Kleinkindern und heranwachsenden Kindern umgeht, ist in verschiedenen Kulturen ebenso verschieden. Also ist schon die erste Handlung, die eine Mutter mit dem Kind vollzieht, eine Handlung, die den Stempel einer bestimmten Kultur trägt: Wie man Kinder aufnimmt, wie man sie nährt, pflegt, schlafen legt usw. Aber der Zusammenhang über die Zeiten und Generationen, der Kulturen so unterschiedlich und vielgestaltig macht, der wird erst durch die Sprache ermöglicht.

selbst das Schreiben lernt: Sie werden logischer, gleichzeitig aber auch abstrakter. Sie können sich ganz von der wahrgenommen und erlebten Wirklichkeit trennen, Gedankenwelten entwerfen, denen möglicherweise keine Wirklichkeit mehr entspricht. Durch die geschriebene Sprache kann man aber auch Gedanken denken, die sich jemand vor mehr als fünfzig, hundert, zweihundert oder noch mehr Jahren gemacht hat.

Mathematik, ein zweites wichtiges Symbolsystem in unserer Kultur

Im Übrigen ist Sprache nicht das einzige Symbolsystem mit dem wir kulturelle Zusammenhänge über die Generationen herstellen. Mit der Mathematik hat sich ein Symbolsystem entwickelt, das insbesondere im Bereich der Natur und ihrer Wissenschaften von hoher Bedeutung ist. Es ist daher für unseren kulturellen Zusammenhang, der sehr stark von Natur und Technik geprägt ist, sehr wichtig, dass Kinder die Symbolwelt der Mathematik in ähnlich guter Weise erfassen, wie die der Sprache. Viele Dinge im Bereich der Naturwissenschaften kann man ohne Mathematik nicht denken. Sich mathematische Bilder von der Welt zu denken, auch das beginnt bereits in den ersten sechs Lebensjahren.[4]

Sich Bilder von der Welt machen

Sich „Bilder" von der Welt machen, heißt also viel mehr, als sich Bilder von ihr zu malen. Am Anfang bestehen diese „Bilder" aus konkreten Ereignismustern. Dann werden sie zu einer Art inneren Theaters, zu Szenen, die in der Vorstellung ablaufen. Damit gewinnen sie an Flexibilität und machen sich von konkreten Realitäten unabhängiger. Schließlich gerinnen sie zu Bildmustern, die in Sprache verwandelt werden (können). Mit der Sprache *fügen* sich die Bilder von der Welt endgültig in die kulturellen *Überlieferungen* ein, müssen sich *mit diesen auseinandersetzen* und *profitieren* auch von dem, was andere bereits gedacht haben.

Wenn man die Sprache genau betrachtet, wird man viele dieser Bildmuster entdecken, die wir zum Denken gebrauchen. In diesem Satz wurden Wörter hervorgehoben, die ursprünglich aus Handlungen stammen, nun aber ganz abstrakt verwendet werden: *fügen* – etwas in eine Fuge einbringen; *über* – bezieht sich ursprünglich auf die Lage im Raum: etwas liegt über einer anderen Sache; *Lieferung* – eine Handlung, in der einem etwas gebracht wird; *mit* – bringt zwei Dinge zusammen; *diesen* – weist auf etwas Konkretes hin; *auseinander* – Dinge sind getrennt; *setzen* – eine Körperbewegung; *Profit* – ein konkreter Gewinn. Denken und Handeln bleiben also auch später noch ganz eng miteinander verbunden.

---

4 Damit ist keine „Reise ins Zahlenland" gemeint, kein Zahlentraining, sondern eine Ordnung der Wirklichkeit mit Hilfe von Quantitäten. K. Lee-Hülswitt (2005), Lee (2010), hat gezeigt, was das für die Mathematik in der frühen Kindheit bedeuten kann.

Aisthetische Erfahrung

Sich Bilder von der Welt machen heißt letztlich, sich Theorien von der Welt zu machen, mit welchen Denkmitteln auch immer: Handlungstheorien, dramatischen Theorien über Ereignisse und ihre Abläufe, Theorien, die in Bilder gerinnen, in Worten gedachte und geschriebene Theorien, die logisch geprüft werden und schließlich auch in anderen Symbolwelten ausgedrückte Theorien, wie die mathematischen. Bevor man jedoch in diese symbolischen Welten wie die der Sprache oder der Mathematik eintauchen kann, erlebt man die Welt aisthetisch: körperlich, sinnlich, szenisch, bildhaft. Aisthetische Erfahrung ist die Erfahrung der Welt in den Ordnungen der Sinne, den Harmonien oder Disharmonien, den Farben und Strukturen, den Flächen und Körpern, den Proportionen, den Tönen, Klängen und Rhythmen, den zeitlichen Dramaturgien des Handelns, den Drängen oder Verfeinerungen der Gefühle. Aisthetisches Erleben ist kein Produkt der Kunst, Kunst ist vielmehr ein spezifisches Produkt des aisthetischen Erlebens. Aisthetisches Erleben ist das Umfassende, Kunst eine kulturelle Verfeinerung auf bestimmten Gebieten, die unsere Kultur als Kunst vom alltäglichen Erleben abgekoppelt hat. Aisthetische Erfahrung ist Ausgangspunkt aller Erfahrungen, die man neu macht. In der Alltagserfahrung sind aisthetische und gedankliche Ordnung ebenfalls weitgehend ungetrennt – selbst wenn das dem Einzelnen nicht bewusst sein sollte. Auch bei kleinen Kindern sind diese Bereiche eng mit einander verkoppelt. Kinder haben „hundert Sprachen“ ihre Erfahrungen auszudrücken, weil ihr aisthetisches Erleben und ihre Gedankenwelten noch nicht in Kunst und Wissenschaft getrennt wurden. Erwachsene haben in unserer Kultur diese Trennung vollzogen und vielfach verlernt, beides zusammen zu denken. Aisthetische Erziehung ist daher in der frühen Kindheit keine Vorübung auf die künstlerischen Ausdrucks – und Gestaltungsformen, sondern ein Grundform des Erkennens: Die Welt mit den Sinnen wahrnehmen, ordnen, erkennen, mit diesen Ordnungsformen spielen und gestalten. Wer den kleinen Kindern die Differenzierung der aisthetischen Erfahrung vorenthält, raubt ihnen eine Grundlage ihres Weltverständnisses.

Literatur

Schäfer, G. E. (Hrsg.) (2005): Bildung beginnt mit der Geburt. 2. veränderte Aufl.

Lee-Hülswitt, K. (2005): Frühe Wege zur Mathematik. In: G. E. Schäfer, S. 154–163.

Lee, K. (2010): Kinder erfinden Mathematik. Weimar, Berlin.

Nelson, K. (1996): Language in Cognitive Development. Cambridge, New York, Melbourne.

Stern, D. (1998): Die Mutterschaftskonstellation. Stuttgart.

Die früheste Bildung ist aisthetische Bildung[1]

Die Kinderforschung der letzten zwei Jahrzehnte hat das Bild eines aktiven, sich aus eigenen Mitteln bildenden Kindes herausgearbeitet. So gesehen eignet sich bereits das Neugeborene seine Um- und Mitwelt durch die Möglichkeiten an, die ihm mit der Geburt zur Verfügung stehen. Erste Erfahrungen differenzieren die Ausgangspunkte seiner Weltwahrnehmung und -verarbeitung. Daraus entwickeln sich verschiedene Formen des Welt- und Selbstverständnisses, welche die Grundlage des kindlichen Bildungsprozesses ausmachen. Dabei benutzt das Kind die Mittel, die ihm seine Umwelt vorgibt, wie ein Bastler die Materialien in seinem Sinn verwandelt, die ihm zur Hand sind. Selbstbildung erfolgt daher im Rahmen der Möglichkeiten, die dem Kind von außen zugetragen werden.

Dieses Bild des aktiven, sich im Rahmen seiner Lebensbedingungen selbst entwickelnden Kindes setzt voraus, das Kind von Anfang an als ein auswählendes und damit seine Welt- und Selbsterfahrung (be-)deutendes und gestaltendes Individuum zu betrachten – auch wenn diese (Be-)Deutungen nicht im Sinne eines begründenden Denkprozesses verstanden werden können. So gesehen bietet beispielsweise ein strenger Vierstunden-Fütterungsrhythmus dem Säugling eine andere Grundlage für sein erstes Bild von der Welt, als die gemeinsame Suche von Mutter und Kind nach einem Rhythmus, der für beide verträglich ist.

Anders als für den Erwachsenen, ist die Welt dem Neugeborenen erst einmal neu. Es ist gänzlich damit beschäftigt, die Welt, die es umgibt, wahrzunehmen, Muster in dieser Welt zu entdecken, die sich wiederholen, die es wieder erkennen und auf die es sich verlassen kann. Weil man ihm die Welt noch nicht erklären kann, ist es darauf angewiesen, aus seinen sinnlichen Erfahrungen zu erschließen, was wichtig, bedeutsam und für seine Entwicklung förderlich ist. Das heranwachsende Kleinkind erschließt sich auf diese Weise Schritt für Schritt neue Erfahrungsbereiche. Es sollte uns daher nicht verwundern, wenn kleine Kinder viel mehr mit Situationen zu tun haben, die unerschlossen, nicht vorher gedacht sind, die es zu entdecken und zu erschließen gilt, als das im späteren Leben je wieder der Fall sein wird.

1 Erstmals erschienen unter dem Titel „Kinder sind von Anfang an kreativ." In: Bockhorst, H. (Hrsg.): Kinder brauchen Spiel und Kunst. 2., erw. Aufl. 2006, S. 37–50, kopaed, überarbeitet und gekürzt.

Die sinnliche Wahrnehmung und das, was sich daraus klären lässt, ist also das Eingangstor der Welterfahrung, sich mit der Welt vertraut zu machen, die erste Bildungsaufgabe des Kindes. Es ist eine wirkliche Bildungsaufgabe, denn dieses Wahrnehmen muss erst entwickelt und differenziert, in mancher Hinsicht auch erst gelernt werden. Nur das, was das Kind wahrnimmt, kann es denken. Dass das Wahrnehmen mit allen menschlichen Möglichkeiten erst entwickelt, teilweise auch erst gelernt, dass es differenziert und in Denken verwandelt werden muss, ist erst in den letzten Jahrzehnten in der Kognitionsforschung – u.a. in der Hirnforschung – deutlich geworden. Danach besteht die erste und wichtigste Denkleistung des kleinen Kindes darin, die Welt in verstehbaren Mustern wahrzunehmen, sie sinnlich zu begreifen und mit ihren Formen umzugehen. Kinder, die in eigener Aktivität ihre Welt zu erfahren trachten, sind daher vorwiegend damit beschäftigt, sie sinnlich zu erfassen, sie nachzuahmen, mit ihren Mustern zu spielen, sie fantasierend umzuformen und neu zu gestalten – Tätigkeiten, die als aisthetische Tätigkeiten angesehen werden können. Grundlage und Ausgangspunkt dieser aisthetischen Welterfahrung ist die Bildung der sinnlichen Tätigkeit. Diese umfasst aus meiner Sicht drei Bereiche: Bildung der Fernsinne; Bildung der Leiberfahrung; Bildung der Gefühle.

Bildung der Fernsinne

Solange das Kind noch nicht Nutzen aus Medien ziehen kann, ist es allein die Wahrnehmung und Deutung seiner konkreten Lebenserfahrungen, die den Ausgangspunkt seines persönlichen Wachstums bildet. Man wird also den kindlichen Wahrnehmungsprozessen Aufmerksamkeit schenken müssen.

Zur Wahrnehmung gibt es nun eine reiche Forschungsliteratur aus Kognitionsforschung, Neurobiologie und verwandten Forschungszweigen[2], deren Grundtenor sich etwa so zusammenfassen lässt: Wahrnehmen ist ein breit angelegter, innerer Verarbeitungsprozess, an dem die Sinnesorgane, der Körper, Gefühle, Denken und Erinnerung beteiligt sind. Es gibt kein Wahrnehmen als einfaches Abbilden der Außenwelt. Wahrnehmen ist Wählen, handelndes Strukturieren, Bewerten, Erinnern und sachliches Denken in einem. Deshalb muss man es bereits als eine Form der inneren Verarbeitung, als eine Form des Denkens ansehen (wenn man Denken nicht nur auf rationales Denken beschränkt).

Dieser innere Prozess der Wahrnehmungsverarbeitung scheint – nach den Zeugnissen der Neurobiologie – so angelegt zu sein, dass er nicht unbedingt auf präzise Informationen über die wahrgenommene Wirklichkeit angewiesen ist. Vielmehr sind Lebenssituationen vielfältig und vieldeutig. Darauf scheint die Verarbeitung unseres Gehirns eingestellt: Es filtert sich die In-

2 Zusammenfassend z.B. Roth 1994; Solms/Turnbull 2004.

formationen, die es braucht, aus verzweigten Bedeutungszusammenhängen heraus. So werden Unklarheiten in den konkreten Wahrnehmungserfahrungen z.B. dadurch präzisiert, dass Wahrnehmung in der Alltagswirklichkeit vielsinnlich erfolgt: Es werden eben nicht nur visuelle, sondern auch akustische, körperliche, atmosphärische oder gefühlsmäßige Informationen gleichzeitig aufgenommen und verarbeitet, so dass sie sich gegenseitig verbessern können. Dadurch werden die benötigten Informationen verlässlicher. Andererseits strukturieren Erinnerungen aus vorausgegangenen Erfahrungen die augenblicklichen mit und ergänzen möglicherweise Lücken, manchmal zum Vorteil, manchmal allerdings auch zum Nachteil der aktuellen Wahrnehmung (eine Erinnerung kann z.B. die aktuellen möglichen Informationen überlagern oder einschränken).

Schließlich wissen wir aus Untersuchungen über frühe Sinneserfahrungen (vornehmlich der visuellen und der taktilen), dass die frühe Entwicklung von Wahrnehmungsfähigkeiten auch auf äußere Anregung angewiesen ist. Ohne solche frühe Differenzierung von Wahrnehmungserfahrungen bleibt Wahrnehmung ungenau im Hinblick auf die spezifisch gegebenen Umweltbedingungen. Wahrnehmen muss also – im Feinbereich – in einem gewissen Maß gelernt werden. Hohe Differenzierungen von Wahrnehmungserfahrungen – z.B. in künstlerischen Arbeitsbereichen – verlangen sogar eine lebenslange differenzierende Übung und Ausbildung.

Wir müssen dem Wahrnehmen also mindestens ebensoviel Aufmerksamkeit schenken wie dem Nach-Denken. Ein erster Schluss aus solchen Überlegungen: Kinder brauchen vielfältige und vielverzweigte sinnliche Erfahrungsmöglichkeiten. Ein isoliertes Üben von Einzelfunktionen berücksichtigt nicht, dass sich die verschiedenen sinnlichen Erfahrungsmöglichkeiten ergänzen: Was man mit mehreren Sinnen wahrgenommen hat, kennt man genauer als das, was man nur mit einem Sinn erfasst hat – dies ist z.B. ein Teil des Problems von Erfahrungen, die nur durch Medien vermittelt werden. Es fördert auch nicht das komplexe Zusammenspiel, das notwendig ist, damit ein Mensch aus seinen vielschichtigen Alltagsbedingungen dasjenige herauslesen kann, was er zur Wahrnehmung und Deutung seines Welt- und Selbsterlebens benötigt.

Bildung der Leiberfahrung[3]

Die Entwicklung somatosensorischer Reaktionen beim Fötus ist in der 14. bis 15. Schwangerschaftswoche abgeschlossen. Zunächst sind es die Berührungsempfindungen der Haut, dann die des Gleichgewichtssinnes und die der propriozeptiven (die Körperbefindlichkeit betreffenden) Wahrnehmung, die sich ausbilden.

3 Zusammenfassend z.B. Eliot 2001.

Man kann vermuten, dass die Bedeutungen eines Sinnesempfindens für die Entwicklung des Subjekts umso größer sind, je eher sich diese Sinnesfähigkeiten in der Ontogenese herausbilden. So gesehen scheinen Berührung, Raumlage und die Wahrnehmung der eigenen Körperorgane eine Ausgangsbasis für die Entwicklung der weiteren Sinneserfahrungen zu bilden. Vermutlich können deshalb spätere Entwicklungen anderer Sinnesbereiche von Strukturierungen durch die vorausgegangenen somatosensorischen Basiserfahrungen profitieren. Dies würde die zahlreichen aber unspezifischen Befunde bestätigen, dass Förderungen des somatosensorischen Bereichs sich günstig auf die gesamte frühe Entwicklung auswirken. Insbesondere die Integration der verschiedenen Sinnesbereiche dürfte auf der Basis von Körpererfahrungen vorangetrieben werden.

Die Wahrnehmung über die Körpersinne, die Tastempfindungen der Haut, die Wahrnehmungen der Raumlage, das Wohl- oder Missbefinden des eigenen körperlichen Zustandes und vermutlich auch die dazu gehörigen emotionalen Empfindungen, sind mit der Geburt bereits so weit entwickelt und mit ersten Erfahrungen gesättigt, dass sich das Neugeborene an ihnen einigermaßen verlässlich orientieren kann. So macht das kleine Kind seine ersten Welterfahrungen zunächst mit dem Mund. Über den Mund gehen die ersten aktiven Suchbewegungen des Säuglings, um etwas über die Welt zu erfahren. Und diese Welt ist eine Welt der Nahrung und was damit zusammenhängt. Ein paar Wochen später, wenn es satt und zufrieden ist, wird es die Augen und Ohren öffnen, um eine Weile mit hoher Aufmerksamkeit das zu verfolgen, was über diese Sinne einströmt. Doch ist es diesen Reizen noch mehr ausgesetzt, als dass es ihnen nachgehen könnte. Was aber mit seinem Körper passiert, im Badewasser, auf dem Wickeltisch, in den Armen der Mutter, an der Brust usw., das ruft seine unmittelbare körperliche Antwort hervor. Es wendet sich zu oder ab; es lässt etwas mit sich geschehen oder sträubt sich mit der ganzen Kraft seines Körpers. Und wenn der Widerstand nichts nützt, wird es schreien, so schreien, dass Erwachsene es kaum aushalten können, darauf nicht zu reagieren.

Dann wird es nach der Welt fassen, die ihm nahe kommt, später krabbeln, um etwas zu erreichen. Und immer wieder werden die Dinge in den Mund genommen und gekostet. Spiele entstehen zwischen Erwachsenen und dem Kind: Man hält ihm etwas vor die Nase, es greift, man zieht daran, es folgt, es lässt los, man hält es ein Stück weiter weg, es streckt sich, man kommt ihm entgegen, bis es zupacken kann usw. Die Welt, die das kleine Kind erfährt, ist eine sinnliche Welt, vor allem die eines Körpers in Bewegung. Sein erstes Weltbild ist ein sinnlich-körpermotorisches, ein sensomotorisches, wie es Piaget beschrieben hat. Sensomotorische Empfindungen bilden die Grundlage einer Sprache des Leibes. Sie strukturiert die grundlegenden primären Erfahrungen vor der Geburt und in der ersten Zeit nach der Geburt des Kindes. Doch die Sprache des Leibes endet nicht in der frühen Kindheit.

Später, wenn Kinder beginnen, die Wohnung zu verlassen, um sich fernere Umwelten anzueignen, zeigt es sich, dass diese Verbindung von Körperbewegung und emotionaler Bedeutung für die Wahrnehmung der Umwelt fortbesteht. Je nach Alter, Aktionsradius und subjektivem Interesse bekommen „gleiche" Umwelten verschiedene Bedeutungen und werden auch unterschiedlich wahrgenommen.

Was für den Erwachsenen ein Kaufhaus mit seinen angehäuften Warenangeboten ist, zeigt sich für den Touristen u. U. als ein interessantes Feld, um die Menschen eines Landes im Spiegel ihrer Konsumgewohnheiten zu erfassen; ist für den Schulanfänger ein abenteuerliches Ziel, das er nur mit einer Kette öffentlicher Verkehrsmittel erreichen kann; gibt dem Vorschulkind Gelegenheit zum Untersuchen von öffentlichen Gebäuden, zum Verstecken, zu motorischen Abenteuern im Fahrstuhl und auf den Rolltreppen. Die Umwelten „verändern" sich, je nach dem Standpunkt, von dem aus sie gesehen werden.

Emotionale Wahrnehmung und die Bildung der Gefühle

Warum emotionale Wahrnehmung? Emotionen werden in diesem Zusammenhang als eine Art der Wahrnehmung betrachtet und nicht als Begleiterscheinungen von menschlichen Handlungen oder deren Antrieb. Gefühle geben uns Auskunft über Beziehungen und signalisieren uns deren spezifische Qualität. Liebe ist genauso eine vielfältige Beziehungsqualität wie Hass. Unsicherheit, Spannung, Unbehagen, Wehmut, Trauer, Freude, Begeisterung usw. zeigen uns, wie wir zu einer Sache oder Person stehen. Doch sie zeigen uns nicht nur die Qualität dieser Beziehungen, sondern gestalten sie auch und geben ihnen eine individuelle Bedeutung vor dem Hintergrund der Geschichte der Beziehungen, die ein Individuum bis zur Gegenwart durchlaufen hat. Gefühle haben daher eine unverzichtbare Wahrnehmungs- und Orientierungsfunktion.

Zweierlei Gefühle: Um die Bedeutung der Emotionen für das „Denken der Wirklichkeitserfahrungen" auszuloten, scheint es sinnvoll, mit Damasio (1994, 183 ff.) zwischen primären und sekundären Gefühlen zu unterscheiden. Unter primären Gefühlen sind Gefühle zu verstehen, wie sie durch unsere biologische Ausstattung mitgegeben sind. Sie werden durch bestimmte Reiz- bzw. Schlüsselmerkmale in der Welt – also durch eine Beziehungserfahrung – im Körper ausgelöst und lassen eine präorganisierte Reaktion ablaufen, z.B. Kampf oder Flucht. Auch ein Säugling reagiert reflexartig mit einer Schreckreaktion, wenn er körperlich nicht sicher gehalten wird und zu fallen droht. Zumindest für den Menschen nimmt Damasio jedoch eine weitere Entwicklungsstufe der Gefühle an: Eine Umgestaltung emotionaler Reaktionsmöglichkeiten über Erfahrung und Bewusstsein (= sekundäre Gefühle). Man gewinnt damit „eine Flexibilität der Reaktionsfähigkeit, die auf der besonderen Geschichte Ihrer Interaktionen mit der Umwelt beruht" (a.a.O., S. 186).

Gefühle müssen gebildet werden: Diese Unterteilung in primäre und sekundäre Gefühle unterstellt also eine mögliche Entwicklung der Gefühle: Primäre Gefühle sind noch nicht in eine differenzierte, psychische Organisation eingebettet und in ihrer Äußerungsform roh und „erbarmungslos". Sie werden in sekundäre Gefühle verwandelt, indem sie durch die Beziehungserfahrungen, die ein Kind zu Personen zunächst, später auch zu Dingen erlebt, modifiziert werden. Ohne ausreichende und zureichende Beziehungserfahrungen aus zwischenmenschlichen und sachlichen Beziehungen bleiben die Gefühle aber grob und unentwickelt.

Indem Gefühle die bisherigen Beziehungserfahrungen des Kindes in den augenblicklichen Umgang mit Dingen oder Menschen einbringen, können die neuen Situationen und Gegebenheiten im Licht der alten Erfahrungen emotional differenziert bewertet werden (Damasio 1994; Goleman 1995; Greenspan 1996; Stemme 1997). Wenn Gefühle grob und ungebildet bleiben, taugen sie mit fortschreitendem Alter immer weniger dazu, in den zunehmend komplexer werdenden und vom Verstand nicht überschaubaren Situationen eine solche hilfreiche Orientierung zu bieten. Sie stören dann nur noch und müssen beherrscht, d.h. ferngehalten werden. Eine Grundbildung der Gefühle muss daher bevorzugtes Anliegen aller Früherziehung – ob in der Familie oder in Institutionen – sein. Sie setzt ein ausreichendes Maß an geeigneten Beziehungserfahrungen voraus.

Bildung der Vorstellungswelt

Eines Tages, gegen Ende des ersten Lebensjahres, beginnt das kleine Kind zu zögern, wenn sich etwas Neues zeigt. Es stutzt, blickt ins Gesicht seiner Mutter, wie wenn es fragen wollte, soll ich oder soll ich nicht zugreifen. Und wenn sie freundlich zunickt, wird es vielleicht zupacken. Doch macht sie ein abweisendes oder entrüstetes Gesicht, wird es dies vielleicht sein lassen. Was so selbstverständlich erscheint, weist aber auf einen Schritt im Denken hin, der das Kind unabhängiger im Handeln macht. Bisher hat es wahrgenommen und ohne Aufschub darauf reagiert. Nun zeigt es an, dass etwas in seinem Kopf passiert, dass nicht mehr unmittelbar gehandelt wird. Es muss so etwas wie eine Vorstellung von dem geben, was sich da abspielt, und diese Vorstellung ist vom Handeln unabhängig. Das Kind beginnt mit Hilfe seiner Vorstellungen zu denken. In diesem Sinne ist sein Denken ein vorgestelltes Handeln. Natürlich hat es im Laufe seines ersten Lebensjahres Erinnerungen gebildet, Erinnerungen an all das, was es erfahren und erlebt hat. Diese Erinnerungen sind zu Mustern geronnen, die man wieder erkennen und schließlich auch erwarten kann. Und nun können Vorstellungen und Erinnerungen miteinander verglichen werden.

Bildung der Phantasie

Wenn Kinder dann im zweiten Lebensjahr anfangen, ihre Welterfahrungen in kleinen Rollenspielen nachzuvollziehen und umzuphantasieren, dann können wir davon ausgehen, dass sie nicht nur Vorstellungen bilden, nicht nur bekannte Erfahrungsmuster erwarten, sondern das, was sie bereits kennen, zu neuen Handlungs- und Vorstellungsbildern zusammensetzen.

Kinder denken in Bildern. Wahrnehmungen rufen Bilder hervor. Bilder fügen sich zu Geschichten. Wahrgenommenes und Imagination greifen ineinander. Das ist keine Willkür, sondern folgerichtig: Im Denken des Kindes geht es noch nicht um den Gegenstand als unabhängiges Objekt, sondern um die Sache in ihrer Beziehung zum Kind. Deshalb ist die Wahrnehmung des Kindes doppelbödig: Es sieht die Wirklichkeit ein wenig so, wie sie ist, und es sieht sie ein wenig so, wie sie ihm bedeutungsvoll erscheinen will. Es nimmt sie also nicht nur als etwas Außenstehendes wahr, sondern auch als etwas, das Gefühle, Gedanken, Vorstellungen in ihm anstößt, die über die Wahrnehmung selbst hinausgehen. Diese Doppelbödigkeit artikuliert sich in seinen Phantasien: Sie sind Wahrnehmungen der Wirklichkeit und Ausdruck der persönlichen Bedeutung dieser Wahrnehmung zugleich.

Aus Vorstellung (Imagination) wird Phantasie (Umdeutung der Wirklichkeit nach inneren Bildern). Trennen wir die Phantasien von den Wahrnehmungen der Wirklichkeit, weil wir glauben, eine objektive Weltsicht der Kinder anbahnen und unterstützen zu müssen, dann nehmen wir den Dingen ihre persönlichen Bedeutungshintergründe. Doch Kinder müssen die Wirklichkeit erst einmal in ihrer subjektiven Bedeutsamkeit erfahren, bevor sie – von dieser subjektiven Dimension teilweise absehend – die Bedeutung der Wirklichkeit als Wirklichkeit erfassen können und wollen. Wirklichkeit ist zunächst nicht als solche für das Kind wichtig, sondern als ein Element, das in einer engen Beziehung zu seinem subjektiven Leben und Erleben steht. Bevor z.B. Naturerfahrung nicht einen persönlichen, emotional bedeutsamen Wert darstellt, ist es nicht mehr als eine abstrakte, moralische Übung, über Umweltschutz zu reden, die allenfalls zu Lippenbekenntnissen führt. Umwelterziehung setzt eine starke, gefühlsmäßige Beziehung zur natürlichen Umwelt voraus. Deren Grundlage sind vielfältige persönliche Erfahrungen und Erlebnisse in und mit Natur. Sie wird sicherlich nicht durch ökologisches Wissen und moralische Appelle hervorgerufen. Kinder suchen daher Gelegenheit, ihre Welt- und Selbsterfahrungen mit ihren eigenen Fantasien zu verbinden, sie in erlebbare Szenen zu betten, sie in persönlichen Träumen auszuweiten und mit diesen Erfahrungen zu spielen. Spielen, Fantasieren und Gestalten sind die Prozesse, in denen dieses Potential der persönlichen Bedeutungen der Dinge ausgebreitet, ausprobiert und ausgearbeitet wird. Legt man Kinder frühzeitig auf ein so genanntes realistisches Bild von der Wirklichkeit fest, versagt man ihnen, ihren persönlichen Sinn mit dieser Wirklichkeit zu verknüpfen, von dem aus sie dann zu einer Ordnung der Dinge vordringen könnten. So wie die Zeichnungen kleiner Kinder kein Abbild der Wirklichkeit, sondern Protokoll einer persönlichen Erfahrung mit einem Stück Realität sind, so zeugen kindliche Wahrnehmungen der Wirklichkeit von einem subjektiven Erfahrungsprozess, der sich u.a. in den imaginativen und phantasievollen Anreicherungen ihrer Wirklichkeitsvorstellungen ausdrückt.

Deshalb brauchen Kinder aber auch eine umgebende häusliche, urbane und natürliche Wirklichkeit, die ihren Phantasien und Vorstellungen Nahrung gibt. Das scheint mir der tiefere Sinn einer kinderfreundlichen Umwelt zu sein. Phantasie, die aus der lebendigen Erfahrung von Wirklichkeit hervorgeht, bereichert Wirklichkeitserfahrung. Wo Imagination und Phantasie nicht an Wirklichkeitserfahrungen anknüpfen können, laufen sie Gefahr zur Ersatz- und Fluchtwelt zu werden.

Spielen und Gestalten

Bevor das Kind spielen kann, ahmt es nach. Nachahmung ist ein wichtiger Baustein der Kommunikation. Mit Hilfe der Imitation weitet das Kind seine Möglichkeiten ständig aus. Die so gespeicherten Erfahrungsmuster setzt es allmählich in neuer und individueller Weise zusammen. Der Wechsel zwischen Nachahmung und Veränderung ermöglicht dem Kind, aus immer wieder veränderten Blickwinkeln auf das zu sehen, was es erfahren hat. Über die Imitation versetzt es sich in andere hinein und verlebendigt deren Verhaltensmuster und die daran geknüpften Gefühle in sich selbst. Damit beginnt seine Fähigkeit zur Einfühlung. Indem das Kind im Spiel eine Zeitlang ein anderer als es selbst sein kann, gewinnt es Distanz zu sich selbst und vermag sich selbst auch von außen wahrzunehmen.

Spielen ist ein elementarer, selbstregulierter Bildungsprozess: Zunächst spielen Kinder etwas, was sie kennen. Insofern besteht ihr Spiel aus Bildern, die aus der Wirklichkeit kommen. Zunehmend behandeln sie diese Wirklichkeit so, wie sie ihren Wünschen entspricht. Sie simulieren die Wirklichkeit und tun so als ob. Spiel bildet also einen Zwischenbereich zwischen äußerer und innerer Wirklichkeit: Indem sie sich im Spiel der Wirklichkeit hingeben, erfahren sie zum einen diese Wirklichkeit, ohne ihr gleich realistisch gerecht werden zu müssen. Zum anderen tragen sie ihre Wünsche in diese Wirklichkeit hinein und verändern sie danach.

- Im Spiel lernen Kinder nicht nur etwas über die Welt. Im Spiel nutzen sie die Möglichkeit, ihr Verhältnis zur Welt so einzurichten, dass sich die Notwendigkeiten der Wirklichkeit allmählich mit den persönlichen Bedürfnissen versöhnen lassen. Für diese Versöhnung brauchen Kinder Zeit.
- Die wesentlichen bildenden Momente des Spiels liegen nicht so sehr darin, dass die Kinder ihre körperliche und geistige Geschicklichkeit schu-

len, sondern in der Art und Weise der Welterfahrung, die Spielen ermöglicht.

- Im Spiel gebrauchen Kinder alle Formen körperlich-sinnlicher Erfahrung, sprachlichen Denkens, bildhafter Vorstellungen und subjektiver Fantasien sowie des sozialen Austausches und der Verständigung. Sie werden im Spiel in ein integriertes Geschehen verwandelt. Spiel geht also aus der Alltagssituation hervor und spaltet sie nicht in isolierte Funktionsbereiche auf.
- Im Spiel wenden sich die Kinder ihrer Umwelt freiwillig zu. Sie verbinden immer einen Sinn mit dem, was sie spielen. Sie können nicht sinnlos spielen – wohl aber sinnlos und oberflächlich etwas lernen.
- Das Spiel folgt dem Rhythmus des subjektiven Erfahrungsprozesses. Man kann Kinder durch äußere Zeitpläne aus diesem Rhythmus reißen oder sie darin unterstützen, ihn zu finden. Wo er gefunden wird, gestaltet sich Spiel als zeitliche Ordnung mit Anfang und Ende, Höhepunkten und Phasen des Dahingleitens, der Anspannung wie der Entspannung, des Alleinseins oder Zusammentreffens mit anderen. Im Spiel finden Kinder ihre eigenen Zeitgestalten, ihren eigenen Rhythmus.
- Am Spiel können sich Gleichaltrige – zuweilen auch Erwachsene – beteiligen, indem sie eigene Facetten ihrer Wahrnehmungen und Handlungsmöglichkeiten im Rahmen gegenseitiger Verständigung anbieten.
- Für das Spiel brauchen Kinder Räume, die sich als Spielräume eignen.

Ebenso wie sie aus eigenem Antrieb spielen, so gibt es eine ursprüngliche Lust der Kinder am Gestalten. Spielen und Gestalten sind oft nicht leicht voneinander zu trennen. Stärker als beim Spiel muss allerdings beim Gestalten das Material eine Berücksichtigung erfahren. Während sich das Spiel in völlig imaginären Wirklichkeitsbereichen vollziehen kann, muss das Gestalten entlang der Stoffe erfolgen, die man sich gewählt hat. Dabei nutzen Kinder, was sich ihnen gerade anbietet. Im Kindergarten sollten sie deshalb die Gelegenheit erhalten, ausgiebig mit möglichst vielen verschiedenen Materialien für ihre Gestaltungsabsichten zu experimentieren. Darauf aufbauend können sie – in der Regel erst im Schulalter – die Techniken zunehmend selbständig nutzen, die ihnen die Erwachsenen zeigen.

Auch Sprechen lernen ist eine aisthetische Erfahrung

Auch das Sprechen lernen beginnt mit einer Bildung der Wahrnehmung. Eines der grundlegenden Probleme dabei besteht darin, dass Kinder Laute unterscheiden und Wörter und Sätze als Einheiten begreifen müssen. Das ist zunächst ein Wahrnehmungs-, genauer ein aisthetisches Problem; denn es geht darum, das Wahrnehmungsvermögen so zu schulen, dass das kleine Kind dadurch in die Lage kommt, die spezifischen Klänge, Satzmelodien,

Intonationsformen der Sprache zu erkennen, in die es hineingeboren wurde.[4]

Aisthetische Bildung – was verstehe ich darunter?

Aisthetische Bildung hat nichts mit Kunst zu tun, sondern mit der sinnlichen Wahrnehmung und der Veränderung von Wirklichkeit mit Mitteln des Spielens und Gestaltens. Aisthetische Bildung ist daher in erster Linie Differenzierung und Bildung des Denkens der Wahrnehmung. Sie geht aus von allen Formen sinnlicher Wahrnehmung – bis hin zur Wahrnehmung der Sprache – und der Umformungen dieser Wahrnehmungserfahrungen durch Spielen und Gestalten. Jeder Sinnesbereich hat eigene Gestaltungs- und Spielformen: z.B. hat das Auge alle Formen des bildnerischen Gestaltens; das Ohr die des Gesangs, der Klänge, Geräusche und des Rhythmus; die Körpersensorik die der (rhythmischen) Bewegung und des Tanzes. Emotionale Wahrnehmungen werden szenisch (z.B. in Rollenspielen) gestaltet. Sie begleiten aber auch alle anderen sinnlichen Gestaltungsformen.

Alle Gestaltungsformen bedienen sich der Materialien, der Medien, der Werkzeuge und Instrumente. Akustische Gestaltungsformen beispielsweise sind auf Instrumente angewiesen, die Geräusche oder Klänge hervorbringen (die Stimme ist eines dieser Instrumente). Visuellen Gestaltungsformen liegt häufig der Gebrauch von graphischen, malerischen oder formenden Werkzeugen, verbunden mit entsprechenden Materialien, zugrunde. Es gibt darüber hinaus Medien, die sich mit der Bilderwelt und ihrer Gestaltung beschäftigen, wie Bilderbücher, Filme und z.T. auch Computerprogramme. Medienerziehung ist daher notwendig ein Teil der aisthetischen Erziehung.

Aisthetische Bildung ist jedoch kein ausschließlich privater Differenzierungsprozess im Wahrnehmungsbereich. Die Materialien, die Kinder benutzen, die Formensprachen, in denen sie gestalten, gebrauchen und verwandeln Muster, die ihnen die Umwelt bietet. Diese erweitern ihr subjektives Repertoire an Differenzierungsmöglichkeiten. Die Kunst ist eine Form, die Differenzierungspotenziale bis an die Grenzen zu treiben, welche auf der Basis gegebener kultureller Traditionen erreichbar sind. Dazwischen jedoch liegt das, was wir Kultur der Kinder nennen können, eigene Sprachbildungen, die aus der Interaktion der Gruppe der Gleichaltrigen hervorgehen. Sie richten sich nicht unbedingt am Vorbild der Erwachsenen aus. Kinderkulturen sind eigenständige Wege der Kinder und Jugendlichen, sich den kulturellen Traditionen zu stellen und sie eigensinnig zu verändern. Damit bilden diese – neben dem individuellen kreativen Potenzial – ein wesentliches soziales Potenzial zur produktiven kulturellen Weiterentwicklung.

4 Mehr dazu: „Von der Sprache", in diesem Buch.

Im aisthetischen Bereich begegnen Kindern aber nicht nur die Bild-, Hör-, Bewegungs- oder Medienwelten der eigenen Kultur. Sie erleben eine kulturelle Vielfalt in ihrem Alltag, sei es durch ihre eigenen Reisen, sei es durch die Aufnahme unterschiedlicher europäischer und nichteuropäischer Traditionen in die eigene Kultur, sei es durch die Koexistenz verschiedener kultureller Traditionen im sozialen und lokalen Umfeld der Kinder. Diese Vielfalt schärft die Wahrnehmung von Unterschieden und besonderen Ausprägungen. Sie gilt es, als Möglichkeit zu nutzen, eigene und fremde kulturelle Sinnes- und Medienwelten so miteinander in Verbindung zu setzen, dass diese als Erweiterung des eigenen kulturellen Reichtums erlebt werden können.

Zwölf Thesen zur Bedeutung einer basalen aisthetischen Bildung

1. Sinnliche Erfahrungen über die Fernsinne, den Körper und die Gefühle bilden die Ausgangsbasis aisthetischer Erfahrung. Darauf baut ein „Denken“ dieser Wahrnehmungserfahrungen mit Hilfe von Vorstellungen, Bildern, Imaginationen und Fantasien auf.

2. Vielsinnliche Wahrnehmung und imaginatives Denken dieser Wahrnehmungserfahrung fasse ich als aisthetische Erfahrungs-Bildung zusammen. Sie besteht in der Differenzierung und Strukturierung von Wahrnehmungen oder Vorstellungen, sowie in der Bildung einer sinnlichen Ordnung der Welterfahrung im Kopf des Kindes. Aisthetische Erfahrung bildet damit den Ausgangspunkt aller Selbst- und Welterfahrung jedes neuen Erdenbürgers.

3. Nur das, was auf diese Weise in die Vorstellungs-, Fantasie- und Denkweltwelt überhaupt eingeht, kann von einem Kind als eigenständige Erfahrung verarbeitet werden. Wo solche Erfahrungen fehlen, ist das Kind auf ein Kennenlernen aus zweiter Hand angewiesen. Deshalb scheint es sinnvoll, der Bildung dieser Wahrnehmungs- und Vorstellungstätigkeit genau soviel Aufmerksamkeit zu schenken, wie dem urteilenden Denken.

4. Wegen seiner grundlegenden Bedeutung stellte ich das aisthetische Denken dem urteilenden Denken gegenüber und meine, dass der wichtigste Bildungsprozess in der frühen Kindheit in der Ausformung und Differenzierung dieses aisthetischen Denk- und Tätigkeitsbereiches liegt.

5. Aisthetische Erfahrung ist damit nichts, was man der kindlichen Entwicklung willkürlich oder auch ergänzend hinzufügen oder einfach von ihr wegnehmen könnte. Sie ist grundlegend dafür, dass ein Kind aus eigener Erfahrung heraus – und diese bedeutet ja, dass man eigene Wahrnehmungen gemacht hat – sich seine Welt deuten kann.

6. Man kann allerdings diesen Erfahrungsraum fördern oder einengen, unterstützen oder stören. Dementsprechend wird die Erfahrungsgrundlage

des kindlichen Denkens breiter oder schmaler, differenzierter oder holzschnittartiger ausfallen.

7. Sammeln, Phantasieren, Spielen und Gestalten (in allen Formen) sind zentrale – wenn auch nicht die einzigen – Bereiche, in denen Kinder ihre aisthetischen Erfahrungsmöglichkeiten vieldimensional ausloten.

8. Aisthetische Erfahrung steht nicht im Gegensatz zu dem, was wir als das eigentliche Denken anzusehen gewohnt sind, nämlich das rationale. Es bildet vielmehr – bewusst oder unbewusst – dessen Grundlage, und seine Ausdifferenzierung entscheidet auch mit über die Qualität rationalen Denkens. Man könnte sagen: Denken beginnt mit der Frage: Was nehme ich überhaupt wahr?

9. Lernprozesse, die nur die Realitätsgerechtigkeit und Rationalität kindlichen Denkens im Auge haben, lassen die Wahrnehmungs- und Erlebnisfähigkeit der Kinder unentwickelt. Damit ist Rationalität zwar leichter möglich, aber um den Preis von persönlichen Sinnfindungs- und Glücksmöglichkeiten.

10. Wir müssen im späteren Leben von zwei unterschiedlichen Lernwegen ausgehen: Der eine geht von den eigenen Wahrnehmungen aus, die strukturiert, mit vergangenen Wahrnehmungen verglichen und mit den gegebenen Mitteln des Denkens verarbeitet werden. Der andere geht von sinnlich vorstrukturierten und vorgedachten Erfahrungen anderer Menschen aus, die dem Kind vorgestellt werden. Der wesentliche Unterschied zwischen beiden Lernwegen besteht darin, dass der zweite Weg kürzer ist. Er kann auf die eigene sinnliche Strukturierungsleistung des Kindes, auf eigene Fragestellungen und eigene Klärungsversuche des Wahrgenommenen verzichten. Das mag für manches Wissen und Lernen genügen. Was dabei aber nicht gelernt wird ist, neue, noch unbekannte, bislang ungedachte oder unzureichend gedachte Erfahrungen so zu strukturieren, dass sie gedacht und gelöst werden können. Darauf ist aber gerade kreatives Problemlösen angewiesen: bislang ungeklärte Wahrnehmungserfahrungen so aufzubereiten, dass man sie denken kann. Es ist also gerade das problemlösende Denken, welches auf die aisthetischen Erfahrungen, die aisthetischen Vorstrukturierungen und die aisthetischen Denkweisen angewiesen ist.

11. Lernen wir besser wahrnehmen, das scheint die wichtigste Forderung zu sein, wenn wir aisthetische Erfahrung als Grundlage von (frühkindlicher) Bildung anerkennen wollen.

12. Lernen wir besser wahrnehmen, lautet aber auch die Botschaft, wenn wir das problemlösende Denken in unseren Kindern unterstützen wollen. Hier berühren sich die Kreativität der kleinen und die der großen Kinder.

Zusammenfassung

- Ausgangspunkt der aisthetischen Welterfahrung ist die Bildung der sinnlichen Tätigkeit.
- Förderungen des somatosensorischen Bereichs wirken sich günstig auf die gesamte frühe Entwicklung aus.
- Bevorzugtes Anliegen aller Früherziehung muss eine Grundbildung der Gefühle sein.
- Legt man Kinder frühzeitig auf ein so genanntes realistisches Bild von der Wirklichkeit fest, versagt man ihnen, ihren persönlichen Sinn mit dieser Wirklichkeit zu verknüpfen.
- Kinder können nicht sinnlos spielen – wohl aber sinnlos etwas lernen.
- Spielen und Gestalten sind oft nicht leicht voneinander zu trennen.
- Kinder sind bereits Laut-, Wort- und Satzmusiker bevor sie die ersten Wörter sprechen.
- Aisthetische Bildung ist Differenzierung und Bildung des Denkens der Wahrnehmung.

Gerade das problemlösende Denken ist auf aisthetische Denkweisen angewiesen.

Literatur

Eliot, L. (2001): Was geht da drinnen vor? Die Gehirnentwicklung in den ersten fünf Lebensjahren. Berlin.

Roth, G. (1994): Das Gehirn und seine Wirklichkeit. Frankfurt/M.

Aisthetisches Denken[1]

Über die Bedeutung von Bildern im frühkindlichen Bildungsprozess

Bildung im Kleinkindalter

- Der grundlegende Gedanke des Bildungsverständnisses ist die *Beteiligung* des Kindes an seiner sozialen und kulturellen Umwelt.
- Jedes Kind hat von Geburt an *Möglichkeiten und Kräfte*, sich den Zugang zu seiner Umwelt zu erschließen und sie so kennen zu lernen, dass es sie für seine Entwicklung gebrauchen kann. Bewegung, sinnliche Erfahrung, eine Fähigkeit zur Kommunikation und die emotionale Bewertung seiner Erfahrungen sind die evolutionäre Ausstattung, von der ihre Bildungsprozesse ausgehen. Mit jeder Erfahrung, die Kinder machen, wird diese Ausstattung verändert und differenziert.
- Die Aufgabe der Erwachsenen besteht – unter dem Gesichtspunkt der Beteiligung der Kinder – im wesentlich darin, den Kindern einen *sozialen und sachlichen Rahmen* vorzugeben und zu sichern, der ihnen gestattet, ihr jeweiliges Können so weit wie möglich einzusetzen und weiter voran zu bringen, dies – zunächst wenigstens – vornehmlich in Alltagszusammenhängen.
- Grundlage frühkindlicher Bildung sind nämlich die Erfahrungen, die ein kleines Kind in seinem *Alltag* macht. Es sind zunächst *implizite Erfahrungen*, Erfahrungen, die das tägliche Handeln leiten, auch wenn sie noch nicht bewusst reguliert werden können.
- Damit implizite Erfahrungen bewusst werden und denkend weiter genutzt werden können, braucht das Kind Menschen, die auf seine Erfahrungen eingehen, sie auf unterschiedliche Weise *spiegeln* und sie schließlich auch in Worte fassen. So gesehen ist das selbstbewusste Denken und Handeln, seine Möglichkeiten und Grenzen, ein Ergebnis der frühen, kommunikativen Erfahrungen des Kindes.
- Daraus ergibt sich, dass kleine Kinder für ihre Bildungsprozesse vertraute Menschen benötigen, die ihre frühen *Erfahrungen* mit ihnen *teilen*.

1 Überarbeitete und gekürzte Version des gleichnamigen Artikel in: Lieber, Gabriele (Hrsg.) (2008): Lehren und Lernen mit Bildern – Ein Handbuch zur Bilddidaktik. Baltmannsweiler, S. 31–42

Die gemeinsam geteilten Erfahrungen sind gewissermaßen die Keimzelle frühkindlicher Bildung.

- Vertraute Erwachsene machen mit den Kindern die ersten Schritte in das Neuland einer kulturellen Wirklichkeit, die die Kinder umgibt und die sie ja noch nicht kennen. Und durch die Art und Weise, wie die Erwachsenen auf diese Schritte und Erfahrungen reagieren, wie sie sie emotional, gestisch, handelnd und kommentierend begleiten, erfassen die Kinder etwas davon, wie die Mitwelt das sieht und einschätzt, was sie tun, denken und erleben. *Es sind die Reaktionen ihrer sozialen Mitwelt, die den Kindern einen Spiegel vorhalten, in dem sie (hoffentlich) erkennen können, wie ihre Erfahrungen für andere aussehen.* Die Re-flexion durch Andere bildet die Grundlage für die Entwicklung der individuellen Reflexionsfähigkeit.

Zu den grundlegenden Möglichkeiten des Kindes, zu denken, gehören das Denken durch konkretes Handeln und das aisthetische Denken[2]. Das Denken durch konkretes Handeln bleibt an die aktuelle Handlung gebunden. Es entstehen Handlungsmuster, die wiederholt werden können. Demgegenüber hat es das aisthetische Denken mit inneren Repräsentationen von Handlungen, mit verinnerlichten, szenisch organisierten Handlungsmustern zu tun, die auch unabhängig von einer konkreten Handlung hervorgerufen werden und mit deren Hilfe nicht nur an vergangene Wirklichkeit erinnert, sondern auch Gegenwart – gestaltend – verändert und Zukünftiges geplant werden können. Aisthetisches Denken bedarf (noch) keiner Sprache, kann aber später, nachdem das Kind einen Weg in seine erste Sprache gegangen ist, auch erzählend in Sprache verwandelt werden – narratives Denken. Im Folgenden werde ich mich mit dem aisthetischen Denken beschäftigen. Es scheint eine wesentliche Rolle im Denken der kleinkindlichen Erfahrungen zu spielen und damit im Prozess der Transformation des impliziten Erfahrungswissens in ein explizites, bewusstes und logisch geordnetes Wissen.

Dimensionen aisthetischen Denkens in den ersten Lebensjahren

Epigenetische Entwicklungen

Die Sinneserfahrungen durchlaufen eine epigenetische Entwicklung der Feinanpassung an ihre gegebene Umwelt. Zum Beispiel hängen der Grad und die Qualität der Farbdifferenzierung davon ab, welche Farbskalen für

2 Das Modell einer Entwicklung des Denkens vom konkreten über da aisthetische zum narrativen und theoretischen Denken geht auf die Arbeiten von J. Bruner, K. Nelson und M. Donald zurück (Bruner 1997; Nelson 1996, 2007; Donald 1993). Es wurde für die Entwicklung des Natur- und Sachwissens kleiner Kinder neu formuliert und weiter entwickelt. Vgl. hierzu Schäfer et al. 2008.

die jeweilige Umwelt wesentlich sind. Das sind jeweils andere, je nach dem natürlichen und kulturellen Umfeld, in dem jemand aufwächst. Raumstrukturen sind ebenfalls von solchen Umweltbedingungen abhängig. Es macht einen Unterschied, ob man sich in einem räumlich engen oder weiten Umfeld orientieren muss. Solche Basiserfahrungen strukturieren das Gehirn in seiner Hardware, d.h. es bilden sich individuelle neuronale Netze, welche die jeweils spezifischen Eigenschaften repräsentieren.

Wahrnehmen ist kein einfacher Gebrauch der Sinne, sondern von Anfang an in eine Bildung der Sinne eingebettet. Insofern ist Wahrnehmen bereits ein Denken. Die epigenetische Entwicklung der Sinneserfahrungen einschließlich ihrer lebenslang möglichen Weiterdifferenzierungen machen deutlich, dass das ZNS durch das strukturiert wird, womit es sich beschäftigt. Sinneserfahrungen, die wenig gebraucht und kaum entwickelt werden, gehen verloren oder arbeiten nur auf einem rudimentären Niveau. Wird beispielsweise die Feineinstellung durch Sinnesbeeinträchtigungen (sei es aus psychischen oder organischen Gründen) gestört oder gar verhindert, etablieren sich entsprechende Strukturen und Verbindungen, die nach einer bestimmten Zeit nicht mehr rückgängig zu machen sind. Möglicherweise werden sie durch andere Strukturen kompensiert. Wahrnehmungserfahrungen können aber auch durch kulturelle Gewohnheiten eingeschränkt oder verschärft werden. Insbesondere sollte aber aus bildungstheoretischer Perspektive bedacht werden, dass es auch soziale Einflüsse sind, die über die Zugänglichkeit von Sinneserfahrungen mit entscheiden; Armut – wenn z.B. Kinder deshalb in einem trostlosen Wohnumfeld oder engen, anregungsarmen Wohnungen aufwachsen – schränkt den Zugang zu sinnlichen Welten sicherlich ein. Das wirft Probleme für die frühkindliche Bildung der Sinne, also die Bildung der aisthetischen Erfahrungen des Kindes auf, die an dieser Stelle nicht weiter ausgeführt werden können.

In Szenen denken

Kinder machen jedoch keine isolierten Wahrnehmungen. Sie erfahren die Welt in Bildern und Szenen ihrer Alltagserfahrung. Sie speichern solche Szenen in ihrem Gedächtnis und erkennen solche Situationen wieder, sobald sie in ähnlicher Weise wieder auftauchen. Mit diesen Erinnerungen verknüpft sich auch eine Bedeutung, die Szenen sind emotional „markiert“. Solche Situationen werden im Gedächtnis als „Ereignisrepräsentationen“ (Mental Event Representations MERs, Nelson) gespeichert. Auch Erwachsene kennen solche szenischen Erinnerungen, wenn sie sich an bestimmte Ereignisse – z.B. ein Urlaubserlebnis – erinnern. Es steht ihnen als Szene vor einem inneren Auge, wenn sie darüber sprechen. Erfahrene Szenen bilden eine Vorstellungswelt, eine Welt im Kopf, die unabhängig von der gerade vorhandenen Außenwelt hervorgerufen werden kann.

Die Entstehung innerer Bilder

Die Entstehung solcher inneren Szenen und Bilder kann man am Ende des ersten Lebensjahres vermuten. Zu dieser Zeit fangen Kinder an zu zögern, wenn sie auf etwas Neues stoßen. Sie versichern sich erst einmal der Zustimmung der Mutter, bevor sie darauf zugehen. Daher müssen sie eine Art Vorstellung von dem haben, was geschehen könnte. Um die gleiche Zeit herum fangen Kinder an, Nachahmungen aufzuschieben. Wenn sie später spielend das reproduzieren, was sie wahrgenommen haben, worauf greifen sie zurück? Vermutlich auf eine szenisch-bildliche Erinnerung. Wenn vor den Augen der Kinder etwas verschwindet, werden die Kinder nicht gleich wegsehen, als ob der Gegenstand nun nicht mehr vorhanden wäre. Sie werden den Weg des Gegenstandes noch eine Weile, wie vor einem inneren Auge, weiterverfolgen und darauf warten, dass er an einer anderen Stelle dieses Weges wieder auftaucht. Auch hier muss es so etwas wie eine innere Vorstellung von der verschwundenen Sache geben.

Von all diesen Erfahrungen bleiben also Erinnerungen in Handlungsmustern, die sich mehr oder weniger variierend wiederholen können. Sie sind entlang ihren Handlungsverläufen szenisch geordnet. Aus ihnen ergeben sich Vorstellungen von einer Wirklichkeit, die das Kind erfahren und sich gegebenenfalls vertraut gemacht hat, eine durch Bewegung erschlossene, sinnlich und emotional geordnete Vorstellungswelt, eine Welt im Kopf, die unabhängig von der gerade vorhandenen Außenwelt hervorgerufen werden kann. Jeder Mensch hat in seinen ersten Lebensjahren seine Sinneserfahrungen und Vorstellungswelten so weit ausgebaut und differenziert, wie es notwendig war, um mit der gegebenen soziokulturellen Welt in Kontakt und Austausch zu treten.

Kinder denken in solchen Bildern und Szenen noch bevor sie etwas in Sprache fassen können.

Mit Bildern denken

Die Welt der inneren Bilder wird in dem Maße reicher, in dem neue Wirklichkeiten wahrgenommen und dadurch die vorhandenen Bilder verändert, differenziert, erweitert werden. Wer nichts Neues wahrnimmt, kann diese Bilderwelt nicht bereichern. Doch das ist bei kleinen Kindern, für die so vieles neu ist, unwahrscheinlich. Mit jedem Tag sammeln sie neue Bilder, verleiben diese ihrer Vorstellungswelt, ihrem Denken ein. Je mehr Bilder sie einsammeln, desto mehr Vorrat an Vorstellungsmöglichkeiten haben sie, desto mehr können sie aus diesen Vorstellungen neue Bilder zusammenstellen und spielerisch ausprobieren.

Gegen Ende des zweiten Lebensjahres, wenn die Kinder in die Welt der Sprache eintreten, können diese Bilder immer komplexer werden. Sie bestehen nicht mehr aus dem, was man in der Wirklichkeit gesehen hat und was man sich nun vorstellen kann. Vielmehr setzt sich diese Wirklichkeit aus wenigstens zwei Schichten zusammen:

Das eine ist die Schicht der Szenen, die aus der vielsinnlichen Wahrnehmung der Wirklichkeit gewonnen wurden. Das bedeutet aber, dass sie nicht nur die Wahrnehmungen des Auges und des körperlichen Handelns wiedergeben, sondern auch die Eindrücke der anderen Sinne, wie auch der Gefühle, die mit diesen Wahrnehmungen verbunden sind. Diese Szenen haben also Qualitäten, die sie von den reinen Reproduktionen einer sichtbaren Wirklichkeit unterscheiden.

Das weist auf die zweite Schicht hin, die an der Bildung dieser Szenen beteiligt ist, die Welt des inneren Erlebens. Es sind auch innere Intentionen und Wünsche, die sich in Bildern ausdrücken. Gefühle werden in Bilder gefasst. Traurig ist, wenn die Blume den Kopf hängen lässt. Beziehungen drücken sich in bildhaften Szenen aus (eine ganze Plüschtier-Industrie lebt davon, Gefühle und Beziehungen in Tierform zu versinnlichen und zu verkaufen).

Kinder werden zunehmend fähig, sich ihr Verhalten im Kopf vorzustellen, bevor sie eine Handlung ausführen. Wenn wir von einer inneren Welt sprechen, die in den Köpfen der Kinder entsteht, tragen wir dem Gedanken Rechnung, dass all das, was einem Menschen wichtig ist, in seinem Kopf als Bild oder Szene gedacht wird, gleichgültig ob es dann auch ausgesprochen wird oder nicht.

Man wird davon ausgehen müssen, dass nicht nur Vorstellungen zu inneren Bildern werden, die aus der Wirklichkeit gewonnen wurden, sondern dass diese Vorstellungen zu Trägern von Gedanken werden. Gedanken für die es (noch) keine Sprache gibt, bleiben darauf angewiesen, in solchen bildhaften Szenen gedacht zu werden. Andere können in die gesprochene Sprache übersetzt werden, sobald ein Kind sprechen kann. Trotzdem bleiben die inneren Bilder oft viel wirkkräftiger als die Worte, weil sie in der Lage sind, viel von dem sinnlich-emotionalen Erfahrungshintergrund auszudrücken, wofür man sonst viele und sehr differenzierte Wörter bräuchte.

Vom Spiel des Gestaltens

Wenn Kinder etwas Neues entdecken, müssen sie es zunächst wahrnehmend erforschen. Sie werden ihre Eindrücke sammeln, vergleichen und dadurch zunehmend präzisieren. Sie werden sie in bekannte und unbekannte Muster teilen und schließlich mit ihren vergangenen Erfahrungen verknüpfen. Daraus erfahrene Bilder werden am besten dadurch unterstützt, dass Kinder das, was sie wahrnehmen, nicht nur als innere, sondern auch als äußere Bilder – mit der Hilfe von Materialien, Werkzeugen und Stoffen – gestalten.

In der umgebenden Wirklichkeit des Kindes gibt es Gegenstände von hoher Bedeutung. Andere Menschen, die Eltern, Geschwister, Verwandte gehören dazu, vielleicht Hund und Katze, das Haus, in dem man wohnt, das Auto als fahrbare Heimat der Familie, Teile der Natur, wie Blumen oder Bäume usw.. Für solche bedeutsamen Teile seiner Wirklichkeit muss das Kind Zeichen finden, mit deren Hilfe es Geschichten über das „erzählen" kann, was ihm wichtig ist. Bild und Erzählung gehen dabei oft Hand in Hand, wenn es einen aufmerksamen Zuhörer und Betrachter gibt.[3]

Doch man kann auch nicht einfach sagen, dass ein Kind Geschichten erfindet, die es in seinen Bildern ausdrückt. Auch wenn das Kind bereits elementare Darstellungsformen von Menschen, Häusern, Bäumen und anderen Teilen seiner Wirklichkeit gefunden hat, kommt es immer wieder vor, dass mehr oder minder zufällig entstandene Formen dazu führen, dass ein Kind die Bedeutungen seines Bildes verändert. Das lässt sich vor allem dann nachvollziehen, wenn Kinder erzählen, während sie zeichnen oder malen.[4] Gedankensprünge in diesen Erzählungen sind nicht einfach auf Unkonzentriertheit des Denkens zurückzuführen, sondern signalisieren die wache Aufmerksamkeit, mit der sie ihrem gestaltenden Tun folgen. Sie bemühen sich nämlich, Gestaltungsformen, die aus der Bewegung des Zeichnens – aus der graphischen Schrift – heraus entstanden sind und die nicht in ihrer „Absicht" lagen, als Anregung für neue Fantasien und Vorstellungen zu nutzen, mit welchen sie ihre Bild weiter entwickeln. Das Gestalten selbst mit seinen Unwägbarkeiten führt zu neuen „Bildgedanken".

In erster Hinsicht dient daher das Gestalten nicht der Produktion von Bildern oder Basteleien, nicht der Demonstration von technischen oder künstlerischen Fähigkeiten, sondern dem Finden und Erfinden von erfahrungs- und erlebnisgesättigten inneren und äußeren Bildern. Sie dienen als Vorrat, mit dem „gedacht", d.h. äußere und innerpsychische Wirklichkeiten erfasst, geordnet und neu gestaltet werden können. Je mehr die Vorstellungswelt mit Bildern angereichert wird, desto vielfältiger kann man über innere und äußere Wirklichkeiten nachdenken. Je weiter sich Denken von dieser Vorstellungswelt entfernt, desto abstrakter wird es. Es gewinnt dadurch an logischer Strenge, verliert aber an Lebensnähe.

Wenn man sich mit einem Medium – Ton, Farbe, Sand, Textilien, Metallen, Steinen usw. – oder Werkzeugen – Stiften, Pinseln, Nadeln, Hämmern, Feilen, Meisen usw. – angefreundet hat, kann jede Gestaltungsform zu einer Sprache werden, mit der man sich mitteilt. Insofern sprechen Kinder, wenn sie gestalten und dabei den Reichtum der Medien und Werkzeuge nutzen, viele Sprachen. Vom Bildersammeln gelangt man so zu einem Sprechen und sich Austauschen mit und über Bilder und andere Formen des Gestaltens.

---

3 Widlöcher 1984.

4 Schäfer 2005.

Über die Rolle der Bilder

Im Folgenden soll nun die Rolle der Bilder im Prozess der Umwandlung von implizitem in explizites Wissen näher beleuchtet werden.

Individuelle Aspekte: In Bildern denken

Reiche und für die Kinder zugängliche Umwelt

Es muss für Kinder zugängliche Orte geben, die ihre Neugier wach halten und wecken. Zugänglich heißt, dass sie an diesen Orten experimentierend handeln können; denn ihre Bewegungs- und Handlungserfahrungen sind die Grundlage ihrer Weltbilder. Handelnd erschließen sich die kleinen Kinder ihre Welt entlang den Pfaden, auf welchen sie sich bewegen. Alles, was ihnen bedeutungsvoll erscheint, gerinnt zu Szenen, die – wie detailliert auch immer – erinnert werden können. Und was einmal szenisch im Kopf repräsentiert ist, damit kann weiter gedacht werden. Vertraute Situationen rufen vertraute Bilder hervor, an welchen sich das Handeln orientiert. Vertraute Bilder können vorgestellt und in der Phantasie verändert werden. Bilder können spielend in Handlungen verwandelt, gleichsam externalisiert werden und diese Handlungen können neue, veränderte Bilder erzeugen. Wir können vermuten, dass die Kleinen in den ersten Lebensjahren Bildersammler sind und die Bilder in ihren Handlungen und in ihrem Kopf auf ihre Tauglichkeit überprüfen, weitere Handlungen und Bilder zu erzeugen, die ihnen ihr Umfeld näher bringen. Wenn Singer[5] abstrakt vom Gehirn sagt, dass es nicht darauf wartet, angesprochen zu werden, sondern selbst ständig aktiv nach neuen Reizen und Ereignissen sucht, dann könnte diese Aktivität sich bei den Kindern in den Bildern äußern, die sie sich machen und erprobend ständig variieren. Allerdings, wenn hier von Bildern gesprochen wird, dann ist das eine begriffliche Verkürzung. Man muss sie sich wohl eher als verinnerlichte Szenen vorstellen, als Theater im Kopf mit all seinen handelnden, sinnlichen, emotionalen und kognitiven Anteilen. Wo Kinder aber in allzu eingeschränkten Umwelten aufwachsen, wo ihnen der Zugang zum Beispiel durch zu enge Regulierungen verwehrt wird, da verarmt auch dieses innere Theater.

> Der Reichtum der Kinder hinsichtlich ihrer Bildung besteht im Reichtum der Erfahrungsmöglichkeiten, die sie sich selbst erschließen können und in Menschen, die diese Erfahrungen mit ihnen wohlwollend und interessiert teilen.

Gestaltend nachdenken: Nach-Sinnen

Der Begriff des Nachsinnens soll hier in seiner wörtlichen Bedeutung eines Nachdenkens mit sinnlichen Mitteln verstanden werden. In Bildern denken,

---

5 Beispielsweise in: Singer 2003, S. 30 oder S. 55.

in Bildern gestalten meint also, in Bildern über etwas nachzudenken, was man erfahren hat.

Wenn Kinder geeignete Materialien und Werkzeuge haben, denken sie gestaltend über ihre Erfahrungen nach. Indem sie diese auf dem Papier malen, in Ton kneten, in Draht biegen, im Sand bauen, in Steinen und Klötzen konstruieren, in Sammlungen ordnen und in „Museen" ausstellen, treten sie ihnen vor die eigenen Augen. Sie haben nicht nur etwas erfahren, sondern gewinnen ein „Wissen" von dem, was sie erfahren haben. Sie erfassen es aus einer doppelten Perspektive – zum einen als inneres, körperlich-sinnliches Erleben, zum anderen aus einer Außenperspektive, so, wie es auch die Anderen wahrnehmen könnten. Schon allein in diesem Wechselspiel zwischen innerer Szene und äußerer Gestaltung, die man aus einer gewissen Distanz wahrnehmen kann, werden einzelne Aspekte von Erfahrung klarer.

Mit diesen Gestaltungen können aber auch die anderen, die anderen Kinder genauso wie die beteiligten Erwachsenen, etwas von dem erfassen, was die Kinder erfahren haben. Mit ihren Reaktionen und – nicht nur verbalen, sondern auch handelnden – Kommentaren, spiegeln sie ihnen, was sie davon und wie sie etwas verstanden haben. Sie bringen damit eine weitere Perspektive ein, indem sie signalisieren, was die Erfahrungen in ihren Augen bedeutet. Diese gespiegelte Bedeutung lässt das Kind nicht gleichgültig, zumindest wenn die Person, die „antwortet", für das Kind wichtig ist. Wir alle werden aufmerksamer in der Wahrnehmung und im Durchleben unserer Erfahrungen, wenn wir in unserem Umfeld jemanden finden, der sich dafür interessiert, zuhört und sich am Gespräch beteiligt. So wird auch die Aufmerksamkeit und das Interesse der Anderen das Bewusstsein des Kindes von seinen Erfahrungen, die es in seinen Gestaltungen vor-stellt, verändern. Es geht also beim Gestalten nicht um Anfänge der Kunst, sondern um Formen des Denkens und Nachdenkens, um ein Nachsinnen im wörtlichen Sinn.

Soziale Resonanz

Bislang war von Inszenierungen und Bildern die Rede, welche die Kinder gestaltend selbst erzeugen, so als ob diese etwas wären, was ausschließlich von ihnen selbst käme und lediglich durch die soziale Mitwelt bestärkt würde. Dabei muss an dieser Stelle eingeräumt werden, dass diese Bilder und Szenen von den Strukturen der Kultur bereits durchdrungen sind, denn es sind ja soziokulturelle Szenarien, die wahrgenommen werden. Auch die Materialien und Werkzeuge, welche den Kindern zur Verfügung stehen, sind kulturelle Materialien und Werkzeuge.[6]

6 Auf diese Weise sind die Kinderzeichnungen ein Produkt der Papier- und Bleistiftindustrie.

Professioneller pädagogischer Umgang ist eine Form der sozialen Resonanz auf die Tatsache des Kindseins und seine Entwicklungsmöglichkeiten. Von dieser professionellen Resonanz soll nun die Rede sein. Es sollte deutlich werden, dass es hier um mehr geht, als um eine Bilddidaktik im frühen Kindesalter, nämlich um die Unterstützung eines szenisch-bildhaften Denkens und um seine Einbettung in eine Kultur des Lernens.[7]

Wahrnehmendes Beobachten

Die erste Form eines professionellen Umgangs mit szenischen Bilderwelten ist, dass man sie mit Interesse und Anteilname wahrnimmt. Der Begriff eines „wahrnehmenden Beobachtens“ [8] soll – gerade durch seine inhaltliche Verdoppelung – darauf hinweisen, dass es dazu der Aufmerksamkeit eines Beobachters einerseits bedarf, andererseits eines einfühlenden Auf-sich-wirken-lassens, das eine intensive Wahrnehmung auszeichnet. Dabei richtet sich dieses wahrnehmende Beobachten nicht nur auf das, was man kennt, sondern hält Ausschau nach Ereignissen und Eindrücken, die von vertrauten Mustern abweichen und Überraschungen – oft auch Rätsel – enthalten. Wahrnehmen mit einer breiten, ja ungerichteten Aufmerksamkeit, die offen ist für die individuellen Varianten im Tun und Denken eines Kindes, die in keinem Lehrbuch stehen, ermöglichen den Kindern, sich in ihre szenischen Bilderwelten zu vertiefen und sie in all den Varianten aus- und weiter zu denken, die ihnen wichtig sind.

Noch bevor Kinder sich in Sprache ausdrücken können, sind es diese erlebten und ausphantasierten szenisch-bildlichen Welten, in welchen sie sich ihre Welterfahrungen klären und ordnen. So wie Regisseure eines individuellen Welttheaters stellen sie sich daraus neue Szenen zusammen. Es sind diese Erfahrungen einer szenischen Bilderwelt, die aus dem kindlichen Handeln in einer gegebenen Wirklichkeit hervor gehen, die dann dem Sprechen zugrunde liegen. Sie werden mit dem Eintritt in die Sprache noch erweitert – beileibe nicht überflüssig gemacht. Vielmehr scheint es so zu sein, als wäre der Reichtum und die Differenziertheit dieser Erfahrungen auch die Grundlage für den Reichtum und die Differenziertheit des Sprechens.[9] Erwachsene kommentieren oft, auch wenn Kinder noch nicht sprechen können, die Erfahrungen, die sie mit den Kindern teilen und bereiten damit den Transformationsprozess der szenischen Bilderwelten in das sprachliche Universum vor.

Dokumentation als Nach-denken: Reggio

Solche szenischen Wahrnehmungen können – dank der heutigen medialen Möglichkeiten – in Bildern und Videoaufnahmen festgehalten und von heu-

7 Vgl. Schäfer in diesem Band.
8 Vgl. Schäfer in diesem Band.
9 Vgl. Miller 1982; Miller, Moore 1989; Heath 1983, zit. nach Bruner 1997, S. 95 ff.

te auf morgen so bearbeitet werden, dass sie als Dokumentationsmaterial in den Prozess pädagogischen Handelns sofort wieder eingebracht werden können. Sie dienen als *szenisch-bildliches Gedächtnis*, das man sich immer wieder vor Augen stellen kann. Diese konservierbare Erinnerung vermittelt implizit und unmittelbar eine Wertschätzung, die Erwachsene gegenüber dem szenisch bildhaften kindlichen Tun aufbringen. Mit dieser wertschätzenden Erinnerung vor Augen und Ohren, knüpfen Kinder an das Geschehen und ihre jüngsten Erfahrungen an, lassen sie wieder aufleben, um ihnen neue Wendungen zu geben.

Bilder und Videoszenen sind ein unmittelbarer Spiegel des Geschehens (auch wenn er durch subjektive oder technische Faktoren eingeschränkt wird). Selbst wenn es zu keiner neuerlichen Beschäftigung damit kommt, so lenken sie doch die bewusste Aufmerksamkeit auf sich und rücken damit die vergangenen Szenen eines Erfahrungsprozesses ins Bewusstsein. Die Reggiopädagogik hat diesen Kreislauf von Beobachtung, Dokumentieren und wieder Einbringen dieser Dokumentationen in den pädagogischen Handlungsprozess bereits vor mehr als vierzig Jahren entwickelt und zu einem wesentlichen Impuls in ihrer Projektarbeit gemacht.[10]

Bilder als sozialer und kultureller Austausch – am Beispiel Kunst in der Krippe[11]

Bisher konnte der Anschein erweckt werden, als seien Bilder nur etwas, womit Kinder ihre eigenen Erfahrungen ordnen, denken und zum Ausdruck bringen. Doch das Verhältnis ist nicht einseitig. Kinder sprechen nicht nur in Bildern, sie werden auch von Bildern gesprochen. Kulturelle Bilder setzen sich in ihren Köpfen fest und werden zu einer Sprache, mit der sie etwas aussagen können, was für sie Bedeutung hat. Das erfordert eine *wechselseitige Resonanz*: Die Kinder lassen sich auf Bilder ein, die in ihnen einen Widerhall erzeugen. Im gleichen Maße gestalten sie diese so um und gebrauchen sie, dass sie ihnen als Resonanzboden für ihre eigenen Bedeutungen dienen können. Dabei nehmen die kulturellen Bilder nicht nur die Gedanken der Kinder auf, sondern sie verändern diese auch, ermöglichen ihnen neue Varianten ihres Denkens. Entäußerung der individuellen Bilder und Einverleibung neuer kultureller Bilder begegnen und überlagern sich.

Ein Beispiel: Krippenkinder finden auf dem Tisch ein Buch über Hundertwasser. Die Farben und Formen sprechen sie an. Sie blättern und betrachten Bildwerke und ihre Details. Hundertwasser ist ein Stück Welt als Bild, das sie neugierig macht.

Sie haben schon lange ein Atelier. In ihm gibt es Staffeleien, Kleisterfarben, Sand, Ton und andere Materialien sowie Werkzeuge, die ein- bis dreijährigen

10 Reggio Children 2001.

11 Die Beispiele stammen aus: von der Beek 2007.

Kindern jederzeit ermöglichen, gestaltend tätig zu werden. Dazu gehören auch wieder verwendbare, Materialien ohne Wert, mit deren Hilfe sie neue Dinge erfinden. Im Lauf der Zeit haben sie ausführliche Erfahrungen im gestaltenden Umgang mit Materialien und Werkzeugen gesammelt. Denken durch Erfinden und Gestalten von Gegenständen und Bildern ist für sie eine alltägliche Gewohnheit. Mit diesen Voraussetzungen treffen sie auf Hundertwasser und seine Bilder.

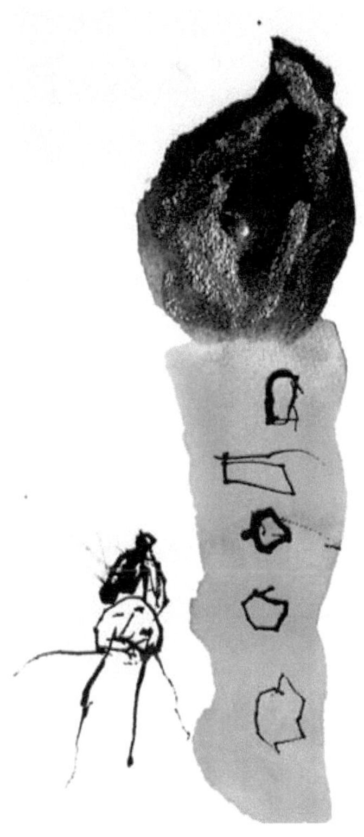

Marten, 2;10
Portrait Hundertwasser

Mehrere der Kinder, die sich für die Prozesse des Gestaltens besonders empfänglich zeigten, fangen an, sich mit Hundertwasser zu beschäftigen. Die Erzieherin erzählt ihnen, bringt Zeitungsausschnitte mit, blättert mit ihnen Bücher durch, liest ihnen vor. Die Kinder greifen zu ihren Materialien. Malend und werkend, an Tischen und Staffeleien entstehen Produkte ihrer intensiven Auseinandersetzung. Zum Teil widmen sie sich einzelnen Bildern, die sie gleichsam nach-erfinden, zum Teil sind es einzelne Motive, die sie aufnehmen wie Hundertwasser-Häuser oder seine Zwiebelformen. Natürlich ist ihren Werken Hundertwasser anzusehen. Aber das kann nicht ausbleiben, wenn man sich in seine Bilderwelt hineinarbeitet und hineindenkt. Man muss ja Farben, Formen und Bildgedanken nachvollziehen. Wie könnte man das tun, ohne sie sich ein Stück weit mimetisch einzuverleiben?

Ein Junge, dem die Erzieherin ein Foto von Hundertwasser geschenkt hat, malt sein Portrait.

Aber ist das nur ein Nachvollziehen, ein Aufnehmen? Oder ist das auch eine Sprache finden für etwas, was man sonst nicht geeignet ausdrücken kann, eine intensive Beziehung zu einem Menschen beispielsweise?

Am Tag nach der Nachricht von Hundertwassers Tod, erzählt die Erzieherin der am Hundertwasser-Projekt beteiligten Ting-Ting, dass Hundertwasser tot ist. Ting-Tings Reaktion: „Hundertwasser! Tot! Schade! Kann keine Mütze mehr aufsetzen und keinen Pinsel mehr in die Hand nehmen!“

Die Erzieherin schaut sich mit Ting-Ting den Bericht in der Zeitung mit einem Foto von Hundertwasser und den Hundertwasser-Bildband an. Anschließend fragt sie Ting-Ting, ob sie ein Bild malen möchte. Dem Anlass entsprechend bietet sie ihr schwarzes Geschenkpapier als Maluntergrund an. Aus den vorhandenen Farben wählt Ting-Ting rot, blau sowie gold und malt, ohne sich weiter mit der Erzieherin zu unterhalten, eine aus der Spirale entwickelte Form. Zum Schluss setzt sie zwei Gebilde unten auf das Bild, die sie als „Zwiebelmützen" bezeichnet. Sie gibt ihm den Titel: Hundertwasser tot.[12]

Einerseits vertiefen sich die Kinder in ein Stück malerische Welt, also in etwas, was zunächst nichts mit ihnen zu tun zu haben scheint. Andererseits gewinnen sie daraus ein Werkzeug, um Dinge zu gestalten und zu „denken", die sie bewegen. Sie gewinnen damit eine „öffentliche Sprache", die sowohl ihr eigenes Denken beeinflusst, als ihnen auch ermöglicht, bislang Ungesagtes auszudrücken und damit in Austausch mit anderen zu treten.

In solchen Schritten zeigt sich die Resonanz wechselseitig: Die Kinder reagieren auf einen Ausschnitt dieser Welt, der in ihnen eine Widerhall erzeugt. Gleichzeitig machen sie die Erfahrung, dass ihr eigenes Erleben, ihre eigenen Bedeutungen etwas sind, was in der Welt, die sie umgibt, Aufnahme und Resonanz findet.

Natürlich sind Bilder vom Anfang der individuellen Entwicklung an keine alleinige Hervorbringung der Kinder. Sie sind immer schon Ergebnis kultureller Werkzeuge, Materialien oder Formen. Nur ihre Funktion hat sich gewandelt. Zunächst mussten sie den Erfahrungs- und Erlebnispositionen der Kinder irgendwie entsprechen, sodass diese sich in ihnen wieder erkennen konnten. In dem Maße, in dem sie erfahren konnten, dass die Welt nicht einfach fremd ist, sondern ihnen auch entgegenkommt, dass sie selbst auch Kräfte haben, sich immer neue Bereich zu erschließen, kann diese Resonanz wechselseitig werden.

Es ist wie mit der Sprache, man muss sich auf eine Sprache einlassen, muss ihre Einschränkungen in Kauf nehmen um dann Dinge sagen zu können, die sonst unaussprechlich gewesen wären. Auch Bilder geben einen Rahmen, in dem etwas gesagt werden kann. Sie erzeugen (kulturelle) Muster die einschränken aber auch Möglichkeiten eröffnen, denn innerhalb dieses Rahmens, wenn man die Werkzeuge die Materialien und die kulturellen Regelungen beherrscht, kann man Gedanken denken und Dinge gestalten, die sonst ungedacht und ungestaltet geblieben wären.

Schluss

Bilder im frühkindlichen Bildungsprozess sind zunächst einmal der Ansatz einer Möglichkeit zu denken, auch wenn man noch nicht sprechen kann. Dann sind sie eine Resonanz der sozialen Umwelt, die den Kindern ermög-

12 Vergl. von der Beek, S. 35.

licht, diese Weisen des Denkens zu entwickeln und zu differenzieren. Schließlich sind sie eine kulturelle Form, über die die Kinder ein Werkzeug gewinnen, Dinge zu „denken“, die sie sonst nicht hätten denken können. Es hängt von der sozialen und kulturellen Resonanz ab, ob sich aus der prinzipiellen Möglichkeit einer impliziten szenisch-bildhaften Vorstellungswelt ein Denken entwickeln kann. Wenn man sich jedoch klar macht, dass dieses Denken, zusammen mit den sinnlich-körperlichen Handlungs- und Denkmustern die Grundlage unserer Weltorientierung und Welterfahrung bildet, dann muss man sich fragen, welche Auswirkungen die Einschränkungen und Abwertungen, die diese Erfahrungs- und Denkweisen in unserer Kultur im Verlauf des Heranwachsens hinnehmen müssen, letztlich auf unsere kulturelle Zukunft haben werden? Da reicht es nicht aus, dass die Sprache der Bilder durch die so genannte Medienerziehung einen bescheidenen Platz im Interesse der Öffentlichkeit zugewiesen bekommt, denn diese setzt ja bereits ein Verständnis für szenisch konkretes und szenisch bildhaftes Denken voraus. Ohne ein solches Verständnis wiederum verkommt Medienerziehung zu einer hilflosen, verkürzten aufklärerischen Geste.

Literatur

Beek, A. von der (2007): Pampers, Pinsel und Pigmente. Weimar, Berlin.

Bruner, J. (1997): Sinn, Kultur und Ich-Identität. Heidelberg.

Donald, M.: Origins of the Modern Mind. Cambridge, Mass., London.

Project Zero, Reggio Children (2001): Making Learning Visible. Reggio.

Nelson, K. (1996): Language in Cognitive Development. Cambridge.

Nelson, K. (2007): Young Minds in Social Worlds. Cambridge, Mass., London.

Schäfer, G. E. (2005): Bildungsprozesse im Kindesalter. Weinheim, Basel, 3. Aufl.

Schäfer, G. E. (2008): Die Bildung des kindlichen Anfängergeistes. In: und Kinder, 81, S. 7–17.

Schäfer, G. E., Alemzadeh, M., Eden, H., Rosenfelder, D. (2008): Natur als Werkstatt. Weimar, Berlin.

Singer, W. (2003): Ein neues Menschenbild? Frankfurt/M.

Widlöcher, D. (1984): Was eine Kinderzeichnung verrät. Frankfurt/M.

Wege zum sprachlichen Denken

Vor der Sprache[1]

Sprechen ist eine Weise des Denkens. Um zu sprechen, muss man sein Denken in bestimmter Weise ordnen. Diese Ordnung wirkt sich wiederum auf das Denken aus. Man lernt, in sprachlicher Weise zu denken. Literacy ist aus dieser Sicht die Fähigkeit, mit Hilfe der sprachlicher Äußerungen und Produkte zu denken, sowie sich Quellen des Gesprochenen und Geschriebenen zu erschließen. Die Frage ist, was die Sprache mit uns macht und was wir mit der Sprache machen.

Über Anfänge des Denkens in der frühen Kindheit

Wie fängt das Neugeborene an zu denken, mit den Mitteln, die es mitbringt – denken gedacht als innere Verarbeitung in einem umfassenden Sinn? Wie entwickelt sich dieses Denken durch die Wechselwirkung mit seiner sozialen und kulturellen Außenwelt? Wie kann diese Wechselwirkung pädagogisch strukturiert werden?

Vor dem Hintergrund der „embodied cognitive science“[2] müssen die Antworten auf diese Fragen in den elementaren Formen der kindlichen Auseinandersetzung mit seiner Welt gefunden werden. Dabei rücken einige Bereiche besonders in den Mittelpunkt der Aufmerksamkeit:

- der Körper, seine Bewegungen und Handlungen in einem gegeben Umfeld;
- die Sinne und Erfahrungen, die mit ihnen gemacht werden;
- die Emotionen, mit welchen Beziehungen spürbar und regulierbar werden;
- die kommunikativen Prozesse, mit deren Hilfe Kinder sich auch ohne Sprache verständigen;
- darüber hinaus die Vorstellungen und Szenen, in die diese verkörperte Welterfahrung in verinnerlichte Weltbilder umgewandelt wird. Sie reflektieren diese Erfahrungen in einem wörtlichen Sinn. Als verinnerlichte Weltbilder können sie, unabhängig von der gegebenen Wirklichkeit, allein durch die Kraft der Imagination und Gedanken bewegt, verändert, variiert, neu zusammengesetzt und gestaltet werden.

1 Dieses und das nächste Kapitel sind aus einer Zusammenstellung und Überarbeitung von Textteilen verschiedener Vorträge und Schriften entstanden. Vgl. hierzu Schäfer 1999, 2005, 2008.

2 Vgl. u. a. Pfeiffer, Scheier 1999; Damasio 1995; Lakoff, Jonson 1998.

- Auf dieser Grundlage wird nachvollziehbar, wie durch Sprache die Möglichkeiten des Bewusstseins, die vorher rudimentär und beschränkt waren, explosionsartig vermehrt und in die Interaktion eingebracht werden

Warum gibt es etwas und nicht vielmehr alles?

In einer Philosophievorlesungen, die ich als Student hörte, versuchte der Professor – ein Vertreter des Existenzialismus – die Frage zu erörtern: „Warum ist überhaupt etwas und nicht vielmehr nichts?" Das Nichts ist dabei eine hoch abstrakte Angelegenheit und sicherlich keine Frage, die sich einem Neugeborenen stellen würde. Für ihn müsste man diese Frage vermutlich umformulieren: „Warum ist überhaupt etwas und nicht vielmehr alles?" Das kleine Kind hat nämlich das Problem, aus der prinzipiellen Unendlichkeit des wahrnehmbaren Universums (allerdings eingeschränkt durch den Bau und die Leistungsfähigkeit seiner Wahrnehmungsorgane) solche Reize herauszufiltern, die ein zusammenhängendes Muster ergeben und die man daher erkennen und wiedererkennen kann. Deshalb muss eine Überlegung zu frühkindlichen Bildungsprozessen mit der Bildung einer Erfahrungswelt beginnen.

Sich ein Bild machen

Die Bildung einer Handlungswelt

Anfänge der somatosensorischen Entwicklung und Körpererfahrung

Die Wahrnehmung über die Körpersinne, die Tastempfindungen der Haut, die Wahrnehmungen der Raumlage, das Wohl- oder Missbefinden des eigenen körperlichen Zustandes und vermutlich auch die dazu gehörigen emotionalen Empfindungen, sind mit der Geburt bereits so weit entwickelt und mit ersten Erfahrungen gesättigt, dass sich das Neugeborene an ihnen einigermaßen verlässlich orientieren kann.

So macht das kleine Kind seine ersten Welterfahrungen zunächst mit dem *Mund*. Über den Mund gehen die ersten aktiven Suchbewegungen des Säuglings, um etwas über die Welt zu erfahren. Und diese Welt ist eine Welt der Nahrung und was damit zusammenhängt. Ein paar Wochen später, wenn es satt und zufrieden ist, wird es die Augen und Ohren öffnen, um eine Weile mit hoher Aufmerksamkeit das zu verfolgen, was über diese Sinne einströmt. Doch ist es diesen Reizen noch mehr ausgesetzt, als dass es ihnen nachgehen könnte. Was aber mit seinem Körper passiert, im Badewasser, auf dem Wickeltisch, in den Armen der Mutter, an der Brust usw., das ruft seine unmittelbare körperliche Antwort hervor: Es wendet sich zu oder ab; es lässt etwas mit sich geschehen oder sträubt sich mit der ganzen Kraft seines Körpers. Und wenn der Widerstand nichts nützt, wird es schreien, so schreien, dass Erwachsene es kaum aushalten können, darauf nicht zu reagieren.

Dann wird es nach der Welt *greifen*, die ihm nahe kommt, um etwas zu erreichen. Und immer wieder werden die Dinge in den Mund genommen und gekostet. Spiele entstehen zwischen Erwachsenen und dem Kind: Man hält ihm etwas vor die Nase, es greift, man zieht daran, es folgt, es lässt los, man hält es ein Stück weiter weg, es streckt sich, man kommt ihm entgegen, bis es zupacken kann usw.

Entscheidend verändert wird die handelnde Welterschließung durch die Entwicklung des *Bewegungsapparates*. Kriechend, krabbelnd, schließlich laufend ordnet das Kleinkind seine Wirklichkeitserfahrungen entlang den Pfaden seiner Fortbewegung. Es legt ein Netz von Wegen über die Welt, die es umgibt. Wirklichkeit erschließt sich ihm aus der Gesamtheit seiner sinnlich-emotionalen Erfahrung, die sich aus der Perspektive dieser Fortbewegungsmöglichkeiten ergeben.

Tasten und Handeln

Die Körperoberfläche insgesamt bildet ein Wahrnehmungsorgan, für alles, was auf den Körper einwirkt. Tasten, Wärme, Kälte, Trockenheit, Feuchtigkeit sind die wesentlichen Sinnesmöglichkeiten dieses Wahrnehmungsorgans, das mehr ist, als nur die Haut. Wenn man das alles einmal unter dem Begriff des Tastsinns subsumiert, dann spielen Bewegung im Raum, motorisches Handeln und Tasten sehr eng zusammen. Ohne ein solches Zusammenspiel kann man weder einen Lehmklumpen bearbeiten, noch in Kleisterfarbe rühren, noch Schachteln zu einer Wohnung für die Püppchen zusammenkleben. Man kann aber auch keine Tasse hochheben, keine Schraube eindrehen und keinen Computer bedienen. Tasten und Handeln sind zunächst ein Forschungsinstrument, mit welchem Wirklichkeit erfahren wird. Zu einer Sprache und damit zu einem Mittel des Ausdrucks und der Kommunikation wird es dann, wenn andere mit den dabei entstehenden Formen etwas anfangen können, ihnen eine Bedeutung geben. Diese Sprache wird umso subtiler sein, je differenzierter die Formen des Tastens und Bewegens sich durch Tätigsein ausbilden können.

Bewegung des Körpers, Rhythmus

Die Bewegungen eines Körpers bilden einen Zusammenhang. Dieser hängt ab vom Gewicht und der Größe der Glieder, die von den motorischen Mustern bewegt werden. Arme und Beine bilden ihre eigenen Bewegungsrhythmen, die vom kleinen Kind erst koordiniert werden müssen. Die Bewegungsformen von Mund oder Fingern ermöglichen weitere Rhythmen. Der Rhythmus des Atems, des Herzens bilden weitere Stimmen. Der Zusammenklang von unterschiedlichen Bewegungsmustern und Rhythmen oder auch ihre Disharmonie gestalten die Ausgangspunkte für eine individuelle Sprache der Bewegung des Leibes, die von den einfachen Bewegungen des Körpers im Alltag bis in die feinen Verästelungen einer differenzierten Gestik reicht.

In Metaphern denken und sprechen

Aus der Linguistik gibt es einen Hinweis auf einen sehr elementaren Zusammenhang von Bewegung, Raumerfahrung, Bewegung und sprachlichem Denken. Für Lakoff bilden handlungs- und körperbezogene Verarbeitungsstrukturen eine Zwischenstufe zwischen den sensorisch-motorischen Köper- und Handlungsschemata und begrifflich abstrakten sprachlichen Strukturierungen. Er spricht von „basic-level-categories“[3]. Sie repräsentieren die handlungsbezogenen Umgangsmöglichkeiten mit Dingen in der äußeren Welt. Sie beruhen auf alltäglichem Handeln mit einem Gegenstand oder einer Person und enthalten ein praktisches Wissen.

In dem Buch „Leben in Metaphern“[4] werden diese Überlegungen weiter getrieben. Dort stellen die Autoren dar, wie die Grundlagen der Sprache metaphorisch strukturiert sind. Sie zeigen, wie Sprache auf Konzepten gründet, die aus der räumlichen Orientierung und dem handelnden Umgang mit Dingen hervorgegangen sind (den basic-level-categories). Sprachbilder im Kontext von Raumorientierung und Handeln bilden die Grundlage des abstrakten Denkens. Im abstrakten Denken werden ihre konkreten Bedeutungen zum Träger logischer Gedankenführung. Die ihnen innewohnenden Bilder bleiben aber für die Struktur des Denkens bestimmend. Denksysteme werden auf der *Grundlage* von räumlicher und handelnder *Orientierung gebildet.* Seine logische Ordnung f*olgt den Linien oder Wegen* des *Handelns*. Gedanken *verzweigen sich* oder *verfolgen* eine bestimmte *Richtung*. Nach Lakoff und Johnson bilden solche Metaphern, die im abstrakten Denken nicht mehr als Metaphern wahrgenommen werden, die Basis sprachlogischen Denkens. Es versteht sich, dass sich Denken dann umso differenzierter gestaltet, je differenzierter solche Raum- und Handlungserfahrungen individuell erschlossen wurden. Die Erfahrungen des Körpers und seiner Sinne bilden also nicht nur den Anfang der kindlichen Welterfahrung, sondern strukturieren darüber hinaus die Grammatik abstrakten Denkens. Handeln ist eine Form des Denkens, diese Aussage gilt daher nicht nur für das kleine Kind. Über kategoriale Strukturierungen des abstrakten Denkens durch den Körper bleibt Sprache an diese Wurzeln gebunden.

Damit hängt Denken nicht nur vom Handeln ab, sondern auch von der Kultur, welche die Formen des Handelns bestimmt. Die Grundlage einer Metapher in der physischen Erfahrung lässt sich daher nur schwer abgrenzen von ihrer Grundlage in der kulturellen Erfahrung; denn welches physische Fundament einer Metapher aus den vielen anderen möglichen Fundamenten ausgewählt wird, hängt von der kulturellen Kohärenz ab.[5] „Die elementarsten Werte einer Kultur sind mit der metaphorischen Struktur der elemen-

3 Lakoff 1988, S. 132.

4 Lakoff und Johnson1998.

5 Vgl. hierzu Lakoff, Johnson 1998, S. 26–28.

tarsten Konzepte dieser Kultur kohärent."[6] Metaphern sind das zentrale Sinnesorgan für die Wahrnehmung und Deutung der sozialen und kognitiven Welt.

Die Bildung der Vorstellungswelt

Dabei bleibt es nicht. Aus dem, was man wahrgenommen hat, müssen ja Gedanken werden, mit denen man über das, was man erfahren hat, nachdenken kann. Doch dem kleinen Kind stehen dazu ja noch keine Wörter zur Verfügung. Auf welche Weise denkt es also nach?

Zunächst einmal, dies wissen wir seit Piaget genauer, indem es unmittelbar handelt: Es sieht etwas, greift zu, spielt damit. Es erfährt etwas über das Ding, indem es dieses benutzt. Das führt zu bestimmten Handlungsschemata im Umgang mit diesem Ding, die davon losgelöst, erinnert und wieder benutzt werden, wenn ein vergleichbares Ding wieder auftaucht. Denken ist gleichbedeutend mit Handeln in einem gegebenen Zusammenhang.

Besser ist es jedoch, wenn wir erst denken und dann handeln. Dazu brauchen wir so etwas wie eine Welt im Kopf, die wir uns zurechtdenken können, um nur die Ergebnisse ins Handeln einfließen zu lassen, die wir für gut und brauchbar halten. Die Welt in uns ist, solange wir nicht sprechen können, vorwiegend eine Vorstellungswelt aus Bildern, Szenen, aber auch aus inneren Bewegungen, Tönen, Geräuschen, zuweilen sogar Gerüchen, verbunden mit der ganzen Skala der Gefühle, die einem Menschen zur Verfügung stehen.

Kinder zeigen, dass sie mit Vorstellungen denken, wenn sie im zweiten Lebensjahr anfangen, kleine Rollenspiele zu spielen: Wenn sie Mama oder Papa spielen und dabei so recht typische Gesten aufgreifen, dann müssen Mama und Papa in ihrer Vorstellungswelt gegenwärtig sein – wenigstens in bestimmten charakteristischen Teilaspekten. Doch sie vergegenwärtigen sich nicht nur Mama oder Papa, sondern sie gehen auch freizügig mit ihnen in ihrer Vorstellungswelt um: Sie nehmen etwas von den realen Eltern weg, dichten etwas hinzu, setzen sie mit anderen Personen zusammen und erfinden so im Spiel z.T. völlig neue Menschen. Sie gestalten also ihre inneren Bilder und Szenen um. Damit machen sie sich zum einen von ihren Vorbildern unabhängig, zum zweiten können sie probeweise Erfahrungen mit diesen „neuen Menschen" machen – im Spiel wenigstens. Diese innere Vorstellungswelt spiegelt also nicht nur die vorgefundene Welt wider, sondern mischt wahrgenommene mit erinnerten, umgestalteten und ausfantasierten Bildern und Szenen. Sie ist also letztlich Erfindung des Kindes.

Gestalten in all seinen Formen besteht also in der Um-Erfindung und Neuformung einer Wahrnehmungswelt, sei es im Kopf des Kindes, sei es mit

6 Vgl. hierzu Lakoff, Johnson 1998, S. 31.

irgendwelchen Werkzeugen und Gestaltungsmaterialien, sei es im kindlichen Spiel.

Über solche inneren Szenen, Bilder, ihre Erinnerungen, sowie ihre Um-Erfindungen, können wir – einmal der Sprache mächtig – nach-denken. So spielen Wahrnehmen, Vorstellen, Phantasieren, Gestalten (die ich als aisthetische Erfahrung zusammenfasse) und sprachliches Denken unmittelbar zusammen, wenn wir den Kindern und uns selbst gestatten, eigene Wahrnehmungserfahrungen zu machen.

Sich ein Bild machen, über das man sprechen kann

Auf dem Weg über das Strukturieren seiner eigenen Wahrnehmungserfahrungen, über das Finden von Bedeutungen für diese Erfahrungen – macht sich das Kind Bilder von der Welt. Je mehr diese einmal bekannten Muster im Alltag wiederholt werden können, desto vertrauter erscheint dem Kind die Welt, desto weniger muss es darüber nachdenken, wie etwas zu ordnen oder einzuordnen ist. Das ist sehr praktisch, denn es erlaubt dem Menschen, seine Aufmerksamkeit auf die Dinge zu richten, die eben nicht in die vertrauten Alltagsmuster passen. Zum einen ist dies notwendig, damit man Risiken und Gefahren erkennt, die sich auch in vertrauten Umwelten einstellen. Zum zweiten aber gibt es dem Menschen die Möglichkeit, ein Leben lang neugierig zu bleiben und immer wieder neue Erfahrungen zu machen. Diese Neugier und die Suche nach Erfahrungen, die für einen Menschen neu sind, scheinen in unserer Kultur zu einem Motor der Entwicklung geworden zu sein, zur Grundlage einer ständigen Erneuerung unseres Wissens durch Kunst und Wissenschaft.

Die Welt immer wieder neu und mit unverstelltem Blick wahrzunehmen, diese Wahrnehmungen zu ordnen, sie zu neuen Bildern zusammenzusetzen, die ein neues Nach-Denken ermöglichen, aus dem neue Lösungen hervorgehen, das bleibt eine lebenslange Aufgabe, wenn man sich nicht damit begnügen will, ständig die tradierten Muster der Vergangenheit zu wiederholen.

Dazu brauchen Menschen auch später noch die Fähigkeit des kleinen Kindes, sich die Umwelt, in der sie leben, wahrnehmend, vorstellend, simulierend, sprechend und denkend selbst zu erschließen. In diesem Sinne ist frühkindliche Bildung eine grundlegende Bildung. Sie stellt die ersten Weichen, ob Kinder neugierig, forschende Wesen bleiben, oder ob sie ihre Neugier durch die Tugenden des Instruiert-Werdens ersetzen: durch den Glauben an das, was andere wissen, durch gutes Gedächtnis und durch Nach-Denken (im Sinne von Hinterher-Denken) von dem, was andere vor ihnen gedacht haben. Aber dieses Nach-Denken enthält kein eigenständiges Probleme-Lösen.

Die Bildung des Sprachkörpers[7]

Die Bildung des Sprechens und des sprachlichen Denkens besteht nicht einfach in der Förderung ihrer Sprachkompetenz. Denn das ist eine ebenso tautologische Erklärung wie die, dass Opium jemanden einschlafen ließe, weil es eine einschläfernde Wirkung habe – wie Molière dies den Baccalaureus im „Eingebildeten Kranken“ in der Prüfung antworten lässt, worauf dieser für würdig befunden wird, in den Kreis der gelehrten Doctores aufgenommen zu werden.

Auch das Sprechen-Lernen beginnt mit einer Bildung der Wahrnehmung. Eines der grundlegenden Probleme dabei besteht darin, dass Kinder Laute unterscheiden, sowie Wörter und Sätze als Einheiten begreifen müssen. Das ist zunächst ein Wahrnehmungsproblem; denn es geht darum, das Wahrnehmungsvermögen so zu strukturieren, dass das kleine Kind dadurch in die Lage versetzt wird, die spezifischen Klänge, Satzmelodien, Intonationsformen der Sprache zu erkennen, in die es hinein geboren wurde.

Das Problem des Sprechens beginnt nicht mit dem ersten Wort, sondern mit dem Erkennen der Laute. Jede Sprache, ja jeder Dialekt, hat seine eigenen Lautformen. Ein „a” wird im Deutschen anders ausgesprochen, als im Englischen oder Französischen. Eine fränkisches „a” hört sich anders an als ein hessisches oder hamburgisches. Für einen Zuhörer, der in die Sprache nicht eingeführt ist – und dies sind Babys zunächst einmal – klingen diese „a“-Laute alle unterschiedlich. Um seine Muttersprache zu erlernen, muss es daher erst einmal herausbekommen, welche Klangfarben dem „a“-Laut zuzuordnen sind und welche hingegen keine „a“s sind. Es gibt eine Lautreihe, in der sich z.B. der „a“-Laut allmählich in einen „o“-Laut verwandeln lässt. Rein akustisch gesehen ist dies ein kontinuierlicher Übergang. Dennoch machen wir an einer Stelle eine kategoriale Unterscheidung: Wir können sagen, bis hierher höre ich ein „a“; dies hier erkenne ich bereits als ein „o“. Diese kategoriale Grenze ist nicht eindeutig, wenn wir die unterschiedlichen Dialekte mit einbeziehen. Für jede Sprachgruppe und für jedes Individuum ist jedoch eine solche Grenze hörbar, obwohl es sie physikalisch nicht gibt.

Das bedeutet nun, dass auch das Baby lernen muss, das Klangbild zu entziffern, das in seiner Umgebung gilt.

Die Forschung hat hierzu ein erstaunliches Ergebnis zutage gefördert. Bereits sehr kleine Babys – bis zum dritten Lebensmonat – können differenziert Laute unterscheiden. Ja noch mehr, sie können offensichtlich auch Laute unterscheiden, die nicht zu ihrer sprachlichen Umgebung gehören.

7 Über die wichtigsten Probleme des allmählichen Eintauchens in die Welt der Sprache informiert das Kapitel: „Was Kinder über Sprache lernen“. In: Gopnik, Kuhl, Meltzoff 2000, S. 117–160.

Das bedeutet nichts anderes, als dass Babys ein klangliches Unterscheidungsvermögen besitzen, das gewissermaßen alle möglichen Laute aller möglichen Sprachen umfasst. Indem sie die Sprache hören, die sie umgibt, lernen sie jedoch, ihr Lautunterscheidungsvermögen genau auf diese Sprache hin auszurichten. Das Ergebnis ist ein scheinbarer Verlust: Etwa zwischen achtem und dem zwölftem Lebensmonat stellen sich die Babys auf die Laute ihrer jeweiligen Muttersprache ein. Sie können dann keine universellen Unterscheidungen mehr treffen. Dagegen werden die spezifischen Lautunterschiede der Muttersprache deutlicher wahrgenommen.

Ähnliches gilt für das Erkennen von Wörtern. Ebenfalls bis zum letzten Drittel des ersten Lebensjahres haben Babys gelernt, dass es in ihrer Muttersprache bestimmte Betonungsmuster gibt, mit welchen man Worteinheiten identifizieren kann. Sie können dann bereits „Melodien" erkennen, welche die Wörter im kontinuierlichen Fluss der Sprache abgrenzen und identifizierbar machen. Darüber hinaus haben sie in diesem Alter eine Kenntnis erworben, welche Lautkombinationen in ihrer Muttersprache möglich sind. Und später, im zweiten Lebensjahr, noch bevor sie wirkliche zu sprechen beginnen, können sie auch Satzeinheiten unterscheiden, die ja auch durch ganz bestimmte Muster der Intonation, durch Satzmelodien strukturiert sind.

Mechthild Papoušek[8] hat vier solcher *melodischen Konturen* beschrieben: fallende, steigend-fallende, steigende und komplexe, mehrfach steigende und fallende Melodien. Diese Melodiekonturen werden mit zunehmendem Alter differenzierter. Je nach Situation variieren sie und drücken unterschiedliche Bedeutungen aus: Will man die Aufmerksamkeit des Säuglings erregen, verwendet man aufsteigende Konturen. Um einen Säugling zu beruhigen, fallen die Melodien der Stimme in tiefere Lagen. Will man den Säugling zu einer positiven Antwort veranlassen, wird ein Singsang verwendet, der wiederholt auf- und absteigt. Die Melodiekonturen sind also mit unterschiedlichen gefühlsmäßigen Tönungen verbunden, die der Säugling wahrnimmt und erkennt.

Darüber hinaus haben sie in diesem Alter eine Kenntnis erworben, welche Lautkombinationen in ihrer Muttersprache möglich sind. Und später, im zweiten Lebensjahr, noch bevor sie wirklich zu sprechen beginnen, können sie auch Satzeinheiten unterscheiden, die ja auch durch ganz bestimmte Muster der Intonation, durch Satzmelodien strukturiert sind. Kinder sind also bereits Laut-, Wort- und Satzmusiker, noch bevor sie die ersten Wörter sprechen.

Diesem Prinzip: Aus Mehr mach Weniger! folgen viele der frühesten Entwicklungen des Kindes. Es wurde schon bei der Nervenarchitektur festgestellt, dass Neugeboren mit einer Vielzahl vorgegebener innerer Verknüpfungen im Netz des Zentralen Nervensystems geboren werden. Durch die ersten Wahrneh-

8 Papoušek 1994.

mungserfahrungen werden die Verbindungen ausgewählt, die sich in der gegebenen Umwelt bewährt haben. In gleicher Weise gilt dies offensichtlich auch für die Grundlagen der Sprachwahrnehmung: Eine Überzahl an Unterscheidungsmöglichkeiten wird durch die unmittelbaren Spracherfahrungen des Babys auf diejenigen reduziert, die sein Sprachumfeld als wesentliche ansieht. Der scheinbare Verlust wird dadurch wieder aufgewogen, dass nun die Feindifferenzierung innerhalb des gegebenen Rahmens gesteigert wird. Den Babys wird also, genau genommen, das Sprechen nicht beigebracht. Vielmehr schränken sie durch den Gebrauch ihrer Ohren und – wie sich gleich zeigen wird – ihrer Stimme die vielfältigen Möglichkeiten ein, die sie haben.

Dieses Prinzip findet in vorsprachlichen Entwicklungen wiederum Anwendung, wenn Kinder anfangen zu glucksen, zu lallen und zu brabbeln. Auch diese vorsprachlichen Dialoge sind zunächst international.

> „Babys aus allen Kulturen brabbeln zunächst auf identische Weise: Sie produzieren Kombinationen aus Konsonanten und Vokalen und benutzen dabei Laute wie b, d, m und g, jeweils zusammen mit dem Vokal ah.“[9]

> „Wenn Babys erst den Meilenstein des Brabbelns erreicht haben, ist die universale Phase der Sprachproduktion zu Ende. Irgendwann im Alter von einem bis eineinhalb Jahren beginnen Babys aus verschiedenen Kulturen ... diejenigen Geräusche von sich zu geben, die für ihr eigenes Volk charakteristisch sind.“[10]

Das bedeutet, dass sie in die Welt der Laute Unterscheidungen eingeführt haben, die – zum einen – das eher chaotische „Alles-ist-möglich“ aisthetisch ordnen, sodass sprachliche Einheiten, die eine Bedeutung haben, unterscheidbar werden. Zum anderen trägt diese Ordnung den Stempel der Muttersprache, wie sie im Umfeld des Babys gesprochen wird. Das Baby ist also genau darauf vorbereitet, diejenigen zu verstehen, die es verstehen muss, wenn es in diesem Umfeld überleben will.

Das weist darauf hin, dass das Eintauchen in die Welt der Sprache nicht nur ein individuelles Bildungsproblem enthält, sondern auch ein soziales. Von daher wird es wesentlich, in einem zweiten Schritt die sozialen Vorläufer genauer zu betrachten, aus denen die kindliche Sprachwelt hervorgeht.

Literatur

Damasio, A. (1995): Descartes’ Irrtum. München, Leipzig.

Gopnik, Alison, Meltzoff, Andrew, Kuhl, Patricia (2006): Forschergeist in Windeln. Wie ihr Kind die Welt begreift. 5. Aufl., München.

Lakoff, G. (1988): Cognitive semanticts. In: Eco, U. u.a. (Hrsg.): Meaning and mental representation. Bloomington, S. 119–154.

9 Gopnik, Kuhl, Meltzoff 2000, S. 137.
10 Ebenda, S. 138.

Lakoff, G., Johnson, M. (1998): Leben in Metaphern – Konstruktion und Gebrauch von Sprachbildern. Heidelberg.

Papoušek, M. (1994): Vom ersten Schrei zum ersten Wort. Bern, Göttingen, Toronto, Seattle.

Pfeifer, R., Scheier, Ch. (1999): Understanding Intelligence. Cambridge, Mass., London, UK.

Schäfer, G. E. (1999): Sinnliche Erfahrung bei Kindern. In: Lepenies, A., Nunner-Winkler, G., Schäfer, G. E., Walper, S.: Kindliche Entwicklungspotentiale – Normalität, Abweichung und ihre Ursachen. Bd. 1 Materialien zum 10 Kinder- und Jugendbericht. Opladen.

Schäfer, G. E. (Hrsg.) (2005): Bildung beginnt mit der Geburt – Förderung von Bildungsprozessen in den ersten sechs Lebensjahren. Weinheim 2003. 2., veränderte Auflage 2005.

Schäfer, G. E. (2008): Lernen im Lebenslauf – formale, non-formale und informelle Bildung in früher und mittlerer Kindheit. Expertise für die Enquêtekommission „Chancen für Kinder“ des Landtags von Nordrhein-Westfalen.

Die Ordnung nichtsprachlicher Kommunikation

Kommunikative Vorläufer der Sprache

Sprechen beginnt nicht mit den ersten Wörtern, sondern mit der Kommunikation ab der Geburt. Bevor kleine Kinder das Sprechen lernen, verständigen sie sich mit Hilfe von Lauten, Mimik und Imitation. Dabei benutzen sie eine Art vorsprachlichen Alphabets auf das Erwachsene unmittelbar reagieren: Sie wenden sich dem Kind deutlich zu und wiederholen freundlich die Laute der Kinder.

Kommunikation ermöglicht Bedeutung

In der Entwicklung des Sprechens geht es jedoch nicht nur um die sprachlichen Voraussetzungen der Kommunikation. Ja, man kann sagen, für diesen Teil der Aufgabe des Sprechen-lernens ist jedes Kind bestens vorbereitet. Es braucht nur ein soziales und kulturelles Milieu, das spricht. Und wenn ihm dabei zureichend Aufmerksamkeit und Entgegenkommen zuteil wird, wird jedes Kind sprechen lernen.

Viel beeinflussbarer und situationsabhängiger ist die Entstehung eines Bereichs, über den einmal gesprochen werden kann. Die Welt muss bedeutungshaft strukturiert werden, damit Worte später einmal etwas bezeichnen können. Daher gehört zum Eintreten in die Sprache die Entstehung einer Welt der Bedeutungen, die von Erwachsenem und Kind geteilt werden. Bedeutung entsteht kommunikativ. Auch auf Kommunikation sind Kinder vorbereitet. Kommunikation scheint das wesentlichste Merkmal zu sein, das die Entwicklung des Menschen von der seiner nächsten Artverwandten, den Primaten, unterscheidet.[1]

Kinder sind von Anfang an in Kommunikation

Babys suchen von Geburt an die Kommunikation mit einem bedeutsamen Anderen.[2] Sie besteht anfangs ausschließlich aus einem Handeln, das vom Säugling bedeutungshaft ausgelegt wird. Wie w.o. bereits erläutert wurde,

1 Tomasello 2003, zusammengefasst z.B. S. 20f.

2 Genauer müsste man sagen, dass der Andere durch die Qualität der Kommunikation seine Bedeutung erhält.

sind es die Emotionen, die diesem Handeln seine Bedeutung geben. Das Baby erfährt aber diese emotionale Bedeutung nicht nur dadurch, wie es behandelt wird. Der zweite, wichtige Ursprung der Kommunikation rührt aus der Mimik und Gestik. Die Säuglingsforschung geht davon aus, dass das Baby in der Lage ist, elementare, mimische Muster zumindest des Gesichts zu imitieren und ihren elementaren, emotionalen Gehalt zu „verstehen". Durch mimetischen Nachvollzug werde sie von den Gefühlen, die gestisch und akustisch ausgedrückt werden, „angesteckt".

Gemeinsam geteilte Bedeutung

Die Entstehung einer Bedeutung, die von Erwachsenen und Kind geteilt wird, beginnt mit einer Orientierung der Aufmerksamkeit des Kindes. Sie stellt sich gerade dann ein, wenn seine grundlegenden Bedürfnisse gestillt und es noch nicht wieder müde ist. In diesen Zeitspannen entwickeln sie eine Art gelassener aber neugieriger Aufmerksamkeit für alles, was um sie herum geschieht. Es ist also zunächst der Erwachsene, der auf die Aufmerksamkeitsorientierung des Kindes eingeht.

Die Entstehung von Bedeutung bis hin zu ihrem sprachlichen Ausdruck ist eingebunden in soziale Situationen, allen voran in die Beziehungen zu den wichtigen Anderen – in der Regel zu Mutter, Vater, gegebenenfalls Geschwistern. Bedeutung entsteht durch gemeinsames Handeln. Doch zunächst sind es die Erwachsenen, die erfassen (müssen oder wollen), was das Handeln in einer gemeinsamen Situation für das Kind bedeutet: Es lacht oder schreit, strampelt mit den Beinen oder schwenkt einen Gegenstand, den es ergriffen hat, mit der ganzen Kraft seiner Arme in der Luft. Aus dem Zusammenspiel vom Ausdruck der Bewegungen und dem situativen Kontext versucht der Erwachsene einen Sinn zu konstruieren, den das Kind empfinden könnte.

Aufmerksamkeitsverhandlung

Daran setzt an, was Bruner[3] *Aufmerksamkeitsverhandlung* nennt. Darunter versteht er eine Kommunikation zwischen Mutter und Kind (beginnend um den sechsten Lebensmonat), durch welche die Mutter die Aufmerksamkeit des Kindes auf Gegenstände seiner Umgebung lenkt, die sie schließlich auch in Worten benennt. Selbst wenn das Kind das, was da benannt und gesprochen wird, noch nicht im eigentlichen Sinne versteht, so geschieht in diesen Situationen doch dreierlei in Richtung sprachlicher Kommunikation:

Erstens sind dies sicherlich die bevorzugten Situationen, in welchen das kleine Kind Laut, Wort und Satzmelodien zu erkennen lernt.

---

3 Bruner 1987.

Zum zweiten bekommt es eine Ahnung von einem Dialog, der sich nicht nur *zwischen* Mutter und Kind abspielt, sondern *über* etwas Drittes, ein Ding oder Ereignis in seiner Umwelt, geht. Dieses Ding wird durch die Rahmung von seinem Kontext abgehoben.

Drittens schließlich erfährt das Kind – über den Handlungszusammenhang der gesamten Szene und dessen emotionaler Bewertung – etwas über die Bedeutung dessen, was es da erlebt.

Kommunikation durch Spiegelung

Damit Kommunikation einmal bewusst als Mittel der Verständigung eingesetzt werden kann, scheint es Stationen zu geben, die für diese Bewusstwerdung wichtig sind. Nach dem unmittelbaren Erleben und der emotionalen Ansteckung sind es bestimmte Beziehungsformen, die dieses Bewusstwerden ermöglichen.

Das bedeutet, dass es nicht nur gute Beziehungen des Babys zu einer sicheren Umwelt sind, die diese Kommunikationsentwicklung unterstützen, sondern Beziehungen, welche die Entwicklung wesentlicher Kommunikationsformen selbst voran bringen. Es sind vor allem zwei Schritte in der kommunikativen Beziehung, die der sprachlichen Kommunikation den Weg bereiten. Sie werden auch in einem sinnvollen Sprechen nicht überflüssig, sondern bleiben seine Grundlage – zumindest so lange es im Sprechen um gegenseitige Verständigung geht. Die *erste* dieser Beziehungsformen ist die der *Spiegelung*[4] – oder, besser noch – der Re-Flexion; denn es geht darum, dem Kind etwas zurück zu „spiegeln", was man wahrgenommen zu haben glaubt.

Bevor es zu dieser Beziehungsform kommt, ist das Baby den Handlungen und den mimetischen „Ansteckungen" mehr oder weniger passiv ausgesetzt. Damit überhaupt Gegenseitigkeit in der Kommunikation entstehen kann, müssen diese Erfahrungen aus ihrer Unmittelbarkeit heraus- und in einen Spielraum eintreten, in dem sie variiert, differenziert und gestaltet werden können. Es werden Ausdrucksformen benötigt, die von den Interaktionspartnern zuverlässig „verstanden" werden können.

Dazu ist es notwendig, dass das Kleinkind seinen eigenen Anteil am kommunikativen Geschehen erst einmal empfinden kann.[5] Es lernt ihn auf eine unbewusste Weise dadurch kennen, dass ihm sein eigener emotionaler Zustand von jemandem re-flektiert wird. Die Mutter fühlt sich in das Baby oder Kleinkind ein und spiegelt ihm dieses Erleben zurück. Das Kind er-

---

4 Dornes 2000.

5 Ich spreche hier von einem Empfinden, das jedoch noch unbewusst bleibt. Babys und Kleinkinder empfinden Emotionen und reagieren darauf, ohne davon bereits ein Bewusstsein zu erlangen, ähnlich wie auch höhere Säugetiere Emotionen empfinden und danach ihre Reaktionen steuern.

fährt sein eigenes Erleben also zweifach: Als unmittelbare körperliche Reaktion und als ein Erlebnismuster, das ihm zurück gespiegelt wird. Es kommt nun darauf an, dass diese beiden Muster hinreichend übereinstimmen, dass das Kind das, was es zurück bekommt, als etwas wahrnehmen kann, das mit seinem unmittelbaren Körpererleben in wesentlichen Grundzügen überein stimmt.

Aus der Sicht der Entwicklung von Kommunikation bedeutet dies: Ausgangspunkt dafür ist eine Anerkennung und Rückspiegelung des kindlichen Erlebens, damit es sich seiner „Mitteilung“ sicher sein kann. Die Rückspiegelung ist ein Signal für das, was angekommen ist. Kindliche Wahrnehmungen, Empfindungen oder Erfahrungen können nur Teil zwischenmenschlicher Kommunikation werden, wenn sie auf der Grundlage einer zureichenden Spiegelung erkannt und anerkannt werden. Diese anerkennende Spiegelung konkretisiert sich im so genannten „mother talk“.

Die *zweite* Beziehungsform ist die der *Variation*. Die Mutter gibt das Geschehen dem Kind aber nicht völlig unverändert zurück. Sie verbindet es mit einer eigenen Stellungnahme: Gute und angenehme Erfahrungen werden von ihr freudig aufgenommen und mit einem entsprechenden Kommentar zurückgegeben. Schwierige oder traurige Ereignisse werden zwar auch auf der gleichen emotionalen Ebene aufgenommen und beantwortet, aber durch Verständnis und Trost beruhigend gemildert. So besteht die Spiegelkommunikation aus zwei wesentlichen Elementen: Der spiegelnden Aufnahme des kindlichen Erlebens durch die Mutter und Rahmung dieses Erlebens durch einen emotionalen Kommentar[6]. Auf Seiten der Mutter oder auch einer anderen, spiegelnden Person werden daher auch zwei Voraussetzungen für diese Kommunikation benötigt: Ausreichende Empathie in das Erleben des Kindes und ein Aushalten-können dieses Erlebens, das sie befähigt, seine Spiegelung der Situation angemessen zu „kommentieren“. Gelingt dies, sind damit die Voraussetzungen für den nächsten Schritt gegeben.

Triangulierung

Bisher hat das Kind seine Aufmerksamkeit auf die Gegenstände dieser Welt gerichtet, und die Erwachsenen mussten herausfinden, worin diese gerade bestand, sich in sie einfühlen und in den spiegelnden Kommentar einbetten. Im letzten Drittel des ersten Lebensjahres kommen kleine Kinder zunehmend in die Lage, ihre Aufmerksamkeit auf etwas zu richten, was ihnen ein anderer zeigt. Zeigen ist gleichermaßen ein erster Abschluss der Aufmerksamkeitsverhandlungen. Das setzt nun voraus, dass sie lernen, zwischen ihrer eigenen Perspektive auf Dinge und der einer anderen, interessanten Person, zu unterscheiden. In zwei wichtigen Gesten macht sich dieser Wandel bemerkbar: Kinder zögern, wenn sie selbst etwas für sie Anziehendes ent-

6 Fonagy, Gergely et al. 2002, S. 295 ff.

deckt haben und versichern sich der Zustimmung ihrer erwachsenen Partner.[7] Sie haben bemerkt, dass ihr Interesse nicht mit dem einer anderen Person übereinstimmen muss. Das bedeutet, dass sie zwei unterschiedliche Perspektiven im Kopf halten können. Die andere Geste ist die Zeigegeste: Kinder beginnen zu verstehen, das jemand, der auf eine Sache zeigt, auf diese aufmerksam machen möchte und nicht auf die zeigende Hand.[8]

Beide Gesten machen sichtbar, dass das Kind beginnt, sich ein Bild von dem zu machen, was in einem anderen Kopf vor sich geht.[9] Sie entwickeln eine „Theory of Mind". Die wichtigste Voraussetzung für eine Entwicklung der zwischenmenschlichen Kommunikation: Man muss nicht nur in der Lage sein, die eigenen „Gedanken" wahrnehmbar zu externalisieren, man muss – darüber hinaus – auch nachvollziehen können, was ein anderer erlebt oder denkt. Weil man nun nie in den Kopf eines Anderen hinein sehen kann, sondern nur das mitbekommt, was dieser von sich äußert oder zeigt, müssen aus diesen Zeichen Vorstellungen darüber gebildet werden können, was diesen Anderen zu diesen Äußerungen bewegt haben könnte. Das geschieht dadurch, dass stillschweigend vorausgesetzt wird, dass das, was dieser sich gedacht hat, etwas Ähnliches sein muss, wie das, was ich denken würde, wenn ich eine solche Äußerung von mir geben würde.

Bei der gemeinsamen Ausrichtung der Aufmerksamkeit erlebt das Kind also zweierlei: seine eigene Intention sowie – im Nachvollzug – eine zweite, möglicherweise unterschiedliche. Es ist aufgefordert, sein eigenes Handeln am Vergleich der beiden Perspektiven zu orientieren.

Darüber hinaus muss noch ergänzt werden. Dieser Nachvollzug einer zweifachen Perspektive auf einen Gegenstand kann nur in der Situation eines gemeinsamen Handelns entwickelt und erfasst werden. Die verhältnismäßig spärlichen und uneindeutigen kommunikativen Signale eines Anderen können nur verstanden werden, wenn man sich in der gleichen Handlungssituation befindet und vergleichbare Erfahrungen macht. Konkret: Das Kind kann nur erfassen, was Mama von einem Hund hält, wenn es sich gemeinsam mit ihr in einer Situation befindet, die sich auf einen Hund beziehen lässt. Nur vor diesem Hintergrund kann es einen möglichen Unterschied erfassen, der zwischen dem liegt, was es selbst erlebt („Oh, welch eine faszinierende Möglichkeit etwas Neues kennen zu lernen!") – und dem was Mama über diese Situation als ihr eigenes Erleben über kommunikative Gesten zum Ausdruck bringt („Nein, Finger weg, es könnte gefährlich sein").

---

7 Vgl. auch w.o.; Winnicott 1975, S. 32ff.

8 Tomasello 2003.

9 Gergely und Watson 1996 haben minutiös die einzelnen kommunikativen Schritte beschrieben, die dazu erforderlich sind. Zusammenfassend: Dornes 2000; auch Fonagy et al. 2002.

Damit Kommunikation überhaupt gelingen kann, müssen also wenigstens drei Aspekte eingebracht werden können: Ein eigenes bedeutungshaftes Erleben, die Erfahrung der Perspektive eines Anderen, die durch kommunikative Zeichen und Empathie erfasst wird, sowie eine gemeinsam geteilte Erfahrung, als Kontext, auf den sich beide Partner in der Kommunikation beziehen.

Hinweis auf das symbolische Denken

Mit dem Eintritt in die Sprache ist das Kind einen wichtigen Schritt auf dem Weg zum symbolischen Denken gegangen.[10] Miteinander sprechen ermöglicht, über die eigene Erfahrung hinauszugehen. Man kann dem Kind die Erfahrungen anderer mitteilen. Und damit ist es nicht mehr nur auf seine subjektiven Verständnishorizonte angewiesen, wenn es sich die Welt erschließen möchte, sondern kann prinzipiell auf alles zurückgreifen, was eine soziale Gemeinschaft, eine Kultur zur Interpretation von Wirklichkeit an Denkmodellen bereit stellt.

Doch man sollte vorsichtig sein, dies alles nur der Sprache, und später der Schrift zu unterstellen. Mit der Sprache stehen den Kindern noch nicht alle Symbolsysteme, die unsere Kultur ausgebildet hat, zur Verfügung stehen. Z.B. haben die Bildmedien sehr wirksame symbolische Formen entwickelt, vor denen wir manchmal ratlos sind, wie wir sie den Kindern präsentieren. Die Welt der Zahlen z.B. dürfte dem kleinen Kind zwischen zwei und drei allenfalls sehr rudimentär zugänglich sein und wir wissen, dass sie als symbolische Welt auch einem großen Teil der Erwachsenen kaum mehr verständlich ist. Damit sei nur angedeutet, dass sich in vielen kulturellen Bereichen symbolische Systeme entwickeln können, die manchmal nur noch speziellen Kennern wirklich begreifbar sind.[11]

Ein Vorrat an Erfahrungen

Der Spracherwerb des Kindes beginnt also lange bevor das Kind wirklich in Worten zu sprechen beginnt. Bis Kinder schließlich in Wörtern kommunizieren können, haben sie bereits einen langen Weg hinter sich, auf dem die Voraussetzungen dafür entstehen:

- Er hat begonnen, als Mutter und Kind einen gemeinsamen Mikrokosmos aus Gesten, vertrauten mimischen Äußerungen, einer ruhigen, positiv gestimmten Atmosphäre und aus Empathie geschaffen haben.

---

10 Vgl. Greenspan 2001; Übergang vom Aktionsmodus des Seins zum symbolischen Seinsmodus, S. 105 ff;

11 Die Vielfalt symbolischen Denkens im Bereich des frühen Kindesalters beschreibt aus pädagogischer Sicht Gardner (1993, S. 77 ff).

- Das Kind hat die Möglichkeit, sich an seiner sozialen und kulturellen Umwelt im Rahmen seiner Möglichkeiten zu beteiligen und macht reiche, komplexe, sinnliche Erfahrungen.
- Diese Erfahrungswelt strukturiert sich in sinnvoll erlebten Ereigniszusammenhängen, die sich zu Typen zusammenschließen, welche in unterschiedlichen Situationen verwendet werden können. Innerhalb dieser Ereignisstrukturen werden dann einzelne Objekte identifiziert.
- Die Sprache selbst wurde aisthetisch erfasst und in Klang, Melodie sowie Rhythmus strukturiert.
- Gemeinsam geteilte Situationen, ausreichende Spiegelung und Resonanz, Verständigung auf der Grundlage von Empathie (auf Seiten der Erwachsenen) und Mimesis (auf der Seite des Kindes) sowie eine entstehende „Theory of Mind“ bilden einen Ausgangspunkt gemeinsam geteilter Bedeutungen, auf den sich Kommunikation beziehen kann.
- Kinder begreifen den Zusammenhang von Wort und damit verbundenen Sachverhalten, wenn
  - die Situation so eingeschränkt wird, dass Kinder wissen, worauf sich die Wörter beziehen;
  - die Wörter mit einem erlebbaren szenischen Kontext verknüpft sind, aus dem sie die Bedeutung der Wörter erschließen können;
  - jemand vorhanden ist, der mit ihnen in einem solchen Kontext bedeutungsvoll spricht.

Es sollte damit deutlich werden, dass Handeln, sinnliche Erfahrung, imaginative, aisthetische Weisen des Gestaltens, sowie Formen des narrativen Sprechens und schließlich der kulturellen Theoriebildungen insgesamt zusammenwirken, wenn sich eine Sprache entwickeln soll, mit der Kinder über die Dinge und Ereignisse sprechen können, die ihnen etwas bedeuten und zwar so, dass diese Bedeutungen möglichst genau und zutreffende ausgedrückt werden.

Für den Eintritt des Kindes in die Sprache bedeutet dies: Kinder brauchen einen Vorrat an sozial eingebundenen Erfahrungszusammenhängen, über die dann auch gesprochen werden kann. Sie müssen bereits auf der Beziehungs- und der Handlungsebene sinnvoll geordnet sein, so dass das Sprechen einen Zusammenhang erfasst, der individuelle und sozial sinnvoll ist. Etwas paradox formuliert: Kinder brauchen bereits auf nichtsprachliche Weise gestaltete „Gedanken“, die dann auch mit Hilfe der Sprache, ihrer Logik und ihrer kommunikativen Verbindungsmöglichkeiten weiter gedacht werden können.

Das bestätigt auch eine Spracherwerbsforschung: Andresen teilt die mentalen Konstruktionen von Verhalten in verschiedene Dimensionen, innerhalb derer die Sprache einen wesentlichen Part spielt: Weltwissen und Sprachwissen. Mit reinem Sprachwissen kann man den Satz, „die Bank brach zusammen“ nicht verstehen.[12] Wer der deutschen Sprache nicht mächtig ist, kann den Satz, obwohl er vielleicht das nötige Weltwissen (über Sitzmöbel oder Geldinstitute) hat, ebenfalls nicht verstehen. Sprach- und Weltwissen müssen sich also gegenseitig stützen und ergänzen, um eine Bedeutung erfassen zu können. Und, Sprach- und Weltwissen haben einen wesentlichen Anteil am menschlichen Handeln.[13]

In diesem Sinne verändert der Eintritt in die Sprache das Denken und erweitert es. Erst vor diesem gedanklichen Hintergrund wird dann auch theoretisch nachvollziehbar, was täglich in gut arbeitenden Kindertageseinrichtungen beobachtet werden kann: Je genauer Kinder eine Sache kennen lernen, d.h. sinnlich erfassen und manipulierend verändern können, desto genauer und differenzierter sind sie in der Lage, darüber zu sprechen. Ebenso wird verständlich, wenn spätere, in Worten gedachte Gedanken, diese sinnlich körperliche Grundlage auch in ihren abstraktesten Wendungen nicht verleugnen können.

Zur sprachlichen Bildung gehören daher:

- Reichhaltige und differenzierte Sinnes- und Handlungswelten,
- ausführliche Möglichkeiten zur Evolution von Erfahrungen in möglichst vielen Variationen,
- vielfältige Welten aisthetischer Gestaltungsformen unter Einbezug aller Sinnes- Empfindungs- und Fühlmöglichkeiten,
- reiche Welten und Vorräte von realen und imaginativen Geschichten und schließlich
- Zugänge zu den Begriffs- und Theoriewelten, mit welchen Kinder ihre Erfahrungswelt im Sinne kultureller Theorien weiter verarbeiten können.

Zur sprachlichen Bildung reichen keine funktionalen Förderangebote. Sprachliche Bildung gelingt nur in einer Kultur des Lernens.

Literatur

Andresen, H. (2005): Vom Sprechen zum Schreiben. Sprachentwicklung zwischen dem vierten und siebten Lebensjahr. Stuttgart.

Bruner, J. (1987): Wie das Kind sprechen lernt. Bern.

Dornes, Martin (2000): Die Rolle des Spiegel(n)s in der kindlichen Entwicklung. In: ders.: Die emotionale Welt des Kindes. Frankfurt/M., S. 175–226

Fonagy, P., Gergely, G., Jurist, E. L., Target, M. (2002): Affektregulierung, Mentalisierung und die Entwicklung des Selbst. Stuttgart.

Gardner, H. (1993): Der ungeschulte Kopf. Stuttgart.

Gergely, G., Watson, J. (1996): The social biofeedback theory of parental affect-mirroring. In: International Journal of Psycho-Analysis 77, S. 1181–1212.

Greenspan, S. I., Benderly, B. L. (2001): Die bedrohte Intelligenz. München.

12 Andresen 2005, S. 141.

13 Vgl. Andresen 2005, S. 142.

Tomasello, M. (2003): Die kulturelle Entwicklung des menschlichen Denkens. Darmstadt.

Winnicott, D. W. (1975): Die Beobachtung von Säuglingen in einer vorgegebenen Situation. In: Winnicott; D. W.: Von der Kinderheilkunde zur Psychoanalyse. München, S. 31–56.

Über Kultur der Kinder

Bärentheater

Die folgende Episode spielt sich vor dem vergitterten Eingangsloch zu einer Höhle im Gelände der Lernwerkstatt Natur in Mülheim an der Ruhr ab.[1]

Bruno war ein Braunbär, der im Mai 2006 aus der italienischen Provinz Trentino bis in das Grenzgebiet zwischen Österreich und Bayern wanderte und dann mehrfach zwischen Deutschland und Österreich wechselte. Er war der erste frei lebende Braunbär in Deutschland nach über 170 Jahren. Der bis dahin letzte Braunbär in Deutschland war 1835 im bayerischen Ruhpolding erlegt worden. Am 26.6.2006, also zwei Tage nachdem der Bär erschossen wurde, war die Kita Papilo in der Lernwerkstatt Natur. Eine Gruppe von Kindern sprach über Bären, sobald wir im Wald angekommen waren. Sie entschieden, auf die Suche nach Bärenspuren zu gehen. Es dauerte nicht lange, bis mir klar wurde, dass die Geschichte mit Bruno, dem Bären, sie sehr beschäftigte.

Im Wald angekommen, stürzen sich die Kinder auf die Höhle.

„Da ist der Bär drin! Guck, deshalb haben die hier ein Gitter drauf gemacht, damit er nicht raus kann!"
„Lasst uns auf Bärensuche gehen!"
Die anderen Kinder gehen sofort auf den Vorschlag ein.
„Ich hab eine Spur gefunden! Ich hab was gefunden!"
„Was denn?"
„Einen Knochen! Das sind Stöcke, die unter der Erde liegen. Vielleicht ein Dino-Knochen?"
Die Jungen schauen sich die Knochen ganz genau an.
„Ich habe Krallenspuren von dem Bären gefunden!"
Marjan fragt nach: „Woher weißt du denn, welche Spuren vom Bären sind?"
„Die Spuren von Bären sind ganz dünn. Unsere sind viel dicker. Von den Krallen sind die Spuren dünn, von allen Tieren. Bei den ganz kleinen Tieren ist das so: wenn sie dir auf'm Arm krabbeln, fühlt sich das an, als würden die kleben bleiben."
„Habt ihr das Geräusch gehört? Da ist ein Bär!"
„Da sind zwei Bären! Einer von da und einer von da." Philip zeigt in zwei entgegengesetzte Richtungen.
Anke schaut mich an: „Hast du das gehört?"

1 Ich danke Marjan Alemzadeh für diesen Bericht aus der Lernwerkstatt Natur in Mülheim/Ruhr.

Marjan antwortet ihr, dass sie ein Geräusch gehört habe, aber nicht wisse, was es war. Philip schaut etwas unsicher.

„Die haben den schon tot geschossen!"
„Wen?"
„Den Bären aus Bayern!"

Anke meint, dass man dann bestimmt noch Spuren von dem Bären im Wald finden kann.
Gemeinsam entwickeln die Kinder die Geschichte weiter. Jeder erzählt dabei eine andere Geschichte. Aber sie berühren und verketten sich zu einem Netzwerk individueller Geschichten.

„Ich weiß, warum hier die Höhle ist! Das war eine Lawine und dann ist da ein Loch entstanden, wo gefährliche Dinge drin sind und deshalb hat die Polizei ein Gitter dahin gemacht."
„Vielleicht hat Bruno, der Bär, darin gelebt. Und der Bär weiß jetzt eh nicht mehr, wo sein Zuhause ist und jetzt wird er in Bayern aufgestellt! Im Museum!"

Auf der Suche nach Spuren.

Ein Junge ruft:
„Hier ist ein Hinweis! Etwas hartes in der Erde!"
Alle Kinder laufen hin und fühlen in der Erde.
„Es war ein Knochen!"
Die Kinder glauben, einen Knochen gefunden zu haben. Sie graben ihn aus. Etwas traurig sagt einer:
„Es ist doch nur ein Stein!"
Die Kinder untersuchen einen Stock.
„Guck mal am Ende des Stocks. Das sieht ganz komisch aus. Das war bestimmt auch der Bär!"

Eine Erzieherin kommt kurz vorbei und fragt, was die Kinder machen.

„Wir sind auf Bärensuche. Aber der Bär ist schon tot, ne?"

Die Erzieherin nickt.

„Ich glaube, dass der Bär in Bayern war und da hat der Schafe gegessen und so Tiere. Und da kamen Menschen und dann haben sie versucht, ihn zu erschießen mit Schlafpatronen, um ihn zu einem Wagen zu bringen. Das hat nicht geklappt. Dann haben sie ihn mit echten Schießpatronen erschossen, das hat geklappt! Jetzt ist er tot und wird in Bayern aufgestellt."
„Der Bär ist eigentlich auch gefährlich."
„Was macht eigentlich ein Bär? Wahrscheinlich macht er mit seinen Krallen Zeichnungen und Figuren!"

„Wenn der Bär da gewohnt hätte (in der Höhle), dann wäre man da reingegangen mit den Polizisten. Der Bär hat zwei oder drei Polizisten aufgegessen. Dann kam noch ein Dritter, der den Bären dann erschossen hat. Und dann haben sie ihn dahin verfrachtet, wo das Museum ist, nach Norwegen."
„Nee, nach Bayern."
„Und da lebt er jetzt und wenn er nicht gestorben ist, dann lebt er noch heute!"

Während Anke weiter auf Spurensuche geht, fragt sie Marjan:
„Weißt du, was Bären alles machen? Was essen die zum Beispiel?"
Marjan: „Was glaubst du denn, was sie fressen?"
„Die fressen Pflanzen und Grünes vom Baum!"

Plötzlich schaut sie zu Marjan hoch, zeigt auf eine „Spur" und sagt, dass wir die anderen Kinder warnen müssen, da hoch zu gehen. Auf Marjans Frage, warum wir die anderen warnen müssen, erwidert sie:

„Warum wohl? Da ist der Bär. Aber der schläft gerade. Er ruht sich aus von den ganz lauten Geräuschen."

Die anderen Kinder kommen wieder hinzu. Marjan empfindet eine Aufregung.

„Da ist ein Fisch!"
„Nein, das ist kein Fisch, das ist Erde."
„Boah, ich hab einen Bären gehört!"
„Der Bär ist schon tot gemacht worden, der ist jetzt im Himmel. Alle Bären sind erschossen."
„Nein!"
„Doch!"
„Nein!"
„Doch!"
„Nein, in Kanada gibt es noch Bären!"

Kevin (3) und Philip (3) unterhalten sich:
„Da ist die Bärenmama drin, die ist böse! Komm lass uns schnell runter!"
„Ist die böse? Ja, vielleicht will die uns beißen?"
„Da gibt's auch Babybären. Die sind lieb!"
„Da ist ein Krokodil, der ist böse, der will beißen!"
„Babykrokodile können nicht beißen. Die sind lieb."

Anke kommt auf die Idee, mit Hilfe eines Spiegels das Innere der Höhle entdecken zu können.

„Ich seh' was Leuchtendes! Das kann nur ein Bärenauge sein. Aber der will nicht kommen, der Bär. Ich hab ein bisschen Schiss vor Bären."

Anke hat nun einen Stein an der Kordel befestigt, um herauszufinden, wie tief die Höhle ist. Sie lässt den Stein von oben in die Höhle reinfallen.

Philip, der mit einer Taschenlampe in die Höhle leuchtet, um etwas zu erkennen, reagiert stutzig.

„Wie willst du von da oben eigentlich was sehen?“
„Ich lass das einfach nur reinhängen um zu schauen, wie tief das ist!“

Die Idee gefällt Philip und er möchte den Stein auch mal in die Höhle reinhängen lassen.

Ich möchte anhand dieser Geschichte zwei Überlegungen anstellen: Eine greift das Thema einer Sprachkultur im Rahmen des szenischen Spiels mit der Sprache – Theater – auf. Die andere zieht allgemeinere Schlussfolgerungen zum Thema einer Kultur der Kinder.

Alltagstheater – vom Spiel der Geschichten[1]

Theater ist ein notwendiger Teil des kindlichen Denkens. Wenn *Kinder denken, spielen sie Theater – im Kopf oder im Raum. Ich spreche also vom Theater der Kinder*, nicht von einem Theater für Kinder. Theater für Kinder bleibt Spielerei, Aktionismus oder Entertainment, wenn es sich nicht an das kindliche Denktheater anbindet.
Dabei vertrete ich die These, dass das Theater der Kinder sichtbar und hörbar gemachtes Denken der Kinder in einer erzählenden Form ist.

Das Denkmodell

Ich skizziere zunächst ein Denkmodell, das diesen Überlegungen zugrunde liegt. Es geht von der Frage aus, wie denken Kinder, wenn sie auf die Welt kommen und wie entwickelt sich dieses Denken in der frühen Kindheit weiter. Dabei beziehe ich mich schwerpunktmäßig auf die Arbeiten von Bruner, Nelson und Tomasello sowie eigene Forschungen über das Denken der Kinder in Alltagszusammenhängen, vor allem im Bereich des Naturwissens[2]. Das Modell beschreibt vier Formate kindlichen Denkens, die in Alltagssituation erfassbar sind. Mit dem Begriff Denkformate werden hier unterschiedliche Weisen des Denkens bezeichnet. Damit soll herausgehoben werden, dass uns verschiedene Formen des Denkens zur Verfügung stehen und nicht nur die eine des logisch abstrakten Denkens; dass diese Denkformate vor allem dann benötigt werden, wenn eigene Erfahrungen durchdacht werden sollen und dass sie gleichwertig nebeneinander stehen, d.h. mit jedem dieser Denkformate können jeweils unterschiedliche Aspekte der Erfahrung denkend geordnet werden. Gerade bei kleinen Kindern werden diese unterschiedlichen Weisen des Denkens besonders deutlich, weil sie in den frühen Lebensjahren das meiste durch eigene Erfahrung lernen.

Die vier Formate des Denkens sind: Konkret-sinnliches Denken, aisthetisches Denken oder Denken durch Vorstellen, Phantasieren und Gestalten, narratives Denken oder Denken in Geschichten, theoretisches Denken oder abstraktes Denken vor dem Hintergrund kultureller Theorien. Mit Hilfe die-

1 Dieser Teil des Artikels „Alltagstheater“, erstmals erschienen in: Droste, G. dan (2009): Theater von Anfang an! Bildung, Kunst und frühe Kindheit. Bielefeld, S. 145–157.

2 Vgl. Schäfer 2005, 2008; Schäfer et. al. 2009

ser Denkformate organisieren Kinder und Erwachsene ihr Weltwissen. Sie seien im Folgenden kurz skizziert.[3]

Bewegung und Handeln – szenisch handelndes (konkretes) Denken

Kinder erschließen sich ihr Umfeld, indem sie sich handelnd darin bewegen und alles ausprobieren, was ihre Neugier hervorruft. Körperlich-sinnlich erfassen sie ihre Wirklichkeit. Sie speichern ihre Erfahrungen in motorisch-sensorischen Handlungsabläufen, die emotional als mehr oder weniger angenehm oder lustvoll eingeordnet werden. Sie sind im situativen Kontext verwurzelt und werden durch ähnliche Kontextbedingungen wieder in Erinnerung gerufen. Zusammenhängende Ereignisse können zu Ereignismustern zusammengefasst werden, wenn sie sich in typischer Abfolge wiederholen. Was sich in ähnlicher Weise wiederholt, scheint bedeutsam zu sein und verankert sich als *Ereignismuster* im Gedächtnis[4]. Was davon abweicht, ist zumindest potenziell neu, ruft Aufmerksamkeit hervor und wird gegebenenfalls „erforscht". Die Welt existiert im Kopf des Kindes als körperlich-sinnlich-emotionale Handlungsmuster, die sich in vergleichbaren Situationen in der Erinnerung einstellen.

Vorstellung, Gestaltung, Spiel – szenisch bildhaftes (aisthetisches) Denken

Handlungs- und Ereignismuster bilden innere Repräsentationen, die einerseits im Zusammenhang mit Handlungsanlässen erinnert werden können. Als vom Handlungsereignis unabhängige Erinnerung lassen sie sich andererseits aber auch verändern und mit weiteren Erinnerungsmustern zu neuen Ereignisbildern verbinden (Fantasie). Im Spiel gehen solche Fantasien wieder in Handlungszusammenhänge ein, werden Teile neuer Handlungsmuster, die ihrerseits wieder neue Bilder hervorrufen. So lassen sich Ereigniszusammenhänge im Wechselspiel mit veränderbaren Ereignisbildern immer wieder neu zusammensetzen (spielerische Simulation). Vergleichbare Kreisläufe spielen sich in bildhaften Gestaltungsprozessen ab, wenn Kindern dafür geeignete (kulturelle) Materialien und Werkzeuge zur Verfügung stehen.

Sowohl für Spielen als auch für Gestalten gilt: Aus Ereignisrepräsentationen entstehen neue Ereigniszusammenhänge, die ihrerseits wieder variierte oder neuartige Ereignisrepräsentationen ermöglichen. Dadurch können aus einzelnen festen Ereignisabläufen flexible Gedanken werden. Aisthetisches Denken bildet daher einen wichtigen Schritt zur Variabilität des Denkens.

---

3 Vgl. hierzu auch den Beitrag „Naturwissen entsteht" in diesem Band, insbesondere den Abschnitt über „Formen des kindlichen Wissens".

4 Mental Event Representations, MERs, Nelson 1996.

Kommunikation und Sprache – szenisch sprachliches (narratives) Denken

Die Gedanken der Kinder sind in diesen frühen Entwicklungs-Zeiträumen in szenischen Ereignismustern organisiert und damit bereits der „Manipulation" durch das Denken zugänglich. Diese geistigen Veränderungsmöglichkeiten erweitern und differenzieren sich noch, wenn die bislang szenisch bildhaften Gedanken in Sprache verwandelt werden können. Aus körperlich-bildhaften Ereignisabläufen werden *Geschichten,* die von den Szenen erzählen. Das erzählende (narrative) Denken hält diese Ereignisse fest und macht sie dem Bewusstsein zugänglich. Damit gewinnt das Bewusstsein auch eine (begrenzte) Kontrolle über sie. Sie können bewusst überprüft und weiter gedacht werden. *Geschichten rufen neue Geschichten hervor.*

Die Repräsentation der Welt in Ereigniszusammenhängen wird zu einem vielfältigen und variablen Netz von Geschichten verknotet. Eine Geschichte erinnert an die nächste, und neue Verknüpfungen bringen neue Geschichten hervor.

Die Untersuchungen Nelsons zur Entwicklung kindlichen Sprechens und unsere Untersuchungen zur Entwicklung des Sachwissens[5] heben die Bedeutsamkeit des szenisch-sprachlichen (narrativen) Denkens hervor. Es setzt mit dem Eintritt des Kindes in die Sprache ein und ist auch im Kindergartenalter eine wesentliche Weise, über die Welt und sich selbst nachzudenken.

Anschluss an kulturelle Theorien – theoretisches Denken

Das frühe Kindesalters ist die Zeit der Entwicklung und Differenzierung des szenischen Denkens in seinen drei Formen: das konkret handelnde, das aisthetische und das narrative Denken. Ein viertes Format – das theoretische Denken – erhält erst gegen Ende des Kindergartenalters einige Bedeutung. Mit ihm geht das Kind über den szenisch-situativen Zusammenhang der Erfahrungen und des Wissens hinaus. Die Dinge werden aus ihrem situativen Handlungsbezug (aus ihrer Geschichte) herausgenommen und als abstrakte Konstruktionen im Zusammenhang von kulturell erzeugten Theorien – in einer Welt des abstrakten Geistes – neu rekonstruiert und verankert. Diese Entwicklung zeichnet sich, je nach äußeren Gegebenheiten, im späten Kindergartenalter ab und könnte mit dem erwachenden Interesse an Schrift- und Zahlensymbolen einhergehen.

Theoretisches Denken ist das Denkformat, das die Schulen in besonderer Weise in den Vordergrund rücken. Weil es den Modus des szenischen Denkens verlässt, spielt es für das Theater in der Kindheit keine entscheidende Rolle.

---

5 Nelson 1996; Schäfer et al. 2009; Schäfer, Rosenfelder 2010.

Vier Wurzeln des Theaters

Das Theater der sinnlichen Welterfahrung

Theater spielt mit den Formaten des konkreten, des vorstellend-gestaltenden und des narrativen Denkens.

Vom Standpunkt der Entwicklung unterschiedlicher Denkformate bringt das Theater die Sinne zum Nachdenken und zum Sprechen. Am Anfang sind wir alle Ästheten, Spezialisten für Wahrnehmung mit allen sinnlichen Möglichkeiten. Das beginnt mit der Bewegung und dem Handeln als erster Begegnung mit der Welt. Bewegen und Handeln ist die Grundlage des Theaters. Daraus entwickeln sich Vorstellungswelten, die dem Denken und dem Handeln zur Verfügung stehen. Sie kann man reproduzieren, oder man kann mit ihnen spielen, sie spielend verändern. Das ist die Grundlage der Phantasie. Rollenspiele sind eine Form, Phantasien wirklich werden zu lassen. Kommt dann das Wort dazu, dann haben wir das Theater als Teil des alltäglichen Kinderspiels.

Aber: Das Theater hat noch eine weitere Wurzel in der Entwicklung der Kommunikation.

Das kommunikative Theater

Kommunikation beginnt mit der Nachahmung der Mimik, zu der bereits die Neugeborenen ansatzweise in der Lage sind. Mimetische Kommunikation differenziert sich und wird erweitert durch die Kommunikation der Gesten. Auch Bewegungen im Raum – z.B. sich nähern, sich entfernen, jemandem auf den Pelz rücken, die Türe zuschlagen – sind Weisen einer Kommunikation mit anderen. Schließlich hat jedes Handeln einen kommunikativen Aspekt in der Art wie gehandelt wird. Man könnte also sagen, Kommunikation beginnt mit einer Form der Theaters, nämlich des mimisch-gestischen Theaters, das seine Kunstform in der Pantomime findet. In der Inszenierung des alltäglichen Handelns setzt sich Theater in den Alltag fort. Theater rückt die kommunikativen Gestaltungsformen menschlichen Handelns näher ins Bewusstsein.

Das Kopftheater

Gedächtnis ist die Fähigkeit zur Rekonstruktion von Erfahrungen, die mit Hilfe dieser Denkformate geordnet wurden. Von daher ist das Gedächtnis zunächst ein Gedächtnis der erlebten Szenen, ein *episodisches Gedächtnis.* Szenen werden in typischen Szenen, die sich so ähnlich wiederholen, geordnet. In szenischen Handlungszusammenhängen erfassen wir die Bedeutung, die Dinge und Ereignisse haben können. Mutter ist ein Objekt, das in bestimmten Handlungszusammenhängen erlebt und erinnert wird. Mutter ist insoweit bedeutungsvoll, wie sie in typischen, sozial definierten alltäglichen Handlungsabläufen Bedeutung bekommt. Wenn diese für andere Menschen ähnlich sind, bekommt Mutter eine *geteilte Bedeutung*. Bedeutungen, die man mit anderen teilt, lassen sich in Worte fassen. Man kann über sie miteinander sprechen. Sprache spricht also zunächst von gelebten und erinnerten Szenen. Indem sie diese Szene in Worte fasst, gestaltet sie daraus erzählte Geschichten. Aus ihnen wiederum lassen sich dann einzelne Objekte heraus heben und isolieren, indem sie einen Namen bekommen. Aber der Namen, das Wort existiert nur innerhalb von Beziehungen. Ohne expliziten oder impliziten Handlungskontext sind Wörter sinnlos. Theater spielt mit diesen episodischen Sinnbezügen.

Das kulturelle Theater

Die vierte Wurzel des Theaters findet sich in der Kultur.

- **Kultureller Alltag**
  Es ist ein kulturell geprägter Alltag, in dem sich der Alltag der Kinder abspielt. Insofern Kinder diesen Alltag denken, sind die Inhalte ihres Denkens kulturell geprägt. Aber auch die Aufmerksamkeit, die dem kindlichen Denken geschenkt wird, ist nur vor dem Hintergrund unserer wissenschaftlich geprägten kulturellen Entwicklung verständlich. Beides kann als selbstverständlich voraus gesetzt werden. Wichtiger ist die Einbettung des kindlichen Denkens in kulturelle Kontexte.

- **Kulturelle Form**
  Auch wenn dem Theater ein Denken in Szenen und Episoden, konkret oder imaginär, zugrunde liegt, ist dieses Denken noch kein Theater. Theater meint, dieses Denken gleichsam auf eine „Bühne“ zu bringen. Es wird aus dem Alltagsgeschehen herausgehoben. An einem bestimmten Ort, in einem bestimmten Rahmen erhält es eine spezifische Aufmerksamkeit, wird ein re-flexives Ereignis im ursprünglichen Sinn: Theater re-flektiert szenisch handelnd eine erfahrene Wirklichkeit. Indem es diese re-flektiert, macht sie dieses Geschehen fiktiv. In dieser fiktiven Form kann erfahrene Wirklichkeit nicht nur unabhängig vom Tagesgeschehen wiederholt, sondern auch verändert werden. Auf diese Weise wird die „Bühne“ zu einem Ort des fiktiven Durchspielens und Durchdenkens von Erfahrungszusammenhängen, die für bedeutsam gehalten werden. Reflexion bekommt eine kulturelle Form.

- **Kulturelle Geschichten**
  Theater denkt in Geschichten. Zunächst sind es die Geschichten der Kinder, die spielend re-flektiert werden. Doch es gibt auch kulturelle Geschichten, in denen sich wiederfindet, was auch Kindern bedeutsam erscheint. Es geht dabei nicht um ein Lernen oder Kennenlernen kultureller Geschichten, sondern um eine Resonanz: Das Erleben der Kinder wird von den kulturellen Geschichten aufgenommen. Es findet sich in ihnen wieder. Gleichzeitig enthalten sie aber Perspektiven, die nicht unbedingt

im unmittelbaren Erfahrungshorizont der Kinder mit gegeben waren. Das heißt, sie erweitern diese Re-flexion und Erweiterungen sind die Möglichkeiten, die sich auftun, wenn kulturelle Geschichten an die Geschichten der Kinder anschließen. Es geht also um ein Wechselverhältnis zwischen Kind und Geschichten: So wie sich Kinder in den Horizont der kulturellen Geschichten hinein leben, so verwurzeln sich diese Geschichten im biografischen Kontext der Kinder, sie werden zu einem Teil des Erlebens und Denkens des Kindes, ein Teil ihres geistigen Werkzeugs, mit welchem sie neue Welterfahrungen denken.

Erzählendes Denken – Denken in Geschichten

Das Theater ist nicht das Endprodukt einer solchen Entwicklung, sondern ist auf allen diesen Ebenen zu hause. Theater von Anfang an ist daher ein Theater des Körpers und seiner Bewegungen, der Vielfalt der Sinne, der gelebten Szenen, der Vorstellungen und der Phantasien. Ohne diesen Grund bedeuten Wörter nichts und können von nichts erzählen. Erzählendes Denken ist ein Denken in Geschichten. Kinder erfassen ihre Wirklichkeit indem sie Vermutungen anstellen, wie Dinge zusammenhängen. Zusammenhänge bilden Geschichten. Diese Geschichten spiegeln die bisherigen Erfahrungen der Kinder. Das Theater ist – in der Kindheit wenigstens – die Bühne eines erzählenden Denkens. Es macht die Gedanken der Kinder „sichtbar". Und fügt sie in den zwischenmenschlichen Austausch ein. Theater ist „sichtbar" gemachtes Denken. Dies soll vor dem Hintergrund der Szene des „Bärentheaters" erläutert werden.

Nochmals Bärentheater

Diese Episode liest sich wie der Text eines Theaterstücks. Der vergitterte Eingang zur Höhle ist der Ort, an dem die Erinnerungen an die jüngsten Erlebnisse sich in Geschichten verwandeln, in Resonanz mit den Geschichten der anderen Kinder geraten und sich in den Gesprächen der Kinder inszenieren. Es ist, wie wenn der versperrte Höhleneingang die Bühne wäre, auf der sich Wirklichkeit und Erinnerung, Erlebtes und Gewusstes, Gehörtes und Gesprochenes in ein imaginäres Drama verwandeln.

Aber was bringt dieses Drama in Gang? „Was wäre, wenn …", das scheint die Frage zu sein, mit welcher die Kinder versuchen, Ereignisse zu finden, welche dieser vergitterten Höhle einen Sinn geben könnten. Indem Kinder ihre Geschichten sprechend und spielend inszenieren, setzten sie die unterschiedlichsten Erinnerungen an Ereignisse ein, um die Frage zu beantworten, wie sich dieser Ort in den Rahmen ihrer bisherigen Lebenserfahrungen einfügen könnte. Indem sie dies tun, loten sie darüber hinaus die Reichweiten dieser Bedeutungen aus. Man bemerkt, das Theater beginnt lange bevor die Szenen auf eine Bühne treten.

Das Theater der Kinder braucht zunächst keine Bühne. Es inszeniert sich an jedem Ort ihres Interesses. Es ist eine Weise, wie sie ihre Erfahrungen denken, insbesondere, wenn sie es zu mehreren tun. Bevor wir die Kinder auf jedwede Bühne heben, müssen wir ihnen Gelegenheit geben, ihr Denktheater in der Wirklichkeit zu inszenieren.

In Geschichten lernen

Was brauchen Kinder von den Erwachsenen zur Inszenierung ihres Alltagstheaters?

- Reichhaltige Gelegenheiten, an denen ihre Geschichten hervor gelockt werden. Je mehr wir die Kinder mit unseren Zielen und Absichten eindecken, desto weniger kommen sie in die Situationen, in welchen ihre Geschichten zum Vorschein kommen, Situationen, in welchen sie selbst versuchen, Probleme zu denken, vor die sie sich stellen oder gestellt sehen. Aber auch, je mehr wir den Lebensraum der Kinder regeln und eingrenzen, desto weniger haben sie Gelegenheit, selbst Fragen und Antworten zu suchen und ihrer Neugier nachzugehen. Zu den Orten kommt die Zeit hinzu, die Kinder benötigen, dass sich ihre Geschichten hervor wagen. Sie brauchen Erwachsene, die ihnen solche Orte zugänglich machen und ihnen die dafür nötige Zeit frei halten.
- Statt zielorientierter Vermittlung von Wissen brauchen sie Geschichten von anderen – Kindern und Erwachsenen – die an ihre Geschichten anschließen und deren Perspektiven erweitern. Das obige Beispiel zeigt, wie sie in der Lage sind, selbst Erfahrenes und Ideen, die aus den unterschiedlichsten Quellen stammen, in ihre Geschichten mit hinein zu verweben. Geschichten scheint eine wichtige Form zu sein, in der sich Eigenes und Fremdes im Erfahrungsraum der Kinder verbindet. Hier stellt sich nicht die Frage, von wem die Geschichten kommen. Hauptsache, sie passen irgendwie in den kindlichen Horizont hinein. „Da fällt mir eine Geschichte ein …“ (Bateson) scheint die Denkweise zu sein, mit der Erwachsene die Kinder einerseits herausfordern, sie andererseits aber nicht überfordern. Geschichten sind eine Art „flexibler Substanz“, mit deren Hilfe sie Eigenes und Fremdes so miteinander verbinden, dass sie es als ihr eigenes Werk betrachten können.
- Es geht also nicht darum, dass Kinder alles selbst finden und erfinden sollen, sondern, dass sie einen Raum zugestanden bekommen, in dem sie das Spiel von Assimilation und Akkomodation spielen können. Um ihre Welt zu erfassen, brauchen sie Gelegenheit, diese Welt soweit für sich anzupassen, dass sie mit ihren bisherigen Erfahrungen Anschluss finden, aber auch Gelegenheit, ihren eigenen Erfahrungshorizont probeweise so zu variieren und zu verändern, dass er besser an das anschließt, was ihnen an Neuem begegnet. Das *Zentrum pädagogischen Handelns* ist nicht Zielorientierung und Zumutung von erwachsenen Absichten, son-

dern *ein Spielraum des Denkens und Handelns, in dem Kinder ihre Wege finden können, sich Wirklichkeit zu eigen zu machen und sich selbst gleichzeitig dieser Wirklichkeit auch ein Stück weit anzuverwandeln.* Geschichten gewähren solche Spielräume, in welchen Kinder dieses Gleichgewicht zwischen eigenem Können und den Herausforderungen ihrer umgebenden Wirklichkeit simulierend finden können.

- Kinder brauchen auch Orte, an welchen sie ihre Geschichten inszenieren können. Nicht immer ist am Ort des Geschehens Raum und Zeit, dass sich das Denken in Geschichten so entfalten kann, wie am Eingang dieser Höhle. Oftmals nehmen die Kinder ihre Erlebnisse mit nach hause oder mit in die Einrichtung. Und dann brauchen sie einen Ort, wo sie darüber nach-denken können, wo sie ihre Erlebnisse und Erfahrungen als imaginäre Gestaltung – alleine oder mit anderen – wieder hervorholen, im ursprünglichen Sinn des Wortes re-flektieren, widerspiegeln und aus einer Außenperspektive betrachten, variieren und ausgestalten können. In einer Kindertageseinrichtung sollte es dafür wenigstens zwei Orte geben: Zum einen ein *Atelier*, in welchem die kindlichen Geschichten sich in bildhaften Gestaltungen und einen *Rollenspielraum*,[6] in dem sie sich in gesprochener Sprache inszenieren können. Beides sind Orte, an welchen sie dann auch mit den kulturellen Geschichten in Form von Bildern, Szenen und Geschichten in Berührung kommen und Gelegenheit haben, sie in ihre eigene Erfahrungswelt mit hinein zu verweben.

Vom Spiel der Geschichten

Wirklichkeit ordnet sich in szenischen Ereignissen entlang von Handlungen. Wahrnehmen heißt, Ereignisse (nicht Dinge) wahrzunehmen. Solche Wahrnehmungen werden zu Vorstellungen, zu innerlich rekonstruierten bildhaften Szenen. Vorstellungen gestalten sich in Geschichten, die sowohl im Spiel inszeniert, in Bildern gestaltet und in Worten erzählt werden können. Geschichten vernetzen sich mit anderen Geschichten, gleichgültig, aus welcher Quelle sie stammen. Im Theater werden Geschichten wieder lebendig: Theater ist sichtbar gemachtes Denken in Ereigniszusammenhängen.

Geben wir den Kindern Orte, welche ihre Geschichten hervor locken, geben wir ihnen Geschichten, die sie in ihre Geschichten einbauen können, geben wir ihnen Orte, an welchen sie über ihre Geschichten nach-denken können, indem sie diese sich vor Augen stellen, sie als Handlung inszenieren. Bevor das Theater erfahrene Wirklichkeiten auf die Bühne bringt, brauchen Kinder reichhaltige Gelegenheiten, ihre Erfahrungen als zusammenhängende Ereignisse zu erleben, in ihr Gedächtnis aufzunehmen, mit Hilfe vorhergehender Erfahrungen zu denken und in Handlungen, mit den Geschichten

6 Vgl. von der Beek 2010.

anderer zu verbinden und schließlich in Bildern und Worten szenische zu re-flektieren.

Literatur

Beek, A. von der (2010): Bildungsräume für Kinder von Drei bis Sechs. Weimar, Berlin.

Nelson, K. (1996): Language in Cognitive Development. Cambridge, Mass.

Schäfer, G. E. (Hrsg.) (2005): Bildung beginnt mit der Geburt – Förderung von Bildungsprozessen in den ersten sechs Lebensjahren. Weinheim, 2., veränderte Auflage.

Schäfer, G. E. (2008): Lernen im Lebenslauf – formale, non-formale und informelle Bildung in früher und mittlerer Kindheit. Expertise für die Enquetekommission „Chancen für Kinder" des Landtags von Nordrhein-Westfalen.

Schäfer, G. E., Alemzadeh, M., Eden, H., Rosenfelder, D. (2009): Natur als Werkstatt. Berlin, Weimar.

Schäfer, G. E.; Rosenfelder, D. (Hrsg.) (2010): Bildungsjournal Natur und Umwelt. Berlin.

Überlegungen zu einer Spiel-Kultur der Kinder in der frühen Kindheit[1]

Kinder beginnen ihren Bildungsweg mit eigenen Erfahrungen. Bevor sie von anderen Menschen etwas übernehmen können, versuchen sie, ihr Lebensumfeld, so gut es geht, kennen zu lernen. Dabei geht es weniger um „objektive" Erkenntnis, sondern um die Frage, wozu sind die Dinge da, die das Kind umgeben, wozu kann es sie gebrauchen, was bedeuten sie in den Erwachsenen, die für das Kind wichtig sind? Eine bedeutsame Rolle spielen dabei andere Kinder. Mit ihnen verständigen sie sich über ihre Erfahrungen, entwickeln und probieren neue Ideen aus. In diesem Miteinander finden sie eine gemeinsame Sprache des Handelns, der Kommunikation und des Aushandelns von Strategien und Ideen. Die Resonanz, vor allem der Gleichaltrigen, bildet einen Raum der gegenseitigen Anerkennung, ein Reservoir von Handlungs- und Denkmodellen und ein Verfahren der sozialen Synchronisation individueller Erfahrungsmuster.

Wo Erwachsene diesen Prozessen Raum geben, bildet sich so etwas wie ein gemeinsam geteiltes Weltbild. Eine Alltagskultur der Kinder, die gleichermaßen den Stempel ihrer subjektiven und sozialen Welterfahrungen trägt, wie den der kulturellen Rahmen, welche die Erwachsenen dazu beitragen, konkretisiert dieses Bild von der Welt in Handlungen, Gegenständen und Geschichten. Eine Kultur der Kinder wirkt wie ein Schmelztiegel, in dem kindliche Weltsichten, der Reichtum der Ideen der anderen Kinder und die Möglichkeiten, welche die Erwachsenen der kindlichen Welterfahrung eröffnen, zu einem neuen, gleichermaßen individuell und sozial geprägten Erfahrungsmuster legiert werden.

Gedanken-Spiele

Mit der vorangegangenen Geschichte vom Bärentheater möchte ich ein Beispiel gemeinsam geteilter Erfahrung unter Gleichaltrigen und Erwachsenen im professionellen Rahmen einer Lernwerkstatt Natur geben. Dabei möchte ich insbesondere die Bedeutung von Spiel und Kinderkultur als Formen der Beteiligung für das frühkindliche Erfahrungslernen herausheben. Drei Gedankengänge sollen dabei im Zentrum stehen:

1 Dieser Teil geht – stellenweise überarbeitet – auf Teile meines Beitrag „Gedankenspiele" zurück, erschienen in: Flügel, A., Hoffmann, R., Klaas, M., Peperhove, B. (Hrsg.): Kinderkultur(en). Im Erscheinen.

- Geschichten sind eine Form, wie Kinder gemeinsame Erfahrungen machen. Sie öffnen einen Denkraum, an dem sich viele Kinder beteiligen können.
- Aus ihnen ergibt sich eine Form frühkindlicher Kinderkultur, die ich Gedanken-Spiele nennen möchte. Ihre Grundlage sind eine gemeinsame „Sprache", Kooperation (Ko-Konstruktion) und Spiel.
- Da gibt Anlass zu einigen systematischen Überlegungen zu Fragen frühkindlicher Kinderkultur.

Bärentheater

Die Episode von Bruno dem Bären liest sich wie der Text eines Theaterstücks. Der vergitterte Eingang zur Höhle ist ein Ort,

- an dem sich die Erinnerungen an die jüngsten Erlebnisse in Geschichten verwandeln – *Denken in Geschichten*;
- in Resonanz mit den Geschichten der anderen Kinder zu geraten und sich in den Gesprächen der Kinder zu inszenieren – *Kooperation oder Ko-Konstruktion.*
- Es ist, wie wenn der versperrte Höhleneingang eine Bühne wäre, auf der sich Wirklichkeit und Erinnerung, Erlebtes und Gewusstes, Gehörtes und Gesprochenes – unter der Beteiligung vieler Kinder – in ein imaginäres Drama verwandeln – *Spiel.*
- Indem Kinder ihre Geschichten sprechend und spielend inszenieren, setzten sie die unterschiedlichsten Erinnerungen an Ereignisse ein, um die Frage zu beantworten, wie sich dieser Ort in den Rahmen ihrer bisherigen Lebenserfahrungen einfügen könnte. sie suchen nach Bedeutungen und sie loten im gemeinsamen Denken die Reichweiten dieser Bedeutungen aus – *gemeinsam geteilter Sinn.*
- Durch die Aufmerksamkeit von Erwachsenen kann daraus ein Stück frühkindlicher *Kinderkultur* – ein Horizont gemeinsam geteilter Geschichten als Grundlage einer gemeinsam geteilten Geschichte – werden.

In Geschichten denken[2]

In Geschichten werden reale oder virtuelle Handlungszusammenhänge zur Sprache gebracht. Hinter Geschichten stecken also sprachlich gedachte Szenen.

Dieser *szenische Zusammenhang* ist ein wesentliches Merkmal frühkindlichen Denkens. Bevor Kinder die Welt in abstrakten und logischen Zusammenhängen begreifen, begreifen sie sie in Zusammenhängen des Handelns. *Alltäglicher Sinn* entsteht dadurch, dass Dinge in bedeutungsvollen Hand-

---

2 Hier wird ein von Bruner 1997 und Nelson 1989 entwickelter Gedanke aufgegriffen.

lungen mit einander verbunden werden. Diese *Zusammenhänge* des Handelns werden mit Hilfe der *Sprache re-flektiert*. Es entstehen Erzählungen, Geschichten durch welche die Kinder sich die möglichen Verbindungen zwischen den Dingen ins Bewusstsein rufen.

Dabei fällt auf, dass sie *Lücken ihres Wissens* – sie wissen z.B. nicht, was es mit dieser Höhle, die sie nicht betreten können auf sich hat – mit Geschichten füllen, die sie schon einmal kennen gelernt haben. Sie haben offenbar ein so *starkes Bedürfnis nach Sinnzusammenhängen*, dass sie keine offenen Fragen dulden. Deshalb schließen sie ihre Wissenslücken mit irgendwie passenden Geschichten, die sie aus ihren Erinnerungen an vergangenen Erfahrungen, früheres Wissen, bereits kennen.

Dabei spielt für diese Kinder keine Rolle, ob diese Handlungszusammenhänge auf eine realistische Weise „stimmen". Sie müssen zunächst nur in sich stimmig sein. Hier – in den Geschichten – bewegen sie sich in *Möglichkeitsräumen*. Diese Möglichkeitsräume haben wenigstens zwei Aspekte: Zum einen nutzen die Kinder alle Denkspielräume um sich die *Fragen zu beantworten,* die sich ihnen in ihrer Alltagswirklichkeit stellen. Zum zweiten *testen* sie mögliche Zusammenhänge auf ihre Plausibilität aus.

All dies tun sie hier nicht als einzelne Individuen, sondern in einem kooperativen Miteinander. Damit dies zustande kommt, müssen nicht nur die Rahmenbedingungen dafür günstig sein. Sie müssen auch eine *gemeinsame „Sprache"* sprechen, um sich zu verständigen. Offensichtlich ist ein Denken in Geschichten eine wichtige Form durch die sie sich sprachlich untereinander verständigen können.

Denken mit Gleich-Gesinnten

Unter Kindern

Die Geschichte von Bruno erfinden die Kinder – unter Verwendung von Versatzstücken aus der Presse – gemeinsam. Jeder bringt sein Wissenspotenzial dazu in das Gespräch ein. Ko-Konstruktion kann man das nennen, wenn man den Begriff der Konstruktion nicht auf Konstruktionen im Sinne einer Verstandeslogik beschränkt. Der Begriff der Kooperation beschreibt die Vielfalt des Zusammenspiels nach meinem Dafürhalten besser.

Mehrere „Konstrukteure", vor der Höhle auf eine Frage stoßend, geraten in Interaktion. Weil sie ungefähr gleich alt sind, weil sie sich gut kennen und vertrauen, weil sie eine gemeinsame Sprache sprechen und weil die beteiligte Erzieherin ihre Gedanken akzeptiert, lassen sie diesem Zusammenspiel der Gedanken freien Lauf. Dabei entsteht eine Wechselwirkung in der ein Gedanke den nächsten hervorruft. Jeder dieser Gedanken kommt aus einer Geschichte, die irgendwie mit den bisherigen Erfahrungen des erzählenden

Kindes zu tun hat.[3] Die Geschichte eines Kindes erinnert ein anderes Kind an eine (etwas) andere Geschichte. Jedes Kind reagiert mit seinen Erfahrungen und deren Voraussetzungen auf die in einer Geschichte verfassten Erfahrungen eines Anderen. Die Intention des einen Kindes ruft als Antwort die Intention eines anderen hervor, die dieser mehr oder weniger entspricht, oder auch mehr oder weniger von ihr abweicht. Es entwickelt sich ein Ideen-Ping-Pong bei dem niemand mehr am Ende genau sagen kann, wer dazu wie viel beigetragen hat; denn jede Interaktion eröffnet auch für das Gegenüber die Möglichkeit, auf neue, persönliche Ressourcen zurück zu greifen, an die man vorher nicht gedacht hat: „Du erinnerst mich da an etwas, an das ich ohne deine Reaktion nicht gedacht hätte!“ Jede Idee eröffnet Möglichkeitsräume für weitere.

Erwachsene als Gleich-Gesinnte?

Aus diesen Überlegungen wird ersichtlich, dass sich Erwachsene schwer tun können, sich an solchen Ko-Konstruktionen zu beteiligen. Ko-Konstruktion von Seiten der Erwachsenen verlangt, sich auf die spezifischen Dimensionen des kindlichen Denkens einzustellen. Können sie sich auf die Virtualität dieser Gedanken-Spiele einlassen, oder werden sie durch den Realismus ihres Denkens daran gehindert? Haben sie Geschichten beizutragen? Haben sie die Aufmerksamkeit und Geduld um sich im Rhythmus der Kinder auf diesen Austausch einzulassen?

All diese Schwierigkeiten haben die Kinder untereinander nicht. So könnte es eine sinnvolle Aufgabe professioneller Erwachsener sein,

- den Rahmen zu schaffen und aufrecht zu erhalten, der es den Kindern erlaubt, ihre Gedanken untereinander ins Spiel zu bringen;
- dieses Zusammenspiel als externes Gedächtnis festzuhalten und zu dokumentieren;
- die Erinnerungen aufzufrischen und passende Hinweise zu geben, wo es noch Geschichten geben könnte, die sich an das anschließen, was sich die Kinder ausdenken (z.B. in der Literatur) und mit welchen sie ihre eigenen vergleichen oder gar weiter denken können.

Evolution des Sammelns, Variierens, Spielens und Gestaltens

In den Gedanken-Spielen findet man die wichtigsten *Merkmale* mit welchen Scheuerl[4] das Spiel kennzeichnet: Offenheit und Freiheit des Handelns und Denkens; Nützlichkeitserwägungen spielen keine Rolle; es geht um die

3 Alemzadeh (in diesem Buch) hat herausgearbeitet, wie sehr die einzelnen Kinder trotz intensiver Interaktion bei ihrer Geschichte bleiben.

4 Scheuerl 1994.

Freude gegenwärtigen Denkens und nicht um Lernerfolge, die für eine unbestimmte Zukunft vorbereiten; sie spielen in einem Bereich des „Als-ob“, in dem sich nicht die Frage nach der Übereinstimmung mit der gegebenen Wirklichkeit oder realen Folgen stellt; die Gedanken-Spiele werden um ihrer selbst willen gespielt. Darüber hinaus wird deutlich, wie Kinder ihre Erfahrungsrepräsentationen von den realen Erfahrungen lösen um aus ihnen neue Szenarien zu entwerfen, sie unter einer neuen, selbst gewählten Perspektive wieder gemäß ihren eigenen Vorstellungen zusammen zu setzen. Außerhalb des Rahmens von Nützlichkeit und Realitätskontrolle schaffen sich diese Kinder einen Spielraum des Denkens, der ihnen aber dann doch nützlich wird, indem für die Kinder sinnvolle Zusammenhänge geschaffen werden. Dieses Spiel ist nicht spielerisch, sondern ernst. Es ist auch nicht unsinnig, wie es von Erwachsenen manchmal eingeschätzt wird, sondern erzeugt Sinn. Es steht nicht im Gegensatz zum rational logischen Denken, sondern bildet seine Grundlage. Diesen Gedanken möchte ich wenigstens andeutungsweise noch etwas weiter ausführen.

Evolution kommt vor logischem Denken

So wie die Evolution Voraussetzung für das rational logische Denken gattungsmäßig geschaffen hat, bildet die Evolution der menschlichen Erfahrung die Grundlage und den Ausgangspunkt für dieses Denken in der individuellen Biografie. Wir müssen daher von wenigstens zwei unterschiedlichen Logiken ausgehen, in welchen menschliche Erfahrung und menschliches Denken organisiert wird: eine evolutionäre Logik und eine rationale Logik. Die evolutionäre ist der letzteren vorgeordnet, denn sie schafft die Ausgangsbedingungen dafür, dass diese sich entwickeln kann. Die Entwicklung unserer Kultur seit der Renaissance hat uns dazu verführt, die evolutionäre Logik in unserem täglichen Erleben und Denken der rationalen Logik gegenüber zu vernachlässigen. Es ist aber die Logik, welche lebendige Entwicklungsprozesse und damit u.a. auch die frühkindlichen Erfahrungen leitet.[5] Die wichtigsten Prozesse, die sich dabei abspielen sind die folgenden:

- Erfahrungen werden in *Handlungsmustern* gesammelt, die für neue Erfahrungen zur Verfügung stehen. Diese Muster enthalten kognitive, emotionale, ästhetische, motorische, biologische, soziale und kulturelle Anteile, weil Handlungen aus eben diesen Dimensionen bestehen.
- Losgelöst von konkreten Handlungen können diese komplexen Muster auch „gedacht“ werden. Das heißt, sie können als „*Gedanken*“ gleich welcher Art, *verändert* und *variiert* werden. Für diese Variationen sorgen nicht zuletzt die Gedanken anderer.

5 Eigen, Winkler 1975; Maturana, Varela, 1987; Edelman, Tononi 2002.

- Darüber hinaus können sie zu neuen Ideen zusammengesetzt werden. Doch dieses neue Zusammensetzen ist nicht nur willkürlich, sondern *Einschränkungen*[6] unterworfen. Im Falle dieser Kinder geschieht dies nicht durch rationale Logik, sondern durch die Sinnhaftigkeit von Geschichten, die den Kindern plausibel erscheinen. Diese Einschränkungen sind nicht deterministisch.
- Die Geschichten, die dabei entstehen hängen also ab von jeweiligen Handlungs- und Gedankenmustern sowie ihren Variationen, die sowohl individuell, wie auch im sozialen Zusammenspiel erzeugt werden können. Durch die Einschränkungen werden aus den Variationen *Auswahlen* getroffen, die kindlichen Prämissen folgen.
- Im Rahmen dieser Auswahlen können sie zu neuen Gedanken zusammenfasst und ausgestaltet werden. *Sammeln, Variieren, Einschränken, Umgestalten* sind also die entscheidenden Prozesse dieses Denkens.
- In dieser Form orientiert es sich an einer *evolutionären Logik,* wie sie unter anderen Maturana/Varela oder Edelman beschrieben haben. Danach ist es das Zusammenspiel eines Driftens[7] und von Einschränkungen, die die Variationsbreite dieses Driftens begrenzen. Das Neue, das entsteht, entsteht also im Rahmen der Variationsbreite der Ausgangsbedingungen und der Einschränkungen des Feldes in dem dieses Driften stattfinden kann.
- Eigen und Winkler[8] haben gezeigt, dass dieses Zusammenwirken von Variationen und Eingrenzungen als *nicht deterministisches Spiel* verstanden werden kann. Komplexe Lebensprozesse sind in dieser Weise organisiert.
- Aber auch das Beispiel der Geschichten der Kinder an der Bärenhöhle folgt diesem evolutionären Spielprinzip: Die Ideen der Kinder geben eine Variationsbreite ihrer Gedanken vor, die durch mögliche vorgestellte oder reale Sinnzusammenhänge eingeschränkt werden. Im Rahmen dieser Variationsbreite und Einschränkungen – über den die Kinder selbst mitbestimmen können – entstehen neue Geschichten.

Gibt es eine Kultur der Kinder in der frühen Kindheit?

Eine Kultur der Kinder, für sich genommen, gibt es nicht

Um von einer *Kultur der* Kinder zu sprechen, muss man sie für möglich halten. Sonst kann man sie nicht finden. Damit möchte ich gleichzeitig die Frage bejahen, dass es eine solche Kultur der Kinder bereits in den frühes-

---

6 Bateson 1981.
7 So beschreiben Maturana und Varela den Prozess der Variation.
8 Eigen, Winkler, a. a. O.

ten Jahren geben kann, wenn bestimmte Voraussetzungen geschaffen werden. Einige davon sollen im Folgenden genauer ausgeführt werden.

Die *Kultur der Erwachsenen* spielt dabei eine nicht unerhebliche Rolle, wie die obige Geschichte mehr als deutlich macht. Die Geschichten der Kinder entzünden sich an Medienberichten, Wissen aus Büchern und Filmen und was sie sonst noch von Erwachsenen auf die eine oder andere Weise, mitbekommen haben. Sie verwenden diese Anleihen jedoch auf ihre eigene Weise, halten sich nicht an die Diskurs- und Denkregeln der Erwachsenen, behandeln sie wie *Spielmaterial.*

Ich würde daher nicht von Aneignungsprozessen sprechen, sondern von Prozessen der Variation, der Umdeutung und der Ausgestaltung. Kinder machen etwas Eigenes daraus. Dieser von ihnen *geschaffene Eigen-Sinn* ist die Grundlage einer Kultur der Kinder.

Das bedeutet aber auch: Trotz Eigen-Sinn führt eine Kultur der Kinder kein isolierbares Eigenleben. Sie ist nichts, was man unabhängig von der Kultur der Erwachsenen erfassen könnte. Sie ist etwas *Relationales* zwischen den Generationen. *Erst im Spiegel der Nichtkinder wird Kultur der Kinder wirklich.*

Das bedeutet, wir können sie nur erfassen, wenn wir uns dabei auch selbst in den Blick nehmen. Wenn wir sie so mit unserem eigenen Erleben wahrnehmen, erscheint sie uns, weil sie ja eigenwillig mit unseren kulturellen Mustern umgeht, als *etwas Fremdes.*

Es ist an uns, sie mit einem ethnografischen Blick, mit der Suche nach einem Verständnis für etwas uns Fremdes, zu erfassen. Sie bedarf also einer *Anerkennung durch die Erwachsenen.* Nur so kann sie als Abweichung zum Vorschein kommen.

Besondere Schwierigkeiten Kinderkultur zu erfassen

Die kulturellen Äußerungen der Kinder sind nichts Festes. Es handelt sich eher um *Gedanken zum Weiterdenken*, Momente eines Prozesses, von dem man nicht genau wissen kann, wohin er führt und wann er zum Stillstand kommt. Anders als in der Erwachsenenkultur, finden wir keine kulturellen Endprodukte. Für sich genommen, aus dem Zusammenhang gerissen, sind einzelne Erzeugnisse zumeist kaum verständlich.

Außerdem, es sind *nicht nur Geschichten in Wörtern*. Die *Mimik* vertieft das Gesprochene in das Verständnis des Körpers und seiner Gefühle. Die *Gesten* wenden sich an die Anderen. Die *Bewegungen* folgen den Geschichten wie getreuliche Schatten.

Man kann sich nur fragen, wozu es gut sein soll leicht flüchtige, kulturelle Prozesse dingfest zu machen? Man muss sie festhalten, damit mit man sie genauer betrachten und untersuchen kann. Und diese Untersuchung ist wiederum notwendig, wenn wir etwas vom *eigenwilligen Beitrag der Kinder zu ihren Lern- und Bildungsprozessen* erfassen wollen.

Unsere Auffassungen von dem, wie Kinder lernen und wie sie sich bilden hängen sehr stark davon ab, wie wir ihren eigenen Beitrag dazu einschätzen. Schätzen wir ihn gering, werden wir ihnen die Welt vermitteln, sie belehren. Verstehen wir etwas von ihrer eigenen kulturellen Tätigkeit, werden wir möglicherweise geneigt sein, diese stärker zu unterstützen. Aber man kann nur unterstützen, was man kennt. Deswegen ist die Frage nach der kulturellen Tätigkeit der Kinder für eine *frühkindliche Bildungsforschung* von einiger Bedeutung.

Aber sie hat Schwierigkeiten, weil sie sich auf Beziehungs- und Verständigungsprozesse zwischen Erwachsenen und Kinder bezieht, die in weiten Bereichen nicht sprachlich verfasst sind. Wir müssen also, wenn wir Kinderkulturen entdecken und unterstützen wollen, bildliche, mimische, gestische, szenische Äußerungen der Kinder als ihre kulturellen Produkte verstehen lernen.

Ein Gedächtnis für die kulturelle Tätigkeit der Kinder

Voraussetzung für dieses Festhalten der kindlichen kulturellen Tätigkeit ist ein *wahrnehmendes Beobachten,* ein Beobachten, welches versucht, die Intentionen von Kindern zu erfassen. Ähnlich, wie vor hundert Jahren die Zeichnungen der Kinder, fangen wir heute an, ihre Geschichten zu sammeln.

Externe Gedächtnisse als Grundlage von Kinderkulturen

So, wie damals Papier und Stifte ihre Produkte festhielten, sind es heute *Mikrofone, Fotoapparate und Kameras*, welche die leicht flüchtigen Produkte eines Zusammentreffens von Ideen aus einer Mehrzahl von kindlichen Köpfen in einem externen Gedächtnis speichern. Und es sind die *PCs und Laptops*, die es uns ermöglichen, diese Materialien aufzubereiten und schnell verfügbar zu machen. Es hat dieser neuen, leicht zu handhabenden elektronischen Werkzeuge bedurft, dass man nun Prozesse wahrnehmen, speichern und sammeln kann, die sich vorher als leicht flüchtig erwiesen, weil unser Gedächtnisse nicht dafür gebaut sind allzu viele Details festzuhalten. Dieses Festhalten ist eine Vorbedingung, dass sich Kulturen der Kinder bereits im frühen Kindesalter entwickeln können.

... als Bildsprache der Kinder

Sie erweisen sich auch noch unter einem anderen Aspekt als hilfreich. Damit sich kulturelle Prozesse einstellen können, müssen die Gedanken der Kinder über den Augenblick hinaus nicht nur festgehalten, sondern auch in einer „*Schrift*“ verfasst werden, *die von den Kindern selbst wieder „gele-*

sen" werden kann. Vornehmlich ist es die Sprache der Bilder, die dafür genutzt werden kann, so lange Kinder noch nicht lesen und schreiben können. Sich in Werken bildlichen Gestaltens auszudrücken, bleibt bei den Kindern ein wesentlicher Bereich des Denkens und der Äußerung, auch wenn sie längst sprechen können.

... als Anknüpfungspunkt zum Weiterdenken

Mit Hilfe der moderne Medientechnologien, mit welchen wir die flüchtigen kulturellen Äußerungen der Kinder fixieren, ist es genauso leicht möglich, Bildmaterialien zu erzeugen, die sehr rasch den Kindern, vor Augen gestellt oder in die Hand gegeben werden können. Vorübergehende oder dauerhafte Sammlungen oder Ausstellungen bewahren aber noch reichere sinnliche Erfahrungen auf, als dies Bilder tun können Dabei sind es sowohl die Fundstücke der Kinder, wie auch ihre Erzeugnisse, die in diese Sammlungen und Präsentationen eingehen, dort vielleicht neben einander stehen und zum vergleichenden Nachdenken herausfordern.

... als Realisierung einer gemeinsam geteilten Geschichte

Ein vierter Grund für den Gebrauch externer Gedächtnisse liegt darin, dass dadurch aus gemeinsam erzählten Geschichten eine *gemeinsam geteilte Geschichte* werden kann. Die Kultur der Kinder ist die Spur dieser Geschichte. Eine gemeinsame Geschichte ist aber auch ein wesentlicher Grundstein für das individuelle Selbstbewusstsein.

Eine Kultur der Kinder entsteht aus einer Kooperation mit Erwachsenen

Die Kinder im obigen Beispiel denken alle in ähnlicher Weise. Sie denken in Geschichten. Sie setzen erfahrene Geschichten ein, um eine Frage zu klären, die sie sich stellen. Für Erwachsene ist es nicht immer möglich, auf der gleichen Denkebene mit einer Geschichte zu antworten.

Es geht um mehr als um gedankliche „Konstruktionen". Es geht um Beziehungen, um Akzeptanz, um Engagement, um Neugier, Interesse, die Suche nach Bedeutungen und wahrscheinlich noch um Weiteres. Dieses „Mehr-als-Gedankenkonstruktionen" drückt sich in Geschichten aus, die die Kinder innerlich bewegen.

Das Ping-Pong der Geschichten trägt den Charakter eines Spiels, in dem die verschiedensten Dimensionen von Antwortmöglichkeiten nach dem Motto „Was wäre, wenn ..." virtuell ausgelotet werden.

Das Denken in Geschichten zwingt die Kinder (noch) nicht, ihre Gedanken in der Sprache eines Erwachsenendenkens (in unserer Kultur) zu formulieren. Die Geschichten, die sie mit anderen Kindern teilen und die – wie hier an vielen Stellen deutlich wird – von (halb- oder unverdauten) Geschichten der Erwachsenen ausgehen, ermöglichen den Kindern einen Horizont auf der Ebene einer lokalen Kinderkultur, in den sie sich mit ihrem Denken einfügen können und der ihnen eine Verständigung auf der Ebene der Peers eröffnet.

Damit wird eine wichtige Funktion der Peers deutlich. Sie ermöglichen den Kindern einen gemeinsam geteilten Erlebnis- und Erfahrungsraum, in dem sie ihre eigenen Erfahrungen mit denen anderer in Verbindung bringen können: Zum einen synchronisieren sie damit ihre Erfahrungen auf der Ebene einer selbst maßgeblich mitgestalteten Kinderkultur (der selbst erzählten erfahrenen oder fiktiven Geschichten). Zum anderen bereichern sie ihre eigenen Geschichten durch die der anderen und – zum dritten – werden sie dazu herausgefordert, ihre Geschichten zu verändern und weiter zu denken, um zu neuen Geschichten zu gelangen.

Es wäre eine wichtige Funktion der Erwachsenen,

- den Rahmen zu gewährleisten, in welchem eine Kultur der Gedanken-Spiele entstehen kann;
- sich beispielsweise durch Beobachtung, Dokumentation, Sammlungen, Ausstellungen usw. als externes Gedächtnis zur Verfügung zu stellen, an das die Gedanken der Kinder immer wieder anknüpfen können;
- ihnen kulturelle Bereiche zu öffnen und zugänglich zu machen, die ihnen ermöglichen, ihre eigenen Geschichten weiter zu bearbeiten und zu bereichern.

Erwachsene könnten als Vermittler zwischen einer Kultur der Kinder und einer Kultur für Kinder betrachtet werden.

Es ergibt sich aber auch die Frage, in wie weit eine Erwachsenenkultur es zulässt, dass sich Kinder einen eigenständigen Rahmen aus Geschichten schaffen, eine erzählte und erzählbare Kultur der Kinder, die ihnen eigenständige Denkprozesse auf der Ebene des Geschichtenerzählens und -erfindens ermöglicht.

Eine Kultur der Kinder für sich alleine gibt es daher nicht. Wie das Beispiel und die Überlegungen belegen, wird sie zusammen mit den Erwachsenen erzeugt. Gedanken-Spiele sind ein Ergebnis dieser Kooperation.

Literatur

Bateson, G. (1981): Kybernetische Erklärungen. In: ders.: Ökologie des Geistes. Frankfurt/Main, S. 515–529.

Bruner, J. (1997): Sinn, Kultur und Ich-Identität. Heidelberg.

Edelman, G. M., Tononi, G. (2002): Gehirn und Geist: Wie aus Materie Bewusstsein entsteht. München.

Fonagy, P., Gergely, G., Jurist, E. L., Target, M. (2004): Affektregulierung, Mentalisierung und die Entwicklung des Selbst. Stuttgart.

Maturana, H. R., Varela, F. J. (1987): Der Baum der Erkenntnis. Bern, München, Wien.

Nelson, K. (Ed.) (1989): Narratives from the Crib. Cambridge, London.

Schäfer, G. E. (2006): Bildungsprozesse von Anfang an denken. In: Beek, A. von der, Schäfer, G. E., Steudel, A.: Bildung im Elementarbereich – Wirklichkeit und Phantasie. Weimar, Berlin. S. 57–71.

Schäfer, G. E. (2008a): Das Denken lernen – Bildung im Krippenalter. In: Betrifft Kinder, H. 8/9, S. 6–15.

Schäfer, G. E. (2008b): Anfängergeist – Über Bildung und Beteiligung im frühen Kindesalter. In: Betrifft Kinder, H. 10, S. 6–17.

Scheuerl, H. (1994): Das Spiel. Bd. 1. Weinheim, Basel.

Tomasello, M. (2002): Die kulturelle Entwicklung des menschlichen Denkens. Frankfurt/M.

Aspekte einer Kultur der Kinder

1. Reichhaltige Erfahrungswelt
2. Vielfältige Ausdrucks- und Denkformen (Formate)
3. Eine ebenso vielfältige Resonanz in der Welt der Peers
4. Die Beteiligung der Erwachsenen in Form gemeinsam geteilter Erfahrungen
5. Externe Speicher (Dokumentationen, Sammlungen, Bildreportagen etc.)
6. Anknüpfungen an kulturelle Traditionen und Güter
7. Eine Grundhaltung des Spiels

Anfänge des Naturwissens

Naturwissenschaft im Kindergarten?[1]

Ohne zu zögern wird in der derzeitigen Diskussion von Naturwissenschaften im Kindergarten als einer vordringlichen Bildungsaufgabe gesprochen. Bei aller Bedeutung, die das Thema Natur grundsätzlich für frühkindliche Bildung hat, sollte doch klarer zwischen Naturwissen und Naturwissenschaft unterschieden werden. Zum einen bringen Kinder immer schon ein (implizites oder explizites) Wissen um Naturdinge mit. Es stellt sich die Frage, kann dieses Wissen der Kinder aufgegriffen und weiterentwickelt werden, oder sollte es von einem naturwissenschaftlichen Wissen überlagert werden? Man wird umso mehr zu seiner pädagogischen Überlagerung neigen, je weniger man über das mitgebrachte Naturwissen der Kinder weiß.

Naturwissenschaft ist immer nur ein kleiner, besonders geprüfter Ausschnitt aus dem kulturellen Naturwissen. Kann – aus der Bildungsperspektive – dieses Ausschnittwissen, das wir den naturwissenschaftlichen Methoden verdanken, einen Alleinvertretungsanspruch für das gesamte Naturwissen geltend machen? Es wird sich zeigen, dass gerade in der frühen Kindheit, andere als wissenschaftlichen Weisen des Denkens über Natur eine grundlegende Bedeutung haben. Dabei legen die Untersuchungen in der Lernwerkstatt Natur in Mülheim nahe, dass es konkret-handelnde, gestaltende (aisthetische), sprachlich erzählende (narrative) und theoretisierende Formen des Denkens sind, mit welchen Kinder sich die Grundlage für ihr Naturwissen verschaffen. Das bewusste „Wissen“ spielt dabei nur eine Teilrolle. Im Vordergrund stehen – je jünger die Kinder sind, desto mehr – konkrete, sinnliche und imaginative Erfahrungen in Alltagszusammenhängen. Der alltägliche Handlungskontext wird dabei von den Kindern benötigt, damit sie daraus erschließen können, welche Bedeutung ihre Erfahrungen im täglichen Leben der Erwachsenen und in der Kultur haben.

Man wird also im Bereich des Naturwissens unterscheiden müssen zwischen konkreten Erfahrungen in Alltagszusammenhängen, einem daraus abgeleiteten Wissen, mit welchem sich die Kinder diese Alltagserfahrungen erklären und einem wissenschaftlichen Wissen, welches irgendwie an diesem Alltagswissen ansetzt. Frühkindliche Bildung im Bereich der Natur wird daher alle drei Bereiche bedenken müssen, die konkreten Erfahrungen der Kinder, ihr daraus selbst erschlossenes Wissen, und das naturwissenschaftliche Wissen.

1 Originalbeitrag. Vgl. auch Schäfer, Rosenfelder 2010, S. 6–11.

Die derzeitige Bildungsdebatte blickt jedoch nur auf eine frühe Einführung der Kinder in die Naturwissenschaft, auf kindgerechte Experimente, auf Experimentierecken und Kästen, auf didaktische Einheiten, die bestimmte Themen den Kindern nahe bringen. Sie läuft dabei Gefahr, den Kindern den Weg zu den Grunderfahrungen von Natur durch immer früheres Schulwissen – wie kinderfreundlich zubereitet auch immer – zu verstellen. Sie führt eine Debatte um die Betreuung von Kindern unter drei, ohne die Bildungsthematik wirklich auch auf diesen Bereich zu übertragen. Wenn man aber den Bereich der Natur als ein zentrales Thema kindlicher Bildung ernst nimmt, dann muss man sich fragen, wie hier Bildungsprozesse von Anfang an aussehen könnten. Dann muss man aber auch mehr darüber wissen, wie Kinder sich selbst diese Welt von Anfang an erschließen. Der Blick auf die konkret-handelnden, gestaltenden, erzählenden und theoretisierenden Formen kindlicher Welterschließung, wie wir sie in unseren Beobachtungen von Kindern in einem reichhaltigen, natürlichen Umfeld herausarbeiten können, hilft, sich über die Unterstützung kindlicher Bildungsprozesse im Bereich der Natur bereits in den ersten Lebensjahren Gedanken zu machen, ohne Gefahr zu laufen, Krippen- oder Kindergartenkinder in einem konservativem Sinn zu „verschulen".

Naturwissenschaft beginnt mit Beobachten

Die modernen Naturwissenschaften sind aus einer historischen Entwicklung über mehrere Jahrhunderte hervorgegangen. Um die heutigen Problemstellungen zu verstehen, muss man auch begreifen, welche Fragestellungen im Laufe der Geschichte bearbeitet werden mussten, damit man heute molekularbiologische, informationstheoretische, physikalische Fragen im Giga- und im Nanobereich usw. überhaupt stellen kann. Für die Zukunft werden nicht nur Fähigkeiten notwendig sein, welche die Naturwissenschaften in die Lage versetzen, noch mehr Detailwissen zu produzieren. Sowohl für die Weiterentwicklung von Technologien, wie auch für die Weiterentwicklung relevanter naturwissenschaftlicher Fragestellungen wird die Untersuchung von sehr komplexen Zusammenhängen immer bedeutsamer werden. So steht z.B. die Hirnforschung vor der Aufgabe, nicht nur die Vorgänge im Gehirn immer detailreicher aufzuklären, sondern auch vor der Fragestellung, wie das komplexe Zusammenwirken dieser zahllosen Einzelsysteme zu Phänomenen wie Geist und Bewusstsein führt. Die Erforschung lebender Wesen steht insgesamt vor dieser Fragestellung, die Wolf Singer als das Bindungsproblem bezeichnet (2002).

Der Fortschritt in den Naturwissenschaften über die Jahrhunderte wurde im Wesentlichen dadurch erzielt, dass neue Wahrnehmungen gemacht wurden, die mit neuen Instrumenten zu einer verbesserten Wahrnehmung einhergingen. Durch sie erwiesen sich die jeweils gängigen Sichtweisen als unzureichend. Die Wahrnehmungsverbesserungen reichen vom Fernrohr über das Mikroskop bis hin zum Radioteleskop, satellitengestützten Wahrnehmungsinstrumenten, Röntgentechniken und anderen Verfahren, die das Innere lebender Wesen inspizieren können, bis hin zu Film- und digitalen Aufnahmetechniken, die es gestatten, Prozesse in der Zeit zu raffen oder zu verlangsamen. Auch Experimente sind in dieser Hinsicht Verbesserungen der Wahrnehmungsmöglichkeit, indem sie bestimmte Zusammenhänge in einen isolierten Kontext simulierend wahrnehmbar machen.

Grundlage jeglicher naturwissenschaftlichen Erkenntnis ist also eine differenzierte Beobachtungs- und Wahrnehmungsfähigkeit. Diese beginnt, wie auch in der Geschichte der Naturwissenschaften, mit der Aufmerksamkeit für die Phänomene in der alltäglichen Umgebung, mit dem Sammeln von interessanten, d.h. die alltägliche Routine durchbrechenden Wahrnehmungen und den Fragen nach den Hintergründen und Zusammenhängen, die sich daraus ergeben. So wie Kuriositäten und Wunderkammern in der frühen Geschichte der Wissenschaft (vgl. Duncker 1993) dieses entdeckende, staunende Interesse der Menschen an den Phänomenen der Natur verkörpert haben, so sind es die kindlichen Sammlungen von Gegenständen, Eindrücken, Geschichten, welche sich auf Phänomene der Natur beziehen, die den Anfang eines neugierigen Erkenntnisstrebens signalisieren und begründen.

Die Natur kennen lernen

Was man nicht kennt, kann kein Interesse hervorlocken

Hinzu kommt ein Zweites. Damit man überhaupt ein Interesse an der Natur und ihrer denkenden Erschließung entwickeln kann, muss man sie kennen lernen. Was man nicht kennt, kann kein Interesse hervorlocken, das kann man aber auch nicht erhalten oder gar lieben. Interesse und Liebe zu einer Sache, Begeisterung für eine Tätigkeit oder ein Erkenntnisfeld aber sind eine wesentliche Grundlage für die Erkenntnishaltung, die intensiv genug ist, um Fragestellungen und Probleme produktiv zu lösen.

Noch im 19. Jahrhundert bestand ein wichtiger Teil naturwissenschaftlichen Vorgehens im Entdecken und Sammeln von bislang Unbekanntem, dessen Beschreibung und dessen detaillierter Untersuchung. Charles Darwin oder Alexander von Humboldt haben Beschreibungen von Landschaften, Pflanzen, Tieren geliefert und sie in Zeichnungen und Aquarellen festgehalten. Brehms Tierleben ist aus diesem Geist des Kennenlernens hervorgegangen und hat in der Erweiterung von Grzimek bis ins letzte Drittel des 20. Jahrhunderts gewirkt.

Sammeln und wie geht es weiter?

Chet Raymo[2] berichtet, dass Charles Spargue Sargent zu Beginn des 19. Jahrhunderts ein 14-bändiges Werk über alle Bäume Nordamerikas schrieb: Silva of North America.

> „Nach der Veröffentlichung wurde das Werk allenthalben gefeiert. Die Silva ist typisch viktorianisch, eine Wissenschaft der Beschreibung und Klassifizierung, die sich mit stolz präsentierten, umfassenden Sammlungen brüstet. Noch war es keine Ökologie und noch keine sichere Grundlage für Naturschutz, aber bevor die Waldpflanzen nicht katalogisiert waren, ließ sich auch keine weiterführende Wissenschaft betreiben." (41/42)

> „Die heutige Wissenschaft ist vorzugsweise abstrakt und intellektuell, Sargents *Silva* hingegen berauscht die Sinne. Das Gewicht der Bände, die große, fett gedruckte Schrift, die üppigen lateinischen Namen, die anektotenhaften Fußnoten, der autoritative Stil und vor allem die wunderbar wiedergegebenen Illustrationen sprechen Tastsinn, Auge und Geist gleichermaßen an. Die *Silva of North America ist selbst eine Art von Baumgarten ...* " (42)

Diese Beschreibung erinnert an etwas, was wir bei Kindern häufig wahrnehmen können. Sie sammeln akribisch Dinge. Sie betten sie in „wertvolle" Schächtelchen oder inszenieren sie in kleinen Ausstellungen. Sie betasten sie zärtlich, ordnen sie um. Und sie kehren immer wieder – heraus aus ihren anderen Beschäftigungen – zurück zu ihren Schätzen. Die Zeit, in der solches Sammeln von Schätzen der Natur noch ein Teil der Wissenschaft war, liegt grade mal 150 Jahre zurück. Das sollte uns verständlicher machen, was Kinder tun, wenn sie Natur begegnen: Sie betreiben auf ihre Weise eine Art von Naturforschung, die vor nicht allzu langer Zeit tatsächlich einen wesentlichen Teil von Naturwissenschaft ausmachte.

Bevor man Natur mit experimentellen Mitteln untersucht, muss man erst einmal die Möglichkeiten ausschöpfen, die in einer intensiven Wahrnehmung, Beschreibung und Einordnung dieser Phänomene in bisher bekannten Erfahrungen und Theorien liegen. Das gilt auch für kleine Kinder. Sie müssen erst einmal sammeln, was sie an interessanten Dingen und Vorgängen finden, sie müssen mit ihnen umgehen, um herauszufinden, was man alles mit ihnen machen kann, und sie müssen darüber nachdenken, mit welchen ihnen bereits bekannten Phänomenen sie diese vergleichen können. Erst wenn in dieser Weise eine Basis an lebendigem und alltäglichem Verständnis für Dinge der Natur vorhanden ist, kann man davon ausgehen, dass Kinder weitergehende, interessierte Fragen stellen.

2 Chet Raymo 2004.

Vergleichbares gilt auch für die Sprache, in die Naturerfahrungen gefasst werden. Bevor man wissenschaftliche Begriffe einführt, muss man Naturerfahrungen erst einmal alltagssprachlich erschließen. Auch Erwachsene haben Dinge erst dann wirklich und tiefgreifend verstanden, wenn sie Wege gefunden haben, sie – wenigstens ansatzweise – in alltäglichen Worten auszudrücken.

Was heißt kennen lernen?

Kennenlernen beginnt mit einer Aufmerksamkeit für das Besondere

Was aber heißt kennen lernen? Kennenlernen beginnt mit einer Aufmerksamkeit für das Besondere, das die Alltagsroutine irritiert oder stört. Es fährt fort mit dem Versuch, dieses Phänomen aus verschiedenen Blickwinkeln zu betrachten. Dazu muss man sich Zeit geben, um sich auf verschiedene Fragestellungen einzulassen, sie auf verschiedenen Wegen wahrzunehmen, sowie durch Ausprobieren auch eine Beziehung herzustellen, die man als sinnvoll und befriedigend erlebt. Daraus entwickeln sich Fragen, die man gerne beantworten oder beantwortet haben möchte.

Es ist dieses intensive Kennenlernen, das die Motivation erzeugt, die Schwierigkeiten zu überwinden, die sich dem Weg der Erkenntnis entgegenstellen. Denn ohne diese Schwierigkeiten auszuhalten und zu meistern, werden keine (neuen) Erkenntnisse gewonnen.

Den Weg des Wahrnehmens und Kennenlernens, gepaart mit einem probierenden Handeln, das experimentellen Charakter hat, kann man nicht mit allen Dingen gehen, die irgendwie auffallen. Man muss auswählen, was einem bedeutsam ist und an diesen exemplarischen Fällen den ganzen Weg vom Wahrnehmen bis zur Problemlösung durcharbeiten. Der Atomphysiker H. P. Dürr hat dies in einem Gleichnis ausgedrückt: Es ist nicht notwendig, jeden Berg zu besteigen, um Bergsteigen zu können. Allerdings ist es wichtig, es an einigen Bergen immer wieder in allen Details durchprobiert zu haben, um dabei die Sicherheit zu gewinnen, dass man nicht nur seine Bewegungsabläufe beherrscht, sondern – darüber hinaus – auch unvorhergesehene Situationen zu meistern lernt. Dazu muss man das, was man kann, spontan neu kombinieren und organisieren.

Um etwas Neues zu lernen, muss man schon etwas können

Jedes Wissen braucht einen Erfahrungskontext, durch den dieses Wissen als sinnvolles Wissen erkannt werden kann.[3] Jede Art von Erfahrung oder Erkennen, auch im Bereich von Natur und Naturwissenschaft, geht von Können und Wissen aus, das bereits vorhanden ist. Das muss man speziell bei kleinen Kindern berücksichtigen, weil man bei ihnen nicht annehmen kann, dass sie viele Erfahrungen, die in unserer Kultur selbstverständlich sind, bereits gemacht haben. Diese Erfahrungskontexte, die den Kindern Natur erschießen, sind auch nicht einfach durch Experimente „herzustellen".

Um zu begreifen, wie Wolken entstehen, ist es nicht unbedingt sinnvoll, mit einem Kondensversuch zu beginnen, vielmehr braucht man Erfahrungen in Alltagsphänomenen, in denen Wasser kondensiert: z.B. beschlagene Fensterscheiben, dampfende Kochtöpfe, Nebel auf den Straßen oder Wolken, durch die man in den Bergen oder mit dem Flugzeug getaucht ist. Der Kondensversuch macht dann die Zusammenhänge klar, die diese Phänomene aus der Alltagserfahrung miteinander zu einer „Theorie der Wolkenbildung" verbinden. Bevor man im naturwissenschaftlichen Sinn experimentiert, muss man schon viele Erfahrungen haben, die man dann mit dem feineren Instrument des Experimentierens weiter hinterfragen kann. Bildungsprozesse in und mit der Natur müssen berücksichtigen, dass Kinder bereits einen Kontext konkreter Erfahrungen brauchen, um die Erklärungen zu begreifen, die unser Erwachsenenwissen anbieten kann.

Können und Wissen im Bereich der Natur baut sich also „von unten" her auf. Es geht aus einer Entwicklungsgeschichte hervor, in der vorhandenes Können und Wissen über neue Erfahrungen umgewandelt wird. Wagenschein[4] hat diesen Prozess „genetisch" genannt Ausgangspunkt sind Alltagserfahrungen, die Erstaunen hervorrufen. Deshalb werden sie genauer betrachtet und untersucht. Kinder machen sich darüber Gedanken, entwickeln Theorien, die sie wieder verwerfen, um sich neue, bessere auszusuchen. Diese werden wieder ausprobiert. Man spricht mit anderen, bezieht fremde Überlegungen und Vorschläge mit ein. Und immer wieder wird das Gedachte mit dem Wahrgenommenen überprüft. Die Wahrnehmungen werden umso schärfer, je mehr überlegt wurde, die Überlegungen immer treffender, je mehr und je genauer wahrgenommen wurde.

Die Ideen und Gedanken werden also nicht einfach „von oben", irgendwo aus den Naturwissenschaften geholt und auf die Wirklichkeit angewandt, sondern aus dem heraus entwickelt, was man vor dem Hintergrund des vorhandenen biografischen Wissens im Umgang mit einer Sache entdeckt hat. Neues Können und Wissen wird gewonnen, indem das vorhandene Wissen

3 Lernen ist Erzeugen, Bildung ist Lernen im Kontext. Diese These liegt dem gesamten Buch zugrunde.

4 Wagenschein 1975.

und die neuen Wahrnehmungen und Erfahrungen zusammen „ins Spiel" gebracht werden. Um Neues zu entdecken und wahrnehmend-fragend zu erforschen ist das alte Können und Wissen genauso wichtig, wie das, was an Neuem hinzukommt. Ohne Kontext von Vorerfahrungen und Vorwissen kann nichts Neues gelernt werden.

Beides kann sehr individuell sein, je nachdem in welchem natürlichen, kulturellen und familiären Umfeld Kinder aufwachsen. Gleichgültig, ob wir mit den Kindern in den Wald gehen, Steine sammeln oder Sterne gucken, Schiffe schwimmen oder untergehen lassen, Stoffe färben oder die Geschichte von Versteinerungen aufspüren, in ein Museum gehen oder experimentieren: wenn wir ein Interesse an den Themen der Natur wecken, die Naturerfahrungen der Kinder klären, ihr Können und Wissen herausfordern und fördern wollen, dann müssen wir erfassen, was Kinder bereits können und welche Gedanken und Theorien sie sich dazu gemacht haben und machen. Die Dokumentationen der vielen unterschiedlichen Antworten, die Kinder auf Fragen der Natur geben und die in den Veröffentlichungen der Reggiopädagogik immer wieder aufgelistet werden, zeigen, welche Aufmerksamkeit dort auf die Kontexte des vorhandenen Könnens und Wissens der Kinder verwendet wird.[5]

Genetisches und exemplarisches Lernen

Man kann den Kern der vorangegangenen Überlegungen mit den Begriffen des genetischen und exemplarischen Lernens des Physikdidaktikers Martin Wagenschein ausdrücken.[6] Das Wissen gewinnen Kinder, indem sie es genetisch aus den Schritten und Fragestellungen aufbauen, die notwendig sind (und in der Wissenschaftsgeschichte auch notwendig waren), um es aus den jeweils möglichen Erfahrungszusammenhängen und ihren Fehlern zu begreifen. Die Erde galt lange als der Mittelpunkt der Welt. Diese Auffassung entspricht bestimmten Wahrnehmungs- und Erfahrungsmöglichkeiten von Menschen. Man braucht exaktere Beobachtungsmöglichkeiten, als die Alltagswahrnehmung, um auf die Idee zu kommen, dass die Erde sich samt den Planeten um die Sonne bewegt. Noch weitergehende Einblicke in die Struktur des Weltalls sind notwendig, um ihre marginale und exzentrische Position in diesem Ganzen zu begreifen. Genetisch heißt, diese Einsichten schrittweise samt ihren jeweiligen Bedingtheiten nachzuvollziehen und die Fragen zu verstehen, die zu den Veränderungen der Sichtweisen geführt haben. Damit Kinder die heutigen Sichtweisen nachvollziehen können, müssen sie den Weg von ihren Alltagserfahrungen bis zu den Erkenntnissen finden, die diese Alltagserfahrungen in Frage stellen.

5 Reggio Children1998, 2002a, 2002b.
6 Wagenschein, a.a.O.

Damit man aber diesen genetischen Weg des Verstehens gehen kann, muss man exemplarisch vorgehen. Man kann auch hier nicht alle Berge besteigen, die vielleicht interessant wären, sondern muss sich auf die beschränken, die erreichbar sind, die das Interesse unmittelbar ansprechen und die sich für die grundlegenden Erfahrungen eignen. Enzyklopädische Vollständigkeit anzustreben, würde bedeuten, sich die Zeit für einen genetischen Erkenntnisweg zu nehmen.

Auf diese Weise lernen Kinder nicht nur ein Wissen, das vielleicht für sich wichtig und nützlich ist, sondern sie lernen auch die Erkenntnisstrategien, die notwendig sind, sich ein Sachgebiet so zu erschließen, wie wir das in unserer Kultur für sinnvoll halten. Dennoch würde ich nicht einfach sagen, sie lernen, wie man lernt, denn verschiedene Erkenntnisgebiete erfordern unterschiedliche Lernstrategien. Viel mehr erlernt man die Erkenntnistheorie, die aus kultureller Sicht notwendig ist, um ein Sachgebiet wahrnehmend, handelnd und denkend zu erschließen. Über das Lernen wie man lernt kann man nur dann sinnvoll etwas erfahren, wenn man einen produktiven Weg gefunden hat, ein Problem zu lösen und nicht, wenn einem jemand gesagt hat, wie ein Problem zu lösen ist. *Man lernt, wie man etwas aus einem bestimmten Wissensgebiet lernt, indem man exemplarisch den gesamten Weg einer Erkenntnis geht und sich dabei klar macht, was dabei besonders wichtig war.*

Die Fragen der Erwachsenen sind nicht unbedingt die Fragen der Kinder

Wenn Kinder warum fragen, dann zielt das nicht immer, vielleicht sogar selten auf eine begründende Erklärung, wie wir das aus den Naturwissenschaften kennen. Unsere Beobachtungen in Projekten in KITAs legen nahe, dass die Fragen, die Kinder stellen, zumindest vier Formen von Erklärungen zulassen, durch die kindliche Neugier – wenigstens vorübergehend – befriedigt wird:

- Wer hat was gemacht *(personale Erklärung)?* Personen sind die Ursache von Dingen und Ereignissen: Die Mama, der Papa, der liebe Gott hat das gemacht! Das ist vermutlich nicht in einem kausalen Sinn gemeint, sondern entspricht eher der Beobachtung des kleinen Kindes, dass meistens Erwachsene dabei sind, wenn etwas Wichtiges geschieht.
- Das ist wie … Bei dieser Erklärung wird etwas, was man noch nicht kennt, mit etwas verglichen, was man schon kennt und dem irgendwie ähnlich ist *(vergleichende Erklärung)*. Der Schatten ist wie die Nacht am Tag, wie ein Vogel, ein Film, ein Mensch.
- Das ist wozu? Gesucht wird nicht der Grund, woher etwas kommt, sondern wozu etwas gut ist, welchem Zweck es dient *(finale, zweckorien-*

tierte Erklärung). Das Buch ist zum Lesen; die Lampe, damit es hell wird; der Regen, damit die Pflanzen nicht verdursten.

- Warum funktioniert das? Das sind die Erklärungen, die in den Naturwissenschaften gelten *(kausale Erklärung).* Das Wasser drückt die Schaufeln vom Mühlrad runter. Ich habe einen Schatten, weil die Sonnenstrahlen nicht durch mich hindurch scheinen können.

Es ist wichtig, dass Erwachsene nicht davon ausgehen, dass Kinder immer kausale Erklärungen wollen. Wenn man wirklich etwas begreifen will, dann muss man wissen, wodurch etwas ausgelöst wird; dann sollte man etwas kennen, was damit vergleichbar ist; dann gehört dazu, dass man weiß, wozu etwas dient. Wenn man dann auch noch die kausalen Zusammenhänge kennt, dann hat man wirklich viel begriffen.

Auch Erwachsene verlangen nicht immer kausale Erklärungen. Wer z.B. könnte oder wollte erklären, wie ein Telefon funktioniert. Manchem genügt es zu wissen, wer das Telefon erfunden hat. Für den Anfang reicht es auch, zu begreifen, dass man ins Telefon hineinsprechen kann und das, was man gesagt hat, bei jemandem ankommt, der gar nicht anwesend ist, der aber einen Telefonapparat hat. Um zu begreifen, wie ein Telefon funktioniert, dürfte es für die meisten Erwachsenen erhellender sein, das Telefon mit anderen Leitungssystemen zu vergleichen. Ihnen ist zwar klar, wozu das Telefon dient, aber für kleine Kinder, die es noch nicht kennen, ist es zunächst einmal wichtig zu begreifen, was man damit machen kann. Die physikalischen Erklärungen hingegen erfordern ein umfangreiches Vorwissen im Bereich der Elektronik bis hin zu den modernen Formen der Digitaltechnik.

Abstrakte Vorgänge begreifen Kinder in der Regel nicht, wenn sie diese nicht mit etwas Anschaulichem vergleichen können, was ihnen gut bekannt ist. Eine Regenwolke ist wie eine große Gießkanne. Die für Kinder undurchschaubaren physikalischen Erklärungen eines Telefons interessieren nicht, weil kleine Kinder sehr schnell erfassen, wozu es gebraucht wird. Es sind also gerade die vergleichenden und die auf Zwecke gerichteten Erklärungen, in denen die Erfahrungswelt der Kinder zum Zuge kommt.

Lässt man diese Erklärungsebenen weg und fragt nur nach den naturwissenschaftlichen oder kausalen Erklärungen, dann kann man das Wissen, das Kinder durch ihre Erfahrungen bereits haben, kaum nutzen; dann macht man sie zu Fragestellern, die Erwachsene zur Antwort brauchen; dann nimmt man ihnen das Vorwissen, das ihnen ermöglicht, selbst auf Antworten zu kommen.

In Geschichten denken

Kinder denken in Geschichten. In den Geschichten geht es einerseits darum, die Aufmerksamkeit der Wahrnehmung auf die Sache zu richten. Zum anderen werden die Wahrnehmungen ausgesprochen und sprechend gestaltet. Darüber findet ein Austausch mit anderen statt. Dabei sind die Gedanken und Theorien der Kinder in die Geschichten eingebaut. Ihre Erklärungen erfolgen in Geschichten.

Am Anfang sind diese Geschichten „dünn". Es geht darum, sie reicher zu machen. Das bedeutet, sie müssen allmählich mit Erfahrung gesättigt werden. Erfahrung gewinnt man aus dem Umgang. Dabei durchlaufen Kinder mehrere Kreisläufe zwischen den Erzählungen und der Vertiefung von konkreter Erfahrung. In diesem Verlauf verdichten sich einerseits die Wahrnehmungen der Kinder, andererseits reichern sie sich mit den Ideen an, die aus diesen Wahrnehmungserfahrungen entspringen.

Kinder erzählen Geschichten, weil sie sich in ihre Gegenstände hineindenken, sich mit ihnen identifizieren. Sie behandeln sie wie Menschen und unterstellen ihnen Beziehungen, wie sie Menschen untereinander haben. In den Geschichten sprechen Kinder über ihre Beziehungen zu den Dingen, mit welchen sie sich beschäftigen. Pädagogische Aufgabe ist es, ihnen Anregungen und Raum für solche Beziehungen zu geben.

Natur als Weltwissen

Aus den vorangegangenen Überlegungen ergibt sich, dass das Thema frühkindlicher Bildung im Bereich der Natur nicht dadurch zu lösen ist, dass man Kompetenzen definiert und diese dann irgendwelchen fördernden Maßnahmen zugrunde legt. Vielmehr bedarf es eines Zusammenspiels

- von kindlichen Selbstbildungspotenzialen,
- von Anregungen der Erwachsenen, die auf die jeweiligen kindlichen Möglichkeiten abgestimmt sind,
- einer vorbereiteten Umgebung, welche die Kinder neugierig macht,
- einer Institution, die den Kindern die Partizipation an ihrem Bildungsprozess zutraut und sie auch aus Fehlern lernen lässt,
- eines Teams von Fachkräften, das daran interessiert ist, zu verstehen, was „seine" Kinder tun und denken,
- der Eltern, deren Aufmerksamkeit das Forschen der Kinder unterstützt sowie
- einer Gesellschaft, die den Kindern das Recht auf Partizipation an ihren Bildungsprozessen zugesteht und einräumt, dass sie nicht nur Bildungsinstitutionen, sondern auch öffentliche Unterstützung und Orte für ihre Bildungsbestrebungen benötigen.

Weder Experimentierkästen, noch kindgerechte Laborversuche, noch andere Formen didaktischer Lerneinheiten, noch die von Fthenakis mit inhaltlich bescheidenen und wissenschaftlich nicht haltbaren Gründen geführte Debatte um Selbstbildung versus sozialer Konstruktion, sind geeignet, das Problem des Lernens oder der Bildung im Bereich der Natur pädagogisch-fachlich zu bewältigen. Bildung im Bereich der Natur braucht mehr, sie braucht eine Kultur des Lernens, an der alle oben angesprochenen Kräfte mitwirken, braucht eine *Lern-Kultur,* die von allen Beteiligten – die Kinder eingeschlossen – als sinnvoll erlebt und daher mitgetragen und mitverantwortet wird. Es sind nicht einzelne Maßnahmen, welche die Nachhaltigkeit von Bildungsprozessen sichern, sondern eine Lern-Kultur, in der das Wissen und Können der Kinder immer wieder Resonanz erfährt, damit am Leben erhalten und zum Weiterdenken herausgefordert wird.

In der Erschließung von Naturphänomenen für Kinder unter sechs Jahren muss also darauf geachtet werden, dass ihnen nicht irgendwelches Wissen nur noch früher, als es die Schule tut, und noch etwas „kindgemäßer" „vermittelt" wird. Es geht vielmehr darum, dass sie Erfahrungen mit der Natur machen und sie in ihren verschiedensten Formen kennen lernen können, dass sie handelnd und probierend damit umgehen können, den Fragen, die dabei entstehen, nachgehen können und dass sie ihre eigenen „Theorien" über diese Wirklichkeit entwickeln dürfen, ohne dass sie zu hören bekommen, wie unzureichend diese sind. Sie müssen schließlich die Gelegenheiten finden, ihre eigenen Theorien so lange ausprobieren und überprüfen zu dürfen, bis sie damit an ein vorläufiges Ende gelangt sind.

Der exemplarische und genetische Aufbau von Erfahrungen in und mit der Natur berücksichtigt, dass Kinder einen Erfahrungskontext brauchen, um die Erklärungen zu begreifen, die unser Erwachsenenwissen anbieten kann. Es ist die Aufgabe der Erzieherin oder Lehrerin, diese individuellen Hintergründe und Kontexte mit den Fragen in Beziehung zu setzen, die gelöst werden sollen.

Erfahrungen in Kindertageseinrichtung, wie z.B. die jahrzehntelangen Erfahrungen der Reggiopädagogik, legen nahe, dass die Leistungen, die Kinder auf diesem Weg erzielen, in der Regel weitaus größer sind als die, die durch normale Unterweisung (Instruktion) erreicht werden. Insbesondere bleiben bei diesem Vorgehen das Interesse, die Neugier und das produktive Problemlösungsverhalten der Kinder erhalten.

Jungen Kindern Wege ins Naturwissen zu eröffnen heißt zunächst einmal, ihnen Erfahrungsräume zu erschließen, in welchen sie erfassen, wie die Dinge zusammenhängen und was man daher mit ihnen machen oder auch nicht machen kann. Diese Zugänge sind nicht an wissenschaftliche Disziplinen gebunden – an die Kontexte von Biologie, Physik oder Chemie – sondern gehen darüber hinaus. Sie sind oft eingebettet in andere Erlebniszusammenhänge, in Geschichten, Bewegungsspiele oder Alltagshandlungen.

Es ist ein Teil des kulturellen Lernens, dass junge Kinder erfahren, wie man die Dinge aus ihren Alltagszusammenhängen löst und sie einzelnen wissenschaftlichen Disziplinen zuordnet, um sie mit dem im Laufe der Jahrhunderte gesammelten Wissen, genauer zu untersuchen.

Literatur

Chet Raymo (2004): Mein täglicher Spaziergang durch das Universum. Frankfurt/M.

Reggio Children (1998): Springbrunnen. Neuwied, Kriftel, Berlin.

Reggio Children (2002a): Alles hat einen Schatten außer den Ameisen. Neuwied, Berlin.

Reggio Children (2002b): Schuh und Meter. Weinheim, Berlin, Basel.

Schäfer, G. E., Rosenfelder, D. (Hrsg.) (2010): Bildungsjournal Natur und Umwelt. Berlin.

Wagenschein, M. (1975): Verstehen lehren. Weinheim, Basel, 5., erweiterte Auflage.

Naturwissen erzeugen[1]

Über den Aufbau von Wissensstrukturen[2]

Die Kognitionsforschung geht heute davon aus, dass Kinder „universelle Novizen“[3] sind. Ihr Wissen entwickelt sich nicht entlang biologisch vorgegebenen Programmen, sondern aus den Erfahrungen, die sie machen. Über diese Erfahrungen erzeugen sie sich nicht nur die entsprechenden Wissensinhalte, sondern auch die Strukturen, mit deren Hilfe sie denken. Ihr Wissen ist dadurch einerseits höchst individuell, andererseits stark durch die sozialen und kulturellen Rahmenbedingungen geprägt.

Von diesen Erfahrungen werden Repräsentationen erzeugt, die sich auf bestimmte Wissensbereiche beziehen.[4] Solche Wissensbereiche werden Domänen genannt. Die Repräsentation des Wissens beginnt also mit den Wahrnehmungen, die Kinder in ihrer Umwelt und angesichts gegebener Umstände machen. Diese werden als Schemata oder Scripts im episodischen Gedächtnis gespeichert. In Sprache gefasst, tritt es ins Bewusstsein und wird durch Begriffe strukturiert. Durch Symbolisierung (z. B. durch die Sprache) wird also aus impliziten, episodischen Erfahrungsschemata ein explizites, bewusstes Wissen. Die Verbindung solcher Begriffe lässt ein subjektives Bild der Welt entstehen.

Diese Modell des Wissensaufbaus, das im Wesentlichen auf experimentellen Studien beruht, entgeht der Gefahr nicht, dass die Vorannahmen der Wissenschaftler über die Struktur des Wissens bereits in ihre Versuchsanordnungen eingehen, Vorannahmen, welche die besondere Bedeutung des begrifflich-rationalen Wissens in den Wissenschaften von vorne herein als gegeben ansehen. Deshalb setzt Nelsons Modell eines „developmental change“ einige Akzente neu.[5]

- Es geht von den Alltagserfahrungen der Kinder aus.
- Nelson stellt Handlungsbereiche in den Mittelpunkt ihrer Überlegungen

1 Gekürzte Fassung von: Welten entdecken, Welten gestalten, Welten verstehen. In: Fischer, H-J., Gansen, P., Michalik, K. (Hrsg.); Sachunterricht und frühe Bildung.; Bad Heilbrunn 2010, S. 29 . 13–28. Ausführlicher zu den Denkformaten: G. E. Schäfer et al. 2009

2 Einen Überblick gibt Goswami 2004.

3 Carey 1985.

4 Karmiloff-Smith 1996.

5 Vgl. Nelson 1996, 2007.

und nicht wissenschaftlich bereits vorweg definierte Wissensdomänen. Handlungsbereiche werden durch den Handelnden definiert und nicht durch den beobachtenden Wissenschaftler. Derjenige, der agiert, hat es also in der Hand, welche Erfahrungs- und Wissensbereiche er dabei einbezieht.

- Damit schließt Wissen nicht nur begriffliches Wissen ein und vage, nicht begriffliche Schemata oder Konzepte, sondern ebenso Handlungszusammenhänge, soziale Bezüge sowie sinnliche und emotionale Erfahrungsanteile. Diese werden in Mental Event Representations (MERs) gespeichert. Diese umfassen mehr als begriffliche Wissenskonzepte
- Schließlich berücksichtigt sie unterschiedliche Denk- und Verarbeitungsweisen, die sie vor dem Hintergrund einer Theorie der kulturellen Evolution (Merlin Donald)[6] in Begriffe fasst.

Das so modifizierte Modell eines Wissensaufbaus durch Erfahrung haben wir in unseren eigenen Untersuchungen weiterentwickelt und spezifisch für den Aufbau von Weltwissen der Kinder adaptiert.[7] Die Grundlage dazu bildet eine ethnografische Bildungsforschung auf der Basis von teilnehmender Beobachtung. Voraussetzung dafür ist einerseits, dass Kinder die Möglichkeit haben, in eigener Initiative sich in einem anregungsreichen Alltagskontext zu bewegen und zu denken (eine Lernwerkstatt in einem waldartigen Gelände). So wird berücksichtigt, dass die Strukturen des entstehenden Könnens und Wissens von der Qualität der gegebenen sachlichen und sozialen Kontexte abhängen. Zum zweiten bemühen sich die Fachkräfte, die Handlungs- und Denkmöglichkeiten der Kinder in diesem Feld nicht von vorne herein bereichsspezifisch – z.B. in Richtung biologischen Wissens – einzuschränken. So können sich die Kinder in diesem waldartigen Erfahrungsraum frei körperlich und geistig bewegen. Das ermöglicht, zu beobachten, wie sie selbst ihre Handlungs- und Denkbereiche (in loser Abstimmung mit den Erwachsenen) abgrenzen. Vor diesem Hintergrund können wir feststellen, dass Kinder keineswegs im Rahmen von fachlichen Grenzen, oder im Sinne beschreibbarer Kompetenzfelder handeln oder denken. Sie benutzen vielmehr – in einer Art „wilden Denkens" – alles, was ihnen bisher an Erfahrung, Wissen und Können zur Verfügung steht, ohne Rücksicht darauf, aus welchen Quellen es stammt. Dabei lässt sich sehr deutlich beobachten, dass Kinder auf sehr unterschiedliche Weise mit diesem reichhaltigen natürlichen Umfeld umgehen und dabei unterschiedlichste Weisen des „Denkens" benutzen.

Es sind vor allem vier Weisen des Denkens, durch die die Kinder ihre Erfahrungen organisieren. Ich habe sie Denkformate genannt.

6 Donald, Merlin 1991.
7 Schäfer et al. 2009.

Formen des kindlichen Wissens – Denkformate

Das Erfahrungswissen der Kinder entsteht aus der Ausbeutung ihrer sinnlichen Erfahrungen in Alltagszusammenhängen. Indem sie erfassen, wie die Dinge zusammenhängen, in welchen Kontexten sie sich im allgemeinen befinden, wie sie üblicherweise geformt und wozu sie gebraucht werden können, entsteht in ihren Köpfen eine sinnliche Ordnung der Wirklichkeit, mit der Kinder bereits denken, bevor sie überhaupt sprechen. Diese Erfahrungen durchlaufen Umwandlungen, bis sie schließlich symbolisch gefasst und sprachlich gedacht werden können.

Vier Formen einer solchen Umwandlung konnten bisher heraus gearbeitet werden.

- Konkretes Denken,
- Aisthetisches Denken
- Narratives Denken
- Theoretisches Denken[8]

Ihnen ist der Grundgedanke gemeinsam, dass jede Erfahrung, die kleine Kinder neu machen, von einem konkreten Handeln innerhalb einer gegebenen Situation ausgeht.[9] Diese „Handlungsmuster" können weiter gedacht werden. In der Vorstellung lösen sie sich von der konkreten Situation. Sie können als Szenen im Kopf oder mit Hilfe von Spiel und Gestaltung auch außerhalb des Kopfes verändert, variiert oder manipuliert werden (aisthetisches Denken). In der dritten Transformation werden die szenischen oder bildhaften Zusammenhänge in Sprache gefasst. Es entstehen zunächst Erzählungen des situativen Handelns, die im Prozess des Sprechens und des Dialogs umgewandelt, erweitert, präzisiert und geprüft werden können. Aus diesen Erzählungen heraus können Theorien entstehen, die die wesentlichen Gesichtspunkte einer Erfahrung nun unabhängig von der erlebten Situation erfassen.

Konkretes Denken – Denken durch Handeln und Bewegung

Mit konkretem Denken wird hier das Denken mit den Mitteln des Körpers bezeichnet, Denken als Bewegen und Handeln. Es ist an diese Handlungen zunächst gebunden, bevor es sich als ein inneres Handeln auch in der Vorstellung vollziehen kann.

Das konkrete Denken verbindet motorisches Handeln mit dem Spektrum sinnlicher Eindrücke, emotionalen Erlebens und sozialer Beziehungen einer gegebenen Situation. Dabei geht es nicht um einen momenthaften Eindruck,

8 Nelson 1996, 2007. Vgl. auch Schäfer 2008.

9 Dieser Grundgedanke wird durch eine konstruktivistische Kognitionstheorie begründet, insbesondere einer „embodied cognition". Vgl. hierzu Schäfer 2008, Kapitel 10.

sondern um einen Prozess, in dem Vielfältigkeit, Qualitäten und Nuancen wahrnehmend, empfindend und fühlend erschlossen werden.

Durch Bewegen und Handeln macht der Körper seine ersten Erfahrungen von der *Materialität der Welt*. Indem Dinge in Handlungen miteinander verknüpft werden, heben sie sich als Handlungsmuster aus dem unendlichen Fluss der Ereignisse heraus. Sinnlich erfahrene *Handlungszusammenhänge* bilden daher die Grundlage einer Ordnung des kindlichen Wissens.

Aisthetisches (gestaltendes) Denken

Aisthetisches Denken ist ein Denken mit bildlichen Mitteln, ein Denken mit Hilfe von Vorstellungen, Phantasien, unterschiedlichen Weisen des Gestaltens und des Spiels. Hierzu einige Beispiele:

Sammeln und Ordnen ist eine elementare Weise über neue Erfahrungen nachzudenken. Die Kategorien des Ordnens müssen nicht den Kategorien der Erwachsenenwelt entsprechen. Es sind auch nicht unbedingt abstrakte, rein sachbezogene Kategorien, sondern Kategorien, die aus individuellen Handlungszusammenhängen entstehen.

Gestaltend Nach-Sinnen ist ein Nach-Denken mit sinnlichen Mitteln. Indem die Kinder ihre Erlebnisse mit Stift und Papier reflektieren, drücken sie auch aus, was an diesen Ereignissen für sie bedeutsam ist: Kinder waren morgens im Gelände und kletterten an den steilen Lehmwänden mit Hilfe der Seile. Nachmittags, in der Werkstatt, greifen sie zu Stiften und bringen ihre Erfahrungen zu Papier.

Bauen und Konstruieren: Gesammelte Materialien kann man in neuen Zusammenhängen verwenden. Man kann mit ihnen bauen und konstruieren, neue Welten entstehen lassen, die entweder die Realität der Kinder variierend rekonstruieren oder ihren Vorstellungen und Phantasien Ausdruck geben: Aus gesammelten Hölzern entsteht eine Brücke. Gesammelte Steine werden zum Material für vielerlei Bauwerke. Bei einem Brückenbau mit verschiedenen rechtwinkligen und gerundeten Steinen finden und „erfinden“ die Kinder deren Konstruktionsprinzipien.

Aisthetisches Denken im Zusammenhang mit Natur

Denken in Vorstellungen fügt den Zusammenhängen und Ordnungen des konkreten Handelns neue – aisthetische – Ordnungen hinzu. Diese Ordnungen verinnerlichter Bilder und Szenen, Ordnungen des Spielens und Gestaltens, bilden eine zweite Dimension einer vorsprachlichen Ordnung des Denkens. Mit seiner Hilfe können die Naturerfahrungen der Kinder gedacht, in einer fiktiven Wirklichkeit ausgetestet und in neue Zusammenhänge eingefügt werden. Von diesen szenischen und bildhaften Gedankenwelten geht ein Denken in Geschichten, das narrative Denken, aus.

Narratives (erzählendes) Denken

Erzählend werden Bilderszenen in Sprache verwandelt. Es entstehen Geschichten. Sie repräsentieren, was wahrgenommen, empfunden und in erinnerbaren Erlebnissen zusammengefasst werden konnte.

Das narrative Denken markiert den Übergang von der bildhaft-szenischen Repräsentation zur sprachlichen und damit auch von einer performativen Logik zu einer sprachlichen logischen Ordnung. Die Beobachtung von Kindern bei ihren eigenen Denkbewegungen in der Lernwerkstatt zeigt dabei, dass die Bilder und Szenen auch im sprachlichen Denken zunächst die Hauptrolle spielen.

Vor allem durch diese Versprachlichung wird Können und Wissen bewusst. Dabei verwandelt sich Wissen von einem impliziten zu einem expliziten Wissen.

In Metaphern denken

Kinder benutzen erlebte Bilder und Szenen um Dinge, die ihnen unbekannt sind, zu beschreiben. Sie bezeugen, wie genau und intensiv sie ihre Welt wahrnehmen. Sie belegen aber auch, dass sie ständig darüber nachdenken, was diese Dinge bedeuten.

Wie Lakoff und Johnson[10] dargestellt haben, bilden diese Raum-, Bewegungs- und Handlungsmetaphern auch die Grundlage der abstrakten Begriffssprache. Sie folgern daraus, dass die Organisation des abstrakten Denkens auf der Grundlage eines konkreten Umgangs mit der Wirklichkeit erfolgt.

Von daher wird verständlich, dass ohne ausreichende und differenzierte Erfahrungen von der belebten oder nichtbelebten materiellen Welt das Interesse an Natur und Naturwissenschaft nicht unterstützt wird. Darüber hinaus fehlt ein wichtiger Grundstein für eine differenzierte Sprachwelt.

Hier drei Beispiele:

- Kinder waten mit ihren Gummistiefeln durch einen Sumpf. Dabei bleiben sie im Matsch stecken und kommentieren: „Die Erde schmilzt."
- Ein Junge spielt mit einer grünen Wäscheklammer: „Das ist ein Krokodilschiff. Mein Krokodilschiff schwimmt auf alle Fälle, weil – Krokodile schwimmen ja auch!"
- Kinder denken über Schnecken nach: „Die Schnecken haben an den Bäumen fest geklebt. Da haben wir die gefunden und abgemacht. Wie können die denn da kleben?" – „Die machen in ihrem Körper so etwas ähnliches wie Kleber, und das ist ihr Schneckenschleim."

10 Lakoff, G., Johnson, M. 1998.

Ist-Wie-Erklärungen

Kinder leiten aus den erlebten Bildern und Szenen Erklärungen ab, finden Gründe, warum die Dinge so sind, wie sie sind: Das Wissen *ist wie* in Einmachgläsern gespeichert, der Schatten *ist wie* der Abend am Tag, der Mond *ist wie* ein Ball. Das ist die Grundlage für das, was heute in der Entwicklungspsychologie *„naive"* oder *„intuitive" Theorien* genannt wird. Sie beruhen auf der sinnlichen Ausbeutung der kindlichen Welterfahrung, gedacht in Bildern, die in Sprache verwandelt und dann der sozialen Welt zu Ohren gebracht, mit anderen geteilt – ihnen mitgeteilt – wird.

Übergänge zum theoretischen Denken

Der Weg zum Naturwissen – und erst recht zur Naturwissenschaft – führt nun darüber, dass Kinder die Vielfalt möglicher Erlebnis- und Erfahrungskontexte nicht mehr beliebig einsetzen, sondern es lernen, sich auf einen kulturell bestimmten, theoretischen Kontext – den biologischen, physikalischen, chemischen oder mathematischen – zu beziehen und zu beschränken.

Das theoretische Denken übernimmt alle Vorzüge, die durch die Versprachlichung des Wissens im narrativen Denken gewonnen werden können. Der wesentliche Unterschied zwischen dem narrativen und dem theoretischen Denken besteht nun darin, dass das narrative Denken sich an den subjektiven inneren Überzeugungen orientiert, während das theoretische Denken darüber hinaus kulturell gegebene Theorien und Wahrheitskriterien mit einbezieht. Im narrativen Denken geht es um eine subjektiv überzeugende, innere Wahrheit, im theoretischen Denken um sachlich und interpersonell nachprüfbare, objektivierbare Kriterien, an welchen sich die eigene Überzeugung messen kann. Das theoretische Denken verlässt auch den narrativen Handlungszusammenhang zugunsten abstrakter, logisch begründeter, kausaler Folgen. Dabei können Zwischenformen entstehen, in welchen sich das theoretische und das narrative Denken in unterschiedlichen Mischungsverhältnissen miteinander verbinden:

> Die Kinder überlegen, wie die Rehe die steilen Lehmhänge hoch kommen:
> „Wie machen das die Rehe? Die rutschen nicht."
> „Haben Rehe Hufeisen an den Füßen? Vielleicht ist da Magnetismus. Vielleicht haben die magnetische Füße mit Hufeisen."
> „Wir müssen den Rehen morgen auf die Füße gucken!"

Pferde haben Hufeisen, das scheinen die Kinder zu wissen. Aber sie sehen diese nicht als eine Art Laufsohle an, sondern als Hufeisenmagnet, der eine Klebrigkeit zum Untergrund herstellt. Es ist der Magnetismus, der die Pferde nicht ausgleiten lässt. Bei Rehen könnte das dann genauso sein. Sie klettern wie Pferde: magnetisch, mit Hilfe ihrer Hufeisen.

Man bemerkt: In diese Erklärung geht bereits eine ganze Menge von Vorwissen ein, das für dieses Kind bekannt war. Erwachsene müssen diesen möglichen Kontext rekonstruieren, um den Sinn der Aussagen dieser Kinder zu erfassen.

Ein weiteres Anzeichen für den Übergang zu theoretischen Denken scheint zu sein, dass Kinder beginnen, ihre Erfahrungen „empirisch“ zu überprüfen: „Wir müssen den Rehen morgen auf die Füße schauen!“

Entdecken, Gestalten, Verstehen

Den Weg der Kinder ins Naturwissen könnte man nun knapp und abstrakt als einen Weg beschreiben, der von den Naturerfahrungen im Alltags- und Handlungskontext gegebenenfalls bis zu den Beschreibungen dieser Naturerfahrungen mit Hilfe abstrakt theoretischer Symbolsysteme führt.

- Handlungs- und Sinneserfahrungen sind der Ausgangspunkt von Erfahrungswissen.
- Sie werden in Bildern und Szenen gelebten Lebens arrangiert, gespeichert und gedacht.
- Diese verbinden sich mit Erinnerungen zu neuen Szenen.
- Die Sprache hebt sie ins Bewusstsein und macht sie der bewussten Bearbeitung zugänglich.
- Sie ist aber auch das wichtigste Einfallstor für die Gedanken anderer, die nun, ebenfalls bewusster als vorher, in die eigenen Vorstellungs- und Denkwelten eingebaut werden können.
- Mit den versprachlichten Szenen und Bildern entstehen erste Theorien, die sich aus subjektiven Überzeugungen speisen.
- Verknüpft mit dem Wissen aus den kulturellen Speichern können sie an dem überprüft werden, was sich im Laufe der Geschichte an Überzeugungen angesammelt hat. Dadurch gewinnen sie soziale Verbindlichkeit.
- Dazu ist es notwendig, dass den Kindern alternative Denkmodelle zur Verfügung stehen.
- Im Verlauf des Wandels vom konkreten zum theoretischen Denken findet eine Kontextwechsel statt: vom Handlungskontext zum Theoriekontext.

Das so über Wahrnehmen, aisthetisches Gestalten, Erzählen und theoretisches Verstehen gewonnene Erfahrungswissen von der lebenden und von der unbelebten materiellen Welt bildet die Grundlage allen Naturwissens bis hin zum naturwissenschaftlichen Wissen.

Literatur

Carey, S. (1985): Conceptual Change in Childood. Cambridge.

Donald, M. (1991): Origins of the Modern Mind – Three Stages in the Evolution of Culture and Cognition. Cambridge MA.

Goswami, U. (Ed.) (2004): Blackwell Handbook of Childhood Cognitive Development. Malden Australia, Oxford UK, Carlton USA.

Karmiloff-Smith, A. (1996): Beyond Modularity. Cambridge MA.

Lakoff, G., Johnson, M. (1998): Leben in Metaphcrn – Konstruktion und Gebrauch von Sprachbildern. Heidelberg.

Nelson, K. (1996): Language in Cognitive Development. Cambridge MA.

Nelson, K. (2007): Young Minds in Social Worlds. Cambridge MA, London UK.

Schäfer, G. E. (2008): Lernen im Lebenslauf. Expertise für die Enquêtekommission „Chancen für Kinder“ des Landtags von Nordrhein-Westfalen, http://www.landtag.nrw.de/portal/WWW/GB_I/I.1/EK/14_EK2/Gutachten/StudieSchaefer2008.pdf.

Schäfer, G. E. (2009): Wege ins Naturwissen. In: Ders., Alemzadeh, M., Rosenfelder, D., Eden, H.: Natur als Werkstatt. Weimar, Berlin, S. 80–99.

Schäfer, G. E., Alemzadeh, M., Eden, H., Rosenberger, D. (2009): Natur als Werkstatt. Weimar, Berlin.

Lernwerkstatt Natur[1]

Begründungszusammenhang

Das Interesse für die Natur und ihre Wissenschaften beginnt damit, dass man Gelegenheit hat, Natur kennenzulernen.

Um Kinder zwischen 0 und 6 Jahren mit dem Bereich Natur vertraut zu machen, genügt es nicht, gegen Ende der Kindergartenzeit so etwas wie eine auf kleine Kinder zugeschnittene Naturwissenschaft, z.B. über kindgemäße Experimente, in die Kindertagesstätten einzubringen. Kinder wollen auf ihre Fragen, die sie über die Welt und die Natur stellen, auch nicht unbedingt Antworten haben, die naturwissenschaftlich in jeder Hinsicht stimmig sind. Ihr Interesse ist vielfältiger und sie müssen auch erst einen Weg von ihren Fragestellungen zu denen der Erwachsenen finden.

Deshalb muss ihr Zugang zur Welt der Natur von unten her, von ihren Alltagserfahrungen her, erschlossen werden. Dieser Zugang setzt voraus, dass Kinder überhaupt grundlegende Erfahrungen mit Phänomenen der Natur sammeln können. Unter den Bedingungen gegenwärtiger Kindheit kann man nicht mehr davon ausgehen, dass die meisten kleinen Kinder alltägliche Erfahrungen in und mit der Natur sammeln können oder gesammelt haben.

Das zeigt sich zum Beispiel darin, dass Kinder fragen „Wo ist denn der Wald?", „Sind wir schon im Wald?" oder „Gehen wir wieder zurück in den Wald?", obwohl sie bereits mitten im Gelände sind. Offensichtlich habe diese Kinder bis dahin solche Naturerfahrungen noch nicht gemacht und damit auch keine Vorstellung oder Idee, kein Konzept von Wald entwickelt.

Zu den Grunderfahrungen mit Natur gehören ganz wesentlich auch die Veränderung, die durch die Jahreszeiten und bei unterschiedlichem Wetter geschehen. Das Konzept Jahreszeiten ist ein anderes, wenn Kinder es nur auf dem Schulweg erfahren oder durch Tage und Wochen, die sie zu unterschiedlichen Jahreszeiten im Wald verbringen.

Ohne solche Alltagsbeziehungen zu Naturphänomenen bleibt jede Vermittlung von Kompetenzen aufgesetzt und ergibt für Kinder wenig Sinn, weil sie dann nicht wissen, was das vermittelte Wissen im Alltag bedeutet. Ohne

1 Originalbeitrag. Vgl. hierzu auch: Schäfer, Alemzadeh, Eden, Rosenfelder 2009; Schäfer, Rosenfelder 2010. Ich danke Kathleen Panitz und Matthias Kleinow für Hinweise und Anregungen aus ihrer Praxis in der Lernwerkstatt.

dass Kinder aber die allgemeine Bedeutung von Naturphänomenen erfassen, können sie mit ihnen nicht produktiv und problemlösend umgehen.

Die Erschließung von Natur für Kinder unter sechs wird also darauf achten, dass Kindern nicht irgendwelches Wissen nur noch früher „vermittelt" wird, sondern dass Kinder *Erfahrungen mit Natur* machen können.

Diese Überlegungen lassen sich in pädagogisches Handeln umsetzen:

- durch die *Bereitstellung einer vorbereiteten Umwelt*, in der vielfältige Naturphänomene wahrgenommen und beobachtet werden können;
- durch die *exemplarische Durchführung von Projekten*, die den Fragen nachgehen, welche die Kinder (sich und den Erwachsenen) stellen;
- durch eine verständnisvolle *Zusammenarbeit mit Erwachsenen, die etwas von den Sachen verstehen*, mit welchen sich die Kinder beschäftigen und die daher Anregung und Hilfestellung geben können, damit umzugehen und darüber nachzudenken;
- ausgehend von Formen des Kennenlernens der Natur, können die Kinder dazu übergehen, ihre Fragestellungen in einfachen *Versuchen* zu beantworten.

Aus den hier erläuterten Zusammenhängen ergibt es sich, dass Experimente im naturwissenschaftlichen Sinn nicht im Zentrum dieses pädagogischen Handlungskonzeptes stehen. Sie werden allerdings auch nicht ausgeschossen. Doch stehen sie eher an Ende des frühkindlichen Erfahrungswegs als an seinem Anfang. Sie bauen auf einem umfangreichen Erfahrungswissen des Kindes auf. Sie ersetzen dieses Erfahrungswissen nicht, sondern klären, vertiefen und erweitern es. Die Neugier der Kinder und ihre „wilde Forschung"[2] sollten also nicht dazu verführen, diese mit Forschung in einem wissenschaftlichen Sinn und dem Gebrauch ihrer Methoden gleichzusetzen.

Was ist die Lernwerkstatt?

Die Lernwerkstatt Natur ist ein Ort, die versucht diesen Weg zu gehen. Sie ist eine Einrichtung der Stadt Mülheim und der Universität zu Köln.[3]

Sie bietet Kindern einen Ort, an dem sie Erfahrungen in und mit der Natur sammeln können, einen Ort der Bewegung und des Handelns, des Sammelns von Fundstücken und der sinnlichen Eindrücke, des Fragens und Entdeckens, des Findens und Erfindens, der Geschichten und Theorien, der individuellen Besinnung und des Austausches mit anderen Kindern, sowie

2 Vgl. auch zum Begriff der „wilden Forschung" den Beitrag „Naturwissen entsteht".

3 Das Projekt „Lernwerkstatt Natur" wird gefördert durch die Deutsche Telekom Stiftung und das Ministerium für Generationen, Familie, Frauen und Integration des Landes Nordrhein-Westfalen sowie der Leonhard Stinnes Stiftung.

mit Erwachsenen, die Zeit, Raum und ihr eigenes Können und Wissen zur Verfügung stellen.

In die Lernwerkstatt kommt jeweils eine Gruppe mit ihren Erzieherinnen. Sie haben die Möglichkeit, eine Woche lang in diesem Gelände den Projekten nachzugehen, die sie selbst in diesem reichhaltigen Erfahrungsfeld entwickeln und bei deren Durchführung sie von den MitarbeiterInnen der Lernwerkstatt unterstützt werden. Sie besuchen die Lernwerkstatt drei Mal im Verlauf eines Jahres. Durch Fortbildungen, die auf die Arbeitsweise der jeweiligen Kindertagesstätte zugeschnitten sind, werden die Erzieherinnen unterstützt, Anregungen, die sie in der Lernwerkstatt gefunden haben, in ihre Einrichtungen zu tragen und umzusetzen. Insbesondere sollen sie angeregt werden, ihre Aufmerksamkeit auf das zu richten, was Kinder in diesem Bereich an Tätigkeiten und Gedanken entwickeln, sie in ihrem Fragen und Forschen kennen und in ihre vielfältigen Möglichkeiten der Welterfahrung schätzen zu lernen.[4]

So gesehen ist die Lernwerkstatt ein Ort des gemeinsamen Lernens von Erwachsenen und Kindern.

- Kinder lernen Natur durch konkretes Handeln kennen. Selbst tätig sein, Interessen, soziale Unterstützung und kulturelle Anregungen spielen dabei zusammen.
- Erzieherinnen haben ein professionelles Feld, wo sie unter fachlicher Hilfestellung durch die MitarbeiterInnen vor Ort, Erfahrungen in einer Pädagogik des Innehaltens sammeln können, einer pädagogischen Haltung, die sie zumeist weder am eigenen Leib noch in der Ausbildung kennen gelernt haben.
- ErzieherInnen und MitarbeiterInnen sammeln Erfahrungen darüber, wie Kinder an Naturphänomene herangehen, wie sie dabei Können und Wissen sammeln, wie sie sich handelnd, gestaltend, sprechend, nachdenkend Grundlagen eines Welt- und Naturverständnisses schaffen.

In dieser dreifachen Aufgabenstellung folgt die Lernwerkstatt Natur dem Werkstattgedanken, wie er programmatisch vom Verbund europäischer Lernwerkstätten e.V. gefasst wird.[5] Dort wird mit dem Begriff der Lernwerkstatt ein realer Ort verbunden, an dem zunächst Erwachsene „aktiv forschend und entdeckend, kreativ und offen wie Kinder lernen sollten, um anschließend mit Kindern auf andere Weise Schule machen zu können“ (S. 5).

Lernwerkstätten waren also zunächst etwas, was im Schulbereich entwickelt wurde. Eine wichtige historische Wurzel hat der Lernwerkstattgedanke in der Pädagogik von Celestin Freinet.[6] Ihm liegt ein konstruktives

---

4 Vgl. hierzu: Rosenfelder, in: Schäfer, Rosenfelder 2010.

5 www.kontexis.de/upload/pdf/Extraheft/VeLW-broschuere.pdf

6 Für den Kindergartenbereich: Henneberg, Klein, Vogt 2008. Die Idee der Lernwerkstatt wird insbesondere S. 177ff. erläutert.

Lernverständnis zugrunde: Können und Wissen wird nicht vermittelt, sondern muss vom Lernenden selbst erzeugt werden. Er braucht dazu Bedingungen, die ihn in diesem Prozess eines selbständigen Erzeugens ausreichend unterstützen. Das Papier der Verbundes (a.a.O., S. 6) fasst dieses Lernverständnis wie folgt zusammen und bezieht sich dabei auf Reich.[7]

- „Lernen ist immer eine Neukonstruktion der Welt.
- Lernen ist ein individueller Prozess.
- Lernen ist ein kumulativer Prozess.
- Lernen findet in sozialen Kontexten statt.
  Lernen findet in situativen Kontexten statt.
- Lernen erfolgt selbstreguliert."

Die Lernwerkstatt als Ort

Die Lernwerkstatt besteht aus einem öffentlich zugänglichen, waldartigen Parkgelände. Steile Lehmhügel fallen in ein kleines Tal ab, in dem ein kleiner Wasserlauf teilweise gestaut, teilweise in kleinere Rinnsale abgeleitet wird. Am Rande eines kleinen Tiergeheges gib es genügend Platz für ein stationäres Werkstattgebäude. Es ist als Glashaus konzipiert, so dass man sich gleichzeitig in einem geschützten Raum befindet, aber in ständigem Sichtkontakt mit draußen. Dieses Glashaus ist, einer Kita ähnlich, mit vielen Funktionsecken ausgestattet, Staffeleien, Werktischen für Holz, Ton oder gesammelten Materialien, Ruhezonen, Bücherecke, Kaminöfen, Waschbecken, nicht nur zum Waschen, sondern auch zum Experimentieren und einem Ort, an dem man sich versammeln kann. Dabei variieren diese räumlichen Möglichkeiten von Zeit zu Zeit mit den Möglichkeiten des dort arbeitenden Fachpersonals. Das bedeutet, dass jede Mitarbeiterin oder jeder Mitarbeiter etwas von seinen eigenen sachlichen Stärken in dieser Werkstatt verwirklichen kann.

Die Lernwerkstatt bietet einen Ort, an dem Kinder eine anregende Umwelt, sowie Materialien, Werkzeuge, Hilfsmittel vorfinden mit welchen sie sich diese Umwelt – so weit wie möglich entlang eigener Ideen – erschließen. Dazu gehören aber auch andere Menschen – kleine und große – die dabei mit ihnen kooperieren und eigene Ideen einbringen. Die Lernwerkstatt versteht sich also als Börse an der man Sachanregungen, Materialien, Werkzeuge, andere Menschen und Ideen finden kann, Partner und Hilfsmittel in dem Bemühen, sich ein Stück Natur zu erschließen.

---

7 Reich 2008.

Vom Rhythmus des Tages

Es sind also nicht die Erwachsenen, die ein Programm vorlegen, das die Kinder abarbeiten. Vielmehr versuchen sie, die Tätigkeiten, Gedanken und Fragen der Kinder aufzunehmen und durch eigene Beiträge versuchsweise zu erweitern. Diese Zurückhaltung erfordert jedoch eine Strukturierung des Tagesablaufs. Dieser hat einen klaren Rhythmus: Nach einer kurzen morgendlichen Versammlung, in der die Aufmerksamkeit auf verschiedene Ideen und Vorhaben der Vortage gerichtet werden, um sie für die weiterführenden Tätigkeiten dieses Tages zu bündeln, verbringen Kinder und Erwachsene den Vormittag im Gelände. Zumeist in kleineren Gruppen – mit und ohne Erwachsene – bringen sie ihre Projekte voran. Der talkesselartige Charakter des Geländes erlaubt es den Erwachsenen jedoch stets, die vielfältigen Gruppenaktivitäten an unterschiedlichen Orten im Blick zu behalten.

Dabei wiederholen sich einige für dieses Gelände typische Themenbereiche: Die Eroberung der steilen Lehmhänge und ihre Verwandlung in Rutschbahnen; Stau-, Schöpf- und Wasserleitungsprojekte am Überlauf des kleinen Wehres; Versuchsküchen in den Winkeln des Geländes, in denen Gerichte aus den Materialien und Pflanzen zubereitet werden, die ringsum gefunden werden; Sammeln von Hölzern für Bauwerke wie Brücken oder Häuschen; Rollenspiele an „magischen Orten“ (Höhle, Zauberwald etc.); Suche nach Überresten von Dinosauriern; Erforschung der Kriechtiere, Schnecken, Regenwürmer, Bachflohkrebse oder Insekten – um nur einige der wichtigsten Themen zu nennen.

Mittags geht es zurück ins Glashaus, wo die Kinder ihr mitgebrachtes Essen verzehren. Mehr oder weniger gleitend geht es in den Nachmittag, der im und um das Glashaus herum verbracht wird. Hier haben die Kinder Gelegenheit auf vielerlei Weise bauend, gestaltend, werkend oder in Rollenspielen nach-zu-denken. In vielen Fällen wirken die Themen des Vormittags fort, in anderen widmen sich die Kinder Arbeiten, die in keinem erkennbaren Zusammenhang mit den vormittäglichen Tätigkeiten stehen. Wichtig dafür ist auch hier, dass sich Kinder im Glashaus selbstbestimmt für eine Tätigkeit ihrer Wahl entscheiden können, was – aus der Sicht der Mitarbeiter – in den meisten Fällen auch gelingt.

Zur Sprache bringen

Sowohl draußen wie drinnen übernehmen die Erwachsenen nicht nur die Rolle begleitender Anreger, Arrangeure, Helfer oder Herausforderer, sondern sie sind an vielen Stellen diejenigen, die mithelfen, das *zur Sprache zu bringen,* was die Kinder beschäftigt. Sie sind aufmerksame Beobachter, Zuhörer, Fragende, Nachfragende, Sprechende, die Gedanken probeweise in Worte fassen. Dies ist keinesfalls im Sinne eines Sprachtrainings gemeint, sondern als Anregung, die Sprache zum Nach-Denken zu benutzen.

Es geht vorwiegend darum, sprachliche Modelle für Gedanken zu finden. Natürlich sind dabei Rollenspiele, Geschichten, Gedichte, Lieder und gegebenenfalls Bücher eine wichtige Unterstützung. Es sei an dieser Stelle ausdrücklich betont, dass die Geschichten der Kinder und der Erwachsenen in der Lernwerkstatt Natur eine zentrale Rolle spielen. Durch sie machen sich Kinder klar, wie Dinge und Ereignisse zusammenhängen und sie erfahren darin gleichzeitig, wie andere Menschen Zusammenhänge schaffen.[8]

Partizipatorische Didaktik in der Lernwerkstatt

Von Seiten der Erwachsenen kann man von einer partizipatorischen Didaktik nur dann sprechen, wenn sie sich selbst auf die Weise kindlichen Fragens einstellen können. Das bedeutet, dass sie sich in die kindliche Situation hineinfühlen und das wird unterstützt, wenn sie die Erinnerung an eigene kindliche Zugänge (oder deren Behinderungen) zuzulassen.

Täglich wechseln die Kinder die beiden Orte: Vormittags handelnd, untersuchend, experimentierend draußen, nachmittags in der Werkstatt, in den „hundert Sprachen" der Materialien und Werkzeuge nach-denkend. Dieser Rhythmus soll anregen, Handlungen in Gedanken zu fassen und weiter zu denken um sie – vielleicht – am nächsten Tag in neue Handlungen umzusetzen. Die Erwachsenen haben dabei eine vielschichtige didaktische Aufgabe:

Die erste besteht darin, etwas von den Tätigkeiten der Kinder zu erfassen und ihren Sinn aus der Perspektive der Kinder und der Erwachsenen festzuhalten.

- Sie richten ihre Aufmerksamkeit auf das Handeln, die Weisen des Spielen und Gestaltens der Kinder, auf die Geschichten, die dabei entstehen, sowie auf „Theorien", die in den kindlichen Weltbildern verborgen sind.
- Diese halten sie durch wahrnehmendes Beobachten und Dokumentation[9] so gut es geht fest.
- Doch dienen diese Dokumente weniger dem Nachweis über den Erfolg der kindlichen Arbeit. Vielmehr halten sie Stationen der kindlichen Tätigkeiten fest, an denen weiter gearbeitet werden kann. Sie gleichen einem externen Gedächtnis. Insofern sind sie auch ein didaktisches Instrumentarium, das die Kinder darin unterstützt, ihre Tätigkeiten und Gedanken weiter voran zu bringen.[10]

---

8 Vgl. Schäfer, Rosenfelder 2010

9 In diesem Band „Wahrnehmendes Beobachten" sowie „Beobachten und Dokumentieren".

10 Reggio Children 2001.

Die erste Aufgabe einer partizipatorischen Didaktik besteht also darin, durch wahrnehmendes Beobachten und Dokumentation die Handlungs- und Denkwege der Kinder – so gut es geht – kennenzulernen.

Die zweite wichtige Aufgabe besteht darin, als interessierte, wohlwollende Menschen mit den Kindern zu kooperieren (und nicht nur zu ko-konstruieren).[11] Kooperation beruht auf

- einem gemeinsamen sachlichen Anliegen,
- einer Anerkennung des Gegenübers in seinen Möglichkeiten und Beiträgen,
- und einer respektvollen, identifikatorischen Beteiligung an gemeinsamen Handlungen.
- Dieser umfassende Begriff der Kooperation bildet den zweiten Kern einer partizipatorischen Didaktik.

Drittens widmen sich die Erwachsenen der Frage, auf welche Weise junge Kinder sich die Welt der Natur – ausgehende von ihren eigenen Selbstbildungspotenzialen – erschließen. Ziel dabei ist, nicht nur Erkenntnisse über kindliche Erfahrungs- und Bildungsprozesse zu gewinnen, sondern, davon ausgehend, nach Wegen zu suchen, wie diese kindlichen Initiativen durch geeignete Anregungen aus dem in unserer Kultur gesammelten Können und Wissen erweitert und differenziert werden können. Dieses Zusammenspiel so zu balancieren, dass die Initiativen der Kinder dabei nicht zurückgedrängt, sondern unterstützt und im Sinne unseres kulturellen Vorverständnisses weiter entwickelt werden können, ist die dritte große Aufgabe einer partizipatorischen Didaktik.

So bietet die Lernwerkstatt einen Ort der konkreten Erfahrung, der vielfältigen Re-Flexion, an dem Erfahrungen vorstellend, gestaltend, denkend ins Bewusstsein treten und weiter hinterfragt werden können. Sie ist ein Ort des Vertrauens in die kindlichen Kräfte sowie ein Ort der differenzierten Herausforderung ihrer Weiterentwicklung. Sie ist kein Ort an dem die Kinder allein sich selbst überlassen sind. Vielmehr werden durch die Zurückhaltung der Erwachsenen die Kinder zum einen dazu herausgefordert, sich ihrer eigenen Möglichkeiten zu bedienen und sie weiter zu entwickeln. Zum anderen ist sie eine Bedingung für einen Dialog, in dem die Stimme der Kinder wirkungsvoll gehört und in ihren Bildungsprozess einbezogen werden kann.

11 Natürlich lassen sich diese beiden Aufgaben nur in einem analytischen Sinn voneinander trennen. In der Praxis selbst gehört das eine zum anderen. Man kooperiert, indem man im Sinne des wahrnehmenden Beobachtens die Tätigkeit der Kinder erfasst und jede Kooperation mit den Kindern verändert die Wahrnehmung.

Literatur

Henneberg, R., Klein, L., Vogt, H. (2008): Freinetpädagogik in der Kita. Stuttgart.
Reich, K. (2008): Konstruktivistische Didaktik. Weinheim, Basel. 4. Aufl.
Reggio Children, Project Zero (2001): Making Learning Visible, Reggio Emilia.
Schäfer, G. E., Alemzadeh, M., Eden, H., Rosenfelder (2009): Natur als Werkstatt. Weimar, Berlin.
Schäfer, G. E., Rosenfelder, D. (Hrsg.) (2010): Bildungsjournal Natur und Umwelt, Berlin.

Welche Professionalität braucht eine Kultur des Lernens?

Überlegungen zur Professionalisierung von Erzieherinnen[1]

Erfahrungen aus Projekten

Den hier vorgetragenen Überlegungen liegen die Erfahrungen aus zwei Jahrzehnten Hochschultätigkeit in Diplom-Studiengängen der Früh- bzw. Elementarpädagogik sowie aus vier Projekten zugrunde, die seit etwa vier Jahren zur Umsetzung des Bildungsauftrags in insgesamt circa 50 Einrichtungen unter wissenschaftlicher Begleitung gesammelt wurden und werden.[2] Es sind vor allem drei Grundgedanken, die mit diesen Erfahrungen belegt werden können.[3]

Aus-, Fort- und Weiterbildung sind biografische Entwicklungsprozesse

- Pädagogische Fort- und Weiterbildung hat, wie Ausbildung auch, nichts mit der Implementation von Wissen und Können zu tun. Vielmehr unterliegt sie einem *biografischen Entwicklungsprozess,* der von den jeweils vorhandenen Möglichkeiten ausgeht und diese durch konkrete Herausforderungen des Handelns und Denkens differenziert und/oder verändert.
- Ausgangspunkt für professionelles Handeln sind die Erfahrungen, die man gemacht hat, als man selbst erzogen wurde. Diese müssen geklärt und so weiter entwickelt werden, dass sie dem Stand heutigen professionellen Könnens und Wissens entsprechen.
- Biografisch verankerte Professionalisierungsprozesse folgen keinem hierarchischen *Aufbau,* sondern einem *zirkulären.* Veränderungen müssen in immer wieder neuen Kreisläufen als Variationen gegebenen Verhaltens hervorgebracht, weiterentwickelt und gefestigt werden.
- Dabei erweist sich die Organisation von Fortbildungseinheiten in *Modulen* als günstig: Erstens erlaubt sie, dass sich die Lehrenden in einzelne Themenkomplexe vertiefen können. Zweitens gestatten sie den Praktike-

1 Erweiterte Fassung eines Vortrags auf der Veranstaltung „Die Entdeckung der frühen Jahre", McKinsey, am 26.10.2005 in Berlin.

2 Wirklichkeit und Phantasie, Thüringen; Professionalisierung frühkindlicher Bildung, NRW; Qualitätsentwicklung SOAL, Hamburg.

3 Vgl. hierzu insbesondere: von der Beek, Steudel, Schäfer 2005.

rinnen ein hohes Maß an Individualität bei der Aneignung von Wissen, der Kombination und der Umsetzung von theoretischen und praxisbezogenen Impulsen. Drittens erleichert ein modularer Aufbau eine zirkuläre Aus-, Fort- und Weiterbildungsstruktur.

Pädagogische Veränderungsprozesse gehen von einer Differenzierung der professionellen Wahrnehmung aus

- Die Veränderungen in der pädagogischen Arbeit werden vor allem von einer Intensivierung und Differenzierung der Beobachtung für den Eigenanteil des Kindes an seinen Bildungsprozessen angestoßen.
- Sie führen zu neuen Fragen an „Theorien und Konzepte" und müssen bis in die „Organisation" der Institution Kindertagesstätte hinein bedacht werden.
- Wahrnehmende Beobachtung[4] der Kinder verlangsamt den pädagogischen Handlungsprozess indem er die Eigenständigkeit der Kinder stärker ins Spiel bringt. Damit befreit er Erzieherinnen aus der Rolle der pädagogischen „Entertainerin" und erweitert ihre professionellen Aufgabenstellungen. Darauf müssen Erzieherinnen vorbereitet sein.
- Die Sensibilisierung der Wahrnehmung von Erzieherinnen sowie eine Arbeit an konzeptuellen Weiterentwicklungen, welche die eigene Gestaltungskräfte und Ausdrucksmöglichkeiten einbeziehen, vertieften das Verständnis für die Interessen und den Gestaltungsreichtum der Kinder.
- Insbesondere sind es die Bereiche Bewegung, Spiel, Tanz, Theater, ästhetisches Gestalten, Musik, Sprache und Weltwissen einschließlich der damit verbundenen weltanschaulichen Fragen, die alltäglich bei den Kindern wahrgenommen werden können und die ihr Handeln und Nachdenken leiten. Als vorhandene Alltagsfragen der Kinder, nicht als Lernbereiche oder Fächer, verdienen sie pädagogische Aufmerksamkeit. Sie aufzuspüren und mit den Antworten zu verknüpfen, die das „kulturelle Gedächtnis" bereithält, erweist sich als Aufgabe einer frühkindlichen Bildung, welche die biografischen und individuellen Ressourcen als Selbstbildungspotenziale mit einbezieht.
- Wahrnehmendes Beobachten bildet die Voraussetzung für die Gestaltung der Räume, innen wie außen, für die Auswahl der Materialien und für die sachlichen Themen, die den Kindern vorgeschlagen werden. Dadurch verbessert es die Handlungsfähigkeit der Erzieherinnen im pädagogischen Alltag. Wahrnehmendes Beobachten kann sich aber auch nur da entfalten, wo Kinder eine Umgebung vorfinden, die ihre Handlungs- und Denktätigkeit anregt.

---

4 Vgl. weiter unten.

- Wahrnehmendes Beobachten und Dokumentation stellt die Zusammenarbeit mit den Eltern auf eine differenziertere sachliche Basis und intensiviert sie. Die Eltern können am Tun und Denken ihrer Kinder stärkeren Anteil nehmen, besser begreifen, wie sie lernen und damit auch ihre eigenen Ansprüche an die Zukunft ihrer Kinder angemessener mit deren Möglichkeiten abstimmen.

Professionalisierung ist ein lebenslanger Prozess, der auch institutionell verankert sein muss

Professionalisierung ist nicht nur das Ziel von Aus-, Fort- und Weiterbildungsabschnitten, sondern erfordert einen lebenslangen Prozess, in dem aus den konkreten Alltagserfahrungen gelernt werden kann. Das wurde bisher entweder den Erzieherinnen als private Aufgabe überlassen oder an additive Fort- und Weiterbildungsangebote delegiert. Die Erfahrungen in den Projekten zeigen, dass dies nicht ausreicht.

Einerseits brauchen Erzieherinnen in Aus-, Fort- und Weiterbildung Anregung und Unterstützung zu einem permanenten Selbstlernprozess auf der Grundlage differenzierter Selbst- und Fremdwahrnehmung sowie der Selbst- und gegebenenfalls der Fremdevaluation. Andererseits müssen sie die Möglichkeiten einer sozialen Einbettung und Unterstützung in eine „lernende Institution“ erfahren, bzw. soziale und institutionelle Bedingungen kennen lernen, die für einen solchen Entwicklungsprozess günstig sind.

Aus-, Fort- und Weiterbildung sollten zirkulär angelegt sein

Aus- und Weiterbildung, welche die Wahrnehmungsqualität, Handlungsqualität und den Eigenrhythmus von Bildungsprozessen mitberücksichtigt, kann nicht nach einem Instruktions- oder Implementationsmodell erfolgen: Wissen weiter geben, das jemand gesammelt hat. Weil keine Situation sich genauso wiederholt, müssen Wahrnehmen, Handeln und Nachdenken immer wieder neu abgestimmt werden. Die Chance, etwas zu korrigieren ist vorbei, wenn man etwas wahrgenommen und gehandelt hat. Eine neue Chance gibt es erst beim vergleichbaren nächsten Mal. Wer nicht rekursiv verbessernd Wahrnehmen, Handeln und Denken von Mal zu Mal genauer auf die tatsächlich gegebene Situation einstellt, verfehlt den Theorie-Praxis-Zusammenhang und bleibt auf einem anfänglichen Niveau stehen.

So haben wir unsere Fortbildungen in dieser Weise modular und zirkulär angelegt. Die (damals) vier Säulen[5] des Fort- und Weiterbildungsmodells bilden die Module Wahrnehmendes Beobachten, Theoriekonzepte, Handlungs- und Institutionenkonzepte, Sachwissen.

5 Inzwischen muss man von fünf Modulen ausgehen; vgl. weiter unten.

In der Durchführung wechseln sie sich in einem zirkulären Prozess ab: Beobachten und klärendes Nachdenken; theoretische Zusammenhänge einführen; Auswirkungen auf ein mögliches Handeln vordenken und mit gegebenen Praxiskonzepten verknüpfen; ausprobieren und wieder wahrnehmen und nachdenken usw. Statt eines linearen Prozesses vom Denken zum Handeln oder umgekehrt entsteht ein Kreisprozess, in dem ständig Querverbindungen zwischen Wahrnehmen, Denken, Handeln und den einzelnen Modulen gezogen werden können.

Folgerungen für die Professionalisierung von Erzieherinnen

Es sind fünf wesentliche Folgerungen, die aus diesen Projekterfahrungen gezogen werden können:

- Wahrnehmendes Beobachten bildet den Kern einer Verbindung von Theorie und Praxis. Es muss daher im Zentrum von Aus- und Fortbildung stehen. Alle anderen Inhalte der Aus-, Fort- oder Weiterbildung müssen sich darauf beziehen.
- Prozesse pädagogischer Professionalisierung müssen schon ab der Ausbildung in einer langfristigen – genauer – lebenslangen Perspektive gedacht werden. Sie gehen von biografischen Erfahrungen aus.
- Handlungsfähigkeit entwickelt sich nur da weiter, wo Beobachtung, Reflexion, die Kenntnisse über Institutionen, Räume, Materialien sowie didaktischen Vorgehensweisen in der subjektiven Biografie verankert werden.
- Wahrnehmendes Beobachten, Reflexion und Handlungsfähigkeit müssen im Rahmen einer Institution erprobt werden können, die einen solchen Entwicklungsprozess unterstützt.
- Aus-, Fort- und Weiterbildung sind in zirkulären Prozessen zu denken und zu gestalten.

Professionelle Qualitäten

Aus den vorangegangenen Überlegungen ergibt sich die Frage: Was müssen wesentliche professionelle Qualitäten einer Erzieherin sein, an welchen sich dann Aus- und Weiterbildung orientieren sollten? Fünf Kriterien sollen genannt werden.

Wahrnehmungsqualität

Dabei geht es um eine professionelle Entwicklung und Differenzierung der Wahrnehmungsqualität der Erzieherinnen für pädagogisch bedeutsame Situationen. Diese Qualität muss auf die Schwierigkeiten und Besonderheiten der Alltagssituationen (z.B. hohe Komplexität) bezogen sein um in diesen Anwendung zu finden.

Diese Qualität ist nicht mit Diagnosefähigkeit gleichzusetzen. Diagnosen werden gestellt, wenn Bildungsprozesse fehlgelaufen sind. Aus fehlgelaufenen Bildungsprozessen kann man nicht die Anforderungen ableiten, die im Alltag notwendig sind, um Bildungsprozesse zu gestalten. Aus pädagogischen Notfällen sind kaum Strategien für das alltägliche professionelle Rüstzeug zu gewinnen, genau so wenig wie man aus der Notfallmedizin entscheidende Strategien für die Erhaltung von Gesundheit ableiten kann.

Stattdessen benötigen Erzieherinnen eine situationsbezogene, individuum- und gruppenorientierte, differenzierte Wahrnehmungs- und Interpretationsfähigkeit für das alltägliche Bildungs- und Erziehungsgeschehen, zum einen zur Evaluation ihrer Arbeit, zum anderen, um Grundlagen für die pädagogische Arbeit mit Kindern zu entwickeln. Wahrnehmen der Kinder in ihren Bildungsprozessen sowie in ihren sozialen Bezügen ist Ausgangspunkt einer an den Ressourcen der Kinder orientierten Pädagogik.

Für Aus- und Fortbildung ist daher die Schulung indiviuum- und gruppenbezogener Beobachtung, Dokumentation und Auswertung ein wesentlicher Aspekt des professionellen Curriculums und muss in einem Aus- oder Weiterbildungsmodell als fortlaufende Beobachtungspraxis fest und zeitlich intensiv verankert werden.

Reflexionsqualität

Um pädagogisches Geschehen verstehen zu können, braucht man theoretische Modelle und Reflexionsfähigkeit. Nur mit einem soliden Fundament an Gedanken und Theorien, wird man das, was man in der pädagogischen Praxis wahrnimmt, auch ordnen und einsichtig machen können. Es besteht ein unmittelbarer Zusammenhang zwischen Wahrnehmen und Denken: Ohne sich auf Wahrnehmungen zu beziehen bleibt Denken leer und beliebig, allenfalls seiner eigenen Logik anheim gegeben. Aber ohne klärendes Nachdenken wird man auch kaum differenzierte Wahrnehmungen machen können. Wahrnehmungsqualität und Reflexionsqualität sind durch einen rekursiven Kreislauf miteinander verbunden.

Reflexionsqualität erfordert zwei Schwerpunkte in Aus- und Weiterbildung. Zum einen theoretische Module, die sich auf Erziehungs- und Bildungstheorien, entwicklungspsychologische, kognitions- und sozialwissenschaftliche Theorien beziehen; zum anderen ein Modul, in dem die Daten der Alltagsbeobachtungen in der Ausbildungsgruppe zusammen mit einer kompetenten Fachberaterin/Supervisorin immer wieder durchgesprochen werden können.

Handlungsqualität

Einerseits ist Denken Probehandeln und ersetzt teilweise probierendes Handeln. Andererseits muss man auch handeln, um dem Denken einen Anstoß zu geben oder es zu hinterfragen; Handeln ist auch eine Form des Denkens. So wie das Schreiben Gedanken präzisiert, kann auch Handeln das Nachdenken schärfen.

Natürlich gehört zur Handlungsqualität auch ein professionelles Können in pädagogischen Situationen, sei es im Alltags- oder im institutionellen Zusammenhang. Kein Pianist ginge auf das Podium, ohne seine Sache geübt zu haben. Es genügt also nicht, Erzieherinnen mit Theorien auszustatten, sondern sie müssen ihre Theorien im Handeln erproben, differenzieren, festigen und auf ihre eigenen persönlichen Fähigkeiten abstimmen. Das gelingt nicht in kurzen Praktika, sondern bedarf einer kontinuierlichen und reflektierten Zusammenarbeit mit geeigneten Kindertageseinrichtungen.

Da pädagogisches Handeln sich oft in einem Raum der theoretischen Unsicherheit abspielt – man kann im Alltag oftmals theoretisch nicht überschauen, was sich ereignet – kann man auch nicht vor dem Hintergrund klarer wissenschaftlicher Erkenntnis handeln. Vielmehr speist sich das pädagogische Handeln aus der theoretischen Reflexionsfähigkeit einerseits und den Mustern pädagogischen Handelns andererseits, die man bereits verinnerlicht hat und über die man im Detail im Einzelfall nicht nachdenkt. Nur wenn man über solche Muster verfügt, ist man zu situationsbezogenem Handeln in der Lage, auf die Gefahr hin, dass man gelegentlich damit falsch liegt. Korrekturen dieses Handelns erfolgen in der Regel dann in einem nachträglichen Reflexionsprozess. Es geht also nicht um intuitives Handeln, sondern um Handeln, das im Kreislauf von Tun und Reflexion seine Tauglichkeit, Spontaneität und Flexibilität gewonnen hat. Man könnte von einer *reflektierten professionellen Spontaneität* sprechen.

In Aus- und Weiterbildung sind daher Module notwendig, in welchen sich ein professioneller Habitus in einem Prozess des Probierens, der Simulation und des Nachdenkens herausbilden kann. Das erfordert ausreichend Praxis, eine wohlwollende Begleitung, die aufmerksam macht und nicht besserwisserische Korrekturen vorschlägt, sowie die Möglichkeit, Varianten des eigenen Verhaltens neu zu entwerfen und zu erproben. Damit ist kein traditionelles Anleitungsmodell gemeint, das notgedrungen die individuellen Stärken und Schwächen einer Erzieherin übergehen muss. Auch geht es um mehr als um didaktische Reflexionen. Raumgestaltung und die intime Kenntnis geeigneter Materialen gehört ebenso dazu. Darüber hinaus müssen Überlegungen in Handlungsentwürfen erprobt werden, damit der Erzieherin ihre subjektiven Möglichkeiten und Begrenzungen erfahrbar werden. Probierendes Handeln erweitert das vorhandene professionelle Potenzial und bettet es ein in ein biografisch verankertes Können. Es braucht Zeit, die neuen Möglichkeiten so zu festigen, dass sie im pädagogischen Alltag gleichsam spontan zur Verfügung stehen.

Sachqualität

Von irgendwelchen Dingen, die auch für Kinder interessant sein können, sollte man etwas verstehen. Dieser Aspekt wurde in den bisherigen Formen der Ausbildung von Erzieherinnen weitgehend vernachlässigt. Ein wichtiger Unterschied zwischen Bildung und Betreuung besteht darin, dass der- oder diejenige, die mit den Kindern zusammen ist, *etwas* kann; über Dinge, die in der Welt geschehen, nachgedacht hat; etwas zu bestimmten Kultur- und Lebensbereichen zu sagen hat. Kinder bilden sich nicht von selbst. Sie brauchen eine Sache, an der sie sich abarbeiten können. Dazu gehören auch Leute, die von Sachen etwas verstehen. Damit ist nicht die Belehrung gemeint. Am besten lernt man von Erwachsenen, die mitdenken und dabei auch mitlernen.

Das bedeutet, dass sich auch Erzieherinnen mit unterschiedlichen Disziplinen des Könnens und Wissens beschäftigen müssen. Sie sollten in Aus- und Weiterbildung Gelegenheit haben, ein eigenes fachliches Profil zu entwickeln (Fachfrauen).

Kommunikative Qualität

Der kommunikativen Qualität liegt die Fähigkeit zur differenzierten Beobachtung pädagogischer Situationen mit einzelnen Kindern und Kindergruppen zugrunde. Diese Wahrnehmungen müssen in Sprache gefasst und darüber hinaus nach außen dargestellt werden. Dies erfordert ständige Gelegenheit, Wahrnehmungen zu versprachlichen und vor Dritten mündlich oder auch schriftlich darzustellen sowie argumentativ zu vertreten.

Es sind vor allem zwei Bereiche, die bei der Einübung in fachliche Kommunikation mitbedacht werden müssen. Zum einen geht es um den kollegialen Austausch über die Beobachtungen, welche man an und mit Kindern im professionellen Alltag gemacht hat. Zum anderen erfordert die neue Rolle der Erzieherin, Interpretin der kindlichen Bildungsprozesse für die Eltern und die Öffentlichkeit zu sein, eine Vorbereitung auf diese kommunikativen Aufgaben. In beiden Fällen schließt Kommunikationsfähigkeit die Wahrnehmung der eigenen Person und ihrer möglichen Wirkungen auf andere mit ein.

Drei Aspekte sollten in dieser Hinsicht in Aus-, Fort- und Weiterbildung daher besonders berücksichtigt werden: Verbalisierung von Wahrnehmungen und Gedanken; schriftsprachliche und mediale Darstellung bzw. Dokumentation dieser Wahrnehmungen und Gedanken; schließlich ihre argumentative Untermauerung.

Aus diesen fünf professionellen Qualitäten, die für Erzieherinnen wichtig sind, ergeben sich fünf Säulen eines Aus- und Weiterbildungsmodells:

Die fünf Säulen eines Aus- und Weiterbildungsmodells

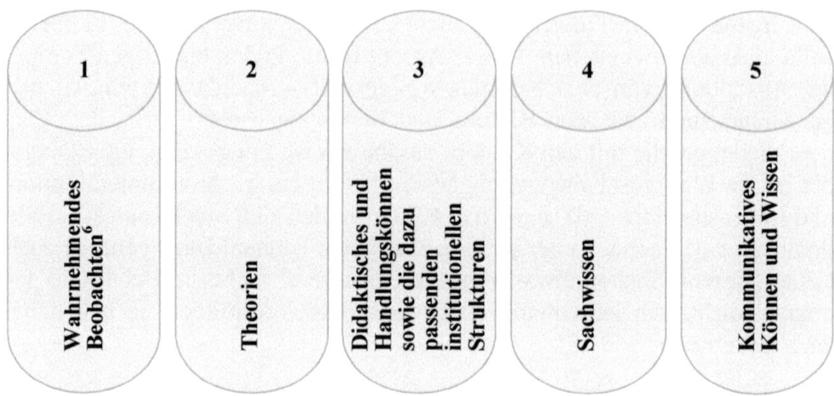

Grundgedanken für eine lernende Institution

- Aus- und Weiterbildung, wie später die Praxis in Kindertageseinrichtungen sind als ein kontinuierlicher (und lebenslanger) Lernprozess zu denken. Deshalb brauchen Erzieherinnen in Aus- und Fortbildung, wie in der täglichen Praxis, Spielräume und professionelle Unterstützung, aus ihren täglichen Erfahrungen zu lernen.
- Pädagogische Institutionen sind als lernende Organisationen zu verstehen und zu konzipieren. Das bedeutet zum einen, dass sie – im Rahmen der Erfahrungen aus der Bildungsarbeit – ihre Arbeitsstrukturen auch verändern können.
- Die Entwicklung eines professionellen Habitus entlang biografischen Erfahrungen benötigt eine unterstützendes institutionelles und soziales Milieu, das nicht nur Reflexion als kritisches Werkzeug zur Verfügung stellt, sondern soziale Unterstützung in einem Prozess gibt, der mit vielfachen Verunsicherungen und Umwertungen biografischer Erfahrungen verbunden ist. Die lernende Institution muss daher ihren lernenden Mit-

6 Diese Begriffskombination dient dazu, darauf aufmerksam zu machen, dass die professionellen Alltagsbeobachtungen nicht nur zielorientiert gemacht werden können, sondern auch offen sein müssen für Unerwartetes, Neues und möglicherweise sogar Unverständliches, was noch verstanden werden muss. Wahrnehmendes Beobachten hat zwei Perspektiven: eine, die sich auf das Kind ausrichtet und eine zweite, die sich darauf einlässt, was vom Kind kommt. Deshalb verlangt wahrnehmendes Beobachten auch ein Aushalten von Unsicherheit.

gliedern einen äußeren Halt geben, der sie in die Lage versetzt, professionelle Verunsicherungen auszuhalten.

- Die ästhetischen Dimensionen von Bildung und pädagogischem Handeln bedürfen besonderer Aufmerksamkeit. Im Prozess der Bildung geht es nicht nur um Können und Wissen, sondern – allem voran – um eine Differenzierung von Wahrnehmung in allen Bereichen; denn, was man nicht wahrnimmt, kann man nicht denken.
- Deshalb muss die Aus- und Weiterbildung von Erzieherinnen in einen Prozess der Sensibilisierung von Wahrnehmung für Kinder und ihre Lebenssituationen eingebettet sein. Dazu gehört einerseits der Gebrauch von professionellen Werkzeugen, die einen genaueren Blick auf die Kinder ermöglichen (Formen einer kindorientierten Beobachtung); andererseits theoretische Reflexion, die aufmerksam macht. Ein solche Reflexion muss dreierlei leisten:
  1. Zum einen, eine systematisch- gedankliche Ordnung, die es erlaubt, pädagogische Phänomene in größere theoretische Zusammenhänge einzubetten.
  2. Zum zweiten enthalten Theorien immer schon eine mehr oder weniger latente Praxis. Ein wesentliches Merkmal von Reflexionsqualität besteht darin, dass Erzieherinnen in der Lage sind, die Handlungsmuster, die in Theorien und Konzepte eingebettet sind, zu erkennen und gegebenenfalls kritisch zu hinterfragen.
  3. Zum dritten dürfen Konzepte sich nicht nur an pädagogischen Theorien orientieren, sondern müssen die Bedingungen und Widersprüchlichkeiten der Praxis mit einbeziehen und darauf flexibel reagieren.
- Reflexion muss in einen Prozess konkreter Veränderungsmöglichkeiten eingebettet werden, der auch räumliche und institutionelle Konsequenzen umfasst. Im Bereich der Aus- und Fortbildung benötigen Erzieherinnen daher reichlich Gelegenheit, sich praktisch zu erproben und die Ergebnisse einer reflexiven Evaluation zu unterziehen.
- Erzieherinnen brauchen in besonderem Maße auch Anregungen im Bereich sachlichen Könnens und Wissens.
- Anregungen und Hilfestellungen zur kollegialen Zusammenarbeit sind ein wichtiger Teil von Aus- und Fortbildung. Zum einen sollten Erzieherinnen darin unterstützt werden, sich im kollegialen Gespräch auszutauschen und wechselseitig anzuregen. Zum zweiten sollten sie darauf vorbereitet sein, einzelne Einrichtungen zu überschaubaren Netzwerken zusammen zu binden, um in den institutionellen Entwicklungsprozessen voneinander zu lernen. Zum dritten sollten sie in die Lage versetzt werden, aus Fachberatung inhaltlichen Nutzen zu ziehen.
- Veränderungen erfordern nicht nur pädagogische Qualitäten, sondern kommunikative Kompetenzen, die verschiedenen institutionellen Felder

von Frühpädagogik – wie Familie, Schule, öffentliche Bildungsangebote, Beratungsinstitutionen – miteinander in Austausch zu bringen.

- Unter dem Bildungsgedanken wird es immer wesentlicher werden, dass Erzieherinnen Eltern erklären und anschaulich machen, was ihre Kinder tatsächlich leisten und können. Sie werden vermehrt zu Vermittlern zwischen den Kindern und den Eltern werden müssen, wenn frühkindliche Bildung mehr sein soll, als nur die Implementation von Lernphasen in die Kindertagesstätte.
- Das bedeutet, sie müssen auch in ihrer Ausbildung auf diese Vermittlertätigkeit vorbereitet werden, damit sie dieser Rolle mit professionellem Selbstbewusstsein gerecht werden können.

Desiderata

- Mit der zunehmenden Ausweitung der institutionalisierten Bildung und Erziehung von Kindern unter drei Jahren muss dieses Aufgabenfeld auf einem wissenschaftlich orientierten Niveau zukünftig stärker in Aus-, Fort- und Weiterbildung berücksichtigt werden.
- Bildungsprozesse sind nicht nur Individualprozesse. Die bisherige Bildungsdiskussion im Bereich frühe Kindheit hat nicht wirklich bedacht, wie aus individuellen Prozessen Gruppenprozesse werden, in denen sich Kinder zu Lerngemeinschaften verbinden.
- Hier besteht dringender Forschungsbedarf, der unmittelbare Auswirkung auf die Ausbildung von Erzieherinnen hätte.
- Die Frage der Akademisierung der Ausbildung von Erzieherinnen erscheint mir zweitrangig gegenüber den obigen Überlegungen.[7]
- Um die wenigen vorhandenen Kapazität zu nützen, sollte man daher überlegen, ob nicht Ausbildung auch modulhaft und, ortsübergreifend, an mehreren Ausbildungsstätten angelegt werden kann. Man könnte z.B. an einem Ort die mehr wissenschaftlichen Kapazitäten konzentrieren, an einem anderen die mehr didaktischen und handlungsorientierten.

---

7 Prinzipiell jedoch halte ich es für richtig, dass die Aufgaben einer Erzieherin nicht weniger Professionalität verlangen, als die von Lehrkräften der Primar- oder Sekundarstufen. Von daher sind Ausbildungen auf unterschiedlichen Niveaus sachlich nicht gerechtfertigt. Man sollte nur in der Ausbildung von Erzieherinnen nicht die Fehler wiederholen, die in den verschiedenen Formen der Lehrerbildung gemacht werden.

Literatur

Arbeitsgruppe Professionalisierung frühkindlicher Bildung, Wiss. Leitung, Schäfer, G. E., Strätz, R. (2005): Beobachtung und Dokumentation in der Praxis. Kronach.

Beek, A. von der, Steudel, A., Schäfer, G. E. (2005): „Bildung im Elementarbereich – Wirklichkeit und Phantasie" (Modellprojekt Thüringen), Berlin.

Schäfer, G. E. (1998): Perspektiven eines Diplomstudiengangs „Pädagogik der frühen Kindheit. In: PÄD Forum 1998, 1. S. 17–20

Schäfer, G. E., Burzel, E., Dehnert, H., Steudel, A., Beek, A. von der (2004): Modellprojekt Bildung im Elementarbereich, Wirklichkeit und Phantasie. Abschlussbericht.

Aufgaben der Erzieherin[1]

Betrachtet man Kinder als selbständige Lerner, so bedeutet das nicht, dass die Erzieherin und ihr Handeln nebensächlich seien. Vielmehr verändert sich ihre Aufgabe gegenüber traditionellen Vorstellungen.

Was das Kind als selbständiger Lerner braucht

Rahmen-Formate pädagogisch gestalten

Damit Kinder selbstgesteuert lernen und sich bilden können, brauchen sie geeignete Rahmen-Bedingungen. Unter *Rahmen* werden hier alle räumlichen Möglichkeiten, Materialien und Werkzeuge oder Beziehungsformen verstanden, die es dem Kind erleichtern, sich mit einen Gegenstand seines Interesses in eigener Initiative auseinander zu setzen. Mit *Formaten* werden – in Anlehnung an Bruner – die Formen bezeichnet, in welchen diese Rahmen in pädagogischen Handlungszusammenhängen eingesetzt und gestaltet werden.

- Zunächst sind Kinder auf eine räumliche *Umgebung* angewiesen, die sie interessiert und ihre Neugier weckt. In einem Umfeld, das keine Gelegenheiten enthält, an welchen sich kindliche Neugier entzünden kann, werden auch keine selbständigen Lern- und Bildungsprozesse entstehen.
- Zu diesem anregenden Umfeld gehören auch *Materialien und Werkzeuge*, mit welchen Kinder dann ihre Bildungsprozesse voranbringen und vertiefen können.

An der Sprachentwicklung der Kinder kann man nachvollziehen, wie Kinder selbstständig Grammatik erwerben: Sie entwickeln Modelle für Wörter, Sätze und grammatikalische Regeln. Diese korrigieren sie entlang den Modellen, die sie in ihrer sprachlichen Umwelt vorfinden, bis hinreichend Übereinstimmung erzielt ist. Das gleiche Vorgehen gilt auch in anderen Bereichen. Kinder machen sich „Theorien" zu den Dingen, die sie wahrnehmen und sie überprüfen diese Theorien an den Denkmodellen, die ihre Umgebung ihnen dazu liefert. Sie passen diese Theoriemodelle so lange an, bis sie sie für ihre Zwecke als hinreichend erachten. Diese Zwecke haben Vorrang vor Richtigkeit und Wahrheit.

1 Geringfügig verändert aus: Schäfer, Strätz (Hrsg.): Frühkindliche Bildung. Unveröffentlichter Abschlussbericht des Projekts „Professionalisierung frühkindlicher Bildung" des Landes NRW.

Damit Kinder das tun können, müssen solche Modelle in ihrem Umfeld auffindbar sein. Wenn sie z. B. in die Welt der Naturphänomene eintauchen, benötigen sie beispielsweise Bilder, Bücher oder nachdenkende Erwachsene, die sie für die Entwicklung und Erfindung ihrer eigenen Denkmodelle gebrauchen können. Dabei geht es nicht um Denkmodelle, die sie sich aneignen müssen, sondern deren Sinn sie so überzeugt, dass sie sie von sich aus gebrauchen und in ihren Möglichkeiten ausprobieren.

- Zu den Rahmen-Formaten gehören auch die *zwischenmenschlichen Beziehungen*, die dem Kind Sicherheit geben und Vertrauen in seine eigenen Fähigkeiten ermöglichen. Ein Kind braucht die Gewissheit, dass für seine Grundbedürfnisse gesorgt ist, damit es sich aufmerksam den Dingen zuwenden kann, für die es sich interessiert. Es wird dabei unterstützt, wenn es Menschen gibt, die ihm zutrauen, dass es sich selbständig auf den Weg macht. Und wenn sich kein Erfolg einstellt, oder Irrtümer die Lern- und Bildungswege beschwerlich erscheinen lassen, hilft es ihnen, wieder Mut zu fassen, wenn sie bei vertrauten Menschen – unabhängig von unmittelbaren Erfolgen – Rückhalt und Trost finden.
- Kindliches Interesse am Entdecken seiner Wirklichkeit versiegt, wenn es keine *Resonanz* in seinem sozialen und kulturellen Umfeld dafür findet. Man muss schon sehr erwachsen und selbstsicher sein, um Denkwege zu gehen, für die man im eigenen Umfeld kein Verständnis findet. Damit man aber so sicher werden kann, braucht man Menschen, die den eigenen Denkweg dadurch unterstützen, dass sie mitdenken (nicht vordenken oder nur korrigieren). *Mitdenken* heißt begreifen, was dem Kind wichtig ist. Das wiederum setzt voraus, dass man sich mit dem vertraut macht, was das Kind an Gedanken einbringt. Resonanz heißt dann, auf das zu antworten, was man an der kindlichen Tätigkeit glaubt wahrgenommen und verstanden zu haben.
- Diese Resonanz kann als eine persönliche verstanden werden. Sie wird aber erweitert und verstärkt, wenn das Kind auch im weiteren sozialen Raum und letztlich in unserem kulturellen Leben einen Widerhall auf seine Bemühungen, sich Bilder und Modelle seiner Wirklichkeit zu machen, findet.

Von den Selbstbildungsprozessen des Kindes auszugehen heißt also daher keinesfalls, darauf zu vertrauen, dass das Kind seinen Weg schon von alleine findet, sondern ihm den Rahmen schaffen, der es auf diesem Weg unterstützt und herausfordert. Zwei Aspekte eines solchen Rahmens dürften grundlegend sein: der Beziehungs- und der Handlungsaspekt.

Beziehungsebene

Beziehungen zu den Kindern eingehen

Erste Aufgabe von Erzieherinnen ist es, Beziehungen zu Kindern einzugehen.

Beziehungen haben zwei (gegensätzliche) Aspekte: Einen Bindungsaspekt: Bildungsprozesse benötigen vertrauensvolle, sichere Bindungen zu Erzieherinnen, Eltern und anderen Erwachsenen. Einen Loslösungsaspekt: Bildungsprozesse im Sinne eines forschenden Lernen verlangen auch, Beziehungen zu lockern, loszulassen und damit ein Zutrauen in die Selbständigkeit von Kindern. Das ist nicht einfach das automatische Ergebnis einer sicheren Bindung, sondern bedarf einer individuellen Balance von Nähe und Distanz.

Beziehungen stehen auch nicht für sich, in Beziehungen geht es immer um etwas. Beziehungen eingehen heißt daher, sich für die Kinder und ihre Anliegen interessieren. Es heißt auch, den Kindern Dinge anbieten, die man selbst für bedeutungsvoll hält.

Halten/Aushalten

Erwachsene müssen die Eigenständigkeit der Kinder im Umgang mit ihrer Welt ertragen, sie soweit mittragen, dass Kinder ihre eigenständigen Möglichkeiten einsetzen und produktiv weiter entwickeln können. Kindliche Bildung braucht stets einen sachlichen und einen sozialen Rahmen, der dafür Sorge trägt, dass Kinder die jeweils möglichen eigenen Handlungs- und Erkenntnisformen einsetzen können.

Wahrnehmen und Beobachten

Das Aushalten der Selbständigkeit von Kindern bildet die Voraussetzung dafür, Kinder in ihren Tätigkeiten einfühlend wahrzunehmen und zu begleiten. Bevor Erzieherinnen Bildungsprozesse begleiten und unterstützen können, müssen sie erst einmal wahrnehmen, von welchen Vorstellungen Kinder ausgehen, wenn sie Fragen an die Welt stellen. Diese zusammenzutragen und vielleicht auch zu dokumentieren – in Fallstudien oder Bilddokumentationen (Foto, Video) – um sie sich möglichst genau zu vergegenwärtigen, ist eine wesentliche pädagogische Tätigkeit, noch bevor man über die Förderung von kindlichen Bildungsprozessen nachdenkt.

Verständigung

Von der Geburt an gibt es Verständigungsmöglichkeiten mit dem Kind, mit deren Hilfe sich Erwachsene auf das einlassen können, was Kindern bedeutsam ist. Zur Verständigung gehört jedoch nicht nur das aufmerksame Wahrnehmen und Zuhören der Erwachsenen, sondern ebenso das Antworten auf das, was sie wahrgenommen und gehört haben. Verständigung meint also aufmerksames Wahrnehmen und Austausch über das Wahrgenommene gleichermaßen. Ein Verständigungsprozess kommt jedoch nur zustande, wenn die Wahrnehmungs- und Denkweise des Kindes für seine Situation als subjektiv bedeutsam und der des Erwachsenen gleichwertig anerkannt wird. Das heißt, manches, was aus der Erwachsenenperspektive als unsinnig oder kaum verständlich erscheint, muss in seiner Bedeutung für die Situation des Kindes erkannt und verstanden werden.

Zeuge sein

Der englische Psychoanalytiker und Kinderarzt D. W. Winnicott hat eine Form der Beziehung zwischen Mutter und Kind beschrieben, die er die „Fähigkeit, in Anwesenheit eines anderen, allein zu sein" nannte. Es ist eine Art unaufdringlicher Anwesenheit der Mutter, die es nicht notwendig macht, mit ihr direkt in Beziehung zu treten; die es gestattet, sich weiter der eigenen Tätigkeit zu widmen, ohne sie irgendwie mit einbeziehen zu müssen. Trotzdem ist es wichtig, dass sie als stumme Zeugin eines Geschehens anwesend ist, das in der Kompetenz des Kindes abläuft, dass sie da ist, ohne sich zu beteiligen. Denn ihre Beteiligung hieße, dass sie ihre eigenen Wünsche mit einbrächte. Zeuge sein heißt, dabei zu sein, ein Tun des Kindes zu akzeptieren und zu schätzen, ohne ein eigenes Bedürfnis damit zu verbinden. Kinder benötigen zu Zeiten Erwachsene, Mütter, Väter, Erzieher- oder Lehrerinnen als Zeugen, ohne einzugreifen, entweder wenn sie noch unsicher sind und nicht genau wissen, wie weit sie sich auf eine Sache einlassen sollen, oder wenn sie so selbständig sind, dass sie keiner Hilfe bedürfen. Für Kinder heißt das, in der stummen Aufmerksamkeit eines Erwachsenen, ungestört dem eigenen Wollen und Können zu folgen und es zu erproben. Die Anwesenheit des Erwachsenen gibt darüber hinaus – im Falle kindlichen Scheiterns – Sicherheit, dass man im Notfall Hilfe bekommen kann.

Widerspiegeln (Re-flexion und Re-sonanz)

Die Überlegungen zu den Aufgaben der Erzieherin bewegen sich in einer aufsteigenden Linie des aktiven pädagogischen Handelns, deren nächster Schritt darin besteht, dass der Erwachsene dem Kind – in Worten oder auf andere Weise – zurückspiegelt, was er glaubt wahrgenommen zu haben. Widerspiegeln heißt, einerseits, nicht in das Tun des Kindes einzugreifen, andererseits aber durch Re-flexion und Re-sonanz, die Möglichkeiten zu verbessern, dass dem Kind bewusst wird, was es tut. Damit bekommt es die Möglichkeit zugespielt, sein Tun aus einer Außenperspektive wahrzunehmen und mit der Innenperspektive seines Erlebens zu vergleichen. Möglicherweise hilft ihm dieser Vergleich, sein Verhalten zu überdenken oder zu verändern. Aber, nicht der Erwachsene „korrigiert" das Verhalten des Kindes, sondern er verbessert die Möglichkeiten des Kindes, sich selbst wahrzunehmen und gegebenenfalls zu verbessern.

Herausfordern

Ist der Rahmen für das Handeln und Denken des Kindes gesichert, die Basis einer Verständigung zwischen Kind und Erwachsenem gegeben, dann können Kinder zu neuen Aufgaben herausgefordert werden. Das Problem dabei ist nicht, dass etwas vom Kind ge-fordert wird, z.B. Anstrengungen oder schwierig zu bewältigende Arbeitsziele, sondern die Bewahrung der Autonomie und Würde des Kindes. Herausforderung darf nicht mit Zwang verwechselt werden. Eine sinnvolle Herausforderung knüpft an den gegebenen Handlungs- und Wissensbeständen des Kindes an und geht von den Sinndimensionen aus, die ein Kind mit einem bestimmten Gegenstand oder einer Problemstellung verbindet. Es setzt eine Verständigung darüber voraus, und formuliert einen Anspruch, über die Grenzen der augenblicklichen Möglichkeiten hinaus zu gehen.

Herausfordern unterscheidet sich von Zumutung dadurch, dass das Kind die Möglichkeit behält, sich selbst zu entscheiden, ob es die Herausforderung annehmen will. Zumutung verlangt vom Kind etwas zu tun, notfalls gegen seine eigene Überzeugung. Die Zumutung fällt unter die nicht planbaren pädagogischen Handlungen (die unstetigen Formen der Erziehung; Bollnow) und sollte auch auf solche beschränkt bleiben. Fügt man die Zumutung in das pädagogische Handlungsrepertoire ein, wird die Grenze zum Zwang verwischt.

Handlungsebene

Die Strukturierung des Alltags

Wenn Kinder sich in den frühen Lebensjahren ein erstes Bild von der Welt schaffen, dann beschränkt sich dies nicht auf die Situationen, in welchen ihnen jemand etwas von dieser Welt vermitteln möchte. Sie erleben und denken Wirklichkeitserfahrungen in jedem Moment aufmerksamer Zuwendung zu Dingen, Menschen, Gedanken. Insofern ist ihr Lebensalltag ihr erster Bildungsraum. Bevor wir mit didaktischen Arrangements die Bildungsprozesse der Kinder in spezifischer Weise fördern, müssen wir dafür Sorge tragen, dass ihr Alltag so gestaltet und strukturiert ist, dass er ihrer Neugier, ihrem Denk- und Gestaltungsdrang, ihren Fragen und ihren Wünschen nach sozialem Austausch entgegenkommt. Es nützt wenig, wenn der Alltag der Kinder uninteressierte und gelangweilte Kinder hervorbringt und dann in spezifischen Lernsituationen didaktische und motivationale Feuerwerke abgebrannt werden.

Raumgestaltung

Alltag vollzieht sich in Räumen. Sie entscheiden darüber, ob Kinder sich neugierig und selbständig ihrer Umwelt zuwenden können, oder ob sie dazu ständig auf ein Angebot der Erzieherin warten müssen. Angebotspädagogik nötigt zu übermäßiger Bindung und Abhängigkeit von einem Erwachsenen. Kinder kommen auch unabhängig von den Erwachsenen ihren Tätigkeiten nach. Wenn das mehr als Beschäftigungen sein sollen, brauchen Kinder Räume, die erstens ihre Initiative anregen und zweitens ihnen selbständiges Handeln und Experimentieren ermöglichen. Dazu dienen:

- **Freiräume**
  Innenräume und Außengelände als Orte, die so interessant sind, dass Kinder dort etwas entdecken, sich selbständig mit anderen organisieren und in Anwesenheit der Erzieherin auch allein sein können.

- **Gestaltungsräume**
  Funktionsräume und Werkstätten, in denen Kinder nicht vorwiegend unterwiesen, sondern darin unterstützt werden, handelnd und denkend ihren Fragestellungen zu folgen, sie zu erproben, sich darüber mit anderen auszutauschen und ihre Lösungswege auszuprobieren.

Wahrnehmendes Beobachten

Um Nähe und Distanz zu balancieren sowie die Bildungsprozesse der Kinder herauszufordern und weiter zu entfalten, muss man Kinder kennen lernen. Dem dient wahrnehmendes Beobachten.

Dabei werden nicht einzelne Verhaltensweisen gezielt beobachtet. Vielmehr erfordert wahrnehmendes Beobachten eine breit gefächerte Aufmerksamkeit und hält sich offen für Unerwartetes und Überraschendes.

Es richtet sich daher auf die Individualität einzelner Kinder oder auf das Zusammenspiel von Kindern in Gruppen.

Es bezieht ferner die Reaktionen der Beobachterin mit ein.

Ziel des wahrnehmenden Beobachtens ist aber weder das Kind noch die Erzieherin, sondern die Beziehung zwischen dem Kind und dem Erwachsenen und das, was sie an Erfahrungen, Erlebnissen und Erkenntnissen auf beiden Seiten hervorruft.

Didaktik als Rahmen für die Selbständigkeit des Kindes: Denkräume *schaffen*

Didaktik strukturiert den Rahmen, in dem mehr oder weniger selbständig gelernt werden kann. Sie entscheidet in der Praxis darüber, ob das Bild vom Kind als eigenständigem Lerner verwirklicht oder seine Umsetzung verhindert wird. Ein Bildungsansatz verbindet sich mit didaktischen Arrangements, welche die Selbständigkeit des Kindes in seinem Bildungsprozess herausfordern und unterstützen. Wichtige Bausteine sind:

- *Projekte*, in denen sich Erzieherinnen und Kinder über längere oder kürzere Wegstrecken der Komplexität von Problemstellungen aussetzen.
- Anregungen, ein Thema unter *verschiedenen Gesichtpunkten* oder Blickwinkeln zu *durchdenken.*
- Eine *Verbindung von Denken und Gestalten.*
- *Arbeits- und Spielrhythmen*, die sich am Engagement der Kinder orientieren.

Bildungsprozesse in Gruppen: Denkgemeinschaft

Ein Bildungsansatz, wie er hier verstanden wird, richtet zwar ein besonderes Augenmerk auf die individuellen Aneignungs- und Verarbeitungsprozesse der Kinder. Das bedeutet jedoch nicht, dass Kinder nur als individuelle Lerner auftreten. Konstruktive innere Verarbeitungsprozesse werden durch das Denken in der Gruppe erweitert. In der Kooperation und Auseinandersetzung mit anderen werden die Fähigkeiten des einzelnen Kindes durch die Fähigkeiten der anderen ergänzt. Doch kann man das Denken der anderen nur als ein Mitbauen am eigenen Gedankengebäude nutzen, wenn man in der Lage ist, ein eigenes Gedankengebäude zu errichten. Von daher ist es Aufgabe der Erzieherin, Kommunikationsstrukturen zu ermöglichen und zu schaffen, in welchen sich Denkprozesse individuell und gemeinsam entwickeln können.

Dokumentationen von Bildungsprozessen einzelner Kinder oder von Gruppen erleichtern als kollektives Gedächtnis, Themen in der Denkgemeinschaft immer wieder aufzugreifen und weiter zu treiben. Formen des Zusammentragens von individuellen oder gemeinschaftlichen Denk- und Arbeitsergebnissen in *Sammlungen*, kleinen *Ausstellungen* sind ein weiterer Ankerpunkt für solche Denkgemeinschaften. Bei größeren Kindern kann dieses Anliegen auch durch *Gruppengespräche* unterstützt werden, in denen die erreichten Ergebnisse gemeinsam weiter gedacht werden.

Wo es gemeinsame Themen gibt, an denen engagiert gedacht und gearbeitet wird, hat das soziale Miteinander mit seinen Notwendigkeiten und Grenzen eine inhaltliche Grundlage. Nicht Kooperationsfähigkeit an sich ist dann das Thema, sondern Kooperation in einer Sache, für die sich Kinder interessieren. Bevor man von Kindern erwartet, auch in Angelegenheiten, die sie wenig betreffen, zusammenzuarbeiten, ist es vielleicht sinnvoll, dass sie in Situationen gemeinsamen Interesses eine Grundlage für Denken und Arbeiten in Denkgemeinschaften gelegt haben.

Verbindungen zum sozialen Umfeld herstellen

Diese Aufgabe hat drei wesentliche Dimensionen:

- Gegenüber den Eltern ist die Erzieherin Beobachterin und Interpretin der kindlichen Bildungsprozesse. Deshalb ist die Kindertagesstätte auch ein Ort an dem sich Eltern treffen und austauschen.
- In Schwierigkeiten hilft sie, die entsprechenden Stellen ausfindig zu machen, die weiter helfen können.
- *Schließlich knüpft sie Beziehungen zur Öffentlichkeit, zum einen dadurch, dass sie öffentlichen Räume, Einrichtungen und das soziale Umfeld in die Bildungsarbeit mit einbezieht (z. B. historisch bedeutsame Gebäude, Museen oder bestimmte Berufe oder Handwerke), zum anderen dadurch, dass sie Möglichkeiten sucht, das, was in der Kindertagesstätte geschieht, auch in die Öffentlichkeit hinein transparent zu machen (z. B. Aktionen der Kinder im öffentlichen Raum).*

Literatur

Winnicott, D. W. (1974): Die Fähigkeit zum Alleinsein. In: Ders., Reifungsprozesse und fördernde Umwelt. München, S. 36–46.

Welche Professionalität braucht eine Kultur des Lernens?[1]

Die gegenwärtige Bildungsdiskussion ist beherrscht von einer vereinfachenden Gegenüberstellung der Auffassung, wonach sich das Kind „selbst bildet" gegenüber der anderen, die der sozialen Umwelt die entscheidende Rolle zuschreibt. Sie setzt „Selbstbildung" gegen „soziale Konstruktion". Die folgenden Überlegungen wollen – ohne auf diese Auseinandersetzung weiter einzugehen[2] – deutlich machen, dass individuelle Anteile des Bildungsprozesses mit sozialen, kulturellen und gesellschaftlichen Aspekten verwoben sind. Vor diesem Hintergrund kann und muss ein verändertes Verständnis von pädagogischer Professionalität entwickelt werden.

Wir brauchen eine neue „Lern-Kultur" – was ist gemeint?

Lern-Kultur meint eine Kultur des Lernens. Der Begriff wird hier im Sinn einer Kultur des Handelns verwendet. Es geht um eine Kultivierung fachlichen Handelns im Sinne von Differenzierung. Dabei sind es die Beziehungen, die differenziert und professionalisiert werden.

Lern-Kultur innerhalb der pädagogische Arbeit wird dabei als das fachliche Können verstanden, Beziehungen zu kultivieren oder zu gestalten, die für das Verhältnis zwischen den Generationen in unserer Kultur für wichtig gehalten werden. Im Rahmen von Erziehung und Bildung geht es also immer um Beziehungen, betrachtet aus unterschiedlichen Perspektiven – aus der Perspektive der Erwachsenen und der der Kinder. *Pädagogische Fachlichkeit* erweist sich darin, diese beiden Perspektiven aufeinander abstimmen zu können. Diese Abstimmung soll durch den Begriff der Lern-Kultur gefasst werden.

Von einer Gesprächskultur kann man sprechen, wenn im Gespräch die eigene und die Perspektive des Anderen gleichwertig zur Geltung kommen. In diesem Sinne geht es in einer Lern-Kultur darum, die Perspektiven der beteiligen Kinder wahrzunehmen und in die Aushandlung von Lernprozessen gleichwertig mit einzubeziehen – und nicht nur zu fragen, wie die Ziele

1 Erschienen unter dem Titel: Beruf Erzieherin–Rolle und Aufgaben müssen neu bestimmt werden, in: Kindergarten heute 4, 2008, S. 8–13.

2 Vgl. hierzu ausführlich Schäfer 2005.

der Erwachsenen möglichst effektiv von den Kindern erfüllt werden können. Da man dabei nicht in die Köpfe der Kinder hineinsehen kann, muss man sich mit ihnen auf irgendeine Weise über ihre eigene Perspektive verständigen. Der Bildungsgedanke macht diesen individuellen Verständigungsprozess zu einem wesentlichen Teil pädagogischen Handelns.

Genauer betrachtet spielen in einer Lern-Kultur soziale Gemeinschaft, Institutionen, Eltern, Fachpersonal und Kinder vor dem Hintergrund von Gesellschaft zusammen. Dabei leitet ein Grundgedanke das Handeln: Wie können sich alle am Bildungsprozess Beteiligten so in Beziehung setzen, dass sie erfolgreich ihre jeweiligen Bildungsprozesse engagiert voran bringen können und dabei die Ressourcen nutzen, die soziale Beziehungen und kulturelles Gedächtnis dazu beitragen?

Veränderungen für das gesamte Aufgabenfeld

Im Folgenden wird das Bildungsverständnis mit der Vorstellung einer Lern-Kultur verknüpft und die Frage aufgeworfen, welche Folgerungen sich daraus für das Aufgabengebiet und Aufgabenverständnis einer frühpädagogischen Fachkraft oder Erzieherin ergeben. Dazu werden zunächst die einzelnen Bereiche in den Blick genommen – samt den Aufgaben, die sich für die professionell arbeitende Fachkraft daraus ergeben.

Der kindliche Alltag

Der Alltag ist die längste Bildungszeit, die den Kindern zur Verfügung steht. Er bietet – in der Regel – auch den Sinnzusammenhang, den Kinder brauchen, um diesen Alltag als Bildungszeit zu nutzen. Kindliche Neugier ist das Ergebnis einer Suche nach tragfähigen Sinnzusammenhängen. Der Bildungsgedanke trennt nicht grundsätzlich zwischen alltäglichem Erfahrungslernen und institutionalisierten Bemühungen um Lernprozesse. Vielmehr ist er darauf bedacht, dass sich beide nicht nur nicht widersprechen, sondern ergänzen. Kinder brauchen daher einen angemessenen Rahmen, der ihnen ein Lernen in Alltagszusammenhängen ermöglicht. Dieser Rahmen kann aus einer „vorbereiteten Umgebung“ bestehen, aus unterstützenden Formen personaler Beziehungen sowie aus gezielten Hilfen für besondere Fälle oder Problemstellungen. Voraussetzung für alle diese „Rahmungen“ ist, dass sich Erwachsene mit den Kindern verständigen.

Konsequenzen für das pädagogische Handeln

Es geht darum, die Vielfalt der Beziehungen zwischen Kind, Kultur und sozialem Feld differenziert wahrzunehmen und in alltäglichen wie fachlichen Zusammenhängen geeignete Rahmen für Bildungsprozesse zu schaffen.

Die Eltern

Eltern sind die wichtigsten Partner im Bildungsprozess der Kinder. Sie sind auf die Aufgabe der Elternschaft in der Regel nicht vorbereitet und die Vorbilder der älteren Generation sind in vielen Fällen nicht mehr nachahmenswert. Neue Unterstützungsstrukturen für sie entstehen nur zögerlich und wenn, dann oftmals eher als wenig professioneller Wildwuchs. Die Kita als ein Zentrum für Eltern wird in Zukunft hier eine wichtige Rolle für den Bildungsprozess der Eltern einnehmen. Erzieherinnen werden zum Fachpersonal, das den Eltern dabei helfen kann, die Bildungsprozesse ihrer Kinder besser zu erkennen und zu unterstützen.

Konsequenzen für die pädagogische Arbeit

Neue Möglichkeiten für die Kooperation von Eltern und Erzieherinnen werden gebraucht. Doch das allein reicht nicht aus. Darüber hinaus benötigen Erzieherinnen ein professionelles Wissen und Können, damit sie diese Rolle inhaltlich angemessen ausfüllen können.

Die Erzieherinnen selbst

Lebenslanges Lernen wird allzu sehr nur im Zusammenhang mit der bewussten Vorbereitung auf neue Aufgabenstellungen und Herausforderungen begriffen. Dieser Aspekt soll in seiner Bedeutung nicht geschmälert werden. Dabei wird aber übersehen, dass der professionelle, tägliche Erfahrungsprozess zu einer permanenten Bildungssituation werden kann, wenn man Bedingungen schafft, mit deren Hilfe man fachlich darüber nachdenken kann. Es ist also weder gemeint, dass man schon von selbst aus Erfahrung lernt, noch ständig neue Kurse besuchen muss. Nein, es geht um eine professionelle Struktur und um professionelle Hilfen, die eine reflektierte Erfahrung und damit einen fachlichen, ständig anhaltenden Weiterbildungsprozess der Fachkräfte ermöglichen.

Doch Erzieherinnen lernen nicht nur von Kindern, sondern auch von den Eltern. Je besser Eltern ihre Kinder wahrnehmen, desto mehr wird die Unterstützung der kindlichen Bildungsprozesse zu einer wechselseitigen Aufgabe, bei der Eltern und Fachkräfte zusammenwirken. Erzieherinnen brauchen Zeit und Netzwerke, diese partnerschaftliche Aufgabe wahrzunehmen. Familienzentren sind bislang nicht die Organisation, die dieser Aufgabe nachkommen kann, weil sie ihr Augenmerk noch nicht auf die besonderen Belange von Bildungsprozessen richten.

Konsequenzen für das pädagogische Handeln

Es geht darum, den pädagogischen Alltag als einen Ort des Fragens und des nachdenklichen Innehaltens zu erfassen, unterstützt durch professionelles (wahrnehmendes) Beobachten, Dokumentieren, Reflektieren und Handeln.[3] Erzieherinnen sollten sich auf einen lebenslangen Prozess der professionellen Erfahrungs-Bildung einlassen mit den zwei wichtigsten Quellen: Kinder und Eltern.

Die Institution

Gerade im Kontext eines alltagsbezogenen und fachlichen, lebenslangen Lernens verdienen institutionelle Bedingungen besondere Aufmerksamkeit. Eine Institution der Lern-Kultur ist so strukturiert, dass sie die Bildungsprozesse der Erwachsenen ebenso wie die der Kinder unterstützt. Dazu gehören – für die Erwachsenen – z.B. Vor- und Nachbereitungszeiten, Teamnetzwerke für verschiedene Aufgabenbereiche, professionelle Beratung bei der Wahrnehmung und Unterstützung der eigenen und kindlichen Bildungsprozesse sowie ein gemeinsam getragenes, pädagogisches, mit den Eltern abgestimmtes Selbstverständnis. Es gehören auch institutionelle Strukturen dazu, die immer wieder überprüft und gegebenenfalls verändert werden können. Nicht dazu gehören Aufsicht und Sanktionen, Auflagen oder Standards, sondern allenfalls gemeinsam abgesprochene Selbstverpflichtungen.

Konsequenzen für das pädagogische Handeln

Es geht darum, Versuch und Irrtum bei Kindern und Erwachsenen zu tolerieren, um daraus zu lernen. Eine Kita begreift sich als eine lernende Institution, die Versuch und Irrtum aushält und Strukturen zur Unterstützung dieses Lernens aus Erfahrung bereithält. Dazu gehört eine gemeinsame Verantwortlichkeit für den institutionellen Lernprozess. Sie realisiert sich z.B. in partnerschaftlichen Teamgesprächen, Möglichkeiten der fachlichen Beratung, gegebenenfalls Supervision und gemeinschaftlichen Einschätzungen der gegangenen Wege. Natürlich muss eine Institution auch die Zeiten und Räume zur Verfügung stellen, damit sie in dieser Weise als ein unterstützender „Container“ für professionelle Erfahrungs-Bildung wirken kann.

Die soziale Umwelt

Wenn der Alltag eine so große Rolle für den frühkindlichen Bildungsprozess spielt, dann gilt das gleichermaßen für die soziale Umwelt. Weder Institutionen, noch Eltern, noch beide zusammen können die professionellen pädagogischen Aufgabenstellungen zufriedenstellend bewältigen, wenn sie nicht durch ihr soziales und gesellschaftliches Umfeld mitgetragen werden. Um es an einem Beispiel deutlich zu machen: Die Naturerfahrungen, die Kinder benötigen, um ein grundlegendes Verständnis für Natur und Natur-

3 Schäfer 2004.

wissenschaft zu gewinnen, können nicht auf der einen Seite durch die Versiegelung der Umwelt oder durch die Verdrängung der Kinder aus gesellschaftlich „geschützten" Flächen erschwert und andererseits durch naturwissenschaftliche Experimente in der Kita wieder eingeholt werden. Ebenso kann man von den Kindern keine förderlichen Lern- und Bildungsprozesse erwarten, wenn man nicht gleichzeitig den Erzieherinnen die Bedingungen gibt, die sie für deren Unterstützung brauchen. Diese öffentliche Verantwortung für die kindlichen Bildungsprozesse wird in den neuen Kindergartengesetzen viel zu wenig wahrgenommen und an vielen Stellen, wo die ökonomischen Modelle dominieren, sogar mit Füßen getreten.

Konsequenzen für die pädagogische Arbeit

Zur Professionalität von Erzieherinnen gehört, die Anliegen aller Beteiligten einer Lern-Kultur gegebenenfalls in der Öffentlichkeit zu vertreten, dafür vielleicht auch zu streiten und die öffentliche Verantwortung einzufordern. Den Alltag als Bildungszeit zu betrachten bedeutet aber auch, die gesellschaftlichen und kulturellen Einrichtungen zur Mitarbeit an einer gemeinsamen Lern-Kultur zu gewinnen. Lernkultur verständlich zu machen, dafür zu werben oder sie fachlich auch zu verteidigen, das ist das öffentliche Gesicht von Professionalität. Die vorangegangenen Gesichtspunkte sind eine wichtige Voraussetzung hierfür.

Welche fachlichen Qualitäten benötigen Erzieherinnen dazu?

Aus der Sicht der Fachkräfte ergeben sich daraus Anforderungen an die Qualität professionellen Könnens auf verschiedenen Ebenen:

Beziehungsfähigkeit

Beziehungen sind die Grundlage jeglichen pädagogischen Handelns. Es muss genauer bestimmt werden, welche Beziehungsformen (abhängig vom Alter der Kinder) als pädagogische geeignet erscheinen. Im Bereich frühkindlicher Entwicklung scheint es unterscheidbare Beziehungsmuster zu geben, die Ausgangsstrukturen für eine genauere Untersuchung pädagogischer Beziehungsformen sein könnten: Auf mimisch-gestische Beziehungen der Kinder antworten, Halten/Aushalten, Wahrnehmen und Beobachten, Verständigung, Zeuge sein, Widerspiegeln, Resonanz, spielerische Interaktion und Imagination, Trennung von sachlichen und personalen Perspektiven, herausfordern – und dies alles mit Worten oder ohne.

Wahrnehmungsbereitschaft und Sensibilität

Was innerhalb von Beziehungen geschieht, kann nur dann zu professionellem Handeln werden, wenn es auch bewusst wahrgenommen wird. Dabei erstreckt sich das Wahrnehmungsspektrum einerseits auf die individuellen

Handlungs- und Entwicklungsprozesse von Kindern, andererseits auf den eigenen Beitrag der Erzieherinnen zu diesen Beziehungen sowie auf die bedeutsamen situativen Bedingungen. Wie man weiß, sind Wahrnehmungen durch vorausgegangene Erfahrungen, Handlungs- und Wissenszusammenhänge begrenzt: Man sieht bevorzugt, was man bereits kennt. Professionelle Bildung besteht daher in einer steten Erweiterung dieser fachlichen Wahrnehmung entlang den gemachten Erfahrungen.

Erziehungswissenschaftliches Wissen und Reflexionsfähigkeit

Man kann Selbst- und Entwicklungsprozesse ohne ein hinreichendes theoretisches Wissen nicht differenziert wahrnehmen und verstehen. Als theoretische Hintergründe sind Erziehungs- und Bildungstheorien ebenso bedeutsam wie entwicklungspsychologische, kognitionswissenschaftliche, neurobiologische, sprach- und kulturwissenschaftliche Zusammenhänge, um nur einige wesentliche zu nennen. Erziehungswissenschaftliche Reflexionsqualität geht über einzelne Theorieansätze hinaus und muss sich interdisziplinär verstehen, da auch Handlungszusammenhänge vieldimensional und komplex strukturiert sind. Man kann sie z.B. nicht nur einzeln nach sozialen, kognitiven oder sprachwissenschaftlichen Dimensionen betrachten, sondern muss bedenken, wie derartige Dimensionen in das komplexe fachliche Handeln gleichzeitig eingewoben sind.

Didaktische Kenntnisse und Begabungen

Erzieherinnen benötigen ein didaktisches Instrumentarium, um das anzuregen und umzusetzen, was ihrem fachlichen Stand der Wahrnehmung und des Nachdenkens entspricht. Insbesondere sind didaktische Formen gefragt, die in spezifischer Weise das Kind als „selbststeuernden Mitarbeiter" zur Geltung kommen lassen oder herausfordern, wie z.B. offene Arbeit, Projektarbeit, Lernwerkstatt im Sinne der Freinet-Pädagogik. Sie verweisen sowohl auf didaktische Beziehungsformen wie auch auf geeignete Materialien und Räume. Eine vorbereitete Umgebung und Raumgestaltung gehören daher ebenso zur didaktischen Handlungsqualität wie sachliche, kommunikative und methodische Kompetenz.

Institutionelle Handlungsqualität

Erzieherinnen müssen auch in der Lage sein, die organisatorischen und institutionellen Zusammenhänge ihres professionellen Handelns angemessen mit zu bedenken und gegebenenfalls zu berücksichtigen. Ein Wissen um die institutionellen, organisatorischen und rechtlichen Abläufe ist dazu ebenso erforderlich wie die praktische Übung, einen persönlichen Weg zu finden, in und mit Organisationen oder Gremien und deren Eigengesetzlichkeiten umzugehen. Vor allem kommt es darauf an: bei aller Eigendynamik dieser institutionellen Strukturen die pädagogischen Zusammenhänge nicht zu vergessen. Dazu müssen Fachkräfte diese institutionellen Strukturen hinsichtlich ihrer pädagogischen Auswirkungen durchschauen, d.h. ihr geheimes Curriculum und ihre soziale Dynamik erkennen können.

Sachwissen und Fachkompetenz

Erzieherinnen sollten sich wenigstens in ein oder zwei Sachgebieten stark machen. Dabei geht es weniger darum, ein fachspezifisches wissenschaftliches Wissen vorzuhalten. Im Vordergrund stehen vielmehr die grundsätzlichen Erfahrungs- und Zugangsweisen zu den Bereichen der Bewegung, der Ästhetik in allen Sinnesbereichen, der Sprache und Kommunikation, der grundlegenden Naturerfahrungen und dem Wissen, welches daraus gewonnen werden kann sowie auch der Mathematik. Ein Wissen in Alltags- und Handlungszusammenhängen ist hier zunächst wichtiger als wissenschaftliche Erklärungen. Fachliche Professionalität zeigt sich also vor allem darin, die fachlichen Potenziale der Kinder gegenüber den aus pädagogischer Sicht laienhaften Anforderungen der Gesellschaft herauszuarbeiten und zu fördern – und nicht darin, irgendwie plausible, gesellschaftlich geforderte wissenschaftsbezogene Anforderungen „kindgerecht" auszuführen.

Kommunikative Qualitäten

Schließlich sollten Erzieherinnen in der Lage sein, ihr fachliches Handeln und Denken in Wort und Schrift zu erläutern und in den kommunikativen Netzwerken der Gesellschaft (z.B. Träger, Eltern, Gemeinde, Schule, Organisationen sozialer Hilfe) argumentativ zu vertreten. Das kommt i.d.R. nicht von allein, sondern muss durch Aus- und Fortbildung unterstützt werden. Besondere Aufmerksamkeit verdient dabei nicht nur das Sprechen vor einem größeren Publikum, sondern auch die Umsetzung der Wahrnehmungen und Argumentationen in geschriebene Texte.

Fazit

Die Erwachsenen müssen sich auf die Kinder einstellen –
nicht anders herum.

Man kann frühkindliches Lernen so verstehen, dass eine Fülle von Kompetenzen durch Fachkräfte vermittelt wird, die sich als Überbringer eines besseren Wissens betrachten, an dessen Aneignung sich die Betroffen – in pädagogisch ausgesparten Zeitabschnitten – selbst aktiv beteiligen dürfen. Bildung im Rahmen einer Lern-Kultur hingegen will die beteiligten Kinder, Eltern, Erzieherinnen und Institutionen in die Lage versetzen, ihre Bildungsprozesse in alltäglichen und speziell veranstalteten Zusammenhängen selbst voranzutreiben.

Aus der Perspektive des Bildungsgedankens führt ein Instruktionsverständnis zu einem auf den Kopf gestellten Professionalitätsverständnis: Die Erwachsenen müssen zwar sachlich und fachlich kompetent sein, von den Kindern jedoch wird erwartet, dass sie jede Menge Flexibilität aufbringen (biografisch, situativ und bezüglich ihrer Lernvoraussetzungen), um sich auf diese Angebote einzustellen.

Lern-Kultur und Bildungsansatz kehren dieses Verhältnis um: Hier wird den Kindern als dem schwächeren Glied im Beziehungsprozess zwischen den Generationen zugestanden, weniger entgegenkommend zu sein. Die fachliche Kompetenz der Erwachsenen erweist sich hier in ihrem Sachverstand und ihrer professionellen Flexibilität, sich auf die jeweiligen Bedingungen der Kinder einzustellen und die Lernstoffe diesen Voraussetzungen gemäß situativ anzupassen.

Eine Professionalität, die diesen Wechsel der Perspektive vollzieht und sich auch an den Möglichkeiten der Kinder orientiert, muss sich als erstes dadurch ausweisen, dass sie Verfahren und Hilfen entwickelt, diese Möglichkeiten und Beiträge der Kinder tatsächlich zu erfassen – also Formen einer offenen, nicht diagnostischen Wahrnehmung der Kinder.[4] Es geht daher nicht um gesellschaftliche Anforderungen *oder* kindliches Finden bzw. Erfinden, sondern um eine Professionalität, die Fachkräfte in der Lage versetzt, sich mit den Kindern darüber zu verständigen, was jeweils Thema, Gegenstand und Inhalt sein kann, und sie zur Mitarbeit an ihrem Bildungsprozess zu gewinnen.

Literatur

Arbeitsgruppe Professionalisierung (2007): Beobachtung und Dokumentation in der Praxis. CD und DVD. Kronach, 5. Ausgabe.

Schäfer, G. E. (2004): Beobachten und Dokumentieren in KiTas. In: Kindergarten heute, 8, S. 6–15.

Schäfer, G. E. (Hrsg.) (2007): Bildung beginnt mit der Geburt. 2., veränd. Aufl. Weinheim, Basel 2005. Nachdruck: Berlin.

4 Vgl. Arbeitsgruppe Professionalisierung 2007; nächstes Kapitel.

Wahrnehmendes Beobachten[1]

„Also mußt du beim Lesen zugleich zerstreut und höchst aufmerksam sein, genau wie ich, der ich jetzt gedankenverloren die Ohren spitze, den Ellbogen auf den Tresen gestützt und die Wange in die geballte Faust." (Calvino, Wenn ein Reisender in einer Winternacht)

„Ich habe mich oft gefragt, wo die Bilder bleiben, die Millionen oder Milliarden von Bildern, die wir während unseres Lebens sehen. Wir formen sie um zu Traumbildern, wir benutzen sie als Verweis, als Erkennungsmaterial, als geballte Erinnerung, als Erfahrung und Warnung, gleichzeitig jedoch lassen wir wie eine Schleuse unendliche Mengen von Bildern durch uns hindurchfluten, an die wir uns nie mehr als einzelnes Bild erinnern. Das Unwiderrufliche daran hat den Geschmack unserer Vergänglichkeit, ist aber auch noch auf andere Weise geheimnisvoll. Wozu dient diese Überfülle?" (Noteboom, Die Kunst des Reisens)

Die Bedeutung von Beobachtung für das alltägliche pädagogische Handeln

Erfassen von Bildungsprozessen

Die hier beschriebene Weise des Beobachtens konzentriert sich auf das Erfassen von Bildungsprozessen bei Kindern. Bildungsprozesse sind die Prozesse, in welchen sich das Kind so mit den Gegebenheiten seiner Um- und Mitwelt auseinandersetzt, dass es daraus ein Bild von der Welt und von sich selbst schaffen kann. Dieses Welt- und Selbstverständnis bildet zum einen die Grundlage seines Umgangs mit der sozialen, sachlichen und geistigen Welt. Umgekehrt verändert dieser Umgang auch immer wieder die Werkzeuge, mit welchen das Kind sich und seine Um- und Mitwelt erfasst. In Bildungsprozessen lernen Kinder nicht nur etwas über sich und die Welt, sondern sie gewinnen auch immer wieder neue und differenziertere Denk- und Handlungswerkzeuge, mit welchen sie ihre zukünftigen Welterfahrungen sachgerechter und im Einklang mit ihren eigenen Werthaltungen ordnen und deuten können.

1 Unveröffentlichtes und überarbeitetes Papier für: Schäfer, Strätz (Hrsg.): Frühkindliche Bildung. Abschlussbericht des Projekts „Professionalisierung frühkindlicher Bildung" des Landes NRW.

Professionelles Werkzeug

Wahrnehmendes Beobachten ist ein professionelles Instrument, das die Erzieherin täglich nutzen kann und nicht nur zu bestimmten Zeiten (z.B. des Übergangs) oder Aufgabenstellungen. Es soll ihr ermöglichen, ihre professionellen Bemühungen besser auf die (individuellen) Kinder abzustimmen, mit denen sie in konkreten Situationen und jeden Tag zu tun hat.

Alltagsgeschehen differenziert wahrnehmen

Deshalb ist die Beobachtung auf das alltägliche Geschehen in der Kita ausgerichtet, wie auch auf die pädagogischen Inszenierungen. Dabei geht es nicht in erster Linie um das Sammeln von voraus strukturierten Informationen, sondern um Aufmerksamkeit für die Vielfalt kindlicher Erlebnis- und Erfahrungsmuster. Dahinter steht der Gedanke, dass Kinder in den frühen Jahren in erster Linie Erfahrungen mit Dingen, lebenden Wesen und mit anderen Menschen sammeln und nicht einfach Wissen in sozialen und in sachlichen Bereichen, womöglich noch getrennt nach Sachbereichen und sozialem Wissen, anhäufen.[2] Im Sinne des wahrnehmenden Beobachtens werden also keine Entwicklungslinien abgefragt, sondern Erfahrungszusammenhänge erschlossen.

Zwei Aufmerksamkeitsrichtungen

Bei der Alltagswahrnehmung gibt es zwei Wahrnehmungsperspektiven: Man kann zum einen gezielt nach Ereignissen suchen, die man irgendwie bereits voraussehen kann. Das Aufmerksamkeitszentrum liegt beim Beobachter, der bestimmte Ereignisse erwartet.

Zum anderen kann man sich offenhalten für das, was unerwartet ist, was man noch nicht weiß, was gelegentlich auch überrascht. Diese Perspektive verlangt vom Beobachter Zurückhaltung in seinen Absichten der Beobachtung und eine Aufnahmebereitschaft für Botschaften und Signale, die vom Kind kommen, das wahrgenommen werden will.

Aufmerksam machen

Wahrnehmendes Beobachten dient in erster Linie dem Ziel, sich auf die Tätigkeiten der Kinder bei ihren eigenen Bildungsprozessen einzulassen um sie bewusst ins Handeln mit einzubeziehen. Aus dieser Perspektive bildet Beobachtung einerseits eine Barriere, die der Tendenz entgegenwirken soll, den Kindern die Absichten der Erwachsenen (und der Gesellschaft) ungebrochen als deren eigene Absichten zu unterstellen. Zum anderen ist die Wahrnehmung der Kinder in ihren eigenen Denk- und Handlungsprozessen

2 Vgl. in diesem Band „Was ist Erfahrungslernen?“ und „Aus Erfahrungen lernen“.

die Voraussetzung dafür, die Herausforderung zu kindlichen Bildungsprozesse so weit wie möglich auf die Mitarbeit der Kinder abzustimmen.

Unsicherheit aushalten

Wenn es darum geht, nicht nur das wahrzunehmen, was man bereits kennt und einordnen kann, sondern auch offen zu sein für unbekannte und neue Fassetten kindlichen Handelns, Denkens und Fühlens, dann muss man die Unsicherheit aushalten, etwas nicht gleich zu wissen, zu kennen und beantworten zu können. Manchmal muss man diese Unsicherheit ziemlich lange ertragen, weil man die Beobachtungen noch nicht zu einem sinnvollen Ganzen zusammen fügen kann. Es fehlt vielleicht noch eine wichtige Wahrnehmung oder Einsicht, ohne die das Ganze sich nicht sinnvoll erschließt. Das heißt aber auch, dass man keine Sicherheit im (pädagogischen) Handeln hat und immer wieder nachfragend klären muss, ob das, was man tut, den Intentionen oder Zielen des Kindes sich wenigstens annähert. Dazu muss man es aushalten, in seinem pädagogisch-professionellen Handeln Fehler zu machen.

Zunächst muss man solche Unsicherheit alleine ertragen. Aber man kann Rückhalt von den anderen, den Kolleginnen bekommen. Aus dieser Sicht sollte jede pädagogische Institution und jedes pädagogische Team nicht nur ein Ort professionellen Handelns und Denkens sein, sondern auch ein Ort, an dem die Unsicherheit und Ungewissheit pädagogischen Handelns nicht als eine grundlegender individueller Mangel betrachtet wird, sondern als Ausdruck eines Bemühens um das Wahrnehmen und Verstehen von Kindern, das immer nur vorläufig und unter Vorbehalt gelingen kann. Reflexionen im Team sind daher nicht nur sinnvoll und wichtig, um dadurch individuelle blinde Flecken in der Wahrnehmung der Kinder zu entdecken, sondern auch um dadurch einen Ort zu schaffen, an dem sich Fachkräfte gegenseitig in ihrer Unsicherheit unterstützen.

Verständigung und Partizipation

Wahrnehmendes Beobachten ist die Voraussetzung für eine Erweiterung des Dialogs zwischen Erwachsenen und Kindern auf allen Ebenen der Kommunikation. Es ist umso wichtiger, je weniger Kinder sich über Sprache verständlich machen können.

Will man nicht die eigenen Absichten, oder die der Gesellschaft, den Kindern einfach auferlegen, will man sie an ihrem Bildungsprozess mehr als durch Verpflichtung beteiligen, ist man darauf angewiesen, die eigenen Ziele mit denen der Kinder so abzugleichen, dass beide Perspektiven – die der Erwachsenen und die der Kinder – ausreichend und für das Kind nachvollziehbar berücksichtig werden. Dazu muss die Stimme des Kindes tatsächlich zur Kenntnis genommen und in den Dialog mit einbezogen werden. Sie darf nicht von wissenschaftlichen oder privaten Annahmen überschrieben und durch diese ersetzt werden.

Damit wird Beobachtung zum Ausgangspunkt für Verständigungsprozesse und sichert die Partizipation des Kindes nach Maßgabe seines individuellen Könnens von Geburt an.

Beobachten als Grundlage für Dokumentation und die Beteiligung von Eltern und Grundschule

Wahrnehmendes Beobachten bildet die Grundlage für die Dokumentation einer Bildungs*geschichte* einzelner Kinder für die Zeit des Besuchs einer Kindertageseinrichtung. Es bildet ebenfalls den Ausgangspunkt für Bildungs*geschichten* von Kindern, die in Gruppen (z.B. Projekten) zusammen arbeiten. Beide Formen von Dokumentation dienen auch der Evaluation der eigenen pädagogischen Arbeit, da sie die Arbeit über einen längeren Zeitraum hinweg sichtbar machen. Darüber hinaus bilden sie einen Ausgangspunkt für Perspektiven und Ziele der pädagogischen Weiterarbeit. Über die Dokumentationen können die Eltern an den Bildungsprozessen ihrer Kinder Anteil nehmen und in ihren eigenen Bemühungen mit den Kindern an das anschließen, was sie in der Kita beschäftigt hat.

Das, was an die Eltern oder an die Grundschule weitergegeben wird, ist jedoch nicht diese Dokumentation, sondern vielmehr ein zusammenfassender Überblick über die Bildungsgeschichte eines Kindes während seiner Zeit in der Kita auf der Grundlage der Beobachtungen und Auswertungen durch die Erzieherinnen. Er wird – wenn Beobachtung und Dokumentation im vorgeschlagenen Ausmaß und Verfahren erfolgen – differenzierter und aussagekräftiger sein, als es ein „Schulfähigkeitsprofil" je leisten kann.

Spiralförmiger Lernprozess

In der vorgeschlagenen Form kann jeder wahrnehmendes Beobachten in pädagogischen Situationen durchführen, aber eben auch in unterschiedlichem Ausmaß und unterschiedlicher Differenzierung. Es geht von dieser mehr oder weniger ausgearbeiteten Form der Alltagsbeobachtungen aus. In einem ständigen spiralförmigen Lernprozess wird die Verständigungsbasis zwischen Erwachsenen und Kindern immer mehr verfeinert und verbessert werden.

Beobachten als Konstruktion

Die sinnliche Konstruktion der Wirklichkeit und der professionell wahrgenommenen Phänomene

Auch wahrnehmen wird gelernt

Wir nehmen die Welt so wahr, wie sie unsere Wahrnehmungswerkzeuge, die Sinne, für uns umwandeln. Diese sind – durch die Evolution – der Umwelt angepasst, die wir normalerweise erfassen müssen, um zu leben und zu überleben. Sie erfassen zureichend Aspekte der Welt, die für unser Leben wichtig sind. Sie erfassen z.B. nicht, was in den Dimensionen des Weltraums oder in den Dimensionen von Molekülen oder Atomen wahrnehmbar wäre.

Diese Sinne werden durch den Gebrauch, nach der Geburt, auf die konkrete Umwelt eingestellt, in die das Kind hineingeboren wurde. Es erwirbt die Farbdifferenzierungen, die für seine kulturelle Umwelt wichtig sind, die Laute, die in der Sprache seines kulturellen Umfeldes gesprochen wird, die Körpersensibilitäten, die für das Leben in einem bestimmten sozialen und geografischen Umfeld bedeutsam sind.

Kulturelle Erkenntnisformen

Das Kind verleibt sich auch die Erkenntnisformen ein, die in seinem Umfeld für wichtig erachtet werden. Für unsere Kultur ist z.B. das rationale Denken besonders bedeutsam, weshalb es besonders kulturell gepflegt wird. Dem Traumdenken hingegen wird sozial, gesellschaftlich und kulturell hingegen nur geringe Bedeutung zugemessen. Allenfalls in der Psychotherapie bekommen Träume eine Bedeutung zugesprochen. Jede Kultur entwickelt ein eigenes Spektrum von Wahrnehmungs- und Denkformen. Sie hebt hervor, was wahrgenommen, gedacht und ausgesprochen werden und auf welche Weise etwas gedacht werden darf. Auch diese Denkformen existieren nicht von Natur aus, sondern werden erlernt.

Wahrnehmen wird also von Anfang an individuell gelernt. Deshalb ist Wahrnehmen nichts Selbstverständliches. Es hängt von dem ab, was jemand wahrzunehmen gelernt hat. Ein Leben lang wird es erweitert, differenziert und als professionelles Wahrnehmen auch spezialisiert werden.

Wahrnehmen als Filter

Wir nehmen nicht einfach eine Verhaltensäußerung eines Kindes wahr. Vielmehr sind wir für bestimmte Verhaltensformen besonders sensibilisiert, für andere jedoch nicht. Aggressives Verhalten fällt uns eher auf, als die subtile Beschreibung eines Kindes von einer Ameise. Wir sind geneigt, emotionale Äußerungen aus unseren Wahrnehmungen auszuschalten, obwohl sie wichtige Informationen über unsere Beziehungen zu Dingen, Menschen oder Gedanken enthalten. Besonders originelle Ideen von Kindern entdecke ich nur, wenn ich sie als bedeutsames Verhalten erwarte und sie nicht als Unsinn abqualifiziere. Das beobachtete Phänomen ist deshalb ebenso sehr ein Phänomen, das von einem Kind produziert wird, wie auch ein Phänomen, das von einem Beobachter als bedeutsam aus der Fülle der Verhaltensäußerungen eines Kindes herausgefiltert wird. Es wird durch den Beobachter und den Beobachteten gemeinsam hervorgebracht.

Jede Wahrnehmung ist bis in die inhaltlichen Details hinein die Konstruktion einer Szene

Bedeutung aushandeln

Eine Videoszene zeigt ein etwa 2½ jähriges Mädchen im Außengelände einer Kita. Sie steigt vom Bobbycar und steuert auf einen Tisch zu. Über den Stuhl klettert sie auf die Tischfläche, legt sich darauf, dreht sich, hebt sich etwas in die Höhe, steht auf, probiert mehrere Körperhaltungen aus und gerät dabei immer etwas an den Rand ihres Gleichgewichts. Sie überschreitet aber ihr Fähigkeit, das Gleichgewicht zu halten, nie. Die Szene wirkt auf verschiedene Betrachter sehr unterschiedlich. Die einen haben den Eindruck, das Kind wird von der Erzieherin allein gelassen und versucht nun aus der etwas langweiligen Situation etwas zu machen. Andere sehen das Kind am Rand des sozialen Lebens, welches im Innenhof ziemlich laut in Spielen tobt. Wieder andere haben den Eindruck, dass das Kind sehr intensiv mit Balance und Körpergeschicklichkeit beschäftigt ist. Wieder andere sind empört darüber, dass die Erzieherin zulässt, dass sich das Kind ungeschützt in eine gefährliche Situation begibt usw. Jeder hat, aufgrund eigener Vorerfahrungen, eine andere Perspektive auf diese Szene, deutet sie etwas anders. Was von diesen Eindrücken für das Kind am „zutreffendsten" wäre, können wir nicht entscheiden. Jeder Beobachter sieht seine Szene und würde aus dieser Sicht unterschiedlich darauf pädagogisch antworten. Jeder müsste mit dem Kind aushandeln, ob es mit dieser Seh- und Handlungsweise etwas anfangen kann. In jedem Fall würden aus dieser einen Szene unterschiedliche neue Szenen hervor gehen. Was diese Szene bedeutet, lässt sich also nicht aus der Szene herauslesen. Es wird erst in einem Aushandlungsprozess zwischen Erzieherin und Kind erzeugt.

Sich selbst befragen

Das verweist auf ein grundlegendes Problem von Beobachtung: Die Beobachtung von anderen Menschen ist grundsätzlich eine andere Angelegenheit als die Beobachtung von Dingen. Materielle Dinge können von mehreren Beobachtern unabhängig von einander wahrgenommen werden. Man kann sich in seinen Wahrnehmungen aufeinander beziehen und diese an der Sache selbst immer wieder überprüfen.

Bei der Beobachtung von Menschen erfasst man auf diese Weise nur die äußeren, physischen Aspekte. Man kann Gedanken oder Bilder im Kopf des anderen oder die Bedeutung von Szenen auf diese Weise nicht beobachten. Um heraus zu bekommen, was jemand wahrgenommen, gefühlt oder gedacht hat, ist man auf einen Umweg angewiesen: Man muss unterstellen, dass der andere hinreichend ähnlich reagiert, wie man selbst und dass deshalb vergleichbare Gesten, Verhaltensweisen oder emotionale Äußerungen etwas hinreichend Ähnliches meinen, wie wenn man sich selbst so verhalten würde. Was man wahrnimmt, nimmt man eigentlich nicht am Anderen wahr, sondern bei sich selbst. Das, was man am Anderen wahrnehmen kann, ist allenfalls eine Geste, ein Zeichen. Um herauszubekommen, was es bedeutet, muss man sich erst einmal selbst befragen. Dann muss man sich sowohl mit demjenigen, den man wahrgenommen oder beobachtet hat, einig werden, ob die eigenen Wahrnehmungen auch mit dem übereinstimmt, was er/sie bei sich selbst wahrgenommen hat.

Notwendigkeit der Verständigung

Wenn ich das nun jemandem Dritten weitergeben möchte, muss ich mich mit diesem darüber verständigen, um welche Szene, um welches beobachtbare Ereignis es dabei handeln soll. Ich fange an, davon zu erzählen und versichere mich, dass mein Zuhörer auch das aufnimmt, was ich meine und dass wir uns beide einig sind, worum es bei dieser Erzählung geht. Während ich also einen physischen Gegenstand unabhängig von jemandem anderen wahrnehmen und beschreiben kann, muss ich mich im Falle der Beobachtung von menschlichem Verhalten, Tun und Denken, erst einmal darüber verständigen, um welches Geschehen es eigentlich gehen soll und ob das, was ich wahrnehme auch das ist, was der Beobachtete bei sich selbst wahrnehmen kann. Das Ereignis, das beobachtet wird, existiert also nicht unabhängig vom Beobachter, wird vom Beobachter und vom Beobachteten erst gemeinsam erzeugt.

Die Szene, die beobachtet und beschrieben wird, gibt es so nur im Auge des Beobachters. Um sie zu verstehen, benutzen wir unser Wissen und Können, das wir im Laufe unseres Lebens in vergleichbaren Situationen gesammelt haben.

Wir haben immer Bilder

Wir wissen etwas über andere, weil wir sie mit uns vergleichen. Wir wissen etwas über Kinder, weil wir Bilder von Kindern in uns selbst haben. Diese Bilder stammen aus mehreren Quellen. Wenn man Kinder beobachtet, hat man es daher mit mehreren Bildern gleichzeitig zu tun, die aufeinander abgestimmt werden müssen.

Das Kind, das wir selbst einmal waren

Die erste Folie, vor der wir das beobachtete Kind verstehen können, ist das Kind, das wir selbst einmal waren. Wir kennen Kinder in allererster Linie dadurch, dass wir selbst einmal Kinder waren. Es ist klar, dass dieses Bild einseitig, verzerrt und wenig zuverlässig sein kann, wenn wir damit das Kind vor uns verstehen wollen. Deshalb ist es wichtig, möglichst viel von sich selbst zu kennen, wenn man sich mit anderen beschäftigen will.

Das wissenschaftliche Kind

Die Begrenztheit dieses biografischen Bildes vom Kind nötigt, nach anderen Hilfsmitteln Ausschau zu halten. Um mehr vom Kind zu kennen und zu wissen, untersuchen wir Kinder wissenschaftlich. Beim Beobachten von Kindern begegnen wir also einem zweiten Kind, nämlich einem wissenschaftlich konstruierten Kind. Dieses Kind soll uns helfen, unsere biografischen Beschränkungen zu erweitern, zu klären und zu sichern. Aber auch dieses wissenschaftlich konstruierte Kind hat enge Begrenzungen. Kinder haben mehr Aspekte und Fassetten, als wissenschaftlich wahrgenommen werden kann. Wissenschaft muss ihren Blick auf das Kind, um wissenschaftlich zu sein, ziemlich stark einschränken, um das Wenige, was sie dadurch sieht, aber umso genauer zu sehen. Wissenschaftliche Kindermodelle, bleiben also immer eng auf wissenschaftliche Theorien bezogen und schließen viele Blickwinkel auf reale Kinder aus ihrem Denken aus.

Das Kind vor uns

Das biografische Kind in uns und das wissenschaftliche konstruierte Kind reichen also nicht aus, um das Kind zu verstehen, das vor uns steht. Es kann sowohl von unserem biografischen Wissen, wie auch von unserem wissenschaftlichen Wissen u. U. sehr stark abweichen. Deshalb müssen wird diese inneren Kinderbilder (Modelle vom Kind) mit dem vergleichen, was wir bei dem vor uns stehend Kind wahrnehmen können. Z.T. wird uns dieser Vergleich etwas bestätigen, was wir schon kennen. Er wird uns aber auch ziemlich oft klar machen, dass wir das, was da vor uns wahrnehmbar wird, nicht wirklich verstehen oder nachvollziehen können. Deshalb braucht Beobachtung nicht nur Vorstellungen vom Kind, die den Blickwinkel auf die realen Kinder bereichern, sondern auch einen Bereitschaft, sich auf Wahrnehmungen einzulassen, die von den bisher gekannten Kindmodellen mehr oder weniger abweichen. Hier beginnt die Forschungsaufgabe jeder Pädagogin und jedes Pädagogen, herauszubekommen, was am Kind man noch nicht kennt. Deshalb braucht Beobachtung nicht nur eine Orientierung, sondern muss gleichzeitig diese Orientierungen auch wieder in Frage stellen, um sich offen für etwas zu halten, was in diesen Orientierungen nicht vorgesehen ist.

Zusammenfassung

Wir können kindliches Verhalten nicht wahrnehmen wie wir einen Gegenstand wahrnehmen. Wir müssen vielmehr unterstellen, dass dieses Verhalten etwas ist, was wir selbst von uns bereits kennen.

Wir konstruieren die Bilder von der Wirklichkeit zunächst nach Maßgabe der Sinne, mit welchen wir ausgestattet sind. Das heißt nicht, dass diese Wirklichkeit ohne unsere Sinne gar nicht vorhanden wäre, sondern lediglich, dass wir von ihr nur das wahrnehmen können, wofür unsere Sinnesorgane gebaut sind.

Sodann konstruieren wir die Wirklichkeit, die wir wahrnehmen, nach den Erfahrungen, die sich in unserer Biografie bewährt haben. Das bedeutet, dass wir auch jede Beobachtungssituation so strukturieren und wahrnehmen, wie uns das auf Grund unserer Lebenserfahrungen und unseres Wissens plausibel und sinnvoll erscheint.

Auf einer dritten Ebene konstruieren wir Bilder vom Kind auf einer wissenschaftlichen Eben. Aber keine dieser Ebenen ist identisch mit dem Kind vor uns. Deshalb müssen wir die Bilder, die wir uns gemacht haben, mit dem vergleichen, was wir vom Kind vor uns wahrnehmen können. Das setzt voraus, dass wir nicht nur wahrnehmen, was wir bereits kennen, sondern uns darauf einlassen, was uns darüber hinaus noch vom Kind über sein Verhalten „mitgeteilt" wird.

Wenn das alles so zutrifft, dann entsteht die Beobachtung aus der Begegnung mit dem Kind in einer konkreten Situation; dann gibt es kein Verhaltes des Kindes, das wie eine Eigenschaft vom Kind behandelt werden könnte.

Das hat zur Folge, dass wir nicht nur das Kind vor uns wahrnehmen, sondern auch das Kind in uns, um besser zu begreifen, warum uns diese oder jene Perspektive auf das Kind so bedeutsam erscheint.

Es gibt keine objektive Beobachtung

Aus all diesen Überlegungen folgt: Es gibt keine objektive Beobachtung. Sie kann sich nicht an den üblichen wissenschaftlichen Standards von Beobachtungen orientieren, die dazu dienen, Objektivität und Vergleichbarkeit herzustellen. Jede Beobachtung ist eine Beobachtung, die von einem bestimmten Standort aus gemacht wird. Dabei ist wesentlich, was eine Erzieherin bei einem oder mehreren bestimmten Kindern als bedeutsam wahrnimmt. Die Bedeutsamkeit einer Wahrnehmung ergibt sich einerseits aus der Perspektive der Erzieherin auf das Kind, andererseits aus der Perspektive des Kindes auf sein Umfeld und die Erzieherin zusammen. Um diesen Schnittpunkt zu finden, muss die Erzieherin einerseits sich selbst wahrnehmen, wie sie auf ein Kind reagiert und andererseits das Kind beobachten. Mit dem Doppelbegriff des „wahrnehmenden Beobachtens" wird diese doppelte Perspektive des Beobachtungsverfahrens benannt,

Wenn die beobachtete Szene das Konstrukt eines Beobachters und des beobachteten Kindes ist, gibt es keine objektiven Fakten. Es gibt nur angemessene Beschreibungen für diesen Schnittpunkt, die durch theoretische Reflexion gesichert werden. In diese Beschreibungen gehen auch die Emotionen ein, die etwas über die Qualität von Beziehungen aussagen. Dabei werden die Wahrnehmung dieser Emotionen und ihre persönliche Bewertung von einander getrennt gehalten. Während für die Wahrnehmung alle Daten zugelassen sind, die dem Bewusstsein zugänglich gemacht werden können, ist es Aufgabe eines abwägenden Verarbeitungs- und Bewertungsprozesses, die Wahrnehmungsdaten hinsichtlich ihrer Bedeutung für den Bildungsprozess zu beurteilen.

Beobachten und Dokumentieren[1]

Pädagogischer Alltag und „spontanes" Handeln

Pädagogischer Alltag ist der Aspekt pädagogischer Praxis, der weitgehend durch Gewohnheiten reguliert wird. Das pädagogische Handeln, das dort stattfindet, erfolgt aus tief verkörperten Haltungen, die im Augenblick des Handelns kaum oder nur selten ins Bewusstsein treten oder hinterfragt werden. Wirklich wahrgenommen werden sie erst dann, wenn sich durch Brüche oder Störungen die Aufmerksamkeit auf sie richtet, das heißt, aus irgendeinem Grund die Gewohnheit außer Kraft gesetzt und durch bewusste Aufmerksamkeit ersetzt wird. Der pädagogische Alltag ist mithin ein Geschehen, das sich – auf einer individuellen Ebene notwendig in verkörperten Denk- und Handlungsbereichen abspielt, die als vertraute Muster nicht mehr weiter hinterfragt werden. Das wird hier nicht negativ verstanden. Vielmehr kann im pädagogischen Alltag nicht über alles nachgedacht und alles begründet werden, was in den inszenierten Interaktionen abläuft. Alltag erfordert ein unmittelbares, ein spontanes Handeln.

Allerdings ist zu fordern, dass diese Spontaneität eine reflektierte Spontaneität ist, also eine Spontaneität, die immer wieder überprüft und weiter differenziert wird, die durch ein stetes Lernen aus den praktischen Erfahrungen immer wieder neu geklärt wird. Die Gewohnheiten und Routinen müssen also überprüft und jeweils neu kalibriert werden.

Der Unterschied zwischen zielen und kalibrieren.

> „Wir wollen annehmen, dass der Akt (um den es hier geht, GES) das Schießen eines Vogels ist. Im ersten Fall hat man es mit einem Gewehr zu tun. Der Schütze wird sich an Kimme und Korn orientieren und jeden Fehler in seiner Zieleinstellung bemerken. Er wird diesen Fehler korrigieren, indem er vielleicht einen neuen Fehler macht, der ebenfalls korrigiert wird, bis er zufrieden ist. Dann wird er den Abzug betätigen und schießen.
>
> Wichtig ist, dass der Akt der Selbstregulation *innerhalb* des einzelnen Schießakts auftritt …

1 Originalbeitrag.

> Im Kontrast hierzu denke man an den Fall des Mannes, der einen fliegenden Vogel mit einer Schrotflinte schießt ... In solchen Fällen muss es dazu kommen, dass eine ganze Ansammlung von Information über die Sinnesorgane aufgenommen wird; aufgrund dieser Informationen wird die Berechnung abgeschlossen; und dann wird nach dem (annähernden) Ergebnis dieser Berechnung die Waffe abgefeuert. Es besteht in dem einzelnen Akt keine Möglichkeit der Korrektur von Irrtümern. Um irgendeine Verbesserung zu erzielen, muss man die Korrektur auf eine große *Klasse* von Handlungen stützen. Wer die Fertigkeit erlangen will, mit einer Schrotflinte ... umzugehen, muss diese Kunst immer wieder üben ... Durch lange Übung muss er die *Einstellung* seiner Nerven und Muskeln so abstimmen, dass er im kritischen Augenblick ‚automatisch' eine optimale Leistung erzielen wird. Diese Gattung von Methoden hat Mittelstaedt als *Kalibrierung* bezeichnet."[2]

Zwar mag im pädagogischen Bereich der Vergleich mit verschiedenen Formen des Schießens unangemessen erscheinen. Aber der Vorgang der Kalibrierung ist dem Prozess der entwickelten Spontaneität durchaus parallel. Man muss die Ergebnisse seiner pädagogischen Bemühungen immer wieder rückmelden, damit die nächsten Handlungen durch den Erfolg oder Misserfolg der vorherigen neu und besser eingestellt werden. Der Handlungsablauf selbst erfordert in vielen Fällen jedoch ein so unmittelbares, „spontanes" Vorgehen, das in seinem Ablauf nur schwer korrigiert werden kann.

Vertraut und fremd

So gesehen ist pädagogischer Alltag zugleich vertraut und fremd. Vertraut ist er dadurch, dass sich die verkörperten Handlungsweisen durch mehr oder weniger lange Praxis eingeschliffen haben. Fremd ist er in doppelter Hinsicht: Einmal dadurch, dass sich das Bewusstsein auf dieses Handeln nur sehr selten richtet, um es sich zu vergegenwärtigen. Zum anderen aber auch, weil sich durch die verminderte bewusste Kontrolle auch Verhaltensweisen einschleichen, die einer fachlichen Überlegung zuwiderlaufen. Der Alltag ist ein Feld, in dem sich Fremdheit immer wieder dadurch inszeniert, dass Alltagshandeln durch Gewohnheit undurchsichtig geworden ist und zwischen vertraut und unvertraut schwankt.

Zum anderen bewegt sich Praxis auch innerhalb vertrauter sozialer, kultureller und institutioneller Rahmenbedingungen. Wir handeln pädagogisch innerhalb tief eingeschliffener sozialer Muster, in vertrauten kulturellen Traditionen sowie innerhalb institutioneller Strukturen, die wir heranwachsend so tief verinnerlicht haben, dass wir uns zuweilen andere Strukturen überhaupt nicht mehr vorstellen können. Auch sozial, kulturell und institu-

---

2 Bateson 1982, S. 242.

tionell eingeschliffene Muster erregen erst die bewusste Aufmerksamkeit, wenn ein gewohnter und vertrauter Ablauf gestört oder unterbrochen wird.

Die folgenden Überlegungen werden sich nicht mit allen vier Aspekten der Fremdheit – der individuellen, der sozialen, der kulturellen und der institutionellen – befassen. Weil Pädagogen es in ihrem Alltag zuallererst mit Kindern zu tun haben, sei die Aufmerksamkeit an dieser Stelle auf sie gerichtet. Es geht also in erster Linie um Kinder, die uns nicht nur vertraut, sondern in mancherlei Hinsicht auch fremd sind, die uns immer wieder Rätsel aufgeben.

Zur „Konstruktion" einer pädagogischen Situation

Ich stelle im Folgenden zwei Perspektiven pädagogischen Handelns heraus. Das bedeutet nicht, dass es keine abgestuften Zwischenformen gäbe. Vielmehr möchte ich klarstellen, dass zwei unterschiedliche pädagogische Einstellungen auch unterschiedliche pädagogische Situationen und Phänomene erzeugen. Und dazu setze ich die zwei Positionen ungebrochen einander gegenüber.

Die eine – hier traditionell genannte – besteht darin, das Kind als jemanden zu betrachten, dem Erwachsene etwas beibringen müssen. Das Kind kann etwas nicht, hat einen Mangel, der behoben werden muss. Mit pädagogischer Zurückhaltung formuliert hört sich das so an: Das kleine Kind ist erziehungsbedürftig. Die Erwachsenen sind diejenigen, die seiner Bedürftigkeit abhelfen oder seinen Mangel beheben können indem sie dem Kind das bei-bringen, was ihm fehlt. Sie haben dafür die Mittel.

Bei dieser Grundeinstellung ist es nicht unbedingt notwendig, etwas Genaueres über Kinder und ihre Beteiligung an Erziehungs- und Bildungsprozessen zu wissen. Es genügen allgemeine Erfahrungen darüber, mit welchen Bedürfnissen oder Defiziten gewöhnlich bei Kindern in einem bestimmten Alter zu rechnen sei. Daran kann die jeweilige Bedürftigkeit abgelesen werden, an welcher sich die dazugehörigen pädagogischen Maßnahmen orientieren. Diese Auffassung benötigt auch keine differenzierten und situationsbezogenen Wahrnehmungen in der aktuellen Situation. Sie kann sich mit objektivierten, standardisierten Beobachtungsverfahren begnügen, die von Zeit zu Zeit den allgemeinen oder besonderen Stand der Bedürftigkeit erfassen.

Man sieht, der alleinige Gebrauch objektivierter, standardisierter Beobachtungsverfahren in der pädagogischen Praxis führt ein Erziehungs- und Bildungsverständnis aus, in dem das Kind als ein Hilfeempfänger erscheint. Die einzige Aktivität, die das Kind zu entwickeln hat, ist die des Empfangens. Es hat ein guter Empfänger zu sein. Deshalb werden in dieser Alltagspädagogik die sozialen Tugenden so sehr betont, die ein Kind haben muss, um seine Gesten und Bemühungen des Empfangens in einer Weise auszuführen, die sozial als möglichst wenig störend empfunden werden.

Die andere pädagogische Position nimmt das Kind aus seiner Empfängerposition heraus. Diese Position wird durch die neuen Erkenntnisse über die Fähigkeiten kleiner Kinder, über ihr Wahrnehmen, Erleben und Denken nahegelegt: Kinder sind, zumindest ab der Geburt, Wesen, die aus eigenem Antrieb, aus eigenem Können ihre Welt erforschen. Sie müssen die Wirklichkeit, die sie umgibt in ihrer Bedeutung erkennen, sonst könnten sie überhaupt nicht überleben. Der Säugling, der nicht erfasst, was Mama, Papa, Gefüttert-werden usw. ganz konkret für ihn bedeutet, wird bei seinem Einstieg in die Welterfahrung erheblich behindert sein.

Das bedeutet nun, dass Kinder, bevor man ihr Defizit hinsichtlich der Erwachsenenwelt ermessen kann, schon immer etwas über die Welt wissen und auf bestimmte Weise mit ihr umgehen können. Sie haben schon immer Vorstellungen von ihrer Wirklichkeit im Kopf. Die Pädagogik im obigen Sinn deklariert dieses Können und Wissen als fehlerhaft und defizitär. Die zweite Position betrachtet sie als Wesen, die etwas können und die ihre Welterfahrungen durch dieses Können machen, die aber auch ihr Wissen und Können durch den Umgang mit der Welt weiter entwickeln und differenzieren.

Die erste Position fragt also danach, was können Kinder noch nicht und was muss man ihnen beibringen. Die zweite Position fragt nach ihrem Können und nach den Möglichkeiten, wie dieses Können weiter zu entwickeln wäre.

Die zweite Position verlangt vom Pädagogen, etwas von diesem Vorwissen und Können der einzelnen Kinder zu erfahren, um darauf die Perspektiven einer Weiterentwicklung zu stützen. Diese Perspektiven einer Weiterentwicklung hängen nun nicht nur vom Vorwissen und Können der Kinder ab, sondern auch von dem, was Erwachsene dazu anbieten können, sowohl fachlich, als auch persönlich. Erwachsene und Kinder müssen sich auf irgendeine Weise – sei es verbal oder nichtverbal – darüber verständigen, worum es beim Prozess der Bildung gehen soll. Aus diesen Verständigungsprozessen ziehen Pädagoginnen nun Schlüsse für ihr fachliches Handeln und müssen dann aber auch wieder bemerken, zu welchen Ergebnissen ihre fachlichen Einlassungen geführt haben. Deshalb ist für dieses Verständnis Beobachtung innerhalb professioneller Alltagsbeziehungen ein zentrales Handwerkszeug.

Vergleicht man nun beide Positionen hinsichtlich ihrer Vorstellungen von Beobachtung, dann stützt sich die erste Position auf möglichst allgemeine, wenn nicht standardisierte Beobachtungsverfahren, in denen Bestehendes und Fehlendes erfasst werden, während die zweite Position Wahrnehmung und Beobachtung als ein Mittel benutzen, das sich möglichst breit und unspezifisch auf alle möglichen Verhaltens-, Erlebnis und Denkprozesse bezieht, weil man ja nicht weiß, was man bei den individuellen Kindern in einer konkreten Situation vorfindet. Umgekehrt kann man von den bevorzugten Beobachtungsverfahren auf die bevorzugte pädagogische Position schließen, die der jeweilige Beobachter vor Augen hat. Man könnte sagen, jede der beiden Weisen des Beobachtens hat ihr verborgenes Curriculum.

Die pädagogische Alltagssituation erweist sich aus dieser Perspektive als ein gemeinsames Konstrukt aus der Interaktion zwischen Kind und Erwachsenem unter der Perspektive einer bestimmten pädagogischen Grundauffassung.

Im gemeinsamen Handeln – und nicht in proklamierten Absichten – wird festgelegt, was Pädagogik hier und jetzt bedeutet.

Dieses gemeinsame Handeln erfolgt auf der Basis der jeweiligen biografischen Erfahrungen aller Beteiligten. Beobachtung im hier beschriebenen, alltagsprofessionellen Sinn, ist das Instrument, das diesen Ort der Begegnung und das damit verbundene Geschehen bewusst wahrnimmt, um es zum Ausgangspunkt pädagogischen Handelns zu machen.

Was heißt Beobachten?

Erkennen beginnt mit der Frage: Was nehme ich wahr?

Um zu erfassen, was Kinder zur Unterstützung ihrer Bildungsprozesse brauchen, müssen Pädagoginnen die Kinder kennen lernen. Dies geschieht dadurch, dass sie diese in ihrem Alltag aufmerksam wahrnehmen und sich auf das einlassen, was sie tun und möglicherweise denken. Diesem Ziel dient Beobachten im hier verstandenen Sinn.

Zwei Formen der Beobachtung

Dabei müssen zwei Formen von Beobachtung unterschieden werden, eine mit gerichteter (enger) und eine mit ungerichteter (weiter) Aufmerksamkeit.

Beobachtung mit gerichteter Aufmerksamkeit

Die *gerichtete Beobachtung* zielt auf Verhaltensweisen und Verhaltensbereiche, die bereits bekannt sind. Ihr entsprechen die meisten Fragebögen oder Einschätzskalen. Mit ihrer Durchführung soll die Qualität dieser Verhaltensweisen eingeschätzt und beurteilt werden. Sie richtet sich daher auf etwas, was man von Kindern weiß, oder besser, zu wissen glaubt. Im besten Fall ist dieses der Aspekt eines wissenschaftlich konstruierten „Modellkindes“. Das Instrumentarium überprüft, inwieweit dieses oder jenes konkrete Kind hinsichtlich eines bestimmten Verhaltens dem „Modellkind” entspricht.

Unter Modellkind werden hier wissenschaftlich konstruierte Kinder verstanden. Was ist damit gemeint?

Zurzeit wird in Publikationen zum Lernen in der frühen Kindheit die Theorie vertreten, dass Kinder das Lernen lernen indem sie darüber nachdenken, wie sie gelernt haben. Betrachtet man ein Kind unter diesem theoretischen Blickwinkel, so wird ein Kind wesentlich dadurch gekennzeichnet, dass es bewusst nachdenkt. Das Problem einer solchen Konstruktion liegt nicht darin, dass sie auf etwas aufmerksam macht – zum Beispiel auf das Nach-Denken z.B. als Aspekt des Lernen Lernens –, sondern in dem, was sie auslässt. Sieht man – entlang einer Theorie – die Kinder im Wesentlichen als rational denkende Kinder an, dann lässt man eine ganze Menge von Aspekten aus, die Kinder, Kindsein und kindliches Denken ausmachen. Man erfasst dann z.B. nicht, was Spiel, Gedächtnis, Emotionen und anderes mehr für das Lernen des Lernens bedeuten.

Wissenschaft muss – um forschen zu können – solche Modellkinder konstruieren. Macht man diese Bilder jedoch zur Grundlage des alltäglichen Handelns, dann übersieht man vieles, was für Kinder und ihre Lernerfahrungen in Alltagszusammenhängen ebenso wichtig ist und presst die realen Kinder in das wissenschaftliche Schema. Dabei kann dieses Schema sachlich durchaus angemessen sein. In den Alltag übertragen muss jedoch jedes wissenschaftliche Modell die Sicht auf die Kinder verkürzen. Man muss also klar zwischen einer wissenschaftlichen Sicht und einer professionellen Alltagssicht unterscheiden und darf das wissenschaftliche Modell nicht mit der Wirklichkeit verwechseln.

Dabei ist professionelle Beobachtung im pädagogischen Alltag sicherlich ebenfalls theoriegeleitet. Während Beobachtung zu wissenschaftlichen Zwecken sich jedoch auf isolierte Gesichtspunkte konzentrieren und beschränken kann, muss sich die professionelle Beobachtung im Alltag für viele mögliche Perspektiven offen halten. Sie scheint dadurch eher schwieriger als die wissenschaftliche Beobachtung zu sein, zumindest jedoch ist sie anders. Sie kann nicht unter einem Blickwinkel erfolgen, sondern muss vielperspektivisch sein.

Wissenschaftlich, perspektivisch eingeschränkte Beobachtung ist also *nicht* gemeint, wenn Bildungsprozesse beobachtet werden sollen; denn sie richtet sich nur darauf, *Verhaltensbereiche oder Verhaltensweisen zu überprüfen und einzuschätzen, die bereits bekannt sind und die durch theoretische Modelle abgesichert sind.*

Beobachtung mit ungerichteter Aufmerksamkeit

Zum Erfassen kindlicher Bildungsprozesse hingegen wird ein *ungerichtetes Beobachten – mit weiter Aufmerksamkeit – benötigt.* Der Beobachter will nichts Bestimmtes wissen, sondern er ist bereit wahrzunehmen, was Kinder indirekt oder direkt über sich, ihre Erlebnisse und Gedanken mitteilen. Ungerichtetes Beobachten versucht all das in den Blick zu nehmen, was die

Aufmerksamkeit des Wahrnehmenden erregt. Es ist offen für Überraschungen. Überraschungen in den Wahrnehmungen sind ein wichtiges Ziel dieser Form der Beobachtung. Man ist überrascht, wenn ein Verhalten von den Erwartungen abweicht. Diese Form der Beobachtung sucht nicht nach Übereinstimmungen des individuellen Kindes mit einem wissenschaftlichen oder privaten „Modellkind", sondern nach Besonderheiten individueller Kinder. Insofern ist diese Form der Beobachtung auch kein Ergebnis der Anwendung von vorgefertigten Instrumentarien, Einschätzskalen oder Tests, sondern ein Gewahrwerden mit den sinnlichen und emotionalen Möglichkeiten der Wahrnehmung, die der jeweiligen Erzieherin zur Verfügung stehen. Deshalb wird von einem wahrnehmenden Beobachten gesprochen. Aus einem wahrnehmenden kann ein entdeckendes Beobachten werden, wenn es mit Reflexion verbunden wird.

Ein wahrnehmendes, entdeckendes Beobachten kann geplant eingesetzt werden. Dafür nimmt man sich Zeit, um sich in einem kleinen Zeitabschnitt – das können fünf, zehn oder zwanzig Minuten sein – aus dem allgemeinen Gruppengeschehen zurückzunehmen und aufmerksam einzelne oder mehrere Kinder bei ihrer Tätigkeit auf sich wirken zu lassen.

Es ereignet sich aber auch spontan, wenn irgendetwas im alltäglichen Ablauf die Aufmerksamkeit der Erzieherin auf sich zieht, wenn sie auf etwas neugierig wird, was sich gerade abspielt.

Selbst wenn offene Beobachtungen nicht gezielt erfolgen, sind sie nicht theorielos. Man nimmt immer mit der Brille von Erfahrungen wahr, die bereits gemacht und mehr oder weniger durch Nachdenken geklärt wurden. Auch im Hintergrund ungerichteter Beobachtung stehen daher gedankliche Modelle vom Kind. Doch zielt die Beobachtung nicht auf eine Bestätigung dieser Erfahrungen und Theorien, sondern auf deren Erweiterung, Differenzierung und manchmal auf ihre Veränderung. Das heißt, die Bilder, die von einem Kind durch offenes, ungerichtetes Beobachten entstehen, sind nicht fixiert, sondern verändern sich entsprechend den immer wieder neuen Erfahrungen.

Die Wahrnehmungsformen eines Beobachtens mit weiter Aufmerksamkeit können und müssen durch pädagogisches Handeln und reflektierendes Nachdenken immer weiter ausdifferenziert werden. Für eine solche Professionalisierung der Wahrnehmung brauchen Erzieherinnen regelmäßig Möglichkeiten, im Team und/oder mit (externen) Beratern und Beraterinnen über ihre Beobachtungen und Wahrnehmungen zu sprechen.

Auch müssen die Erkenntnisse aus dieser Beobachtungsform immer wieder überprüft werden, zum einen an der „Wirklichkeit" des Kindes, zum anderen durch den kollegialen Austausch mit anderen Erzieherinnen oder Fachberaterinnen. Die erste Form der Überprüfung stellt fest, ob weitere Beobachtungen mit den bisherigen Überlegungen in Übereinstimmung gebracht werden können. Die zweite Form der Überprüfung klärt, ob die individuellen Wahrnehmungen mit Wahrnehmungen anderer Personen zusammenpassen.

In den meisten Fällen wissen wir nicht, wie Kinder denken, was sie sich vorstellen, welche Bilder und Theorien sie verwenden, um sich ihre Wirklichkeit verständlich zu machen. Um daher etwas von ihren individuellen Bildungsprozessen zu erfassen, um zu entdecken, was die Ausgangspunkte und Verarbeitungswege der Kinder sind, benötigen wir offene Formen der Wahrnehmung und Beobachtung.

Ungerichtetes Beobachten: Beobachten, damit man mehr sieht – damit man sieht, was man noch nicht kennt.

Man kann diese Art der Beobachtung unterstützen, indem man durch Beobachtungshilfen einerseits auf mögliche Wahrnehmungsbereiche aufmerksam macht, die aus der Beobachtung nicht ausgeschlossen werden sollten. Andererseits sollen diese Hinweise ganz ausdrücklich allzu feste Vorstellungen von gerichteter Beobachtung „sprengen" helfen. In diesem Sinne sind die folgenden Vorschläge zu verstehen.

Was Beobachten?

Im Zentrum des wahrnehmenden Beobachtens steht das Tätigsein einzelner oder auch mehrerer Kinder. Es geht also nicht isoliert um Kind oder Kinder, sondern um die Art und Qualität ihrer Beziehungen zur sachlichen und sozialen Umwelt.

Um Beziehungen zu erfassen, muss man dreierlei tun:

- Sich fragen, was man über Körper- und Fernsinne überhaupt wahrgenommen hat:
  Die Aufmerksamkeit richtet sich deshalb zunächst einmal auf die unterschiedlichen Sinnesbereiche, mit deren Hilfe wahrgenommen wird. Dabei sollte kein Sinnesbereich von vorne herein aus der Wahrnehmung ausgeschlossen werden. Jeder dieser Wahrnehmungsbereiche trägt unterschiedliche Information über das wahrgenommene Geschehen bei. Die Informationen sind am umfangreichsten und vollständigsten, wenn alle Wahrnehmungsbereiche daraufhin befragt werden können, welche Informationen sie über das Gesamtgeschehen ausgewählt und eingebracht haben.
- Sich die emotionale Qualität dieser Wahrnehmungen vergegenwärtigen: Wenn dabei auch die emotionale Wahrnehmung berücksichtigt wird, dann bedeutet dies zunächst einmal nur, sich darüber klar zu werden, welche Gefühle durch die Beobachtung erzeugt werden. Gefühle enthalten wichtige Informationen über die Beziehungen, die das beobachtete Geschehen prägen. Dabei sind diese Beziehungen und ihre Gefühlsqualität erst einmal bewusst zu bemerken, ohne daraus wertende Urteile zu ziehen.

- Probeweise die Bedeutung des Wahrgenommenen vor dem Hintergrund eigener Erfahrungen und deren Reflexionen erfassen:
  Das Verhalten, das wir durch wahrnehmendes Beobachten erfassen, ist für sich genommen bedeutungslos, solange wir nicht den Kontext einbeziehen, in dem es auftritt. Mit einem Finger auf etwas zeigen kann sehr Unterschiedliches bedeuten, je nachdem, ob ein Kleinkind auf einen Hund zeigt, ein Polizist auf ein Verkehrszeichen oder ein Autofahrer auf seine Stirn. Die jeweilige Bedeutung erfassen wir nur, wenn wir uns in die jeweilige Situation hinein versetzen um herauszufinden, ob wir Erfahrungszusammenhänge kennen, in welchen dieses Verhalten einen Sinn machen könnte. Um andere zu verstehen, müssen wir uns immer eine „Theorie" darüber machen, was diesen anderen in dieser Situation leiten könnte. Diese Theorie ist zusammengesetzt aus eigenen, vertrauten Erfahrungsmustern und – je nachdem – auch theoretische Reflexionen, mit welchen diese geklärt werden (können).

Vor diesem Hintergrund konzentriert sich wahrnehmendes Beobachten auf fünf Dimensionen von Erfahrungszusammenhängen. Sie werden als *Potenziale* beschrieben, da ein pädagogisches Verständnis, das auf Beteiligung beruht, sich zum einen für die Entwicklungsmöglichkeiten interessiert, die in den gegebenen Erfahrungsmustern enthalten sind, um gleichzeitig – auf der anderen Seite – eventuelle Begrenzungen dieser Möglichkeiten abzuschätzen.

Beobachtet wird in Alltagssituationen, wie sie sich in einer mehr oder weniger pädagogisch vorweg strukturierten Umgebung abspielen. Gemäß den vier Dimensionen einer Kultur des Lernens gibt es auch vier Dimensionen eines wahrnehmenden Beobachtens:[3] Selbstbildungspotenziale, soziale und kommunikative Potenziale, Sachpotenziale, Strukturpotenziale. Da wir als Erwachsene im Gebrauch unserer Sinneswahrnehmungen bereits die Muster von Wahrnehmungsweisen eingespurt haben, die in unserer Kultur üblich sind, Kinder jedoch diese kulturellen Begrenzungen noch nicht verinnerlicht haben, sind sie weit unkonventioneller im Gebrauch ihrer Wahr-

---

3 Die folgenden Fragen und Stichworte sind als vorläufig und keineswegs erschöpfend anzusehen. Sie werden derzeit an anderer Stelle – im Rahmen der Lernwerkstatt Natur in Mülheim an der Ruhr – inhaltlich ausgearbeitet. Sie setzen die Reihe der Bemühungen um ein Beobachtungsstruktur fort, die sich auf die Bildungsprozesse der Kinder bezieht. Die erste Version war: Arbeitsgruppe Professionalisierung frühkindlicher Bildung – Wiss. Leitung, Schäfer, G. E., Strätz, R. (2005–2008): Beobachtung und Dokumentation in der Praxis. Kronach. Sie wurde durch die Denkformate erweitert: Schäfer, G. E. (2009): Frühe Wege ins Naturwissen. In: Schäfer, G. E., Alemzadeh, M., Eden, H., Rosenfelder, D.: Natur als Werkstatt. Weimar, Berlin. Weitere Differenzierungen ergaben sich im Projekt „Qualitätsenwicklung in Kindertageseinrichtungen" des Dachverbandes SOAL in Hamburg in Zusammenarbeit mit dem Fortbildungsinstitut Weltwerkstatt durchführt. Diese und die weiteren Beobachungserfahrungen aus dem Projekt der „Lernwerkstatt Natur" werden in einer späteren Publikation zum Thema Beobachtung veröffentlicht werden.

nehmungs- und Denkwerkzeuge als Erwachsene. Von daher scheint es günstig für erwachsene Beobachter, eine bewusste Aufmerksamkeit auf die Weisen des Wahrnehmens zu richten, die Kinder gebrauchen können: Junge Kinder gehen beispielsweise mit Gerüchen und ästhetischen Empfindungen viel unkonventioneller um, als Erwachsene. Sie lassen auf diese Weise aber auch andere Erfahrungen zu, als jene. Deshalb stelle ich den vier Potenzialen einer Kultur des Lernens noch ein fünftes voran, das Potenzial, das im Gebrauch vielfältiger Wahrnehmungsweisen liegt.[4]

Wahrnehmungspotenziale

Die verschiedenen Wahrnehmungsmodi – Fernsinne, Körpersinne, emotionale Wahrnehmung – ermöglichen verschiedene Weisen des Welterkennens. Sie sind wie Werkzeuge, mit denen man sich interessierende Aspekte aus der umgebenden Welt erschließen kann

Die Leitfrage lautet:

In welcher Weise werden körperliche, sinnliche und emotionale Wahrnehmungsformen eingesetzt?

Selbstbildungspotenziale

Sodann richtet sich das Augenmerk auf das, was die Kinder an eigenen Erfahrungs-, Verarbeitungs- und Denkmöglichkeiten in die Situation einbringen, ihre *Selbstbildungspotenziale*. Sie bestehen vornehmlich aus Erfahrungsmustern, die schon früher erworben wurden. Sie werden erinnert und entlang der neuen Aufgabenstellungen abgewandelt, erweitert oder neu kombiniert.

Die Leitfrage lautet:

Welche Erfahrungsmuster bringen Kinder aus der Vergangenheit ein und welche Denkweisen (Denkformate) benutzen sie, um neue Aufgaben zu bewältigen?

Soziale und kommunikative Potenziale

Wenn aber die Tätigkeit der Kinder mit den Möglichkeiten zusammenspielen, die ihnen sozial und in der Kommunikation eingeräumt werden, ist es die zweite Aufgabe, durch wahrnehmendes Beobachten die *kommunikativen Potenziale* einer Situation zu erfassen.

4 Es ist mit dem verwandt, was die Reggiopädagogik die „hundert Sprachen der Kinder“ nennt.

Die Leitfrage lautet:

Inwieweit eröffnen die Sozialformen, die Formen der Kommunikation und der Beziehungsgestaltung den Kindern Beteiligungsmöglichkeiten an Sachbeziehungen und in sozialen Gruppen?

Sachpotenziale

Zum vierten sollte wahrnehmendes Beobachten darauf gerichtet sein, welche Anregungspotenziale in Sachbezügen, Materialien, Werkzeugen und Lernumwelten wahrnehmbar sind.

Die Leitfrage lautet:

Auf welche Weise regen Sachinhalte, Materialien, Werkzeuge die Neugier der Kinder und ihr Explorationsverhalten an?

Strukturpotenziale

Fünftens wird man einen Blick auf die strukturellen Rahmenbedingungen werfen müssen, die die drei vorangegangenen Möglichkeitsperspektiven unterstützen oder behindern.

Die Leitfrage lautet:

Inwieweit unterstützen oder behindern die strukturellen Bedingungen der Gruppe, der Kindertagesstätte und ihres Trägers, des Tagesablaufs oder der pädagogischen Konzeption die Beteiligung der Kinder an ihren Bildungsprozessen.

Was bringt wahrnehmendes, entdeckendes Beobachten der Erzieherin?

Wahrnehmendes Beobachten sensibilisiert die Erzieherin für die Prozesse der eigenen Wahrnehmung und ihrer emotionalen Einordnung

Wahrnehmendes, entdeckendes Beobachten bedeutet, in das Geschehen mit einzutauchen und empathisch mit dabei zu sein. „Empathisch mit dabei sein“ verlangt, sich selbst mit wahrzunehmen. Wahrnehmen geschieht über alle Sinnesbereiche (Fernsinne, Körpersinne, Gefühle) gleichzeitig. Man nimmt wahr, was man als bedeutungsvoll erlebt. Bedeutung haben Dinge, die man versteht, aber auch solche, die man nicht versteht, die irritieren, auf etwas hinweisen, wofür man bislang noch keine Einsichten oder Erklärungen hat. Letzteres macht neugierig. Ein anderer Bedeutungshorizont wird durch Faszination oder Begeisterung der Beobachterin eröffnet. Auch Zuneigung oder Gleichgültigkeit, Aufregung oder Langeweile lenkten die Aufmerksamkeit in unterschiedliche Richtungen.

Es sind also Gefühle, welche die Aufmerksamkeitsrichtung der Beobachterin und des Beobachters steuern. Der Blick auf die Szene und die damit verbundenen eigenen Gefühle/Gedanken bestimmen die Ausrichtung der Beobachtungsperspektive. Deshalb ist die Frage nach den Gefühlen beim Beobachten eine Frage, wie die Beobachterin das Wahrgenommene in ihren Erlebnis- und Erfahrungszusammenhang einordnet. Gefühle zeigen uns, wie ein gegenwärtiges Erlebnis mit vergleichbaren Erlebnissen aus der eigenen Vergangenheit übereinstimmt oder sich unterscheidet. In diesem Sinn bewerten Gefühle auch das Geschehen. Die Hirnforschung hat gezeigt, dass man diese Bewertung aber nicht abschalten kann, ohne eine künstliche Situation zu schaffen. Daher sollte man sich diese Gefühle und Bewertungen, wo es geht, bewusst machen, um gegebenenfalls anders handeln zu können.

Gefühle hängen also eng mit den Lebenserfahrungen der eigenen Biografie zusammen. Die Beobachterin sollte sich immer wieder ins Bewusstsein rufen, inwiefern ihre Aufmerksamkeitsrichtung etwas mit ihren eigenen Lebenserfahrungen zu tun hat. Dieses können Erfahrungen sein, die sie sensibler und klüger haben werden lassen, aber auch Erfahrungen, die zu Abstumpfungen und Blindheit gegenüber bestimmten Wahrnehmungsbereichen geführt haben. Deshalb hilft es der pädagogischen Arbeit, wenn man sich klar werden kann, wo solche Stärken und Schwächen liegen. Die aufmerksame Wahrnehmung der eigenen Gefühle hilft dabei. Sie hilft auch, zwischen den Gefühlen und dem eigenen Handeln zu trennen. Gefühle wahrnehmen heißt ja nicht, dass man auch immer in ihrem Sinne handeln muss.

Wahrnehmendes, entdeckendes Beobachten sensibilisiert die Erzieherin für die Erzieherinnen-Kind-Interaktion

Wahrnehmendes, entdeckendes Beobachten nimmt nicht isolierte Dinge oder Ereignisse wahr, sondern Zusammenhänge und Beziehungen. Dieses können verschiedene Formen von Beziehungen sein:

- Beziehungen der Kinder untereinander;
- Beziehungen der Kinder zu ihren Tätigkeiten und den damit verbundenen Materialien oder Gegenständen;
- Beziehungen von Kindern zu Erwachsenen und umgekehrt von Erwachsenen zu Kindern;
- Beziehungen der Beobachterin zu Kindern, Gegenständen, Prozessen, die beobachtet werden, wie auch zu anderen Erwachsenen, die sich an den Szenen beteiligen.

Klar sein sollte, dass auch Beobachten eine Form der Beziehung ist, die zu den Kindern aufgenommen wird. Deshalb kann man Beobachten nicht in eine Technik verwandeln und die möglichen Fragen und Probleme nur als methodisch-technische Probleme ansehen.

Beobachten als Form der Beziehung kann unterschiedliche Bedeutungen haben: Gezielte Beobachtung kann als Kontrolle oder Beurteilung erfahren werden. Im Falle einer unterstellten Gleichwertigkeit zwischen Erwachsenen und Kindern kann die Aufmerksamkeit der Beobachterin als Wertschätzung erfahren werden, oder als Teil eines Verständigungsprozesses zwischen Erwachsenem und Kind. Deshalb wird wahrnehmendes, entdeckendes Beobachten darauf achten, wie die Beobachtungssituation von den Kindern erfahren wird und entsprechend nicht-technisch darauf reagieren. Das kann in einzelnen Fällen auch heißen, dass eine Beobachtung abgebrochen werden muss.

Beobachtendes Wahrnehmen bedeutet also *nicht*, eine distanzierte Haltung zum Kind aufzubauen. Zwar verlangt die Durchführung geplanter Beobachtungen, dass die Erzieherin nicht von anderen Aufgaben absorbiert oder abgelenkt wird. Doch ist damit nicht gemeint, dass sie sich demonstrativ als außenstehend und unerreichbar darstellt. Die Frage, ob sie durch eine teilnehmende Haltung die Situation nicht zu sehr beeinflusst, muss mit der Gegenfrage beantwortet werden, ob sich durch bewusste Distanzierung die Situation nicht ebenso und zudem in pädagogisch unerwünschter Weise verändern würde.

Wahrnehmendes, entdeckendes Beobachten unterstellt, dass das kindliche Tun als sinnvoll verstanden werden kann

Der Grundgedanke, der die Beobachtung leitet, könnte so zusammengefasst werden: Wie muss ich mir die Situation des Kindes und sein Erleben vorstellen, dass das, was ich von ihm wahrnehme, sinnvoll erscheint. Gefragt ist also eine Perspektive, in der das Tun und Erleben des Kindes einen Sinn macht, auch wenn es aus einer Außenperspektive vielleicht für un-sinnig gehalten werden kann. Wenn dieser Grundgedanke wahrnehmendes, entdeckendes Beobachten leitet, dann ist damit eine wichtige Voraussetzung gegeben, dass das Kind sich von der Beobachterin auch in seiner Eigenwertigkeit respektiert und anerkannt fühlt. Insofern trägt es zu einer wertschätzenden Haltung dem Kind gegenüber bei.

Wahrnehmendes, entdeckendes Beobachten ermöglicht ergänzende Kooperation

Wahrnehmendes, entdeckendes Beobachten ermöglicht der Erzieherin zwischen Zurückhaltung einerseits und Aktivität andererseits abzuwägen; zwischen der Herausforderung von Themen oder der Erweiterung der Fragen, mit denen Kinder beschäftigt sind – einerseits – und einem Zurückhalten erwachsener Initiativen – andererseits. Es erleichtert einen Prozess der Verständigung zwischen Erwachsenen und Kindern, in dem ausgehandelt werden kann, was an Eigeninitiative für Kinder und Erwachsene jeweils möglich und zuträglich ist. Anstelle von Ko-Konstruktion, die – wenn überhaupt – vornehmlich zwischen Gleichaltrigen stattfindet, entsteht Ko-Operation, Zusammen-Arbeit. Sie beruht auf einem Handeln, in dem Erwachsene ergänzend das beitragen, was von den Kindern nicht geleistet werden kann. Davor müssen sie aber wenigstens ansatzweise das Potenzial der Kinder erfassen, das diese für eine Aufgabenstellung einbringen können. Dazu dient wahrnehmendes, entdeckendes Beobachten. Über das, was wahrgenommen wurde, muss man sich mit den Kindern einig werden. Dadurch wird nicht Gleichheit (wie bei der Ko-Konstruktion) unterstellt, sondern Gleichwertigkeit, bei durchaus unterschiedlichen Ausgangslagen.

Beobachtungen reflektieren

Vielfache Reflexionen

Bewusstheit ist der Anfang des Reflektierens. Dieses hat vor allem das Ziel, die möglichen Bedeutungsmuster des Wahrgenommenen zu erfassen. Dazu verhilft zunächst ein Vorrat an gedanklichen Perspektiven aus eigenen Erfahrungen und fachlich-theoretischen Klärungen der Beobachterin. Oftmals aber gelangt man erst zu mehr Klarheit, wenn man anderen seine Wahrnehmungen und Überlegungen mitteilt und von diesen eine Resonanz erfährt. Für sich selbst über die eigenen Beobachtungen nachdenken, mit den anderen im Team oder mit einer außenstehenden, fachlichen Beratung, das sind einige Wege, wie aus Wahrnehmungen reflektierte Gedanken werden können

Dabei können unterschiedliche äußere und innere Blickwinkel eingenommen werden. Äußere Blickwinkel:

> Man kann ein Szene aus der Perspektive eines außenstehenden Beobachters, der des Kindes oder anderer Kinder, einer Erzieherin, der Eltern usw. wahrnehmen. Jeder dieser Blickwinkel erzeugt unterschiedliche Bedeutungsmuster.

Man erfährt eine Szene aber auch aus unterschiedlichen inneren Blickwinkeln.

> Hören, Sehen, identifikatorisches Nachempfinden, eigene Erfahrungsmuster, theoretische Erklärungsversuche, ergeben ein vielfaches Bild von der Szene, dessen Details sich ergänzen oder aber auch widersprechen können.

Diese Vielfalt innerer und äußerer (perspektivischer) Bilder muss in Übereinstimmung gebracht werden. Mögliche Brüche werden dabei ins Bewusstsein treten. Der Prozess der Reflexion wandert zwischen verschiedenen Perspektiven hin und her, rückt einmal mehr das Kind und seine Handlungen in den Mittelpunkt, dann das eigene Empfinden und Erleben des Erwachsenen, oder die Gefühlsbewegungen, die durch die beobachtete Situation hervorgerufen werden, oder den Einfluss der äußeren Gegebenheiten auf das Geschehen und so fort.

Es gibt aber möglicherweise einen Kern von Bedeutungszusammenhängen, der auch unter verschiedenen Perspektiven sich nicht wirklich verändert.

Zum Beispiel kann sich zeigen, dass ein Kind in verschiedenen Situationen – mit und ohne Erwachsene, in der Gruppe mit anderen Kindern oder alleine, in ruhigen oder angespannten Situationen – neugierig ist und dass seine Neugier es zum Störer werden lässt, wenn man sie zu sehr durch geplante Angebote einschränkt.

Es ist der Vergleich dieser mehrfachen Blickwinkel und den Gemeinsamkeiten, die sich dabei einstellen, die den Wahrnehmungen und ihren Deutungen eine zureichende Sicherheit geben. Ziel ist es deshalb nicht, die Vielfalt der perspektivischen Fassetten zugunsten einer einzigen, letztlich gültigen, zu reduzieren, sondern nach einem Muster zu suchen, das diese Vielfalt verbindet, in das möglichst viele dieser Fassetten integriert werden können.

Professionelles Handeln als reflektierte Spontaneität

Durch die wahrnehmende Beobachtung der Kinder kann ein Spiralprozess in Gang gesetzt werden, in dem Kinder in ihren subjektiven Lagen wahrgenommen, das Wahrgenommene geklärt und die Ideen, die daraus hervorgegangen sind, an die Kinder zurückgegeben werden. Aus deren Reaktion erst wird man ermessen können, ob die eigenen Wahrnehmungen etwas von dem wiedergeben, was die Kinder gemeint haben. Die Veränderungen die bei den Kindern entdeckt werden konnten, bilden dann den Ausgangspunkt für neue Wahrnehmungen, die wiederum zu Antworten herausfordern, die ihrerseits die Kinder zu neuerlichen Gegenantworten anstiften usw. Das Ziel dieses spiralförmigen Verständigungsprozesses besteht zum einen darin, Kinder, Erwachsene und gegebene Bedingungen in einen Austausch zu bringen, der von allen Beteiligten mitgetragen wird und der dazu verhilft, dass Kinder ein differenzierteres Verständnis ihrer Lebenswelt gewinnen, dass Kinder selbstgesteuert lernen können. Zum anderen differenziert dieses kreisförmige Lernen auch die professionellen Wahrnehmungsfähigkeiten der Beobachter, indem sie für vielfältige Abweichungen und Besonderheiten empfänglich machen, die in den Theorien und bisherigen Voreinstellungen nicht enthalten waren. Das professionelle Wissen wird durch die ständige dialogische Korrektur der konkreten Erfahrungen erweitert, so dass immer genauere Beobachtungen möglich werden, die helfen, den pädagogischen Alltag in der Verständigung mit Kindern weiter zu entwickeln. Doch das reicht noch nicht aus.

Um in konkreten Situationen zu handeln, muss man über ein Können und Wissen verfügen, über das man im Ernstfall nicht mehr nachdenken muss, das so selbstverständlich geworden ist, dass es ohne größere Überlegung verwendet werden kann. Es wird gerne gesagt, dass pädagogisches Handeln spontan erfolgen müsste. Doch was heißt das? Ohne je durch Nachdenken gebrochen worden zu sein, würde Spontaneität nur die tief verwurzelten Muster pädagogischer Handlungen wiederholen, die man als eigene Erfahrungen des Erzogenseins in sich findet.

> „Wenn man Kinder hat, hat man ein Erziehungskonzept. Man hat Verantwortung für sie, man will nur das Beste für sie, und man überträgt die eigenen Erfahrungen auf sie, glaubt zu wissen, was richtig ist.“[5]

Spontaneität ist nichts Ursprüngliches, sondern Gewachsenes, das so vertraut ist, dass man unmittelbar damit reagieren kann. Niemals hinterfragt, bringt sie zuweilen fragwürdige pädagogische Denk- und Handlungsweisen hervor. Wenn sie aber nichts Natürliches ist, sondern Frucht einer tiefen, gleichsam automatisierten Erfahrung, dann kann sie auch verändert werden. Dazu scheinen drei Schritte notwendig: Erstens, die spontane Handlungsweise muss *frag-würdig* werden. Zum zweiten, sie muss durch neue Handlungsideen erweitert oder ersetzt werden. Doch die Idee macht noch kein spontanes Handeln möglich. Vielmehr muss man sich mit diesem neuen Handeln in vielen Situationen immer tiefer vertraut machen, bis es zu einer Selbstverständlichkeit geworden ist, in diesem neuen Muster zu denken und zu handeln. Das bedarf oft vieler Kreisläufe zwischen Nachdenken, Überprüfen, Handeln, Ergebnisse wahrnehmen, wieder Nachdenken, Handeln usw. Erst auf diesem Weg entsteht so etwas wie *reflektierte Spontaneität,* Reflexion, die durch wiederholte intensive Erfahrungen gleichsam einverleibt wurde.

Reflektierte Spontaneität geht daher aus einem vertieften Können hervor. Vertieftes Können entsteht zum ersten aus einem durch Nachdenken geklärten Können. Zu zweiten ist es ein Können, das als geklärte Erfahrung so stark verinnerlicht wurde, dass es zum selbstverständlichen Teil des persönlichen Handlungsrepertoires geworden ist und in jeder Situation wie selbstverständlich zur Verfügung steht. Pädagogische Professionalität besteht also in wesentlichen Teilen in einer entwickelten Spontaneität des Handelns. Beobachtung im hier entfalteten Sinn wird als ein wesentliches Werkzeug für Professionalität als reflektierte Spontaneität benötigt.

5 Wolfgang Ihle in einem Interview in Brigitte Kultur 2/04, S. 73.

Dokumentieren

Dokumentation/Bildungsberichte

Die Ergebnisse dieser wahrnehmenden und entdeckenden Beobachtung sollen in einer Art Bildungsbericht für die einzelnen Kinder niedergelegt werden. Er dient dazu, über die Zeit des Besuchs einer Kindertageseinrichtung vor der Schule, all das zu sammeln, zu dokumentieren, zu berichten und zu beschreiben, was für den Bildungsweg des Kindes bemerkenswert ist und welche Anregungen sich daraus für weitere Bildungsprozesse ergeben.

Was wird dokumentiert?

Zum Beispiel:

- Die Ergebnisse der wahrnehmenden und entdeckenden Beobachtung sind das wichtigste Material für Dokumentationen. Die Erzieherinnen notieren dazu alles, was sie an ihren Beobachtungen und Überlegungen bemerkenswert finden. Je vertrauter Erzieher/innen mit dem regelmäßigen, wahrnehmenden und entdeckenden Beobachten werden, desto reichhaltiger wird das Material für Dokumentationen werden.
- Erzeugnisse, Einfälle, Ideen von Kindern, nach Möglichkeit mit einem erläuternden Kommentar, der sie auch Außenstehenden verständlich macht;
- Ereignisse, die bemerkenswert, aber unverstanden sind;
- Individuell unterschiedliche Weisen, bestimmte Fragen anzugehen oder Probleme zu lösen.

Wie wird dokumentiert?

In vielen Kitas gibt es bereits Ansätze für Dokumentationen, die aufgegriffen werden können, wenn sie einem zentralen Grundsatz folgen: Dokumentiert wird nicht – wenigstens nicht in erster Linie – um Ergebnisse zur Schau zu stellen, sondern um Bildungsprozesse, Bildungswege und -umwege festzuhalten. Dokumentationen sollen diese für die Erzieher/innen wie für Außenstehende nachvollziehbar, vielleicht durchsichtig und verständlich machen. Dazu dienen u. a. durchaus bereits bewährte Dokumentationsverfahren, wenn man sie nach den neuen Zielen anwendet. Zum Beispiel:

- Aufschreiben und über das erzählen, was man wahrgenommen und erlebt hat;
- Fotos und/oder Videos, die nach Möglichkeit so kommentiert werden sollten, damit an der Situation Unbeteiligte begreifen können, was sich da abspielt;

- Sammlungen, in denen die Ergebnisse vieler Kinder zu einem Thema zusammengestellt werden und der jeweils individuelle Betrag sich dadurch nachvollziehen lässt.
- Szenische Aufführungen, Theaterstücke zu einem Thema, die auch im Bild festgehalten werden.

Wozu brauchen wir Dokumentationen?

- Dokumentationen sind ein externes Gedächtnis für die Kinder
- Dokumentationen sind das professionelle Werkzeug der Erzieherin um ihre Arbeit zu überdenken und um daraus neue Vorschläge zu entwickeln – allein oder im Team.
- Dokumentationen sind das Schaufenster, in dem die Arbeitsergebnisse der Kinder anderen Kindern und den Erwachsenen/Eltern gezeigt werden.
- Dokumentationen sind die Basis der Informationen, die für den Übergang in die Schule benötigt werden. Als solche enthalten sie – mit Zustimmung der Eltern – einen für die Schule bedeutsamen Auszug aus dem Bildungsweg des Kindes in der Kindertageseinrichtung.

Anmerkung über Rahmenbedingungen

Es ist klar, dass Beobachtung und Dokumentation einen für sie günstigen zeitlichen und organisatorischen Rahmen brauchen. Ohne dass hier im Detail auf Rahmenbedingungen eingegangen werden kann, soll darauf hingewiesen werden, dass beides nicht einfach Anforderungen sind, welche die Erzieherinnen zusätzlich zu ihrem Arbeitspensum bewältigen müssen. Vielmehr sollten Beobachtung und Dokumentation unterstützen, dass Kinder ihren forschenden Lernprozess zunehmend eigenständiger voranbringen können. Sie sind also ein professionelles Mittel, das Tun der Erzieherin von einer Orientierung an Angeboten zu einer Orientierung an den Fragen der Kinder umzugestalten, von einer Person, die sich vorwiegend als gebende und lehrende sieht, zu einem Menschen, der die Lern- und Forschungsprozesse des Kindes herausfordert und mitgestaltet. Zu den dazu gehörigen institutionellen Rahmenbedingungen gehören auch didaktische Rahmenbedingungen, welche die Eigeninitiativen der Kinder stärken und dadurch Zeit freigeben, in der die Erzieherin sich aufmerksam darauf einstellen kann, zu entdecken, was Kinder tun und denken

Drei Ebenen der Dokumentation

Protokolle der Wahrnehmung

Am Anfang stehen die Protokolle der Wahrnehmungen der Beobachterin. Sie können, wie oben angesprochen wurde, aus Notizen vor Ort, erinnerten Gedanken, Beobachtungsprotokollen einschließlich Bild oder Tonmaterial bestehen.

Geschichten erzählen

Um in diese vielfachen Wahrnehmungen, die eigene Resonanz darauf, die Deutungsversuche, die Verbindung mit den sachlichen und sozialen Kontexten einen Zusammenhang zu bringen, muss man zunächst eine Geschichte erzählen. Eine Geschichte dient dazu, jemandem, der nicht dabei war, zu erläutern, wie man die Dinge wahrgenommen und für sich geordnet hat. Eine Geschichte muss diese Zusammenhänge nicht erklären, sondern lediglich für Außenstehende nachvollziehbar machen. Deshalb ist eine Geschichte keine objektiv gedachte Ansammlung von Fakten, sondern ein roter Faden, von dem man glaubt, dass er eine Ansammlung von Ereignissen zu einem integrierten Muster verbinden könnte. An diesem roten Faden haben die eigenen Vorlieben und Interessen des Beobachters genauso mitgewirkt, wie das, was die Beobachteten in diese Situation eingebracht haben. Eine Geschichte gibt Zeugnis von diesem Muster des Zusammenwirkens. Die Dokumentation beginnt also mit dem Aufschreiben einer Geschichte, die die Ereignisse zusammenhält und die die eigene Beteiligung genauso kundtut, wie den Anteil, den die Kinder dazu beigetragen haben. Auf diese Weise werden Geschichten zu Dokumenten von Mustern der Erfahrung auf Seiten der Kinder und der Erwachsenen.

Theoretische Klärung

Verstehen und erklären kann man einen Zusammenhang erst, wenn man ihn gefunden und als Muster erkannt hat. Dann kann man nach einer einsehbaren Theorie suchen, die diesen Zusammenhang nicht nur widerspiegelt, sondern so erklärt, dass man sich vorstellen kann, wie er entstanden ist.

Es gibt also drei Ebenen der Dokumentation, das Protokoll einer Beobachtung, das Erzählen von Geschichten, die das protokollierte Material als nachvollziehbares Erfahrungsmuster zusammenbinden, sowie das Erklären dieser Geschichten vor dem Hintergrund anderer Erfahrungen und von Theoriebezügen.

Schluss

Beobachtung und Dokumentation, so wie sie hier verstanden werden, dienen als Werkzeuge zu einer systematischen Erforschung der individuellen und sozialen Ressourcen oder Potenziale, die den Kindern für Aufgabenstellungen zur Verfügung stehen. Sie ermöglichen Vorschläge, die auf diese Ressourcen situativ, individuell oder gruppenorientiert eingehen und daraus Perspektiven für die pädagogische Weiterarbeit entwickeln. Sie halten, wie ein Gedächtnis, die Ergebnisse dieser Bildungsprozesse fest und machen sie dem Nach-Denken zugänglich. In ihrer offenen Form sind sie sensibel für Unerwartetes, reagieren auf Differenz und bereiten gleichwertige Kooperation vor. Subjektive Wahrnehmungen gehen in sie genauso ein wie objektivierbare. Subjektivität kann man nicht weglassen, sondern man muss mit ihr umgehen. Das bedeutet, Subjektivität gehört zur Beobachtung, aber möglichst in vollem Bewusstsein.

Wahrnehmendes Beobachten bildet von daher einen wesentlichen Teil des professionellen Könnens von Pädagoginnen und Pädagogen. Es gehört insbesondere dann zu einem professionellen pädagogische Können, wenn man davon ausgeht, dass Kinder nicht nur Adressaten für die mehr oder weniger gut gemeinten Absichten von Gesellschaft, Erwachsenen oder Schule sind, sondern Individuen, die von Beginn des Lebens an befähigt sind, die Welt, die sie umgibt, ausgehend von den eigenen Ressourcen, zu begreifen, um in ihr befriedigend leben zu können. Pädagogisch unterstützte Bildungsprozesse greifen diese Ressourcen auf, differenzieren, erweitern sie und fordern sie zu neuen Aufgabenstellungen heraus. Wie weit man dabei gehen kann, wird durch Verständigung mit den Kindern auf der Basis wahrnehmender, entdeckender Beobachtung abgesteckt.

Literatur

Bateson, G. (1982): Geist und Natur, Frankfurt/M.